CONFÉRENCES

DU RÉVÉREND PÈRE

DE RAVIGNAN

DE LA COMPAGNIE DE JÉSUS

PROPRIÉTÉ DE

V. Poussielgue-Rusand

CONFÉRENCES

DU RÉVÉREND PÈRE

DE RAVIGNAN

DE LA COMPAGNIE DE JÉSUS

CONFÉRENCES PRÊCHÉES A NOTRE-DAME DE PARIS

DE 1837 A 1846

TOME II

PARIS

LIBRAIRIE DE Mme Ve POUSSIELGUE-RUSAND

RUE SAINT-SULPICE, 23

1860

—

DROITS DE TRADUCTION ET DE REPRODUCTION RÉSERVÉS

VINGTIÈME CONFÉRENCE

L'OBSCURITÉ DE LA FOI

On disait : Il y a contradiction entre la foi et la raison. La foi est fausse, le christianisme absurde; il n'est que le produit des préjugés et d'une crédulité fanatique. On employait comme moyen d'attaque le mensonge, la calomnie, le sophisme hypocrite; mais dans le but déclaré de la guerre, qui était d'anéantir le christianisme, il y avait une franche manifestation d'impiété; et pour atteindre ce but l'incrédulité ne déguisait pas la fureur de ses désirs.

On savait du moins ce que voulaient ces adversaires acharnés de la religion : leurs armes étaient connues, le champ de bataille assigné, le conflit engagé. Y a-t-il ou n'y a-t-il pas une révélation? Telle était la question à vider.

Aujourd'hui, Messieurs, ce n'est plus le même caractère d'incrédulité qui domine dans les travaux de l'esprit relatifs aux idées religieuses. Assez généralement, nous en conviendrons, le nom du christianisme est prononcé avec honneur dans la langue philosophique, historique ou littéraire; on rendra même hommage à ses bienfaisantes influences; on n'attaquera plus guère ses mystères par le sarcasme, l'injure et l'infamie. Mais, vous en conviendrez aussi, tous n'ont point encore adopté le symbole et la foi de l'Église; tous n'ont pas admis le christianisme positif et divin, le seul vrai; tous

VINGTIÈME CONFÉRENCE

L'OBSCURITÉ DE LA FOI

Monseigneur,

Il serait intéressant et fort utile de rechercher les différences qui séparent le dix-huitième siècle du nôtre quant à la question religieuse; de bien fixer le caractère distinctif de l'une et de l'autre époque, et la ligne de démarcation véritable.

Avec des motifs fondés d'actions de grâces à rendre à la divine Providence pour des dispositions religieuses meilleures, on ne trouverait encore, je pense, que trop de raisons d'une affliction chrétienne en nos jours.

Le dix-huitième siècle eut un but avoué et nettement exprimé dans les travaux de sa prétendue philosophie : on peut sous ce rapport lui reconnaître de la franchise et une triste énergie.

n'ont pas encore admis le christianisme pratique. Si les nobles travaux du génie, si une science élevée et courageuse, si le généreux élan d'un grand nombre sont venus entourer l'Église de Jésus-Chrit et la saluer du titre glorieux de mère, comme pour la consoler de ses vives douleurs, combien d'enfants indifférents et ingrats s'éloignent encore de son sein et la délaissent!

Je dirai, Messieurs, simplement ce que je pense. J'admettrai volontiers une certaine bonne foi dans les illusions des hommes de nos jours au sujet du christianisme. Dans le mouvement et le travail des esprits sur le besoin religieux, qu'on sent et qu'on avoue, mais qu'on cherche à satisfaire hors des conditions catholiques, non, je ne verrai pas la haine impie contre la foi.

Mais il faut avouer aussi qu'en répudiant les formes du dix-huitième siècle on n'a point répudié entièrement le fond de ses pensées. Les organes avancés de la civilisation et de la philosophie, malgré une certaine modération de langage, se reconnaîtront redevables envers le siècle dernier du progrès fait par la raison humaine dans les voies de son affranchissement. On garde toute la liberté de raisonner sans croire; on semble goûter la joie et le triomphe paisible de la philosophie interprétant, complétant et perfectionnant le christianisme.

On ne tiendra nul compte de ses traditions positives et révélées, nul compte de l'autorité de son Église ; et l'on augurera des jours meilleurs encore, un progrès plus marqué de l'esprit humain pour déterminer sa religion.

En sorte que pour caractériser la différence entre les deux époques on pourrait dire, ce me semble, que le dix-huitième siècle voulait détruire le christianisme, que le dix-neuvième prétend le perfectionner.

En résultat, l'un vaut-il beaucoup mieux que l'autre ?

Alors, Messieurs, comme aujourd'hui, ce qui servait surtout de matière à un travail de dissidences rationalistes, c'était l'obscurité de la foi, les mystères révélés.

Disons pour tous les temps que la foi doit être obscure, et que nos mystères doivent rester ce qu'ils sont.

Le sujet de cette conférence sera donc l'obscurité de la foi. Pour faire mieux apprécier ce caractère divin de nos dogmes, nous montrerons sa nécessité, sa vérité, sa dignité. En d'autres termes les mystères de la foi sont nécessaires, ils sont vrais, ils sont dignes de Dieu et dignes de l'homme ; c'est ce que nous allons exposer.

I. P. Oui, Messieurs, le Dieu que le christianisme nous propose de croire est un Dieu caché, environné de ténèbres mystérieuses et habitant une lumière inaccessible. Le prophète l'avait dit il y a longtemps ; saint Paul nous le répète, et nous trouvons dans nos livres inspirés cet attribut divin célébré entre les autres perfections de l'infini : « O Dieu qui révélez les mystères. » **Deus...,** *revelans mysteria* [1].

Aussi quand l'homme, s'approchant de la foi, veut en sonder les profondeurs et en pénétrer les dogmes redoutables, sa raison alors, j'en conviens, s'arrête éperdue et ne peut percer les voiles obscurs qui l'enveloppent.

Une même nature, et cependant trois personnes distinctes dans un seul Dieu ; deux natures, et cependant une seule personne dans le même Dieu fait homme ; le Verbe incarné, sujet aux souffrances et à la mort sans cesser d'être Dieu impassible et immortel, et rachetant le genre humain par son sang ignominieusement répandu sur la croix ; un seul et même corps, le corps de Jésus-Christ, présent à la fois dans une infinité d'endroits divers par l'Eucharistie ; un péché originel imputé à tous les hommes à cause de la faute d'un seul, en sorte que nous naissons tous enfants coupables, enfants

---

[1] Dan., II, 47.

de malédiction et de colère; un supplice éternel encouru pour l'offense commise un jour envers la Majesté divine : ce sont là des dogmes que la foi nous oblige de croire, et ce sont d'impénétrables mystères, j'en conviens sans détour.

Est-ce donc, Messieurs, un motif pour répudier la foi, pour en détourner dédaigneusement ses regards et pour aller quêter ailleurs une religion, ou même pour n'en avoir aucune, suivant les tristes spéculations de la pensée humaine?

A le bien prendre et pour une âme élevée et attentive, Messieurs, l'obscurité même de la foi est un motif puissant en sa faveur, une immense raison de plus pour croire. Car d'abord on peut regarder cette obscurité comme une inévitable nécessité, et c'est la première considération que je vous avais promise.

Si l'on veut bien admettre qu'il existe deux ordres de nos connaissances, la science et la foi, et qui pourrait ne pas les admettre? si l'on consent ensuite à reconnaître les caractères qui les distinguent, on se rappelle aisément que la foi est de sa nature la croyance à l'autorité, que par le motif d'autorité elle est la pleine conviction des choses qu'on ne voit pas, *argumentum non apparentium,* comme parle saint Paul; et cela est vrai pour la foi humaine comme pour la foi divine. Que de choses, que de faits sont admis et crus par nous sans que nous les ayons jamais vus ou compris! Par exemple les faits du passé, les lieux éloignés, les phénomènes étrangers ou non expliqués, mais certains. La science proprement dite est l'évidence ou la démonstration de certaines vérités d'après des principes que la raison perçoit en eux-mêmes.

Telle est la distinction essentielle entre ces deux opérations de l'entendement : la foi est la conviction de la vérité par un motif extérieur d'autorité ; la science, par un motif d'évidence intérieure.

Il suit nécessairement de là que la foi est et doit être obscure : obscure dans son objet, puisqu'elle est la conviction des choses qu'on ne voit pas; mais claire, évidente sans doute dans le motif d'autorité qui la dicte, comme lorsque je crois des faits éloignés sur le témoignage certain des hommes, ou lorsque je crois une vérité sur l'autorité même de la révélation divine constatée.

Et si je voyais ces faits, si j'en étais moi-même témoin, si je percevais et pénétrais ces vérités en elles-mêmes, ce ne serait plus ni la foi humaine ni la foi divine, ce serait la science.

Ne pas voir ou ne pas comprendre est donc essentiel à un acte de foi quelconque ; ce qui se trouve dans l'obscurité même du mystère, chose cachée que notre esprit n'atteint point en elle-même.

Il fallait d'abord montrer cette liaison et cette nécessité logique entre l'opération nommée la foi et l'obscurité.

La foi par sa nature est obscure; elle doit l'être encore par la nature même de l'homme bien comprise.

Une condition entre autres est inséparable de l'homme, l'intelligence bornée et finie.

La pensée audacieuse s'envolera vers les nues; mais bientôt arrêtée, impuissante elle revient reprendre sur la terre son étroite et obscure prison, où elle touche de toutes parts à une barrière d'épaisses ténèbres.

Et dans la réalité, l'homme est à l'homme le plus profond mystère. Qu'est-ce que l'âme? Qu'est-ce que le corps, l'esprit, la matière? Quel lien les unit, en fait un tout, en fait un homme? Qu'est-ce que la pensée, la parole, la vie? Qui les expliquera?

Au dehors, le grain de sable dans ses éléments constitutifs et premiers, qu'est-il? Vous n'en savez rien. La plante dans sa végétation, l'animal dans sa reproduction, mystères : le temps, le lieu, l'espace, toutes les substances qu'on analyse et décompose à l'infini sans pouvoir les connaître sinon par des propriétés extérieures, jamais par leur nature intime : voilà des choses qu'on accepte, qu'on démontre, qu'on n'explique jamais en elles-mêmes. Ce sont autant de mystères, admis cependant et reçus de tous.

Même, Messieurs, dans le domaine des sciences les plus avancées dont notre siècle se glorifie, on est envahi bon gré mal gré par les mystères. Et pour n'en choisir qu'un exemple entre mille, cette attraction universelle dont on est si fier, qu'elle a même dispensé quelques géomètres de recourir pour expliquer l'univers à l'existence du Dieu des chrétiens, cette attraction dont on a fait plus qu'un Dieu, est le plus profond des mystères. J'ose même dire, Messieurs, avec le grand Euler, qui la connaissait, je pense, qui en avait si admirablement exposé les lois; j'ose dire que l'attraction, non pas en elle-même, mais telle que certains savants l'ont entendue, est une chimère et une absurdité. « Quoi! s'écrie le plus grand mathématicien du siècle dernier, deux astres se sentiraient des extrémités de l'espace, ils s'attireraient; ils graviteraient l'un vers l'autre! Mais se sentir, mais s'attirer par une force propre et interne serait un acte d'intelligence et de volonté; ce serait du moins être actif; et l'activité dans un globe matériel est une absurde impossibilité. Je comprendrais deux astres poussés l'un vers l'autre; mais deux astres qui s'attirent, répugnent à ma raison; je comprends l'impulsion donnée par un agent et suivie par les corps : l'attraction est pour moi un nom vide de sens. » Mais l'impulsion entraînerait avec elle l'idée nécessaire d'un premier moteur tout-puissant et infini, ce qui placerait l'univers dans la dépendance de Dieu : on rejette l'impulsion ; l'attraction se suffit, elle dispense de tout le reste, en apparence au moins ; c'est un repos pour l'orgueil ; on l'accepte avec toutes ses absurdités d'effet sans cause et d'action sans agent. A la bonne heure ; cela vaut mieux que de croire en Dieu, cela s'appelle la science.

Et votre nombre infini de zéros, ou votre somme d'un nombre infini de riens, de néants, qui vous donne quelque chose de fini ou d'infini, et qui sert de point de départ à votre transcendante analyse, qu'en pensez-vous? Et vos courbes qui s'approchent sans cesse et ne se rencontrent jamais ; et vos incommensurables et vos imaginaires, vous les maniez avec une dextérité merveilleuse : les comprenez-vous? Pas le moins du monde. Et toutes vos sommités dans la science se disputent pour savoir si le nombre infini est possible ou impossible, si la matière est formée d'éléments simples ou composés, et que sais-je encore? Vous le voyez donc, votre science est toute négative ; ce que vous savez n'est rien ; ce que vous ignorez est infini. Il y a bien quelques lueurs de vérité ; mais pour une évidence, je vous compterais, moi ignorant, mille mystères.

Y pense-t-on? En religion, dans la connaissance de Dieu, de l'Infini lui-même, en religion point de mystères! et tout ce qui n'est pas la religion en est rempli! Voilà, Messieurs, comment on est conséquent, raisonnable et juste!

Donc nécessité du mystère en religion plus qu'ailleurs, par la nature même de l'homme et de son intelligence bornée.

Mais obscurité nécessaire en religion et dans la foi, d'après la seule considération de la nature de Dieu.

Nommer Dieu, c'est nommer le mystère le plus auguste, le plus profond et le plus inexplicable. Dieu, l'Infini, qui donc va nous raconter sa nature, ses attributs, ses perfections adorables, ses décrets éternels?

Comment l'homme penserait-il à Dieu sans croire au mystère? Et comment Dieu se manifesterait-il à l'homme sans lui imposer le mystère? C'est le contraire, c'est l'absence du mystère qui est ici impossible; sa présence est donc nécessaire quand il s'agit de Dieu : et si Dieu parle, s'il se révèle de lui-même, alors il faut dans la foi le mystère.

Ah! disons, Messieurs, ce qui est : la raison

quand elle est sincère, vient en suppliante demander à la foi des mystères. La raison a besoin des mystères de la foi ; elle le sait. Elle s'égare et se perd dans ceux qu'elle invente: dans ce monde athée, par exemple, qui est l'effet sans cause ; dans ce monde panthée, qui est l'infini borné et souillé ; dans ce monde sans vie à venir, qui fait de la vertu une chimère, du vice le bonheur unique. Disons que la raison vient chercher la sauvegarde et la barrière divine dans l'obscurité fixée par la révélation ; et qu'elle n'a aucun autre moyen d'échapper soit aux horreurs des ténèbres incertaines, soit aux orages libres des opinions et des passions qui ébranlent tout, bouleversent tout, dénaturent tout. La foi du mystère est l'ancre jetée dans les abîmes, est le soutien inébranlable.

Aussi, Messieurs, un apologiste habile du dernier siècle, le P. Tournemine, a-t-il dit avec justesse en parlant des mystères : « Si je les comprenais, j'aurais plus de peine à les croire. Je me défierais d'un système de religion trop humaine, et que l'homme aurait pu imaginer. Dieu parle, il parle de Dieu ; ce qu'il m'apprend doit être au-dessus de ma raison... Une lumière finie ne suffit pas pour connaître l'infini.[1] »

---

[1] Mém. de Trévoux, 1736.

Telle est donc, Messieurs, la nécessité de l'obscurité de la foi et des mystères d'après la nature même de la foi, d'après la nature de l'homme et la nature de Dieu.

J'ajoute que cette obscurité est la vérité.

II. P. Quand le nom auguste de vérité est prononcé sur cette terre, on sent, Messieurs, que l'esprit la révère, que le cœur la désire. Et qui donc n'aspire du fond de l'âme à la connaître, quand l'âme paisible se replie sur elle-même? Aussi, lorsqu'on en est encore, hélas! à rechercher la vérité religieuse, devrait-on avant tout le reste consentir à se bien fixer sur les conditions et les caractères propres de la vérité.

La vérité en général est pour notre intelligence la conformité de nos convictions avec ce qui est réellement.

Il y a une distinction élémentaire à rappeler entre les divers ordres de vérités : il existe des vérités de l'ordre métaphysique, de l'ordre physique et de l'ordre moral.

La vérité métaphysique est celle qui repose sur l'essence même des choses, sur les idées même essentielles et fondamentales en nous, comme par exemple l'unité de Dieu, la distinction du bien et du mal, la spiritualité de l'âme, que la raison peut démontrer. De ce genre sont encore les vérités mathématiques déduites de principes évidents.

La vérité physique est fondée sur l'observation des faits et des lois de la nature auxquelles il ne peut être dérogé que par un miracle : telles sont les lois du mouvement des corps et autres semblables.

La vérité morale est celle qui ne saurait être autrement d'après la manière reçue de penser et d'agir parmi les hommes et d'après les lois communes de leurs jugements, de leurs inclinations et de leurs mœurs. A cet ordre appartiennent les vérités historiques qui s'appuient sur le témoignage des hommes, rendu dans des conditions où il ne peut tromper suivant toutes les lois morales.

Chacun de ces ordres de vérités a sa certitude correspondante, propre, entière, égale aux autres dans son genre. Ainsi il y a la certitude métaphysique, la certitude physique, la certitude morale.

Il serait donc hors de propos et complétement dépourvu de raison, de bon sens et de logique, d'exiger pour un genre de vérité la certitude d'un autre ordre ; comme par exemple de prétendre qu'un fait historique doit être démontré par des preuves rationnelles et métaphysiques à l'égal d'une proposition de philosophie ou d'une vérité mathématique : comme si l'on voulait réduire l'existence de Charlemagne à l'état de formule algébrique.

Et c'est là, Messieurs, précisément, veuillez bien le retenir, le paralogisme perpétuel et coupable commis dans tous les temps contre nos mystères pour les combattre ou pour les éluder.

Que réclament avant tout la conscience, la justice, le bon sens et l'intérêt sacré de la vérité?

N'est-ce pas que dans la question des mystères proposés à croire par le christianisme, on fixe d'abord l'ordre de vérités auquel ils appartiennent et le genre de certitude qui leur convient?

Or les mystères de la foi chrétienne ne sont point enseignés comme des vérités métaphysiques pour nous; ils n'ont point pour fondement en nous les idées essentielles et purement rationnelles, car ils sont proposés comme étant au-dessus de toute l'intelligence humaine.

Ils n'appartiennent pas non plus à l'ordre physique ni aux lois de la nature; ils ne reposent pas sur l'observation de faits qui dans leur série constante forment une loi physique : ils sont encore au-dessus et en dehors de toutes les lois connues.

Des témoignages du caractère le plus élevé, des monuments irréfragables prouvent que Dieu, par les œuvres mêmes de sa toute-puissance, est venu attester la proposition faite de ces mystères comme sa propre parole, comme des vérités même divines. Il est ainsi établi que Dieu a parlé, qu'il a révélé ces dogmes mystérieux.

Leur certitude et leur vérité sont donc souveraines et infaillibles, puisqu'elles sont la parole même divine. Et l'existence de cette parole manifestée par les faits miraculeux qui l'accompagnèrent ou qui l'attestent, appartient à la certitude morale; c'est une vérité historique, une certitude absolue dans son genre. Attaquer ce caractère de vérité et de certitude en tant qu'historique, c'est accepter franchement le débat et bien saisir l'état de la question, quoique dans le plus malheureux aveuglement et contre toute évidence.

Mais raisonner à perte de vue en présence d'une montagne de faits; mais repousser ou laisser de côté ce qu'on ne comprend pas, en prétendant le prouver opposé à la raison ou par des idées métaphysiques, ou par des lois physiques, c'est le plus formel paralogisme, c'est défiler devant toute une armée rangée en bataille sans coup férir, et dire ensuite qu'on a vaincu; c'est vouloir établir en principe que la vérité peut contredire la vérité, qu'une vérité métaphysique peut contredire une vérité historique démontrée, ce qui est l'absurde. Et le kantisme au fond, avec sa raison pure et sa raison pratique, peut, pour le dire en passant, être réduit logiquement à ces termes : Le vrai contredit le vrai. Ce qui est, comme l'on voit, une admirable philosophie.

Dieu a-t-il parlé? Oui ou non.

Y a-t-il eu une révélation de ces mystères? Oui ou non.

Tel est le fait à admettre ou à détruire; nous n'en sortirons pas. Vous n'avez pas le droit d'examiner ni de discuter le mystère en lui-même. Si Dieu a parlé, sa parole est infaillible, le mystère est vrai de toute la certitude de la véracité divine elle-même. Il n'y a plus rien à chercher ailleurs sur ce point. Il faut croire, la vérité est complète dans son ordre.

Nous avons assez rappelé jusqu'ici, ce me semble, dans cette chaire la vérité et la certitude du fait de la révélation, qui fonde infailliblement la certitude de la foi dans son obscurité, et assure l'inviolable vérité de nos mystères.

Messieurs, on place des substances en présence de réactifs qui opèrent sur elles, et l'on en conclut des propriétés extérieures. A bien plus juste titre nous plaçons nos dogmes catholiques en présence des miracles attestés de Jésus-Christ et de ses apôtres; et nous en voyons jaillir, comme une flamme vive et pure, la révélation divine. Vous vous en rapportez au témoignage des sens et à l'explication des faits; nous aussi, car le témoignage des hommes ou l'histoire n'est autre chose que le témoignage des sens conservé et continué. Et c'est ainsi que nous croyons aux faits divins, base de notre foi.

O tristes raisonneurs qui faites tant valoir et qui exaltez si haut l'intelligence humaine! n'entendrez-vous jamais que Dieu a voulu faire de la grande famille humaine, non d'orgueilleux philosophes enflés de leur vaine science, mais d'humbles fidèles dociles à sa parole?

Vous ne voulez que ce qui est raisonnable : les motifs de croire le sont souverainement. Il y a des contradictions dans les mystères, dites-vous; ils répugnent à la raison. C'est faux; ils sont seulement au-dessus d'elle; car Dieu, raison souveraine, les révéla. Et comment pouvez-vous trouver des contradictions et des répugnances dans ce que vous ne comprenez pas?

Vous rejetez nos mystères : par quoi les remplacez-vous? Où vont vos théories et vos spéculations aventureuses en religion? Sont-elles beaucoup plus claires que la foi? sont-elles plus saintes? Grand Dieu! quelles ténèbres et quelles aberrations funestes! Bossuet vous dirait : « Pour rejeter d'incompréhensibles vérités, vous vous précipitez dans d'incompréhensibles erreurs. »

Nous avons vu la nécessité, la vérité; voyons la dignité des obscurités saintes de la foi.

III. P. Le sentiment de la dignité de l'homme fut, Messieurs, le prétexte de bien des erreurs et de bien des abus. Il sembla qu'on ne pouvait relever l'homme à ses propres yeux et le restituer à l'honneur de sa nature qu'en l'établissant dans le dédain des enseignements mystérieux du christianisme. Et telle est encore la plaie secrète de bien des cœurs; dans la foi simple et pure de l'Église, on ne voit qu'abaissement pour l'intelligence humaine.

Jamais cependant l'orgueil ne fut plus injuste ni plus faux.

Pour recouvrer, pour conserver et affermir la dignité humaine, il faut sans aucun doute la foi des mystères chrétiens.

Si la vérité, si la religion n'étaient que le produit du travail de la raison, si Dieu avait attaché la vérité de son culte aux efforts de la science et du génie; si après six mille ans, comme on le prétend sérieusement, l'intelligence humaine en était encore à élaborer, à enfanter sa religion, qui ne voit le peuple n'être plus qu'un proscrit repoussé de la vérité religieuse?

Certes, il comprendra la liberté de ne rien croire et de tout faire. Il comprendra l'indépendance à l'égard de toute autorité. Même il comprendra un socialisme tout sensuel et tout terrestre, ce sera là sa religion et son progrès, vous vous en apercevrez. Mais le panthéisme, mais la perfectibilité continue et indéfinie, et vos obscurs sophismes, et vos nuageuses théories, le peuple ne les comprendra pas; ni vous non plus, au reste, vous ne les comprenez guère. Et cependant comprendre et raisonner est toute la religion selon vous.

La dignité de l'homme veut, Messieurs, que le peuple ne soit point rabaissé à l'état d'incapable et d'interdit en religion, qu'il ne soit point exclu de la vérité religieuse; et la dignité sainte de l'homme, son droit inaliénable et indestructible, c'est que devant Dieu et en religion tous soient égaux, que la religion soit égale pour tous : vous le devez aux mystères.

O sagesse, ô justice, ô gloire méconnue du christianisme! Jadis les mystères dans les religions étaient la part d'un petit nombre; quelques sages étaient admis à les connaître, ils les cachaient soigneusement aux peuples. Ils tenaient, dit saint Paul, « la vérité captive dans l'injustice, et ils s'intitulaient, ils se croyaient amis de la sagesse. » Quel fruit leur revint-il de ces mystères d'un orgueil inique? Les passions d'ignominie, juste salaire, comme saint Paul l'enseigne encore.

Dans la foi, Messieurs, les mystères sont pour tous, et pour tous les mêmes : ils font que tous les hommes sont égaux devant Dieu. Riches, pauvres, grands, faibles, savants, ignorants, enfants, vieillards, la foi est la même pour tous parce qu'elle est obscure et mystérieuse. Ni le génie, ni la simplicité illettrée ne diffèrent ici. Bossuet lui-même avait la foi du simple habitant des campagnes, et il s'honora de la professer ainsi.

Oh! oui, l'Évangile est la religion du pauvre et du peuple, à cause de ses mystères.

Un profond dessein de sagesse et de bonté apparaît ici : confondre l'orgueil des faux sages, pour les relever du reste et les sauver des abaissements de l'erreur; placer dans la foi au même rang que le plus haut génie l'immense multitude des races humaines. L'homme grandit alors, mais Dieu domine, tout est dans l'ordre.

Voilà donc une première raison de dignité vraie pour l'homme dans la foi des mystères.

En voici une autre.

Bayle a dit en parlant de Socin : « Toutes les fins de la religion se trouvent mieux dans les objets qu'on ne comprend pas (vous l'entendez, Messieurs, c'est Bayle qui parle) : ils inspirent plus d'admiration, plus de respect, plus de crainte, plus de confiance... On admire plus ce que l'on ne comprend pas, on s'en forme une idée plus sublime et même plus consolante [1]... » Bayle avait raison. Il faudrait vouloir nier la nature de l'homme et son instinct constant, pour ne pas reconnaître en lui l'attrait du merveilleux et du mystère. L'homme en abuse ; mais ce n'est pas moins une destination divine de notre être, une indication de l'alliance à contracter avec des pensées et un monde supérieurs. Un besoin inné vit en nous, et c'est en nous le besoin même de Dieu.

Le Créateur, qui nous donna ce besoin, nous devait de le remplir en se manifestant à l'homme.

Mais le Dieu qui se manifeste révèle de profonds mystères : *Deus revelans mysteria* [2].

Ainsi la foi des mystères vient-elle remplir une intime faculté de notre âme ; ainsi la foi des mystères chrétiens vient-elle dignement satisfaire, suivant la pensée de Bayle, à toutes les fins de la religion. L'homme, par les mystères, devient plus digne de Dieu et de lui-même.

Sa dignité religieuse consiste surtout dans ces

---

[1] Bayle, *Dict. hist.* au mot *Socin*.
[2] Daniel, II, 28.

nobles sentiments d'admiration, d'amour, de confiance filiale envers Dieu, dans le désir de se rapprocher de la Divinité même par l'imitation des vertus les plus parfaites.

Ouvrez le code de nos mystères : la Trinité nous montre le Père engendrant son Verbe unique, sagesse incréée, vérité souveraine et infinie. De l'un et de l'autre procède l'Esprit d'amour. Je comprends mieux alors ma dignité, ressemblance et image de l'auguste Trinité, et je sens mieux que je dois reporter vers Dieu ma reconnaissance et mon amour, puisque c'est là m'approcher mieux de la nature et de la vie divine.

Dieu s'est fait homme ; il a voulu vivre pauvre et délaissé ; il a voulu souffrir et mourir pour me sauver.

C'est un profond mystère ; mais sa foi vive m'élève au culte le plus reconnaissant et le plus tendre de la bonté divine. J'espère, je me confie dans un tel excès d'amour. J'y puise l'exemple et le désir des plus sublimes et des plus héroïques vertus : de l'indulgence, du dévouement pour mes frères, de la charité jusqu'au sacrifice, du détachement et du mépris pour tous les faux biens, pour toutes les joies coupables de la terre. Tel est le fruit de l'Incarnation et de sa foi vivante dans une âme. Que de consolation aussi pour toutes les souffrances, qu'un Dieu souffrant avec nous et pour nous, afin de nous mériter dans nos douleurs la gloire et la consolation éternelle.

Eh bien! sincèrement, avec les froids calculs de la raison, avec son affranchissement et son vol indépendant au-dessus de toute croyance due aux mystères, en rapportez-vous une religion meilleure, des fins religieuses mieux remplies, plus de baume et d'adoucissement pour les cœurs, plus d'allégement dans les maux, plus d'encouragement aux sacrifices de la vertu? De quel côté donc placerez-vous la dignité de l'homme? Dans la foi, ou dans les sombres déceptions d'un rationalisme sceptique?

Enfin, Messieurs, je n'ai plus qu'un mot de Pascal à vous rappeler; il renferme le sens profondément vrai de la dignité humaine. « La dernière démarche de la raison, a-t-il dit, c'est de connaître qu'il y a une infinité de choses qui la surpassent; elle est bien faible, si elle ne va pas jusque-là.[1] »

O précieuse vérité, et qui suffit à justifier tous nos mystères!

Oui, c'est la faiblesse, c'est la pusillanimité de l'esprit et du cœur, qui repousse les obscurités de la foi chrétienne.

La raison forte sait que plus elle avance, moins

[1] Pascal, *Pensées*.

elle comprend. Le demi-savoir comprend tout; le vrai savant dit en mille rencontres: Je ne sais pas. Et c'est, Messieurs, la science réellement avancée qui touche au mystère.

Pourquoi la foi obscure? pourquoi des mystères dans la foi? Parce qu'elle est élevée, sublime, plus près des choses de Dieu, plus avancée dans les régions de l'infini.

Le judaïsme eut peu de mystères; le christianisme en a beaucoup; je le crois bien: il est le complément et la perfection. Vous le déclarez perfectible encore, et, glorieux de votre entreprise, vous ne voulez que les libres compréhensions de la raison; vous dédaignez les mystères. Dérision amère! vous rétrogradez à l'enfance des races, et vous redescendez à ces éléments infirmes et misérables dont parlait saint Paul. Fixez le soleil, vous ne verrez plus; détournez-vous, vous voyez mieux; cependant envisagez-vous mieux alors et de plus près le foyer de la lumière? Dieu est la lumière inaccessible. Vous l'approchez; vos yeux se ferment, son éclat vous arrête: c'est le mystère. Éloignez-vous; vous penserez mieux voir, mais vous irez errer loin des splendeurs de l'éternelle vérité, dans de palpables ténèbres: c'est le rationalisme, conception petite et mesquine, idée étroite et basse de l'homme et de sa dignité.

L'homme s'élève, il s'honore; il grandit, il est plus digne, il est plus près de Dieu, quand acceptant la foi du mystère il ne recule pas devant la majesté divine, mais demeure, s'incline et croit. Telle est la foi, et telle est son obscurité si bien conforme à la dignité de l'homme et à l'avancement de sa raison.

Aussi pour croire faut-il un grand, un vrai courage; et saint Léon a pu dire à bon droit : « C'est le propre des âmes grandes et vigoureuses de croire sans hésiter ce que le regard corporel n'atteint pas. » *Magnarum est vigor mentium incunctanter credere quæ corporeo non intuentur intuitu.*

Oui, c'est une juste, sage et magnanime crédulité que la foi aux mystères, un jour récompensée et remplacée par la vision des cieux.

Telle est la dignité de nos mystères. Je vous avais d'abord rappelé leur nécessité, leur vérité.

La raison et la foi : qu'il serait bien temps, Messieurs, de finir leur querelle! Car que sont-elles après tout, sinon deux rayons du même *soleil d'intelligence* qui éclaire tous les esprits, deux émanations du même *Dieu de vérité qui ne peut ni mentir, ni se démentir;* deux filles du même *Père des lumières, de qui descend tout don parfait?* L'une est cette lumière naturelle, primitive et universelle que Dieu répand dans l'âme de tous les hommes, et qui par l'évidence des principes, ou par la claire liaison des conséquences, entraîne les convictions dès que l'esprit se rend attentif. L'autre est cette lumière surnaturelle mêlée de nuages et de ténèbres, qui nous découvre des objets supérieurs à notre intelligence, des mystères que nous ne pouvons comprendre, mais que nous devons croire fermement à cause de la clarté des motifs qui montrent que Dieu a parlé. La foi, il est vrai, ne nous rend pas évident ce que Dieu a dit et ce qu'il faut croire; mais la raison nous rend évident que Dieu l'a dit, et qu'il faut le croire.

Toutes deux, en s'aidant à parcourir sans s'égarer les vastes champs de la philosophie et de la théologie, s'assurent de remonter, quoique par des routes diverses, à la même source de la véracité divine, incapable de nous induire en erreur soit dans l'ordre de la nature, soit dans celui de la grâce. Toutes deux, animées du même désir de s'instruire, promènent leurs regards quoique différents sur la même chaîne de vérités, dont l'union est indissoluble. Chaîne immense qui embrasse tous les objets, tous les temps, tous les lieux, et qui, s'étendant depuis le plus profond des abîmes jusqu'au plus haut des cieux, s'élève infiniment au-dessus de nous. Notre vue est trop faible pour découvrir d'ici-bas tous les anneaux qui la composent; ils sembleraient quelquefois rompus, dérangés; mais ils n'en sont pas moins tous liés ensemble pour former la grande harmonie des vérités, qui ne sauraient se contredire ou se démentir entre elles. Et il est bien clair que Dieu montrant les unes par le flambeau de la raison, ne peut être opposé à Dieu montrant les autres par le flambeau de la révélation. La foi donc et la raison, bien loin de se fuir et de se séparer, se donnent comme deux sœurs intimement unies d'amitié et d'intérêt le baiser mutuel, le secours réciproque. *La miséricorde et la vérité, la justice et la paix se sont ainsi étroitement embrassées*[1] pour nous garantir, comme parle saint Paul, les promesses de la vie qui est maintenant et de celle qui sera un jour.

[1] Psalm. LXXXIV, 11.

LE FAIT DIVIN

OU JÉSUS-CHRIST

VINGT-UNIÈME CONFÉRENCE

LES PRÉJUGÉS ILLÉGITIMES

VINGT-UNIÈME CONFÉRENCE

LES PRÉJUGÉS ILLÉGITIMES

Monseigneur,

Pour remplir le ministère d'enseignement qui lui fut confié, et pour défendre la foi auprès des générations présentes, le sacerdoce a cherché la voie, le moyen qui pouvait le mieux s'adresser aux dispositions des esprits et des cœurs.

Et il a semblé que cette voie de retour à la vérité catholique, si on voulait la vérité, c'étaient surtout les faits, sans oublier assurément ni le sentiment profond du bien-être religieux, ni les hautes considérations qui rattachent la raison à la foi.

Mais il arrive, Messieurs, qu'en rappelant à la conscience d'un nombreux auditoire ce fondement des faits sur lequel repose toute étude sérieuse du christianisme, on rencontre devant soi et comme jetés à travers route, bien des préventions contraires encore, bien des préjugés, qui empêchent la saine appréciation de la révélation chrétienne.

Conduit par l'ordre des idées, par mon devoir et mon bonheur, à vous parler de l'auteur et du consommateur divin de notre foi, comme l'appela saint Paul; ayant à considérer avec vous ce fait auguste, Jésus-Christ révélateur; j'ai cru qu'il était bon d'abord de vous dire ce que je pensais de ces idées flottantes, aventureuses, qui autour de nous embarrassent les voies de la vérité religieuse, idées que je suis en droit de nommer préjugés illégitimes. Après avoir eu raison de ces nuages jetés sur la lumière, plus facilement et plus directement pourrons-nous envisager ce fait le plus étonnant, le plus grave, le plus fécond, le plus réellement historique de toutes les annales : Jésus-Christ révélateur; ce sera la noble, la grande carrière à parcourir.

Car il faut en venir à contempler face à face les caractères positifs et historiques de divinité dans Jésus-Christ, et dans la foi qu'il apporta sur la terre.

Mon but déclaré c'est donc Jésus-Christ, sa mission divine, sa foi divine à établir.

Je suis sûr de la vérité, de la force de ma cause : je sens, plus que vous ne sauriez croire, toute la faiblesse de l'instrument et de l'organe chargé de la soutenir. Mais je parais devant vous avec confiance, comptant sur vos dispositions bienveillantes et généreuses, appuyé sur la mission du Pontife, sur le secours de Celui que je prêche, de Celle qui est ici la protectrice nommée de nos conférences, de l'auguste Marie.

Un souvenir aussi est venu fortifier mon courage. Je me suis reporté à ces jours déjà éloignés de nous, où dans une autre chaire de cette vaste cité avait été créé, continué avec gloire le cours des Conférences. Pressés alors autour de cette chaire vénérée et chérie, jeunes aussi pour la plupart, nous recueillions avidement les leçons de l'illustre orateur [1]. Sa parole grave et prudente autant que forte, sa voix plus qu'éloquente pénétrait profondément nos cœurs; et je me rappelle encore avec bonheur ces impressions si salutaires de ma jeunesse émue.

J'ignorais bien alors ce que la Providence divine devait régler un jour; mais mon âme agitée avait besoin d'un soutien et d'un guide, elle trouva un père. Ni l'admiration, ni le respect, ni le temps,

---

[1] Mgr Frayssinous, évêque d'Hermopolis, qui, après son retour d'Allemagne, assistait à cette Conférence le 17 février 1839, premier dimanche de carême, dans l'église métropolitaine de Notre-Dame de Paris.

ni les distances ne purent empêcher de vivre fidèles les sentiments de ma reconnaissance et de mon amour; et je m'estime heureux, consolé d'avoir à reprendre mon ministère en présence de ces vénérables et religieux souvenirs; d'avoir eu aussi, Messieurs, cette occasion de vous dire qu'après les combats, après les convictions laborieuses des jeunes années, Dieu réserve quelquefois pour l'âge mûr des joies, des émotions bien douces et bien senties, au jour où le disciple a retrouvé son maître, et l'enfant son père.

Aujourd'hui nous considérons, Messieurs, les préjugés illégitimes qui s'opposent à la juste appréciation du fait divin en Jésus-Christ.

I. P. Je rencontre, Messieurs, flottants dans les esprits, quant à la question religieuse, deux préjugés surtout :

Le préjugé sceptique;

Le préjugé du fait humain.

Ces mots vont s'expliquer tout à l'heure.

Mais nous voyons aussi autour de nous une masse d'aveugle et déplorable indifférence : position qu'on se fait pour n'en avoir, pour n'en prendre aucune; légèreté nonchalante qui s'en va rêvant au hasard; qui ne considère pas, ne réfléchit pas, ne pense guère..., ne sait pas prier !

Maladie qui énerve l'âme, la dégoûte, la tient languissante, affaissée loin des vérités religieuses, et la livre trop souvent en esclave à l'activité désordonnée des intérêts d'un jour, ou bien à la mollesse, aux sens et aux passions. Pour cette sorte d'indifférence, je n'ai plus guère de paroles; je ne sais qu'ardemment lui désirer le moment du réveil, la pensée; car elle dort.

Plusieurs cependant prétendent veiller, agir et penser; mais ce qui pense, ce qui écrit et cherche autour de nous, hors de la ligne des traditions catholiques, se montre plus ou moins entravé, sur la question religieuse, par des préjugés de tout point illégitimes.

Le doute d'abord qu'on énonce, qu'on exprime ouvertement; puis cette vague idée que le christianisme aurait été, a dû être dans son principe un simple développement de l'esprit humain; en sorte que le travail progressif et religieux de l'humanité aurait tout naturellement produit le christianisme, et devrait aussi nécessairement le modifier comme tout le reste, pour arriver à je ne sais quelle transformation nouvelle qu'on imagine dans l'avenir.

Voilà bien je crois quelques-unes des idées qui flottent dans un certain nombre d'esprits, alors même qu'on ne s'en rend pas compte : idées sur lesquelles j'ai en ce moment deux choses à établir, que ce sont des préjugés, et des préjugés illégitimes, sans droit, sans fondement et sans raison.

Veuillez, Messieurs, m'écouter avec une impartialité entière.

Le doute de nos jours est préjugé, non système.

Le système consiste en effet dans des principes vrais ou faux, mais établis. On en déduit les conséquences; ces conséquences on les pousse jusqu'à leurs dernières limites : tel est le système.

Le préjugé est une opinion formée sans logique, une sorte d'instinct ou de laisser-aller accepté sans principes raisonnés; une parole, une pensée dite, adoptée avant la réflexion et avant l'étude; et il y en a beaucoup de ce genre : tel est le préjugé.

Le doute a été plus d'une fois système, et même assez énergiquement formulé; il ne l'est pas en ce moment autour de nous.

Parmi les idées et les énoncés sceptiques qui s'offrent à nous au sujet du christianisme, cherchez un principe, une forme systématique du doute, vous ne les trouverez pas. Non, il n'y a pas aujourd'hui un système de scepticisme.

Mais on se dira sceptique, on croira l'être ou plutôt on voudra l'être : il y aurait trop de fatigue à prendre pour étudier et résoudre les questions religieuses.

On se persuadera que le siècle est sceptique lorsqu'il n'est que rêveur. On conviendra avec soi-même d'adopter le doute, comme un état d'âme approprié au travail actuel des esprits en religion. On verra ainsi venir.

Il sera admis en attendant que la situation normale est dans l'état de doute, qu'on peut être sceptique sans inconvénient, ou même qu'on doit l'être, qu'il n'en saurait guère être autrement. On le suppose gratuitement, c'est un parti pris. On s'évite par là l'examen, la décision et les suites d'une décision. Par une contradiction étrange, on choisit pour le lieu de son repos le doute et ses pénibles incertitudes. On en fait sa devise, la réponse universelle à la question religieuse, et puis c'est tout.

Logique, principes, réflexion, étude, c'est ce qu'on ne trouve point dans ce genre de doute. Il n'y a rien de ce qui fait le système, il n'y a qu'un vague préjugé.

Et c'est le propre de ce temps, remarquez-le, Messieurs, peu ou point de systèmes. On expose le jour ce qu'on a rêvé la veille ou la nuit même. Beaucoup d'opinions, pas de doctrines réelles ni appuyées. Et ce n'est pas, à mon sens, un moindre mal. J'aimerais mieux l'erreur systématique, forte, soutenue; plus d'une fois je l'ai déjà dit dans cette chaire.

Tout ceci au reste, Messieurs, n'est qu'une esquisse du tableau que le présent met sous vos yeux : vérités d'observation qui se constatent par la conscience et par une attention de bonne foi. J'en appelle volontiers à ce témoignage en vous-mêmes.

Le doute de nos jours est un préjugé, et le préjugé le plus illégitime, le plus dénué de droit, de fondement et de raison.

L'âme a un droit qui est sa nature, son besoin le plus impérieux et le plus inévitable : le droit, le besoin d'affirmer, et d'affirmer surtout quelque chose de l'ordre supérieur et religieux, de l'ordre divin.

Aussi par l'étude et l'observation attentive de l'histoire de l'esprit humain, reconnaissons-nous comme dominant durant toute la suite des âges le dogmatisme, c'est-à-dire un enseignement affirmatif de doctrines religieuses.

La philosophie, la théologie orientales, dont on s'est beaucoup occupé depuis quelques années, que sont-elles, sinon une affirmation solennelle jusqu'à l'excès de l'élément divin; c'est un dogmatisme religieux, et le plus exalté.

Entre les écoles grecques apparaît certainement au plus haut degré de l'échelle l'école socratique; et avec elle un enseignement affirmatif et religieux.

Ce qu'on a nommé l'école d'Alexandrie affirma aussi un système religieux. Dans ces écoles beaucoup d'erreurs et bien peu de vérités s'enseignèrent sans doute, je le sais. Mais ce n'est pas de quoi il s'agit maintenant.

Au sein de l'humanité dominent toujours, pour l'erreur comme pour la vérité, l'affirmation et le dogmatisme religieux; ce qui ne peut être que par suite du besoin et du droit le plus imprescriptible de l'âme. Ce que je voulais seulement constater.

Aussi à ce besoin, à cette nature de l'esprit humain, le christianisme est-il venu répondre par les dogmes les plus affirmés, les plus fortement imposés qui furent jamais.

L'élément sceptique se trouva, il est vrai, à presque toutes les époques à côté du dogmatisme; mais il apparut toujours ce qu'il est toujours : une anomalie, une maladie ou une violence injuste, non l'état normal et régulier de l'intelligence.

Ainsi en fut-il dans quelques sectes hétérodoxes de l'Inde, qui eurent par là le privilége d'enchérir en folie sur les sectes dites orthodoxes, assurément bien assez folles déjà. Ainsi en fut-il dans la tourbe des sophistes contemporains du platonisme.

Plus tard au moyen âge, dans l'abus des subtilités arabesques, puis dans quelques philosophes modernes, les tendances sceptiques se firent un jeu de tout confondre, vrai et faux, bien et mal.

Enfin dans le scepticisme de nos jours, timide comme un malaise, demi-aveu du besoin senti et des droits intimes de la foi, nous voyons un état plus à plaindre encore qu'à blâmer, un préjugé sans fiel et sans haine peut-être, mais aussi sans droit, sans fondement et sans motif.

Sans droit, nous venons de le voir : car l'affirmation religieuse est due à l'âme; inquiète, elle cherche un oui jusqu'à ce qu'elle l'ait trouvé. Évidemment l'âme est créée pour affirmer Dieu, elle-même, et ses rapports avec Dieu.

Le doute, préjugé illégitime et sans droit, est encore le préjugé sans fondement.

Sur quoi fondé doute-t-on ?

Est-ce parce que rien ne saurait être affirmé, pas même un fait historique ? On ne le prétend pas; et vous en affirmez chaque jour mille faits historiques.

Est-ce par hasard que jamais ni la science ni le génie n'affirmèrent le christianisme, le christianisme catholique, positif, surnaturel et divin ? Mais de saint Paul à Bossuet, de saint Augustin à Fénelon, la chaîne des témoins est assez illustre et assez belle pour croire qu'on pourra bien après l'étude dire oui comme eux, comme leur science et leur génie.

Si après de longs et consciencieux travaux sur les origines catholiques, sur les monuments, les traditions et les faits chrétiens, on arrivait à prononcer le mot : je doute.

Si après avoir franchement abordé l'état de la question, s'être bien placé sur le terrain véritable, le terrain des faits, puisque toute la foi se résume en des faits; si, après cet examen de probité et de bons sens historique, on disait : je doute. Si c'était possible encore, je gémirais, je me plaindrais; je demanderais avec larmes pourquoi la prière ne fut pas jointe à l'étude. Mais le sceptique aurait pour lui une sorte de prudence et de raison.

En agit-on ainsi? Non, non.

Le christianisme est tout entier un fait historique; a-t-on bien daigné l'étudier sous ce rapport? Non.

A-t-on avant de douter étudié sincèrement les bases sur lesquelles uniquement s'appuie la foi, les bases du fait et du fait divin? Non.

A-t-on consciencieusement demandé raison à l'histoire consciencieuse de la vie et des faits de Jésus-Christ? Mais non; vous le savez bien : on s'est contenté d'aperçus vagues, fugitifs, d'un vague rationalisme, de vagues imaginations : on voit tout comme dans un lointain obscur, et puis l'on doute.

Motifs, raisons de douter, s'en est-on rendu compte? Les a-t-on pesés, balancés mûrement devant soi avec les motifs d'affirmer, un seul jour? Je le répèterai mille fois sans crainte d'être démenti: Non, Messieurs, il manque ici une chose : le courage.

On soupçonne le vrai dans la foi, on l'interroge presque ; puis on se détourne sans attendre ni vouloir la réponse : comme autrefois le gouverneur romain après avoir demandé au Sauveur qu'est-ce que la vérité, le délaisse aussitôt.

Et son indécision, son doute furent suivis de l'arrêt de mort porté contre le Juste.

Il y a dans le doute voulu et accepté une réponse de mort : c'est qu'on abandonne alors la vérité et son auteur, pour aller s'égarant dans de cruelles chimères au vain bruit de l'opinion et des clameurs publiques.

Mais pourquoi donc doutez-vous sur la question de la foi, et de la foi catholique? Car enfin il faut des raisons pour douter, comme pour croire, au reste, il en faut aussi.

Pourquoi vous balancer dans un vague scepticisme? Pourquoi?

Serait-ce pour goûter la paix de la conscience et de la vertu? pour vous asseoir dans la tranquillité de l'ordre et de la vérité?

Mais avec le doute il n'y a plus ni ordre, ni vérité, ni vertu; plus de bases, plus de motifs assurés pour discerner le mal, le faux, le juste et l'injuste; plus une seule garantie sociale ou domestique. S'il reste quelque bien, ce sera par inconséquence : nulle digue certaine au vice et à l'erreur; vous doutez.

Pourquoi douter? Serait-ce pour avoir une religion et une religion pratique? Il y aurait contradiction flagrante. Et si c'est pour n'avoir aucune religion, que mettrez-vous à la place? Que direz-vous alors à votre esprit, à votre cœur, à vos chagrins, à vos penchants, à tous vos besoins ardents de bonheur et d'avenir?

Vous doutez : depuis quand? Vos doutes vous ont-ils trouvé, rendu meilleur? Sont ils honorables pour vos sentiments et pour vos mœurs?

Vous ne voulez pas poser et résoudre la question religieuse; mais pourquoi? Serait-ce pour l'honneur, pour l'indépendance de votre science et de votre raison? Le doute les flétrit.

Serait-ce donc pour obéir à tout vent d'opinion et d'erreur; pour servir des maîtres tels que le trouble, le malaise, les passions et les chimères;

pour vous bercer à plaisir dans une profonde et cruelle nuit sans avoir où reposer la tête; pour livrer ainsi de longues et belles années à l'abandon, à l'oubli de toute foi, quand la foi est la vie du monde?

Si ce sont là vos raisons pour douter, qu'en penser, grand Dieu!

Mais vous ne pouvez pas rester dans ce doute insensé. Non, vous ne pouvez pas douter.

Car dans le doute sur d'éternelles vérités et sur d'éternels intérêts, et tant qu'il n'y aurait que le doute, le parti à prendre serait par là même certain. Pascal l'exprima énergiquement.

Avec la foi pratique nuls dangers, jamais; sans elle tous les dangers existent, irréparables, éternels. C'est une question d'éternité; c'est le signe posé de résurrection ou de ruine; tout est perdu ou tout est sauvé : la loi du plus sûr à suivre est ici logiquement nécessaire, incontestable, évidente, et le plus sûr est certain : c'est la foi affirmée.

Vous ne pouvez pas douter : car si les faits de révélation divine ne sont pas établis, ils ne sont plus douteux, ils sont faux. Des faits annoncés comme des faits divins, comme la volonté de Dieu dictée à l'homme, sont certains ou ne sont pas. S'ils sont vrais, Dieu aura su, il a dû les rendre indubitables. Ils doivent être entièrement rejetés, s'ils ne sont pas entièrement établis. Mais il faut au moins étudier consciencieusement des faits pour pouvoir dire : Ils ne sont pas établis, ils sont faux.

Non, vous ne pouvez pas douter : parce que la grande société catholique témoigne de la vérité des faits et les affirme, et que le témoignage d'une grande société sur des faits est la certitude même : telle est la loi : parce que Dieu, au milieu de la perturbation du chaos des opinions humaines, vous doit, se doit à lui-même votre certitude religieuse ; il vous doit le moyen de l'acquérir : donc ce moyen existe, c'est-à-dire l'Église : ainsi raisonnait déjà saint Augustin.

Dieu n'a pas pu vous jeter sur cette terre sans appui, sans guide sûrs pour revenir à lui ; il n'a pu vous créer pour l'anxiété, les suspensions, le tourment du doute ; il vous créa pour le bonheur : donc pour la certitude et la vérité.

Il a bien pu susciter jadis le stylite, l'homme debout sur la colonne au désert ; mais il lui donna le plus ferme soutien, la foi.

Le doute serait le stylite sans la foi, suspendu sans appui entre le ciel et la terre, balancé constamment sur les abîmes.

Non, Dieu ne fut pas l'inventeur d'un pareil supplice ; vous devez donc à jamais vous y soustraire.

Le doute préjugé illégitime, le préjugé du fait humain ne l'est pas moins.

II. P. A côté, Messieurs, de ce vague scepticisme, préjugé le plus illégitime et le plus dénué de raison, je trouve dans la société que le présent nous a faite une sorte de dogmatisme, mais préjugé encore uniquement déplorable.

Dogmatisme qui sort du doute par une négation, y rentre par le vague et l'indéterminé, affirme peu, ou même n'affirme rien ; qui suppose, préjuge que le christianisme est le fait humain, ou tout au plus un fait ordinaire de progressive et naturelle Providence au sein de l'humanité.

Le christianisme serait alors dans cette langue un fait providentiel et divin comme l'est toute évolution de l'intelligence de l'homme, tout progrès marqué de la raison, comme tout événement dû aux forces de la nature : parce qu'on ne refuserait pas d'admettre, au moins dans un certain langage, un Dieu, une Providence quelconque s'associant au cours des événements et à toutes les choses humaines et naturelles.

Mais le christianisme, fait positivement surnaturel et divin, le christianisme intervention, action toute spéciale et directe, tout extraordinaire et miraculeuse de Dieu en Jésus-Christ, le christianisme parole même de Dieu, institution de Dieu, manifestée, révélée, établie par le Verbe fait chair, par le Dieu homme : en un mot le fait divin de notre foi tel que le catholicisme l'entend et le professe, c'est ce que beaucoup d'esprits n'admettent certainement pas.

Cette sorte de négation, cette disposition d'âme, je la nomme le préjugé du fait humain, parce que je ne sais comment la nommer autrement.

Ce préjugé existe :

Il est sans fondement et sans raison.

C'est, Messieurs, encore un simple état de chose à constater.

Regardez autour de vous; peut-être, hélas! n'aurez-vous qu'à descendre au dedans de vous-mêmes :

Rencontrez-vous affirmé le fait surnaturellement divin de notre foi?

Je ne parle pas d'illustres et toujours présents témoignages rendus aux faits catholiques, en nos jours comme en tous les temps : voix puissante de l'art, de la science, du talent et du génie; voix de sainteté et de vertu, accent généreux d'une vie intime et invincible en plusieurs, qui nous console encore, qui célèbre encore les manifestations divines, le fait divin révélé en Jésus-Christ.

Ce sont d'heureux effets, des signes heureux de vive foi en quelques-uns : j'en rends grâces à Dieu.

Mais ici je parle des tristes maladies et des tristes symptômes qui se rencontrent dans un trop grand nombre.

Je ne m'arrête pas non plus à ces hommages errant sur les lèvres ou dans les écrits, hommages marqués d'un sceau d'incertitude ou de conciliation contradictoire, qui semblent dire, qui disent oui et non tout à la fois sur la divinité du christianisme.

Hommages stériles, langue du temps, vague honneur de style; ce n'est pas la foi.

La foi positive du fait divin, du dogme révélé, cette foi est absente de bien des cœurs.

Oui, dans l'indifférence apathique ou légère, comme dans ce je ne sais quoi assez bien nommé sentimentalisme religieux, dans les vagues et vaines spéculations, il y a une réelle incrédulité, convenez-en avec moi; il y a le préjugé du fait humain, le christianisme humain. Et qu'ai-je besoin d'insister pour établir qu'il existe, ce préjugé? On ne s'en défend assurément pas, au contraire.

Perpétuellement, dans ce laisser-aller général d'idées qui nous tue, on supposera, sans daigner même penser qu'il en puisse être autrement, que le christianisme fut un beau moment de l'esprit humain, mais amené naturellement et comme nécessairement, pas autre chose.

Ce n'est pas la guerre et la lutte ardente que l'on intente, c'est plutôt un dédaigneux sommeil qui assiste sans voir et sans entendre à la parole évangélique ; c'est une supposition toute faite, large et vague, dans laquelle on se berce comme dans un nuage.

Le christianisme simplement un fait humain, en perçant l'écorce de quelques grands mots, en traduisant une langue, voilà, Messieurs, ce qu'on trouve évidemment. Spectacle désolant, mal dont la vue déchire profondément l'âme d'un prêtre, et lui montre un sombre avenir ; mal que ne sent pas toujours ou ne sent guère celui qu'il dévore.

S'il m'était donné de le guérir, du moins en quelques-uns !...

Préjugé encore, et non pas système ; car on ne rencontre point de principes formulés ni arrêtés à cet égard. Ce qu'on décore de ce nom n'est qu'un essai de symbolisme ou de mythologie générale appliqué à Jésus-Christ et à l'Évangile, à l'aide d'affinités ou de filiations orientales, avec des pensées juives et des allégories rabbiniques, à l'aide d'une audacieuse et froide critique. Ce prétendu système paraît vouloir s'essayer ou plutôt se réveiller d'une vieille mort au delà du Rhin et dans quelques échos en deçà. J'en parlerai plus tard. Mais c'est encore à l'état d'ébauche et d'isolement.

Il est vrai de le dire : pour la foule de ces malades, de ces esprits atteints de la maladie du fait humain, que le christianisme ne soit point la foi divine, c'est préjugé, non système.

La preuve en est qu'en cherchant les raisons et les bases sur lesquelles s'appuie cette supposition malheureuse, on n'en rencontre aucune réellement à saisir; il faut les créer pour les combattre.

Ce sont de ces opinions admises, mais sans précision, sans consistance et sans fermeté, que le vent mobile de l'erreur promène et balance au-dessus des sociétés, dans des temps de chaos moral comme le nôtre.

Préjugé du fait humain, il existe; mais il existe sans fondement et sans raison.

Car enfin il faut faire de la logique pour l'erreur, puisque l'erreur n'en veut point faire elle-même.

Pour fonder cette idée que le christianisme est une institution humaine, ou, ce qui revient au même, que le christianisme n'est l'institution providentielle que par une marche naturelle et successive de l'esprit de l'homme; pour que ce fût là une supposition fondée, que faudrait-il donc?

De la meilleure foi du monde, Messieurs, je

cherche à constituer le système pour ceux qui n'en ont pas.

Il y a des ordres divers de vérités. Comme Euler l'observe très-bien, à chaque ordre de vérité correspond un genre propre de preuve, mais aussi par là même un genre propre d'attaque.

Aux vérités métaphysiques qui reposent sur les lois essentielles de l'intelligence, répond éminemment la preuve ou l'attaque par le raisonnement spéculatif. La preuve ou l'attaque par l'observation et l'expérience répond aux vérités physiques, puisqu'il s'agit des lois de la nature. Aux vérités historiques répond le témoignage, qui appuie et transmet les faits.

Vouloir intervertir cet ordre : pour ou contre des faits historiques, par exemple, exiger ou employer des raisons métaphysiques, prétendre laisser de côté l'histoire, ou la renverser au moyen d'abstractions, de théories et d'hypothèses arbitraires, c'est un non-sens ; il y a injustice et folie à procéder de la sorte.

C'est l'armée qui défile en présence de l'ennemi sans attaquer ni combattre, et puis qui chante victoire. Nos braves ne font pas ainsi.

Le christianisme depuis dix-huit cents ans est historique ; le fait divin de notre foi est proposé, cru, établi comme une histoire, avec les monuments, les traditions, le témoignage; ce fait n'a pas d'autre nature, il appartient à cet ordre de vérité, aux faits historiques.

Est-il attaqué, détruit comme histoire par le témoignage contraire, ou par l'absence démontrée de témoignages admissibles?

Ce serait le seul mode possible, le seul concluant et logique pour asseoir ce que j'ai nommé le fait humain.

Sur le terrain et dans le champ clos de l'histoire a-t-on détruit ou même sérieusement attaqué de nos jours nos livres, nos institutions, nos témoins du fait divin?

Si cela était, je verrais au moins une guerre logique.

On ne veut plus, dit-on, parler la langue du dix-huitième siècle; soit, elle fut aussi abondamment confondue.

Au dix-neuvième qu'avons-nous donc? Je vois le fait divin de la foi méconnu, délaissé, dédaigné, mais sans combat et sans motifs historiques.

La question historique de la foi divine débattue, comme il le faudrait, parmi le grand nombre de ceux qui ne croient pas, et pour se faire, pour étayer un système de christianisme humain; non, je ne le trouve pas, je vous en fais juges vous-mêmes, Messieurs.

Je rencontre de vagues et téméraires explications, des idées aventureuses de symboles, de fait et de travail humain religieux à propos de l'histoire ; je trouve des théories, des abstractions, des hypothèses gratuites et arbitraires, du rationalisme sous toutes les formes; une discussion sérieuse, directe, approfondie des bases historiques de la foi et des faits divins historiques en Jésus-Christ, je ne la trouve réellement pas.

Alors c'est n'avoir rien dit pour le fait humain et le système.

Je consacrerai, Messieurs, cette année, une suite de nos Conférences à vous rappeler la force même et la valeur historique du fait surnaturel et divin en Jésus-Christ, parce que je pense qu'un de vos grands besoins est là. Je n'ai donc pas pour le moment à m'étendre davantage sur ce point.

Mais je suis bien autorisé déjà à conclure que le préjugé opposé à la divinité de notre foi est, dans l'état où nos jours le présentent, le préjugé le plus totalement dénué de fondement et de raison.

Il ne s'appuie pas sur la seule assertion, sur la seule discussion historique qui pourrait, quoiqu'à faux, lui prêter une ombre de système et de logique.

Il est donc sans raison.

Et comprenez ici l'injustice, l'incohérence étrange des esprits préoccupés et prévenus contre la foi.

La foi est pour eux dans une catégorie à part; avec elle autre poids et autre mesure, autre logique, que pour toutes les questions sérieusement agitées.

Toute autre science, toute autre vérité on ne la redoute pas, on ne la fuit pas; on ne craint pas de l'envisager dans ses caractères natifs et propres. On redoute, on fuit la foi; on craint de la considérer comme un fait historique, ce qu'elle est.

Aucun autre fait n'est combattu, n'est dit vaincu au moins par de misérables hypothèses, par de vaines imaginations; ailleurs l'hypothèse cède au fait. Quant à la foi, c'est tout le contraire. Toute hypothèse est bonne; et elle aura des partisans, pourvu qu'elle serve à ne pas admettre les faits divins révélés.

Dans toute autre science, quand une théorie explique tous les faits, n'en contredit aucun, donne à prévoir les autres, on l'accepte, on l'adopte, on la défend. C'est autre chose pour la foi.

Tous les faits de la nature s'expliquent admirablement en admettant le dogme révélé d'un Dieu créateur. Partout on retrouve l'enchaînement de causes et d'effets qui remontent à une première cause; partout apparaissent l'ordre, la sagesse, un dessein, un but. N'importe, ce dogme sera mis de côté : mieux vaut une aveugle et éternelle nécessité, une matière aveugle et éternelle qui n'explique rien, qui embrouille tout, pourvu qu'on rejette les causes finales, dont on a peur.

Tous les faits de l'histoire s'éclairent comme d'un flambeau vivant par la pensée d'une providence divine, d'une vie à venir, d'une Église universelle sur cette terre; on cherchera dans un fatalisme historique, dans une marche vague, mais nécessaire et toute humaine des esprits et des choses, l'asile contre cette providence naturelle et surnaturelle de la foi.

L'établissement du christianisme s'explique; il ne peut s'expliquer et se comprendre que par sa divinité, par la divinité historique de son auteur. N'importe, ici encore viendra le fatalisme du développement humain, et l'on ne reculera devant aucun rêve de symbole, de mythe et de progrès naturels, pourvu que ce ne soit pas la foi. Nous avons eu il y a un demi-siècle et bien avant, un Christ soleil, nous aurons maintenant le Christ humanité; sa mère visible, la matière; son père invisible, l'esprit; le Christ personnificateur, écrit-on : tout ce qu'on voudra, excepté la réalité historique du fait divin. Je vous parle, Messieurs, des plus récentes productions de nos jours. Et parce qu'il s'agit de la foi, on ne flétrira pas d'avance avec la conscience et l'indignation de l'histoire cet inconcevable délire.

Je n'y manquerai pas quant à moi : mais avais-je tort de vous parler d'abord de préjugés illégitimes, sans motif, sans fondement ni raison?

Ils nous pressent, nous environnent ; si nous n'y prenons garde, nous y vivons plongés.

Mais comment donc languir ainsi dans des abîmes sans fond ? Je m'en étonne toujours.

Il semble qu'une épaisse atmosphère s'appesantit sur nos sociétés, amortit les regards, et obscurcit pour un grand nombre les clartés célestes et pures du vrai.

On demeure sans secouer la tête sous le poids accepté de vagues et traînantes préventions ; on se traîne avec elles dans un amas d'idées faibles et étroites ; c'est une sorte de terre-à-terre intellectuel et moral, qui jamais ne s'élève au delà des pauvres faits de la pauvre humanité et de la triste matière. Le catholique lui seul sait relever la tête ; il sait attacher au ciel même ses regards.

C'est qu'il croit au fait divin.

Il a compris, embrassé la langue des faits.

La langue des faits, qu'est-elle donc, Messieurs?

Elle est le cri du vrai, l'universelle attestation des œuvres divines; oui, quoi qu'on en ait, l'attestation de la prophétie accomplie, du miracle opéré, du monde renouvelé, vient dire en la montrant au doigt :

Cette religion, elle est positivement, surnaturellement divine; cette Église toujours une, sainte, immuable, son autorité est l'institution divine.

Telle est la langue des faits.

Impossible à un esprit tant soit peu recueilli et attentif d'entendre, de travestir le christianisme en faits, en progrès humains rationnels.

L'institution chrétienne catholique a une existence, une date, une force historiques.

Vous la reconnaissez comme fait établi, vous la louez même comme grande, heureuse et belle.

Mais ce fait établi, si grand, si heureux, ou il est le fait divin, ou il n'est pas un fait; il n'est rien, il n'exista jamais.

Car toute son existence historique, tous les récits contemporains ou traditionnels, tous les témoignages de sang ou de bouche, tous les monuments sociaux et universels; tout ce qui est corps, âme et vie dans l'institution chrétienne, son existence entendue par les plus hautes intelligences qui apparurent au monde, son existence tranchée, séparée du néant, sans milieu possible, c'est le fait divin, c'est l'institution divine : c'est cela, ou ce n'est rien.

Arracher violemment du front du christianisme ce caractère divin, c'est nier qu'il existe, qu'il exista jamais un christianisme : c'est comme si l'on prétendait qu'il existe ou qu'il exista un homme sans nature d'homme, sans organes, sans âme et sans vie ; c'est le rêve ou le néant.

Tant il y a, Messieurs, qu'historiquement et constitutivement le christianisme est le fait divin, ou n'est pas. Tout ce qui le rend, le montre un fait, le rend, le montre un fait divin.

Il est temps d'aborder de front la religion du fait surnaturel et divin en Jésus-Christ, d'en rappeler la force, la valeur, la gloire, le sens et la réalité historiques.

Je le ferai, Messieurs, avec dévouement et avec franchise.

Daigne le Seigneur par son Esprit animer ma parole, et faire descendre au plus intime de vos âmes que recherche mon zèle, ces convictions douces et puissantes qui relèvent un cœur abattu, qui le consolent, le soutiennent, et par la foi au médiateur divin le ramènent au véritable bonheur.

VINGT-DEUXIÈME CONFÉRENCE

LA POSSESSION HISTORIQUE DU FAIT DIVIN

VINGT-DEUXIÈME CONFÉRENCE

LA POSSESSION HISTORIQUE DU FAIT DIVIN

Monseigneur,

Si d'après les conseils éternels un libérateur, un rédempteur divin, a dû être donné à la terre pour instruire et sauver l'humanité; on conçoit, comme une haute convenance en rapport avec la sagesse, la bonté et la science toute-puissante de Dieu, que dès les temps anciens les générations en souffrance fussent averties, consolées et rendues attentives par l'annonce et l'espérance d'un si merveilleux et si fortuné avénement.

Dans le monde antérieur au christianisme nous trouvons, l'on en convient, éparses chez toutes les nations de l'univers, réunies chez un peuple singulier, une attente, des traditions, des figures de réparation, de manifestation divine et nouvelle, un

Messie à venir. Et si quelque chose doit disposer à croire à la réalisation du grand fait de la rédemption, c'est assurément cette préparation même évangélique.

Cependant, Messieurs, à l'aide de ces idées mêmes et de ces traditions antérieures, groupées autour d'un nom, celui de Jésus par exemple, on voudrait prétendre que les imaginations populaires, les disciples de la croyance hébraïque, les constructeurs de religions symboliques à l'usage de l'humanité, auraient un beau jour produit... le christianisme, ni plus ni moins.

On vous présentera l'Évangile comme une simple transformation des idées juives et allégoriques de l'Ancien Testament en un mythe nouveau, qui sera le testament des chrétiens, sans aucun fait réel et divin du reste.

J'aime à le dire : tandis que du sein de la réforme s'élevait naguère ce système ou plutôt ce rêve malencontreux, du sein de la réforme aussi se sont élevées pour le combattre des voix graves, des réclamations sérieuses et fortes. Je rends justice à cette conscience du vrai parmi les rangs de la séparation ; mais je m'afflige toujours de voir ainsi des esprits distingués n'être logiques et conséquents qu'à demi, ne ressaisir et ne défendre qu'à demi la vérité et les principes.

Un homme ne veut voir dans la vie de Jésus qu'une mythologie : qu'avez-vous à lui dire? Il prend un livre, il le lit, il l'interprète à sa manière, comme vous-même. Et vous aussi vous avez un jour renoncé à toute autorité de la tradition, à toute autorité de jugement et de définition souveraine. Reconnaissez les fruits portés par vos principes : car on reconnaît l'arbre à ses fruits.

Pour nous, Messieurs, qui avons encore le bonheur de vivre de la foi à l'ombre de cette double autorité, nous pouvons, nous devons aussi nous opposer à ces idées, peu dangereuses peut-être en elles-mêmes, peu appuyées; mais qui n'ont eu déjà que trop de retentissement, et qui tendraient encore à augmenter le chaos moral où nous sommes.

Je vais droit au but sans m'embarrasser dans les détails ni les détours.

J'établirai aujourd'hui un principe de certitude pour les faits divins, principe autour duquel viennent se ranger en quelque sorte toutes les démonstrations évangéliques, et qui les résume toutes.

Ce principe est la possession historique.

L'Église possède la vérité du fait divin de sa foi, elle est en possession d'y croire comme à un fait certain : donc le fait divin est certain.

Développer cette force et cette valeur de la possession historique du fait divin dans l'Église, tel sera l'objet de cette Conférence.

J'ambitionne ici, Messieurs, devant Dieu un résultat immense, quoique simple, et au moyen de bien simples paroles : c'est qu'au sortir de cette enceinte, dans vos consciences, dans vos convictions intimes et paisibles, vous sachiez tous plus que jamais unir inséparablement ces mots :

Jésus-Christ est réellement historique, le fait divin est historique.

J'ai mon recours et mon espoir dans la grâce même divine.

I. P. L'Église est en possession de croire au fait divin ; elle possède ainsi, pour me servir du terme légal, elle possède la vérité divine de sa foi.

Simple état de choses que personne ne saurait nier, que nul n'a ni droit ni même intérêt de contester : car cela signifie tout simplement que nous, catholiques fidèles, expression de la foi de l'Église, nous croyons la révélation de Jésus-Christ, révélation et parole divine : c'est le plus simple et le plus nécessaire énoncé de ce qui est.

Autrefois Tertullien, sorti, à ce qu'on croit, de l'agitation des débats judiciaires, opposa aux erreurs qui venaient déchirer la foi de l'Église naissante, son livre mémorable des Prescriptions.

Cette mâle conception d'un génie alors orthodoxe est toujours applicable. Nous en tirons un principe d'éternelle justice, un principe conservateur de notre foi, que tous les Pères opposaient aussi aux hérésies.

Nous possédons, disons-nous, la vérité du fait divin, nous sommes en possession de croire la révélation de Jésus-Christ, réellement et historiquement divine : à ceux qui viennent après et qui la nient cette foi, à ceux qui la délaissent ou prétendent s'en affranchir, d'établir le contraire, ou bien de croire comme nous. Car la vérité du fait divin précède et possède : le fait divin, tant qu'il possède, subsiste ; et subsistant il oblige.

Tel est le droit de possession antérieure et établie.

Vous n'étiez pas hier : vous imaginez des doctrines, des religions nouvelles ; peut-être n'en retenez-vous plus guère aucune : avant vous l'Église enseignait, ou plutôt elle attestait les faits de sa foi ; elle les possédait divins.

Avez-vous ébranlé, détruit sa possession? Cependant il le fallait pour être libre de ne pas croire ; il vous fallait démontrer le fait humain opposé : jusque-là le fait divin demeure établi pour vous comme pour tous ; et demeurant tel, il vous lie et vous commande comme nous : c'est la parole du Dieu révélateur.

Ainsi l'Église peut et doit avec justice, par la seule force de sa possession, reporter toute obligation de preuve contraire sur ceux qui rejettent sa foi. On l'attaque, elle se défend : à ceux qui attaquent de tout prouver. C'est le principe élémentaire de bon sens, de droit, de logique, et d'histoire même.

Je possède la foi des siècles; à vous qui niez la foi des siècles de la démontrer fausse.

Elle dut cependant un jour se prouver au monde elle-même, l'Église : quand elle naissait; elle le fit.

Une fois établies, de tous ceux venus après elles et qui ne sont pas elles, l'Église et la révélation de Jésus-Christ attendent la démonstration contraire.

Où est-elle cette démonstration opposée? Qu'on la nomme. Depuis dix-huit cents ans, il y eut bien des attaques et des combats, sans doute; mais une démonstration grave, logique, complète contre la possession historique du fait divin, où est-elle? Qu'on la nomme, encore une fois. Cependant, pour ne pas croire, elle est indispensable. Que si la démonstration antiévangélique n'est pas faite encore, j'en suis fâché; en attendant il faudra croire : l'Église possède la vérité du fait divin de sa foi.

Ou bien, si l'on ne veut pas croire, il sera juste,

conséquent et raisonnable de déclarer au préalable et sans preuve toute famille déchue de l'héritage des biens paternels; juste au préalable et sans preuve, de refuser l'accomplissement d'un droit prescrit, parce qu'il impose une servitude; il sera juste, conséquent et raisonnable, de rejeter avant tout, sans preuve, la possession historique des faits d'un grand peuple et toute la renommée établie des grands personnages des temps passés. Il existe une entière identité, une égalité entière de possession entre toutes ces choses et les faits de notre foi.

De sorte qu'en logique, en droit, en raison et en critique, pour s'autoriser véritablement soi-même à ne pas croire, il faudrait préalablement et avec certitude s'être démontré le contraire de la foi chrétienne; ce qui n'est pas facile.

Car enfin, Messieurs, l'Église possède, elle possède le fait divin : non détruit, le fait divin règne et commande. Et qu'on ne dédaigne pas ce genre de défense négative, mais invincible; c'est la Ville Vierge bâtie sur la montagne, dont les remparts dorment assis sur le roc. Apparemment, pour détruire sa puissance, il faut d'abord renverser l'enceinte et les remparts. Ils sont debout; la cité règne et demeure, et l'ennemi passe.

Il reste donc vrai que l'Église n'a rien à prouver la première, si elle veut user de son droit et de sa position historique. C'est contre sa foi et contre sa possession du fait divin qu'il faudrait tout prouver. Or on allègue, on affirme, on se débat en l'air, on rêve des théories, surtout de notre temps : on ne prouve pas.

Mais ce n'est pas assez, Messieurs, pour nous : je dis que la possession prouve elle-même la foi.

Que représente en effet cette possession ?

Vous écoutez l'âge présent de l'Église, vous l'interrogez dans tous les lieux du monde, puis l'âge précédent, puis un autre âge, dix-huit cents ans ; ils vous racontent, ils vous attestent les faits de Jésus-Christ. Et remarquez bien, Messieurs, ces faits sont transmis, reçus et possédés comme l'histoire et comme le témoignage de faits, et de faits divins. C'est leur inséparable caractère : transmission et possession du fait divin comme tel et comme historique ; impossible de trouver autre chose au sein des générations successives catholiques. Une transmutation d'un mythe en fait, d'une poésie en témoignage, ou d'un fait humain en fait divin, c'est ce qui n'apparaît nullement dans la permanence des traditions catholiques. L'énoncé, le narré lui-même, comme la tradition, l'acceptation et la possession s'appliquent uniquement à des faits divins. Que ce soit à faux, prouvez-le ; mais que ce soit tel dans l'Église, que la possession et la tradition soient telles, c'est ce qui est irréfragable, c'est ce qui n'est pas nié et ne peut pas l'être. Oui, toujours l'Église a cru au fait divin. Et c'est bien déjà quelque chose cependant : c'est la chaîne continuée sans interruption depuis le premier anneau jusqu'au dernier ; c'est le cours du fleuve sans point d'arrêt depuis sa source. Niez donc alors le premier anneau d'une chaîne et la source d'un fleuve.

Et ce fait de mission divine, de révélation divine en Jésus-Christ est toujours attesté, il est toujours énoncé, exercé, vivant dans les institutions, dans le culte et les monuments des peuples, en sorte que vous le touchez de la main de siècle en siècle en remontant jusqu'à son origine.

Mais il n'y a pas, Messieurs, un seul fait au monde romain ou grec, franc ou germain, qui dure et qui vive ainsi, rendu toujours présent et agissant au sein des peuples : cependant on croit à des millions de faits.

L'histoire du fait divin dura toujours active et vivante, elle vit tout entière active et présente dans la possession actuelle de l'Église? Que veut-on pour croire à des faits?

Qu'ils soient merveilleux, extraordinaires, surnaturels, divins ; qu'ils aient des conséquences exigeantes, ce n'est pas la question ; sont-ils attestés, sont-ils vrais comme l'histoire vraie? Oui, il faut les croire, et puis faire. O bienheureuse nécessité!

Nous avons déjà, Messieurs, en remontant d'âge en âge, une possession non interrompue, un exercice toujours vivant du fait divin.

Ce n'est pas tout encore. Que représente, que renferme donc cet état de possession de l'Église?

Je ne viens pas en ce moment, Messieurs, fonder la foi du fait divin sur l'authenticité même des Évangiles et des autres livres du Nouveau Testament; je n'en ai pas besoin. C'est une thèse à part, que je ne veux pas même établir; elle l'a été dans beaucoup d'excellents ouvrages, entre autres dans celui que chacun peut lire de Duvoisin, sur *l'Autorité des livres du Nouveau Testament*. Ces livres sont authentiques plus qu'aucun autre livre; de tout temps ils furent reconnus, défendus, consacrés comme tels; et tout homme d'un sens droit, éclairé et impartial, ne pourra s'empêcher de le proclamer. Mais je n'ai point, quant à présent, à m'en occuper.

Avec les Pères, avec l'enseignement catholique je dis que sans l'Évangile écrit, les faits divins seraient les mêmes. Avant l'Évangile écrit, l'Église et sa foi subsistèrent, et cela dans de vastes contrées et durant plusieurs années; elles pourraient subsister ainsi encore si Dieu l'avait ainsi voulu.

Ce qui, pour le dire en passant, ruine et sape par la base toute doctrine protestante qui ne veut s'appuyer que sur l'Écriture, car l'Écriture n'est pas absolument et essentiellement nécessaire à la foi. Ce qui montre aussi le perpétuel paralogisme des productions récentes ou anciennes qui dénaturent les faits divins de Jésus-Christ en disséquant, en dénaturant le texte même et le texte seul des Évangiles ; c'est un crime sans aucun doute, mais un crime qu'on pourrait nommer inutile.

L'Évangile même pour être l'Évangile, la foi du fait divin sont tout entiers dans la tradition et dans la possession historiques non interrompues, comme tous les faits du reste. C'est surtout un ensemble de tradition et de possession qui constitue les faits historiques. Jugeons donc ainsi des faits divins.

Pour attester les faits évangéliques même sans les Évangiles, pour recueillir et revendiquer les miracles de Jésus-Christ, les miracles et le témoignage des apôtres, pour confirmer toute l'autorité du fait divin, nous avons, dès les temps mêmes apostoliques, la foi subsistante dans l'univers, la foi, qui n'est qu'un témoignage. Nous avons des écrits avérés pour tous les critiques, de saint Clément pape, de saint Ignace d'Antioche, de saint

Polycarpe, de l'auteur du livre du Pasteur, et de plusieurs autres dont les fragments sont conservés par Eusèbe, tous auteurs qui furent disciples des Apôtres eux-mêmes, comme ils l'attestent, ce sont autant de témoins des faits divins transmis. Ils les racontent comme l'Évangile, ils sont pleins de Jésus-Christ, de sa vie, de ses actions, de ses merveilles divines. Voilà pour le premier siècle et sans le secours de l'Évangile écrit.

Au deuxième siècle nous avons Hégésippe, cité par saint Irénée et dont les fragments sont conservés dans Eusèbe; saint Justin, philosophe païen converti, puis martyr, qui écrivit plusieurs apologies de la foi chrétienne; nous avons Athénagore, Théophile d'Antioche, saint Denis de Corinthe, Clément d'Alexandrie, Tertullien; nous avons l'admirable lettre des Églises de Vienne et de Lyon aux Églises de l'Asie et de la Phrygie; nous avons le grand Irénée, qui suffirait seul avec ses précieux livres contre les hérésies des premiers temps. Voilà pour le deuxième siècle.

Au troisième, Origène, Minutius Félix, saint Hippolyte martyr, saint Cyprien, saint Denis d'Alexandrie, saint Grégoire surnommé le Thaumaturge, Arnobe, Lactance : tous auteurs dont les écrits demeurent et témoignent au troisième siècle. Vient ensuite cette noble et longue série de témoins que je n'ai plus à nommer, pontifes, docteurs, orateurs, historiens, philosophes, les Pères, disons-nous toujours, hommes si éminents par le génie, la science, la sainteté et le courage héroïque : chaîne qui dans l'Église ne se rompit jamais.

Dans tous ces monuments antiques, contemporains, ou du moins bien rapprochés du christianisme naissant, monuments échappés aux fureurs des persécutions et aux ravages des temps; dans tous, foi unanime, récit unanime des faits divins de Jésus-Christ; témoignage reçu, continué, des apôtres; ouvrages recueillis, vérifiés, certifiés, produits et reproduits par la plus sévère critique; je n'en cite pas d'autres.

Une seule voix s'élève du fond de tous ces cœurs, une seule et même expression du génie vivant des traditions : fait divin, foi divine.

Eh quoi! en parcourant ces œuvres immenses, en lisant leurs innombrables pages, on ne trouve qu'un récit, une histoire, un seul cri, le fait divin!

Et ce ne serait que fausseté, imposture, ou bien illusion et déception grossière! Quoi! les disciples immédiats des apôtres, et les Irénée, les Tertullien, les Origène, les Clément d'Alexandrie, saint Athanase, saint Basile, saint Grégoire de Nazianze, saint Chrysostome, saint Jérôme, saint Augustin et tant d'autres; quoi! sur des faits récents attestés par les monuments contemporains, à cinquante, cent, deux cents ou trois cents ans de distance, ces hommes géants seraient des dupes ou des faussaires et des imposteurs!

Ils n'auraient pas su vérifier des faits, des faits éclatants et merveilleux; ils n'auraient pas su vérifier un mythe; et plusieurs d'entre eux étaient sortis des rangs de la philosophie païenne; et toute leur vie ils combattirent pour la vérité, pour l'intégrité du fait divin contre le paganisme et l'hérésie! Quoi! ce n'est pas là une histoire avérée, une tradition, une possession historique! Où donc alors est l'histoire assurée?

Les expéditions de Cyrus et d'Alexandre n'eurent point d'historiens contemporains; vous les croyez. Les six premiers siècles de la république romaine, les faits mêmes d'Auguste et de Tibère n'eurent point d'historiens contemporains; vous les croyez. Et les faits de Socrate, a dit Rousseau, dont personne ne doute, sont moins attestés que ceux de Jésus-Christ. Nous n'avons en effet pour garants de la vie et des sentiments du philosophe grec que deux de ses disciples, Platon et Xénophon; vous les croyez.

Pour les faits du Sauveur nous avons, Messieurs, huit historiens contemporains, tous témoins oculaires des faits qu'ils racontent. Et si je n'en ai point parlé, ils n'en existent pas moins : ce sont les auteurs du Nouveau Testament. Avec eux ou sans eux, nous avons la noble, l'illustre et innombrable série des témoins que j'ai nommés.

Et ne me parlez pas ici d'opinions, de préjugés ou même de doctrines : il s'agit de faits. Apôtres, docteurs, Pères, tous racontent des faits, les faits de Jésus-Christ. Ils les attestent, et dans la doctrine perpétuellement ils les supposent, les attestent comme des faits et toujours des faits divins. Ils sont témoins, et témoins des faits.

Mais montrez-moi une histoire avec cet océan de tradition; montrez-moi un seul, un seul fait au monde ainsi attesté avec une telle possession historique.

Vous louez parfois ces grands hommes de l'Église; ce ne sont que des témoins du fait divin, et vous ne croyez pas!... En vérité, il y a de ces ténèbres, de ces contradictions permanentes dans l'esprit humain, qui, considérées à la lumière du témoignage catholique, deviennent inexplicables, mais désolent et flétrissent un cœur qui croit.

Je n'ai pas besoin, Messieurs, de continuer l'histoire du témoignage dans l'Église, les premiers siècles suffisent. On sait assez et on l'avoue, que du pontife et du docteur des temps anciens au pontife et au docteur des temps présents, il existe dans l'Église une même suite, une même autorité de tradition hiérarchique, doctrinale, mais essentiellement historique, des faits divins de Jésus-Christ.

Pour d'autres faits anciens de l'histoire du monde, quels longs intervalles, quel long sommeil de tradition! Pour les faits divins de notre foi, aucun et jamais. Levez les yeux, et vous verrez ces nuées de témoins dont parlait saint Paul, toujours présentes, planant au-dessus de vos têtes. L'universelle possession de l'Église est comme l'immense réservoir qui reçoit et retient leurs eaux vivantes et fécondes : eaux vivantes de la vérité qui jaillissent jusqu'à l'éternelle vie.

Nous venons de rappeler, en partie du moins, le droit et la nature de la possession du témoignage historique dans l'Église, voyons maintenant sa force pour résister à ce qu'on peut lui opposer.

II. P. Ce qu'on peut opposer à la possession et au témoignage historique du fait réel divin dans l'Église, ce sont sans doute, Messieurs, les témoignages de ceux qui ont nié et combattu la foi, ennemis anciens, ennemis nouveaux de la révélation divine de Jésus-Christ.

Quant à l'erreur ancienne et ennemie, lisez, Messieurs, je vous adjure, lisez sans prévention l'histoire de l'établissement du christianisme d'après le seul témoignage des auteurs juifs et païens, histoire écrite par le savant et judicieux critique Bullet; recourez aux textes originaux; qu'il cite fidèlement et longuement, lisez avec pudeur toutefois. Je ne crains pas de le dire, si de l'ensemble de ces blasphèmes, de ces infamies, comme de bien des hommages forcés, il ne ressort pas pour vous, pour tout homme sincère et de bonne foi, la conviction historique inévitable des faits réels de Jésus-Christ, des faits miraculeux et divins qui ont fondé le christianisme, alors j'y consentirai volontiers, que les faits du christianisme soient retranchés du rang de l'histoire et relégués parmi les rêveries symboliques et mythologiques.

Je ne puis que résumer ici quelques traits bien courts, on le sent, et d'ailleurs bien connus.

Tacite, au livre xve des Annales; Suétone, dans la vie de Néron; Pline le Jeune, dans sa lettre célèbre à Trajan, parlent des chrétiens avec prévention sans doute, sans connaître, sans examiner même les faits; mais enfin pour eux Jésus-Christ, son existence, sa mort sous Pilate, la foi de ses disciples à sa divinité, les prodigieux accroissements du christianisme, sont des faits ou historiques ou présents qu'ils reconnaissent.

Il y a plus, la philosophie païenne expirante, mais rassemblant toutes ses forces, livra au christianisme naissant les plus rudes assauts. Pour tous ces philosophes ainsi ameutés par la haine, Jésus-Christ demeure historique; aucun parmi les anciens ne s'avisa d'en faire un mythe; et les miracles eux-mêmes ne sont pas niés, tant ils étaient évidents.

Celse, Hiéroclès, Porphyre, Julien lui-même dans les écrits ou fragments que nous avons encore, tous attribuent les faits miraculeux de Jésus-Christ à la magie : entendez-vous, Messieurs? aux sciences occultes de l'Égypte. Mais pour tout homme sensé, c'est avouer leur réalité historique. Et voilà le témoignage des philosophes païens les plus voisins des faits et les plus acharnés ennemis des chrétiens : faits de Jésus-Christ faits de magie, en propres termes, pas d'autre explication, pas d'autre réponse donnée.

Eh bien! oui, aux yeux d'un homme de bonne foi c'est avouer le fait divin, c'est le reconnaître réel. Mais en conscience, après quatorze à quinze siècles vous ne pouvez plus changer le terrain de l'attaque et de l'histoire; ce qui fut histoire inattaquable pour la haine, la fureur, la philosophie presque contemporaines, demeure histoire pour vous. C'est le plus inviolable principe de critique. Alors tenez-vous-en à la magie contre nous, j'y consens.

Dans ce que nous avons des Juifs anciens, dans les deux Talmud, dans ces romans absurdes intitulés Vies de Jésus, dans les écrits les plus envenimés des rabbins, dans l'école cabalistique, les faits de Jésus-Christ ne sont pas niés, non; mais ils sont attribués au démon, à la magie encore, à la prononciation découverte ou surprise du nom de Jéhovah : voilà pour les Juifs anciens. Deux recueils de ces folies ont été faits sous le titre de *Tela ignea Satanæ* et *Pugio fidei;* on peut y vérifier ce que je dis. Seulement le fait de la résurrection de Jésus-Christ fut toujours nié par les Juifs, mais d'une manière qui prouve ce même fait : nous le verrons un jour. Quant aux autres faits, qui suffiraient seuls, ils ne sont pas niés. Pour ces attaques juives anciennes, je n'ai donc qu'à répéter ce que je viens de dire pour les philosophes païens : le fond réel historique du fait divin n'y est pas nié.

Comme ennemis anciens je ne vois plus, Messieurs, que les hérétiques des premiers temps à nommer. Aucun parmi eux ne paraît avoir été le témoin des actions de Jésus-Christ. Mais aucun d'eux encore ne nia positivement les faits divins du Sauveur, aucun ne nia sa mission divine; ce qui est bien remarquable, et cela à l'origine même du christianisme. Cérinthe, Ebion, les Gnostiques, Marcion, les Valentiniens, et quelques autres rêvaient deux personnages, une double personnalité en Jésus-Christ, ou bien ils ne voyaient en lui qu'un pur homme, mais révélateur divin, ou un corps fantastique, ou je ne sais quel rêve d'illuminisme mêlé à l'Évangile. La vérité historique et même la divinité des faits principaux, ils ne la niaient pas.

Je me trompe, Messieurs, saint Augustin parle et se rit de quelques obscurs partisans de Manès qui faisaient du Christ le soleil. Toutefois il n'est pas bien sûr qu'en admettant une telle folie ces sectaires rejetassent l'histoire même de Jésus-Christ. Car c'est vraiment merveille comme le délire humain sait tout concilier.

Au reste, cette idée impure du vieux manichéisme on l'a trouvée neuve pour nous l'opposer il y a quelque quarante années : le Christ soleil! Aujourd'hui c'est autre chose.

Ainsi donc la haine antique comme l'antique fidélité forme véritablement un faisceau historique, un témoignage d'innombrables voix qui n'en font qu'une, qui proclament Jésus-Christ historique et le fait divin historique; c'est l'acclamation des siècles. Et vous ne croyez pas! et vous rêvez le fait humain ou le mythe! Mais savez-vous donc lire? J'en douterais.

Quant aux erreurs modernes, on ne veut plus parler le langage du dix-huitième siècle; à la bonne heure: puisse-t-on répudier aussi la réelle incrédulité! Vous me reprocheriez comme un anachronisme de reprendre et de réfuter les attaques d'un autre temps; je ne le ferai pas. J'indique seulement, pour ceux qui auraient besoin de le lire, un fort court et fort solide résumé de la lutte incrédule et de la défense catholique au dernier siècle; c'est le livre de Bergier intitulé: *Certitude des preuves du christianisme.*

Pour nous en tenir donc aux erreurs toutes récentes, prétendrait-on, avec une célèbre théorie des probabilités, que la transmission d'un fait par témoins successifs ne peut jamais donner de certitude?

Le génie de la science, dans ses funestes préventions contre le christianisme, devait donc, Messieurs, arriver à confondre un jour avec des nombres, avec des chiffres froids, absolus, immuables, les opinions, les jugements, les témoignages si libres et si contradictoires des hommes, leurs passions même et leurs infirmités morales variées à l'infini, pour tout soumettre jusqu'à nos volontés à ses inévitables calculs, sans s'apercevoir que par une voie plus savante peut-être en apparence, mais moins logique encore que d'autres, on revenait ainsi tristement à un sombre fatalisme. C'est qu'il fallait nous faire toucher au doigt cette vérité souvent prouvée, qu'ici-bas le génie de l'homme dans ses plus hardis élans, dans sa plus vaste émancipation, ne fait jamais, pour ainsi dire, que sortir à peine des langes de l'enfance; et que sans la bienfaisante tutelle, sans la garde d'une foi divine, il se précipitera bientôt dans les plus effrayants écarts, dont tôt ou tard il sera forcé de rougir.

La transmission d'un fait par témoins successifs ne peut donner de certitude, dites-vous.

Mais alors tout est incertain; toute société, toute famille, tout droit, tout fait historique ne présentent plus que des doutes, car tout cela repose sur la succession des témoignages : de sorte qu'on ne peut toucher au principe de certitude du fait divin sans ébranler toute certitude. Nouvelle et admirable preuve que le fait divin est inattaquable.

C'est d'ailleurs méconnaître l'évidente et absolue impossibilité qu'il y eut toujours à ce que les traditions et les faits du christianisme fussent altérés.

Entre des peuples séparés par d'immenses distances de lieux, de mœurs ou de langage; entre des peuples souvent ennemis ou dissidents dans la foi; en présence des pontifes, des pasteurs, de tout un enseignement, de toute une hiérarchie de sentinelles vigilantes, admettre une altération par collusion, ou par laisser-aller, ou par violence, et partout à la fois, de la même manière, sans qu'il y ait aucune trace ni de résistance, ni de changement, car il faudrait l'admettre ainsi, Messieurs; c'est la contradiction la plus absolue, la plus radicale impossibilité. Or on a cru toujours et partout de la même manière au fait divin de la foi dans l'Église : donc c'est toujours le même, l'inaltérable et primitif témoignage.

On méconnaîtrait aussi totalement, en admettant cet affaiblissement probable, la nature du témoignage catholique, qui s'est dès son origine identifié, pour durer toujours et ne s'affaiblir jamais, avec des monuments impérissables, la conversion des peuples, les temples, les institutions, les rites, les travaux de la science et de l'art.

Ah! il savait, le témoin du fait divin, que vous attaqueriez sa foi, *signum cui contradicetur*, et dans des ouvrages immortels il perpétuait son témoignage ; il l'écrivait aussi sur le marbre et sur le bronze. Il faisait plus : héros et martyr en même temps qu'apôtre, docteur et pontife, pour sceller sa foi, il vouait son corps et sa vie au fer des bourreaux ou aux dents des bêtes, *dentibus bestiarum molar,* disait-il, afin que la voix de son sang, afin que ses ossements et ses dépouilles conservés par la piété filiale allassent porter aux générations les plus reculées son irrécusable témoignage en faveur des faits divins pour lesquels il mourut.

Vous vous étonnez quelquefois, quand nous voulons célébrer avec pompe parmi les populations chrétiennes le triomphe glorieux de nos martyrs. Vous oubliez donc que martyr veut dire témoin ; et que ces restes inanimés, dont le culte vous offense, parlent pour nous plus haut et bien mieux que le sang même du juste Abel, bien mieux surtout que vos somptueux et froids raisonnements.

Au reste, je suis moins surpris de ce reproche, quand je pense qu'il nous est adressé dans un siècle où la manie de l'industrialisme a bien été jusqu'à exhumer des champs de bataille les ossements de vaillants guerriers pour en faire... de l'engrais !

Nous, nous n'agissons pas ainsi envers nos soldats morts au champ d'honneur de la vérité et de la foi. Nous portons leurs restes vénérés en triomphe quand nous sommes libres; nous les portons dans nos places et dans nos rues; nous les élevons sur nos autels aux acclamations de l'univers, et nous disons : Gloire aux héros! Jugez de quel côté se trouvent les sentiments généreux, mais aussi jugez où se rencontre le témoignage religieusement gardé.

Enfin parlerons-nous du nouveau système ou du nouveau rêve, le seul au reste autour de nous qui mérite qu'on en parle?

Ce qui ressemble en Allemagne à un système, non pas dominant encore, mais qui tend à se répandre, vous le savez, c'est la manie du mythe et du symbole, manie qui a bien quelques correspondants en France.

Il semble qu'on ne voudrait bientôt plus voir partout que des formes symboliques et mythologiques.

Symboles dans toutes les religions de l'antiquité, surtout en Orient, symboles mosaïques, symboles évangéliques. Jésus-Christ ne serait qu'un mythe façonné suivant les idées populaires des Juifs, ou bien encore un mythe venu de l'Inde : vraiment cela pourrait bien être!

Mais de cette sorte il n'y a plus d'histoire. Pas

de faits, quelque avérés qu'ils soient, qui ne puissent être travestis en symbolisme; pas de traditions, pas de témoignages, pas de possession historiques possibles.

L'école d'Alexandrie eut aussi la manie du symbole; elle fit son paganisme expliqué par le symbolisme de la nature. Le christianisme, son auteur, et les faits de son auteur, elle les laissa historiques; elle se garda bien de prétendre y découvrir un simple mythe. Pourquoi? C'était l'histoire vivante et presque contemporaine, trois siècles au plus s'étaient écoulés depuis Jésus-Christ.

Et c'est après dix-huit siècles qu'on ose travestir ainsi les faits les plus historiques du monde. Que dirait-on si d'Auguste et de Tibère nous nous avisions à notre tour de faire de purs symboles tirés d'Orient ou des Juifs? Et cependant ce serait au moins la même chose. Ce serait même un peu plus probable. Avec des rapprochements forcés, une licence effrénée dans l'interprétation des livres saints, avec une idée fixe et une incroyable audace pour affronter tranquillement le bon sens, on mêle tout, on confond tout; on se joue des faits par les hypothèses les plus arbitraires, sans preuve, sans fondement; vous les chercheriez en vain. On s'habitue à une représentation de fantômes au lieu d'idées; on vit avec eux, on se berce, on s'étourdit avec eux, et avec eux on s'évanouit dans de folles chimères. Telle est la manie du mythe et du symbole.

Les bras en tombent... Mais vous abjurez ainsi tout fondement, tout bien social et domestique, toute gloire nationale, toute vérité antique et toute renommée, qui ne reposent certainement, comme le christianisme, que sur les traditions du passé et sur la possession historique dans le présent. Vous attribuez donc à la fiction pure et au mensonge tous les immenses et glorieux bienfaits apportés au monde par la foi chrétienne; et vous ébranlez en même temps toutes les bases, vous déplacez toutes les bornes, vous renversez toutes les idées reçues et saines; ce n'est plus qu'un affreux chaos.

N'importe; à voir certains hommes, il semblerait qu'ils ont pris pour devise et pour cri de guerre: Que tout périsse, pourvu que la foi périsse. Nouveaux mais trop aveugles Samsons, ils saisissent les colonnes de l'édifice antique, l'agitent violemment, prêts à le renverser et à s'ensevelir sous les ruines, pourvu qu'il n'y ait plus ainsi d'asile pour la religion du fait divin.

Mais elle vit, Messieurs, cette religion divine; elle vivra, car elle a les promesses de la vie qui est maintenant et de celle qui sera un jour. Et si quelque chose me démontrait mieux encore la vérité et la divinité de la foi, c'est le comble du délire auquel on arrive quand on la nie.

J'ai rappelé, Messieurs, le droit, la nature, la force de la possession historique du fait divin et de la foi dans l'Église.

Son droit, qui est la vérité jusqu'à la preuve contraire ; et on ne prouve pas, on rêve aujourd'hui contre la foi.

La nature de la possession, qui est la réunion, l'ensemble et la présence de toute la succession des témoignages et des monuments non interrompus depuis dix-huit siècles sur les faits catholiques.

La force de la possession ; les erreurs anciennes la laissent intacte, les erreurs nouvelles ne l'ébranlent et ne l'attaquent même pas. La foi demeure donc.

Au moins, en finissant, qu'il me soit permis de demander encore à l'incrédulité de mollesse ou de système, à l'incrédulité judaïque ou rationaliste, à la manie du mythe, au préjugé du fait humain, à l'indifférence endormie, sous quelque couleur que se présente la négation du fait divin, qu'il me soit permis, dis-je, de le demander dans la paix : Admettez-vous une histoire, oui ou non ?

Oui apparemment. Qu'exige la saine critique

pour reconnaître des faits comme historiques et vrais ?

Quand des faits palpables, éclatants et de la plus haute importance, nous sont transmis comme tels de génération en génération depuis l'époque même contemporaine, sans qu'il soit possible d'assigner aucune autre origine de cette tradition constante ;

Quand encore ils sont contenus, ces faits, dans des écrits contemporains dont l'authenticité est attestée par la sanction non interrompue des siècles, par les témoignages et les écrits les plus solennels de tous les âges subséquents, sortis même des camps ennemis ;

Quand ces faits sont admis, crus, défendus comme tels par une multitude innombrable en chaque siècle ; quand vous les trouvez liés, ces faits, aux plus éclatantes révolutions des empires, aux destinées mêmes des peuples, vivants et pour ainsi dire en action permanente dans les monuments, les institutions, les lois, les usages journaliers, dans les rites sacrés et les solennités publiques ; monuments et institutions qui sans la vérité des faits auxquels ils se rattachent seraient entièrement sans raison ni cause aucune de leur origine et de leur durée ;

Quand aucune supposition de ces faits ne fut ni

prouvée jamais, ni jamais possible en présence des plus vigilants gardiens et des plus acharnés contradicteurs :

Alors ne craignez pas, affirmez hardiment : ces faits sont indubitables, certains, ou il n'y a rien de certain au monde. Et cette certitude est pour tous et à chaque instant présente dans la possession constante, invincible d'une grande et nombreuse société.

Que si ces faits sont donnés comme la communication extérieure et sensible de la Divinité avec l'homme, si par là même ils ont dû réveiller la plus solennelle attention et les contradictions les plus vives; si aux plus éclatantes preuves qui furent jamais de tradition, d'histoire contemporaine, de monuments authentiques chez toutes les nations de l'univers, ils joignent en leur faveur le témoignage du sang, celui d'innombrables martyrs morts uniquement pour les attester ces faits;

Si, contraires à tous les préjugés, à tous les intérêts du temps et du plaisir, venant combattre toutes les passions et de bien puissantes erreurs, ces faits annoncés, prêchés jusqu'aux extrémités du monde, ont renouvelé la face de la terre, détruit l'idolâtrie, vaincu la philosophie rebelle et répandu partout jusqu'à nos jours la vérité, la gloire, la vie et les plus pures inspirations d'héroïsme et de vertu, avec la foi du Dieu sauveur :

Alors, Messieurs, ces faits ont acquis une effrayante et divine évidence, une évidence inébranlable malgré tous les combats et toutes les illusions. Malheur à qui les nie! Bonheur et joie pour celui qui les reçoit et qui les aime!

VINGT-TROISIÈME CONFÉRENCE

LE CHRISTIANISME HISTORIQUE

VINGT-TROISIÈME CONFÉRENCE

LE CHRISTIANISME HISTORIQUE

Monseigneur,

Ce n'est pas assez d'avoir exposé l'importante notion de la possession historique du fait divin dans l'Église, avec ses appuis et ses preuves d'incontestable vérité.

Il y a au fond de certains esprits un tel laisser aller de croyance, une telle et si longue absence d'idées saines, nettement exprimées sur le christianisme, qu'il est nécessaire d'insister encore sur ce mot : historique.

Le christianisme historique est le christianisme de la foi, le christianisme catholique : c'est le type, le caractère vrai, ineffaçable, invincible de la religion de Jésus-Christ d'être historique. C'est ce qu'on a cru dans tous les temps, le christianisme des faits; c'est le mot qui répond à tout, à vos maladies, Messieurs, à vos besoins, à l'immense besoin de la société moderne, le christianisme historique.

Et je croirais avoir beaucoup fait au milieu du vague rationalisme qui nous dévore, si je pouvais, pour la part de ministère qui m'est échue, contribuer à replacer les convictions, ou même les doutes, les recherches et les débats religieux sur cette base première, l'historique du fait divin.

Je viens donc en ce moment vous dire, Messieurs, comme si je n'avais rien dit encore, comme si vous l'ignoriez, le contestiez, ou ne vouliez pas le savoir; je viens vous dire que le christianisme est historique, ou, ce qui est la même chose, que dans le christianisme le fait divin, la révélation divine est historique.

J'établirai trois choses :

Que le christianisme est historique, d'abord;

Qu'il est la seule religion historique;

Qu'il devait l'être: c'est-à-dire qu'il devait être la religion historique.

Ces termes et ces pensées vont s'expliquer.

La conclusion que j'en veux tirer sans détour est celle-ci :

Il faut croire au fait divin du christianisme.

D'autres sujets pourraient mieux flatter vos

oreilles, mieux vous recommander l'orateur. Il n'en est pas de plus utile, de plus digne d'un amour sérieux de la vérité que celui que je traite.

Je l'ai embrassé, je lui consacre sous la protection divine toutes les forces de mon âme.

I. P. Il est donc juste, Messieurs, d'affirmer que la nature du christianisme est d'être et de demeurer historique. Non pas seulement, veuillez le remarquer, parce que le christianisme a pris un jour place comme doctrine dans le monde et dans le temps; en ce sens, tout est historique : ce n'est point là ce que je veux dire, ce serait ne rien dire; mais parce que la doctrine et le dogme chrétien sont eux-mêmes des faits; parce que la foi est la foi de faits divins, mais historiques; parce que ces faits, dogmes révélés, sont attestés comme l'histoire : voilà pourquoi le christianisme est historique.

Le moyen de connaître une religion est surtout, Messieurs, d'interroger son symbole, ce qui veut dire ici la profession de foi. Assurément une religion a le droit et le devoir de se définir elle-même comme toute science et toute société.

Une religion est religion par ses croyances religieuses; elle les présente aux hommes comme ce qui la constitue, ce qui la fait elle-même. Une religion sans croyances ni doctrines religieuses, serait un non-sens, un non-être, une contradiction dans les termes.

La réunion et l'ensemble de ces croyances vraies ou fausses forment le symbole, la profession de foi.

Je demande quel est le symbole expression du christianisme.

On me remet celui qui remonte à l'origine même de la foi chrétienne, qui porte encore le nom de ses premiers propagateurs : symbole que le schisme grec a retenu, que la réforme au commencement voulut garder aussi, qui les condamne cependant l'un et l'autre ; symbole que l'unité antique du catholicisme peut seule revendiquer comme sien, à titre de monument de la foi antique et de l'unité primitive.

Ce symbole, j'en suis frappé à la simple lecture, est historique ; c'est un récit : les dogmes sont des faits. Et si quelques articles de foi ne paraissent pas immédiatement être de l'histoire, ils viennent après le dogme historique, s'appuient sur lui, en dérivent, dérivent des faits divins de Jésus-Christ, et sont d'ailleurs eux-mêmes des faits parlés, des faits révélés par le divin révélateur et attestés par d'autres faits.

Ainsi : *Je crois au Dieu créateur ; je crois en*

Jésus-Christ son Fils,... conçu... né de la Vierge Marie; qui a souffert sous Pilate, a été crucifié, est mort, a été enseveli... est ressuscité le troisième jour, est monté aux cieux; je crois à l'Église...
Messieurs, tel est en abrégé notre symbole, le vôtre; c'est le christianisme primitif et le catholicisme d'aujourd'hui; mais c'est de l'histoire, ce sont des faits et un récit.

C'est un récit merveilleux et divin, je n'en disconviens pas, au contraire; mais enfin c'est un récit de faits en tant que faits.

La création, tradition historique; Jésus-Christ, son nom, sa conception, sa naissance, le nom de sa mère vierge; son supplice sous un gouverneur romain, nommé ici comme dans Tacite et pour la même circonstance; sa croix, qui a rempli le monde; la mort, la sépulture, la résurrection de Jésus-Christ avec sa date, après trois jours, et la divinité du Sauveur ainsi prouvée par les faits; l'institution de l'Église: en vérité, Messieurs, rien n'est plus un récit, n'est plus une histoire, rien n'est plus une suite de faits que ce symbole, et ce symbole est le christianisme défini dès son origine : le christianisme a donc le caractère historique avant tout.

Et si à côté de cette profession de foi primitive j'interroge les monuments de l'antiquité chrétienne ou même antichrétienne, je dois l'avouer, je retrouve toujours Jésus-Christ raconté, Jésus-Christ fait historique et fait divin. L'Évangile, saint Paul, les autres apôtres, et les Pères des temps apostoliques, et ceux des âges subséquents, et toutes les mille voix du témoignage redisent l'histoire de Jésus-Christ. Sa naissance, sa vie, sa mort, ses actions, ses merveilles, ses paroles sont récitées, attestées comme des faits divins mais historiques. Et je ne puis plus citer, Messieurs : je ferais un catalogue de bibliothèque, une nomenclature fastidieuse ; je ne vous demande que d'ouvrir, que d'entr'ouvrir un des témoins primitifs et avérés de notre foi.

Jésus-Christ vit partout, et sa vie est le dogme par excellence. C'est-à-dire qu'avant tout, le dogme et la foi sont des faits de Jésus-Christ ; le christianisme est surtout une religion historique et de témoignage. Le dogme est l'histoire.

J'insiste sur peu de chose en apparence, Messieurs, sur l'idée la plus simple et la plus évidente du monde.

Il y a là d'immenses conséquences. Le dogme chrétien est l'histoire, tout le christianisme est historique : donc si vous en étiez encore à apprécier, à formuler en vous-mêmes le christianisme ; appréciez, jugez, acceptez, ou même combattez-le comme un fait, et non comme une vague théorie ou une pure spéculation, non comme un vague et lent produit de l'esprit philosophique, non comme le rêve mythologique d'imaginations populaires.

Le dogme est l'histoire : établi, transmis comme histoire, il est tout entier dans le nom, la vie, la mort, les actions, les paroles de Jésus-Christ. Le christianisme est tout entier dans les faits du Sauveur. Prenez-le ainsi, ou vous n'avez rien à débattre, rien même à croire dans le christianisme.

Le christianisme dans sa nature et son être intime est historique. Gardez-vous donc, Messieurs, de ces christianismes *a priori* dont on voudrait nous inonder pour le présent et l'avenir. Car c'est tout simplement de l'histoire *a priori*, c'est-à-dire faite d'après des idées et des principes arbitraires, conçus d'avance, avant les faits. Travers au reste devant lequel on ne recule pas, que bien des gens chérissent et caressent, qu'on prend et qu'on nous donne comme de la philosophie et de l'histoire.

On rêve un système, on fixe à part soi un caractère de siècle ou de nation. On a conçu un ordre de révolution et de progrès pour les peuples et les intelligences, on se préoccupe ainsi d'une idée dominante, c'est l'histoire, bon gré mal gré il faut que ce soit elle. « Mon siége est fait, » pourra-t-on aussi répondre à toutes les observations. Et quant à la mesquine réalité des événements, quant à cette pauvre vérité des inflexibles faits, malheur à elle et malheur à eux; ils ne rentrent pas dans le système, dans le rêve favori, il est évident qu'ils ne font plus partie de l'histoire.

Ainsi en arrive-t-il, Messieurs, à la religion et au dogme catholique.

La religion, dira-t-on, est partout et toujours une idée sur laquelle l'humanité travaille et avance indéfiniment. Cette idée a seulement des phases, des formes et des symboles divers; il n'y a point même à proprement parler d'erreur et de vérité religieuses contraires; la pensée religieuse suit un développement successif et rationnel; nous touchons, crie-t-on de toutes parts, à une transformation nouvelle, la plus belle de toutes.

A cela je ne vois, Messieurs, qu'un inconvénient minime : ce serait le cas où Dieu aurait jugé à propos de se mêler avant les hommes des choses de ce monde, de la religion, par exemple, qui le regarde bien un peu : et alors on ne pourrait la changer sans son avis, vous l'avouerez. Ce serait le cas où Dieu aurait parlé, ce serait l'inconvénient des faits.

Vous aurez beau raisonner, vous perdre dans un vague théisme, vous égarer dans les champs du possible ou de l'impossible, je n'ai qu'un mot à dire : le christianisme est historique, et tous vos songes creux s'en vont en fumée.

Il est gardé, professé, transmis, attesté comme historique; ainsi vous ne touchez pas même à l'état de la question, vous n'atteignez pas le terrain du débat. Que faites-vous donc?

Le dix-huitième siècle eut au moins l'audace et l'énergie directe de l'impiété, il nous a légué la faiblesse.

Dans une maladie cruelle vous avez quelquefois une effrayante exaltation de forces qui n'est que l'exaltation du délire; vient ensuite l'abattement, prostration de toutes les facultés.

L'âme, de nos jours, est faible, elle est affaiblie du moins dans plusieurs; elle n'a pas l'énergie incrédule, elle n'a pas l'énergie de la foi. On se soulève bien un peu, on regarde timidement autour de soi; on craint d'affirmer le fait divin comme de le maudire, et l'on se berce dans un sommeil incertain, sommeil de mort.

Toutefois il est encore une foi jeune et généreuse, que je connais et qui m'écoute, noble fruit d'un vrai savoir et d'un vrai courage, espoir consolateur de l'avenir. Je la salue en bénissant le Ciel. La foi vit, elle peut régénérer les peuples; mais, hélas! combien de cœurs et de courages elle redemande encore!

Le christianisme est donc historique dans sa nature même et son existence, dans sa profession de foi, sa possession d'état, son témoignage, dans tout ce qui le fait lui-même. Mais il est seul au monde la religion historique. Ici, Messieurs, daignez m'accorder une attention spéciale et une impartialité entière.

II. P. Le christianisme, ou, pour mieux préciser, le catholicisme est la seule religion historique de l'univers.

Ailleurs, je vois pour dogmes des opinions ou, si vous voulez, des doctrines; dans le catholicisme seul les dogmes sont des faits.

Ailleurs, il y aura des enseignements transmis en un sens, mais créés par le rationalisme; ils y rentrent nécessairement toujours.

La foi catholique, dans ce qu'elle a de dogmatique et de plus essentiel, est née, transmise, appuyée par le témoignage comme les faits. Elle est donc seule historique.

Je dois m'attacher ici à ce qu'il y a de formel et de constitutif en chaque religion, car nous cherchons ce que chacune est formellement.

Je n'ai point à parler du judaïsme, il finit où le christianisme commence. Il fut aussi historique, mais pour un temps, jusqu'à la réalisation de l'avenir promis ; seul il n'est plus qu'une histoire tronquée, la suite manque; continué, c'est le christianisme.

En dehors du catholicisme, il existe quatre grandes divisions religieuses encore subsistantes, avec d'innombrables subdivisions que je dois négliger ici : le paganisme, le mahométisme, l'Église grecque, le protestantisme; joignons-y, si vous voulez, la philosophie.

Le dogme païen, si c'est un dogme, n'est pas l'histoire. A sa plus haute expression philosophique, il est le culte des forces dans la nature. Je le rappelais dès la première année dans cette chaire, je n'ai pas à y revenir. Pour les masses asiatiques ou africaines, la religion est une idolâtrie dégoûtante et absurde; pour tout païen la religion se compose de rêves, de fables, de folles superstitions, d'un sensualisme effréné, d'un rationalisme de poésie et de passions impures.

Le paganisme n'est pas évidemment en soi un témoignage historique; en tant que religion, le paganisme n'est pas une religion de faits attestés. Quelques lambeaux épars çà et là de traditions primitives et défigurées ne sont pas le paganisme. Il est l'œuvre d'imaginations en délire et de sens abrutis. Jugez-en par le Nègre ou l'Indien de nos jours, ils sont la réalité païenne. Non, le paganisme n'est pas une religion historique, son dogme n'est pas l'histoire.

Le Coran, symbole du mahométan, n'est pas l'histoire, ses dogmes ne sont pas des faits, son enseignement n'est pas le témoignage. Il est le recueil informe de sentences et de rites arrachés au judaïsme et à l'Évangile, et souillés du fatalisme impur des sens. C'est un livre, un livre indigeste, voilà tout. Il n'est pas la religion historique. Et quant aux entretiens avec l'ange Gabriel dans les cavernes du mont Ara; quant aux trois mille prodiges du Prophète, qu'on a bien pu nombrer, qu'on n'a pas vus, quel témoin les rapporte? Quel témoignage réellement historique ont-ils? Aucun.

Vous en conviendrez sans peine, Messieurs, la révélation mahométane n'est pas historique, pas plus que la nymphe de Numa.

C'est un fruit de cerveau malade, c'est un genre de rationalisme, un travail de fanatisme, d'illusions et de passions humaines comme tant d'autres. Ce ne sont pas des faits dogmes.

Mais peut-être vos souvenirs auront-ils parmi ces considérations murmuré tout bas, et le bouddhisme et ses innombrables disciples, et son puissant empire, et sa longue durée, et sa possession?

Et quant au mahométisme lui-même, ne vous représentez-vous pas avec étonnement son étendue, sa force incroyable d'établissement, de conquête et de durée, qui possède aussi bien que les faits une place dans l'histoire? Je réponds :

Le bouddhisme possède, quoi? L'absurdité de ses doctrines, la honte et la stupidité de ses dogmes, l'abrutissement de ses disciples, leur affreuse ignorance, leur avilissante servitude. Il possède les rêves, et avec eux l'empire des désordres et des chimères : nous ne les lui disputons pas.

Le nombre de ses disciples, la durée de son existence n'y font, n'y changent rien; ils prouvent seulement que d'innombrables masses peuvent errer, errer longtemps : nous ne le contestons pas.

Mais le bouddhisme possède-t-il des faits, des faits historiques et divins appuyés sur le témoignage? Son dogme est-il l'histoire attestée, transmise, possédée ainsi? Répondez? Non; eh bien! alors n'en parlons plus. Ce n'est pas une religion historique, c'est un rêve cruel et prolongé; vous n'enviez pas, je pense, à la malheureuse Asie son délire.

Le mahométisme, ses succès, son étendue, ses triomphes, on les oppose au christianisme.

Mais j'entends le fracas des armes et des multitudes guerrières semblables aux inondations des torrents; j'entends les cris des innombrables victimes et les chants féroces de la victoire.

Je vois la civilisation, la liberté, les idées grandes et généreuses, les mœurs, les sciences, les arts fuir devant le Croissant; l'ignorance, la débauche consacrées; le fanatisme, la fatalité et l'esclavage seuls l'accompagnent. Et je me dis avec douleur : C'est bien ici le fait humain, le fait seul de l'homme, et la puissance est celle de la force, de l'erreur et des passions brutales. Non, ce n'est pas le fait divin, ce ne sont pas non plus des faits devenus dogmes, ce n'est pas une religion de faits; les caprices sanguinaires et brutaux de Mahomet la constituent.

Mais je ne vois plus de guerrier, c'est un pauvre missionnaire. Il ne vient pas inoculer par le fer le poison de ses doctrines; il raconte les faits de son Dieu, il montre sa croix de bois, il enseigne sa morale austère, et il touche, il émeut; les nations se prosternent devant son témoignage. Sa religion va grandir avec la civilisation, les sciences, les arts, la liberté, le bonheur.

Il est bientôt persécuté; obligé de fuir, il *secoue* en gémissant *la poussière de ses pieds* sur cette terre maudite; aussitôt les ronces la couvrent et la dévorent; de nouveau y paraissent l'ignorance, le crime, la barbarie, le chaos; et pendant que cette terre désolée languit à l'ombre de la mort, une autre a vu la lumière. Et je dis : Le fait divin a passé par ici ; non, Mahomet n'est pas mon prophète.

Le schisme grec, Messieurs, dans ce qui le fait schisme grec, ou, si l'on veut, Église grecque, est un raisonnement d'homme aussi ; il n'est point un dogme historique. C'est un orgueil de patriarche, une rivalité de la nouvelle Rome ; Photius et Michel Cérulaire, l'un auteur, l'autre consommateur du schisme, en sont la personnification et la preuve. Que si le symbole grec, à bien peu de chose près, paraît être le symbole catholique, la chaîne antique est rompue, et les faits de Jésus-Christ sont à nous seuls.

Le schisme est par Photius ; son être formel et séparé est la pensée d'un homme, le pur rationalisme.

Le catholicisme est par les faits miraculeux, divins, historiques de Jésus-Christ ; cette origine, cette nature est la seule qu'on puisse lui assigner. Les autres, même avec un nom chrétien, commencent plus tard, le catholicisme dure et persévère comme la tradition et l'histoire. Par la tradition et l'histoire, le symbole, la foi des faits divins, les faits dogmes sont nôtres, ils sont nous-mêmes catholiques ; formellement c'est nous, nous n'avons pas d'autre raison d'être. Ce qui n'est pas nous formellement a une autre raison d'être : ce sera Mahomet, Photius, Luther ou tout autre rationaliste rêveur ; c'est une opinion, une pensée ; ce n'est pas un fait ; ce ne sont pas des faits qui constituent des dogmes. On a brisé et limité, on a brisé la tradition, on a commencé un autre jour qu'elle. On n'est plus le christianisme des faits.

Ainsi la séparation grecque n'est pas la religion historique.

Le protestantisme encore moins et par les mêmes raisons d'abord. Il commence un autre jour que les faits chrétiens, par une pensée d'homme, point par la pensée divine, point par le fait divin du Calvaire.

Le protestantisme n'est donc pas la religion historique. Et il le veut ainsi, il le professe ouvertement lui-même, au moins forcément : car son acte de naissance, sa raison formelle d'exister, son titre, son drapeau, son dissolvant si terriblement actif est l'interprétation libre et privée de la foi ; la pensée donc, non pas l'histoire.

Et pour mieux formuler la scission faite ainsi avec le caractère historique, la réforme dès son origine prononça, Messieurs, l'exclusion de la tradition pour s'en tenir à la Bible seule sans tradition. Or sans tradition il n'y a ni Bible, ni faits, ni histoire, ni christianisme historique. Donc la réforme ne l'est pas. Les faits sont à nous, point à elle; ils sont nous, point elle.

Elle n'a pas même le droit de les invoquer, ni de se dire chrétienne. Elle n'est pas la religion historique de Jésus-Christ; elle est l'opinion libre de chacun.

Alors est arrivé ce qui devait arriver: la réforme, le rationalisme, la philosophie se sont mêlés et confondus ensemble; ensemble ils ont secoué le joug des faits chrétiens en prenant un même point de départ, la pensée libre de l'homme.

La question religieuse et chrétienne, le christianisme tout entier, on ne l'a plus regardé comme étant du seul domaine de l'appréciation rationnelle et spéculative.

On a bâti en l'air des théories: la pensée religieuse est devenue tout ce qu'on a voulu, déclarée qu'elle était du domaine de l'homme et de son intelligence, une simple forme de l'idée. Et le *puits de l'abîme* s'est ouvert; et il en est sorti des nuées de rêves et de chimères. Les esprits ont été ébranlés et jetés çà et là comme de légères vapeurs. Plus de base, plus de pierre angulaire pour s'asseoir et bâtir : on a répudié les faits de Jésus-Christ.

Ainsi donc sans contredit, et par leur essentielle maxime, et par leur plus éclatante déclaration, le protestantisme et la philosophie ne sont pas la religion historique. Pour l'un et pour l'autre, la religion n'est que la pensée libre. Et ainsi de toute autre religion.

Le catholicisme par son être intime, par sa raison formelle d'être, est la religion historique : nous l'avons vu. Mais il l'est seul au monde, nous venons de le dire : seul il consiste dans les faits ; seul il a le fondement historique, le témoignage.

Toute autre religion, tout autre système religieux ne repose que sur une pensée, une opinion humaine ; le catholicisme sur des faits.

C'est quelque chose cependant, Messieurs, que cette différence caractéristique et totale du christianisme catholique.

Seule religion historique au monde, seul dogme qui soit l'histoire, seul christianisme des faits, seule foi qui ait des témoins ! tandis que toute autre doctrine n'a que des raisonnements et des discours. Et que sont des raisonnements et des discours contre des faits ? Il faut donc croire.

Un temps devait venir, Messieurs, où cette foi du témoignage serait abandonnée pour de vagues théories et pour un vague naturalisme. Leibnitz l'avait prévu ; souffrez que je vous lise ses graves et remarquables paroles :

« Nous voyons naître un siècle qu'on peut appeler philosophique... L'Église renferme aujourd'hui dans son sein beaucoup d'ennemis plus redoutables que les hérétiques mêmes ; et il est vraiment à craindre que la dernière des hérésies ne soit l'athéisme, ou du moins le naturalisme, et le mahométisme, qui, ne proposant à croire que très-peu de dogmes et à pratiquer que quelques rites, a prévalu en conséquence dans presque tout l'Orient. Rien ne se rapproche davantage du naturalisme et du mahométisme que la doctrine des sociniens, qui se sentent aujourd'hui assez forts... C'est contre les sectateurs et les amis de ce naturalisme, qui se font un jeu à la faveur de leur philosophie de tourner en ridicule la simplicité des anciens, que nous devons aujourd'hui diriger nos attaques...

« Au milieu de tant d'affaires qui m'occupent, je crois qu'il n'est rien qui m'ait occupé plus fortement dans le court espace de mes jours déjà écoulés, que ce qui pouvait m'assurer de la vie future... [1] »

Et si j'ai cité avec complaisance ce grand homme, c'est que dans ma persuasion intime Leibnitz eût toutes les convictions catholiques. Ses ouvrages, ses lettres surtout, l'attestent assez.

---

[1] Leibnitz, *Pensées*, par Emery. — *Lettres inédites à Arnauld*, p. 415. — *Exposition de la doctrine de Leibnitz*, etc. Paris, 1819. Tournachon-Moll.

Comprenez donc bien, Messieurs, une fois pour toutes, ce qu'est le christianisme.

Jésus-Christ paraît, il agit, il parle, il choisit des apôtres, il les envoie; il leur dit : « Vous serez mes témoins... jusqu'aux extrémités du monde; » *Eritis mihi testes... usque ad ultimum terræ* [1].

Les apôtres prêchent : quelle est leur première parole? « Nous sommes tous témoins. » *Omnes nos testes sumus* ; et ils répètent sans cesse, « nous sommes témoins de ces faits... » *Nos sumus testes horum* [2]. « Ce que nous avons entendu, ce que nous avons vu de nos yeux, touché de nos mains, voilà ce que nous annonçons, ce que nous attestons. » *Quod audivimus, quod vidimus oculis nostris... et manus nostræ contrectaverunt... et testamur et annuntiamus* [3]...

Et les nations en foule embrassèrent ce témoignage.

Toujours depuis dans l'Église, pontificat, sacerdoce, enseignement furent le témoignage, le témoignage des faits de Jésus-Christ reçu des apôtres, transmis et gardé jusqu'à nous.

Docteurs, savants illustres, héros, génies,

---

[1] Act., i, 8. — Matth., xxviii, 19.
[2] Act., ii, 32 ; iii, 15 ; v, 32.
[3] I Joann., i, 1.

croyants fidèles, tous témoignèrent en tout temps des faits divins.

Et tous nous les attestons ces faits : dans le catholicisme, ministère du prêtre, foi du laïque, c'est toujours et avant tout le témoignage.

Nous sommes tous témoins; la religion est l'histoire, le témoignage historique du fait divin de notre foi.

Ces faits maintenant, ces faits divins, ils sont vrais, ou ils sont faux. Vrais, ils le sont pour vous comme pour moi, ils nous lient tous également à une foi divine.

Faux, ils le sont pour moi comme pour vous, et nous sommes alors affranchis de toute croyance. Indifférents; ils ne peuvent pas l'être, car ils sont la vérité divine, la volonté suprême et divine manifestée; oui ou non.

Il faut choisir, Messieurs : ces faits sont vrais, ou faux.

Eh bien! osez dire avec une conviction intime et paisible; osez affirmer que les faits divins de notre foi sont faux, sous les voûtes de cette antique basilique, en présence du caractère historique et du témoignage des faits de notre foi; dites que ces faits sont faux.

Vous ne le direz pas.

Il faut donc croire.

Ou bien si les faits divins de notre foi sont faux, alors tous, témoins anciens, témoins présents, nous sommes tous imposteurs ou dupes. C'est l'un ou l'autre, si les faits sont faux; si ce n'est aucun des deux, les faits sont vrais.

Or prononcer sur la qualité des témoins, c'est prononcer sur la vérité des faits. Je ne fais ici d'ailleurs que le rappeler en passant.

Les témoins du christianisme des imposteurs ou des dupes! J'en nommais l'autre jour quelques-uns. Tout ce que la sainteté eut d'auguste, le génie de bienfaisant et de sublime, la vaillance de généreux et d'humain, la charité d'héroïque, vous le savez bien, tel fut le partage des témoins du christianisme.

Dites : furent-ils donc des imposteurs ou des dupes?

Les faits divins sont donc avérés à jamais; et le catholicisme ainsi attesté est la seule religion historique.

Il devait l'être.

III. P. Le christianisme devait être la religion historique. Vous saisissez, Messieurs, ma pensée.

Qu'un certain ordre de faits divins tel qu'il s'est accompli dans le christianisme, ait été le devoir imposé à Dieu même, c'est ce qui ne peut venir à la pensée de personne ; que Dieu fut obligé d'adopter telle ou telle forme de révélation, qu'il fut même obligé de révéler, nous ne le prétendons assurément pas. Bien loin de là.

Nous affirmons que le christianisme fut un acte libre de la volonté divine ; jamais notre foi reconnaissante ne cessera de le célébrer avec l'Apôtre comme un libre bienfait de la divine charité.

Voilà, Messieurs, ce que nous professons.

Je veux parler seulement ici d'une haute et souveraine convenance, eu égard aux besoins, à l'état présent et même à la nature de l'homme ; je veux parler d'une nécessité de l'ordre qu'on nomme moral, et non d'une nécessité physique et absolue.

En ce sens le christianisme devait être ce qu'il est, la religion historique.

Une chose flatte surtout l'homme et l'égare dans sa déchéance, c'est l'indépendance de la pensée.

Il aime les libres spéculations de la raison, les théories qu'il se crée ; il aime à parcourir sans contrainte le vaste champ des opinions, des sentiments et des rêves.

Si son aptitude et son goût lui ont ouvert l'entrée des méditations de la philosophie, un grand charme a pu le saisir. Il aura prolongé ses veilles à la suite des idées purement rationnelles et métaphysiques.

Or dans ce voyage on arrive à un océan sans fond et sans rivages; bien peu y font route sûre. Jusqu'où n'est pas allée, Messieurs, dans la vague carrière des abstractions, l'école rationaliste moderne d'Allemagne en creusant la notion de l'être? Jusqu'à nier toute réalité, jusqu'à ne plus voir en toutes choses qu'une forme phénoménale de l'idée.

Il semble qu'alors le possible soit épuisé en ce genre d'erreur.

Tant il est à craindre que l'esprit humain ne s'égare dans ce qui est du domaine de la spéculation et de la raison pure, même avec la volonté du vrai! Le vrai fléchira devant le secret amour des conceptions propres, devant l'intime et naturelle indépendance de l'idée; on se préoccupera, on fera un système, on forcera et faussera le vrai.

Laisser la religion uniquement à la pensée libre et spéculative, c'était d'abord en exclure la presque universalité des hommes, qui spécule fort peu sous le rapport métaphysique; c'était ensuite ouvrir toute carrière, comme elle s'ouvre d'elle-même dans la foi, aux chimères, aux illusions, aux folles aberrations.

A la simplicité du bon sens, à l'audace du génie, aux investigations de la science, comme à l'amour des plus hautes contemplations, à tous en un mot, une voie, une voie surtout convenait pour les conduire au terme désirable, pour les conserver unis à la vérité religieuse : le témoignage et les faits.

Les faits peuvent sans doute être inventés et altérés; mais des faits palpables, éclatants, mille fois répétés, attestés par la multitude, la candeur, la sainteté, le sang des témoins; des faits rendus présents chaque jour à tous les yeux par les monuments et les témoignages continus d'âge en âge, par la prise de possession de l'univers; des faits racontés à la première enfance dans tous les lieux, saisis et retenus par elle, deviennent, Messieurs, la vérité historique la plus populaire et la plus certaine, la plus impossible à nier et à fausser, la plus complète pour le savant et l'ignorant.

Et c'est ainsi que nous disons que le christianisme devait être ce qu'il est, la religion des faits, suivant un ordre divin de sage providence.

Les faits sont un roc inébranlable à tous les torrents d'opinions humaines, ils fixent et dirigent la pensée religieuse, ils l'arrêtent quand elle irait se perdre dans l'infini.

Les faits disent à l'homme : Il faut croire, ne cherche plus; la foi est de l'histoire, elle est le fait accompli; il faut courber ton front sous le joug de la religion seule pure, divine et vraie; car telle est la religion des faits. Il fallait qu'on pût le dire ainsi, on le dit.

Messieurs, le monde vit de témoignage, et le témoignage est accessible à tous.

Renommée des héros, souvenirs de la patrie, gloire nationale, tout cela est le témoignage.

Autorité des lois, hérédité des biens, le nom d'un père, même le doux nom d'une mère, les rapports touchants de cité et de famille, l'état politique, civil et domestique, ce sont autant d'effets du témoignage qui vous entoure, qui vous environne, qui vous dit ce que vous êtes, ce que sont les autres, ce qu'on fut avant vous.

Le monde, Messieurs, vit de témoignage.

Aussi la parole divine s'incarne-t-elle pour devenir humaine sans cesser d'être divine; pour être la personne, le fait, le témoignage divins mais historiques.

Le fait divin devient ainsi sensible et palpable. Il se manifeste aux yeux, aux oreilles, à tous les sens : *Fides ex auditu*.

La vérité, l'œuvre divine, aura ses innombrables témoins, et le témoignage ainsi transmis et continué sera sur cette terre comme l'incarnation continuée du fait divin dans le fait humain, de la parole divine dans la parole humaine.

Dieu ainsi instruira constamment la terre.

Le monde vit par le témoignage :

Par le témoignage désormais et à jamais il vivra de la foi du fait divin et de la vérité divine.

Messieurs, tel est le christianisme, l'histoire : donc il faut croire.

Cependant le christianisme vous demande plus qu'une foi historique; et Celui que nos saintes Écritures ont nommé le Père des lumières et le Dieu de la science, veut envoyer à tous l'onction intime de sa grâce et le don d'une foi surhumaine.

Mais pour l'homme qui pense et délibère, une juste condition fut posée.

Condition qui fidèlement accomplie apaise l'âme et l'éclaire, la rend souple et docile à la vérité, la remet dans la voie et l'établit en communication avec une action divine intérieure.

Contre ce joug bienheureux l'homme résiste et se débat; impatient, il en redoute le poids et le dégoût. Par une orgueilleuse faiblesse il le dédaigne, l'abandonne; bientôt il aura cessé de croire, de vivre au moins de sa croyance et de sa foi.

Cette condition, ce joug béni mais abandonné, c'est, Messieurs, la prière.

La prière, elle est vraiment pour l'homme l'acte d'un mâle et généreux courage.

Vous entrez dans le temple, à peine vos genoux fléchissent-ils. Ou si pour un moment et malgré vous l'attitude et la pensée de la prière semblent venir vous surprendre, on le voit, elle vous agite et vous fatigue. Tout votre être craint et fuit la prière.

Restez, restez sur le pavé de ce temple, votre âme y rencontera peut-être une lutte salutaire; soutenez-la, patient vainqueur; priez, le Dieu qu'on y révère est assez grand pour vos hommages, assez puissant pour vos besoins, assez bon pour vos malheurs.

Ou bien quand seul avec vous-même, en proie à des chagrins secrets, battu par l'orage du doute, du remords et des passions du cœur, dans quelques-uns de ces instants où l'existence accable, quand les assauts de la peine vont vous faire retrouver l'instinct et l'accent de la prière, saisissez-les, subissez le combat et l'orage; priez : par la prière persévérante et courageuse, persévérante au milieu des ennuis et des dégoûts, courageuse contre l'impatience indocile, par la prière vous aurez vaincu, vaincu votre âme et ses chagrins, et vous aurez conquis la liberté, la paix, la foi de la victoire.

Le Sauveur voulut aussi soutenir une lutte cruelle; au moment du sacrifice, dans ce jardin des Oliviers, seul avec les ténèbres de la nuit, il livre son âme à la crainte, à l'ennui, au chagrin; l'ange du ciel le fortifie et le console. Mais son courage, mais sa force divine!... Je les cherche..., un mot révélé va nous les peindre, un mot qui dit tout, qui dit au plus haut degré la constance, le courage et la magnanimité du divin héros : « Réduit à l'agonie il prolongeait sa prière. » *Factus in agonia prolixius orabat.* Oui, courage, force, héroïsme tout divins; dans le combat, dans les angoisses, dans l'agonie de la douleur il prolongeait sa prière; aussi déjà il est vainqueur, il se lève, il va saisir sa croix, et sa croix a sauvé le monde.

Daigne le Ciel, Messieurs, mais sans les chagrins et les douleurs, vous départir le noble courage de la prière, et par elle le don à jamais désirable d'une foi vive, constante et généreuse.

VINGT-QUATRIÈME CONFÉRENCE

LE MIRACLE HISTORIQUE

VINGT-QUATRIÈME CONFÉRENCE

LE MIRACLE HISTORIQUE

Monseigneur,

Une question se présente, à laquelle peut encore être ramené tout ce qui concerne le fait divin et historique de la religion de Jésus-Christ.

Question trop oubliée dans les pensées de la plupart des hommes, qui mérite cependant au plus haut point l'intérêt; car il s'agit du mode même d'action divine employé pour établir la révélation; il s'agit de ces faits extraordinaires, qui, dépassant toutes les forces créées, manifestent la puissance même de Dieu et la parole révélée à l'appui de laquelle ils s'opèrent : parole et faits attestés tout à la fois et transmis par les sens et par le témoignage.

En un mot, il s'agit, Messieurs, du miracle considéré en Jésus-Christ comme preuve de la révélation divine qui constitue le christianisme.

Déjà sans doute, en établissant la possession historique et le caractère historique de notre foi, nous y avons compris et nous avons établi nécessairement l'existence du miracle ; puisqu'il est lui-même le fait divin attesté et transmis, qui fonda la divinité du christianisme.

Mais le miracle est l'acte spécial et direct, la démonstration spéciale et formelle de la puissance divine en faveur d'une doctrine révélée : il mérite une considération spéciale et attentive.

Et après tout le christianisme entier, le sort de la foi de l'Église dépend du miracle.

Si les faits miraculeux de Jésus-Christ et des apôtres n'étaient pas avérés, nous en convenons, notre foi serait vaine et nos espérances une folie.

Toute la question catholique peut donc, Messieurs, se placer dans la réalité du miracle. Suivant qu'il serait ou ne serait pas établi, Dieu aurait parlé ou n'aurait point parlé ; et le miracle est en définitive le signe propre et le fondement dernier de la vérité d'une parole divine. Car la prophétie, l'inspiration sont aussi le miracle ; et je les comprends ici dans l'acception de ce mot.

Ramenée à ces termes, qui réellement lui appartiennent, vous le voyez, Messieurs, cette question est digne d'une religieuse étude, et je me reprocherais comme un crime de l'avoir omise devant vous, d'autant qu'on ne craint pas, vous le savez, au delà du Rhin et en deçà, de travestir toute l'histoire des miracles évangéliques en allégories rabbiniques ou en symboles orientaux. On ne craint pas non plus quelquefois d'en chercher l'explication et les causes dans les sciences occultes ou dans le magnétisme.

Quoi qu'il en soit, il est inutile pour le moment et pour mon but de discuter la nature et les causes du miracle; inutile d'assigner le caractère uniquement miraculeux de tel ou de tel fait, de chaque fait évangélique en particulier.

Il y a un moyen franc, logique, irréfragable d'arriver ici à une pleine solution :

C'est de considérer l'ensemble même et la réunion des faits évangéliques.

Je dis : Si cet ensemble de faits dans son plus simple énoncé offre évidemment aux yeux de tous le caractère surnaturel et divin;

Si cet ensemble est historique, si c'est l'histoire réelle ; une fois ces deux choses établies, tout est jugé, et toute autre question devient superflue.

Ainsi donc faits évangéliques, faits évidemment divins, pris dans leur ensemble;

Faits évangéliques réellement historiques;

C'est ce que je prétends montrer; et ce sera

vous avoir montré que le fait divin, le miràcle est historique : tel est l'objet de cette Conférence.

I. P. Ensemble des faits évangéliques, ensemble évidemment surnaturel et divin.

Ces faits présentèrent donc, Messieurs, au monde le spectacle le plus merveilleux, le plus extraordinaire qui fut jamais. Et certes je n'en veux rien dissimuler; je viens, au contraire, vous en retracer le récit rapide mais fidèle.

Jean-Baptiste né au milieu des prodiges annonce la naissance encore plus merveilleuse de Jésus. Les anges la révèlent à des bergers et la célèbrent par leurs concerts. Du fond de l'Orient des sages conduits par un météore brillant viennent se prosterner devant son berceau.

Jésus est présenté au Temple : un vieillard vénérable, une sainte prophétesse reconnaissent dans cet enfant le Messie attendu depuis tant de siècles et prédisent ses hautes destinées, et par elles l'histoire même du monde entier : « Il est établi en signe de contradiction. » *Positus est hic in signum cui contradicetur.*

A l'âge de douze ans, Jésus-Christ s'assied au milieu des docteurs dans le Temple, et les confond par la sagesse et la profondeur de ses discours.

Jean-Baptiste paraît, tous les regards se tournent sur lui : on croit qu'il est le Messie ; mais il ne se réserve que la gloire de le faire connaître. A son témoignage, avec le signe mystérieux de la colombe se joint une voix du ciel qui proclame Jésus Fils de Dieu.

Jésus sort de sa retraite; il annonce une sublime et céleste doctrine; il se dit l'envoyé, le Fils de Dieu; et pour confirmer sa doctrine, pour prouver sa mission, sa filiation divine, pendant trois ans, chaque jour de son ministère public est marqué par des prodiges inouïs.

On le voit marcher sur les flots et commander à la tempête; avec un petit nombre de pains il rassasie plusieurs fois des multitudes innombrables; d'une simple parole, d'un seul signe, et à l'instant, il délivre les démoniaques, il rend la vue aux aveugles, l'ouïe aux sourds, la santé aux lépreux, le mouvement aux paralytiques. Il guérit à son gré tous les genres d'infirmités; à sa voix les morts déjà infects sortent vivants du tombeau.

L'heure de sa mort, dont il avait prédit toutes les circonstances, est arrivée; et pour montrer qu'elle est pleinement libre et volontaire, il fait tomber à ses pieds les satellites envoyés pour le saisir; il guérit celui qu'un de ses disciples avait blessé.

Traîné successivement devant les pontifes, le

gouverneur romain et le tétrarque de Galilée, il les épouvante par ses réponses et encore plus par son silence.

Il expire : le soleil s'obscurcit, le jour disparaît sous d'épaisses ténèbres, la terre tremble, le voile du Temple se déchire, des morts ressuscitent. Jusque dans sa mort Jésus se montre le maître de la nature.

Bientôt il sort en vainqueur du tombeau et se rend lui-même glorieusement à la vie. Il apparaît durant quarante jours à ses disciples.

Tel est, Messieurs, le récit; tel est l'Évangile; telle est notre tradition et notre histoire catholique.

Il y aurait d'abord un moyen bien simple, et c'est même le seul, pour démontrer que toute l'histoire des merveilles évangéliques peut s'expliquer par les sciences occultes ou par le magnétisme : ce serait d'en faire autant.

Vous avez des livres de magie en grand nombre; vous avez aussi des somnambules : les mêmes causes doivent produire les mêmes effets. Voyons. Le secret serait-il perdu?

Au moins faudrait-il établir qu'il a été certainement opéré autant de merveilles quelque part ailleurs, autant que tout cet ensemble du récit évangélique et traditionnel qui rapporte les merveilles de Jésus-Christ.

Messieurs, j'ai lu dans les savants ouvrages de vos docteurs, et je parle ici au sérieux ; j'ai lu que le magnétisme présentait les plus grands dangers pour la morale publique, et on le conçoit; qu'il pouvait produire les plus déplorables effets sur l'organisme ; qu'il pouvait donner la mort.

Je cherche les morts qu'il a ressuscités, les aveugles qu'il a guéris, les boiteux qu'il a fait marcher, les pains qu'il a multipliés. J'attends qu'on dise de lui : Connaissez-vous cet aveugle, ce paralytique qui à la porte de nos édifices publics tendait une main suppliante? Gloire au magnétisme! il voit, il marche.

Mais c'est trop en parler.

Il y a de ces objections auxquelles on ne doit pas répondre : ce sont celles que ne croient pas ceux qui les font; celles surtout que ne croirait sincèrement aucun de ceux qui m'écoutent ici. De ce genre est cette impertinente et sotte impiété : Jésus-Christ magnétiseur, Jésus-Christ artisan de merveilles par le somnambulisme!

Prenez Mesmer, Cagliostro, ou tout autre jongleur de cette espèce; comparez-les à Jésus-Christ si vous l'osez: moi je ne descendrai pas aussi bas pour vous répondre.

Au reste, on a bien été de nos jours jusqu'à

faire de Moïse l'un des plus grands chimistes par la peur d'admettre un miracle.

Messieurs, pour parler sans être obligés d'en rougir de honte, nous dirons, vous direz tous avec moi qu'il n'y a ici véritablement qu'une seule question sérieuse : ces faits, cet ensemble des faits évangéliques, sont ou la fiction, ou la vérité.

Si c'est fiction, mensonge, allégorie ou rêverie pure, à la bonne heure, notre foi est folie.

Si c'est la vérité, si cet ensemble des faits de Jésus-Christ n'est que la réalité historique, alors nous dirons, vous direz tous forcément avec moi que c'est le merveilleux le plus extraordinaire, le plus surnaturel, et le plus certainement divin : ou bien il ne faut plus parler ni penser dans aucune langue, car il n'y a plus un seul mot qui puisse exprimer une idée.

Si les faits évangéliques sont la vérité, la réalité historique, ce sera donc l'état de miracle le plus caractérisé et le plus constaté; ce sera l'intervention, l'action divine la plus formelle et la plus irrécusable.

Oui, si les faits du récit évangélique se sont réellement passés tels que vous venez de les entendre dans un rapide mais fidèle exposé, ils sont des faits divins : ou Dieu n'est plus Dieu, n'est plus le seul créateur, le seul maître souverain des lois de la nature. Non, Dieu n'est pas Dieu, il n'y a pas de Dieu, si ces faits étant vrais pouvaient n'être pas divins. Car enfin c'est la toute-puissance elle-même, c'est l'idée même de Dieu exprimée et mise en action.

Si c'est fiction, mensonge ou mythe pur, à la bonne heure; tout le christianisme est chimère, j'en conviens; et un long sommeil de dix-huit cents ans, qui dure encore, sommeil tout rempli de rêves merveilleux, a saisi les générations chrétiennes, qui toujours ont cru aux miracles réels de Jésus-Christ.

Mais enfin ils sont la fiction ou la vérité, ces miracles : telle est la seule alternative, la seule question possible; car bien certainement ce récit de faits constitue l'ordre le plus formellement surnaturel et divin : leur seul énoncé suffit pour le reconnaître, sans qu'aucun développement soit nécessaire.

Que si avant de passer à la question à résoudre vous me demandez comment le miracle devient un fait sensible, extérieur, palpable, manifeste; comment il tombe sous les sens naturels comme les autres faits; comment il se résout en témoignage humain et ordinaire des faits, pour toute réponse je vous rappellerai entre mille autres le trait de l'aveugle-né dans l'Évangile; et je me garderai bien d'altérer l'inimitable et divine naïveté du récit évangélique.

Jésus passait; il voit un homme aveugle de naissance; il l'interroge; puis il prend un peu de boue, en met sur ses yeux et lui dit : « Allez, lavez-vous dans le bassin de Siloë (mot qui signifie l'envoyé). » L'aveugle va, se lave; il voit. La nouvelle se répand; on s'empresse, on accourt. « Cet homme qu'on appelle Jésus, disait l'aveugle guéri, a fait un peu de boue; il m'en a mis sur les yeux, et m'a dit : Allez au bassin de Siloë, et lavez-vous. J'y suis allé, je me suis lavé, et je vois : *Et abii, lavi, et video.* — Où est donc cet homme? — Je ne sais, *Nescio*[1]. »

On le conduit devant les pharisiens, devant les juges de la synagogue et du peuple. Le mendiant guéri est interrogé ; il répond toujours : Il m'a mis de la boue sur les yeux, je me suis lavé, et je vois : *Lutum posuit... et lavi, et video.* On s'agite, on se divise; on ne veut pas croire que cet homme fut auparavant aveugle.

« Oui, c'est bien notre fils, aveugle-né, disaient ses parents. — Comment voit-il maintenant? — Nous n'en savons rien. Interrogez-le lui-même; il est d'âge à pouvoir répondre, *œtatem habet...* »

[1] Joann., ix, 1 et Seq.

Les pharisiens rappellent l'aveugle-né, et lui disent : « Rends gloire à Dieu ; nous savons que cet homme dont tu parles est un pécheur. — S'il est pécheur, je n'en sais rien ; tout ce que je sais, c'est que j'étais aveugle, et que maintenant je vois : *Unum scio, quia cœcus cum essem, modo video...* »

On chasse le pauvre guéri. Réponse plus facile et plus commode.

Jésus le retrouve et lui dit : « Croyez-vous au Fils de Dieu ? — Quel est-il, Seigneur, pour que je croie en lui ? — Vous l'avez vu, *Vidisti eum ;* c'est lui qui vous parle, *loquitur tecum ;* c'est lui-même, *ipse est...* — Seigneur, je crois ; » et se prosternant, il l'adora.

Messieurs, ce n'est pas ainsi qu'on invente, faut-il répéter mille fois après l'inconséquent auteur d'*Émile*. Et un autre philosophe bien plus grave, bien plus conséquent et plus religieux que Rousseau, protestant aussi, Charles Bonnet, dans un ouvrage fort remarquable sur la nature des preuves et du témoignage en faveur du christianisme, après avoir rapporté ce trait de l'aveugle-né, a dit : « Il suffit seul pour démontrer la divinité de Jésus-Christ. » Je le livre à vos réflexions sincères.

Vous le voyez donc, Messieurs, non pas seulement pour ce fait, mais pour tout l'ensemble des faits évangéliques, vous voyez comment le miracle se constate, se prouve, se résout en témoignage et peut se transmettre de la manière la plus irrécusable, ainsi que tous les faits.

Mais enfin ils sont fiction ou vérité, ces miracles: seule question possible.

Pour la vérité réelle et historique, voici nos témoins; et voici leur caractère : jugez-les.

II. P. Quand on étudie attentivement les conditions nécessaires de vérité et de certitude pour les faits, on reconnaît qu'elles s'appuient et se fondent en dernière analyse sur le caractère des témoins.

Vous vous constituerez, Messieurs, en jury le plus scrupuleux, le plus difficile, mais le plus éclairé. Si des hommes d'une sagesse et d'une probité entières, des hommes auxquels vous devez consciencieusement plus de confiance qu'à vous-mêmes, des hommes au-dessus du moindre soupçon d'illusion, d'erreur ou d'imposture; si de pareils témoins vous racontent, vous affirment des faits qu'ils ont vus de leurs yeux, et vus souvent, vus longtemps, des faits qu'ils ont entendus et touchés; ces faits sont vrais, quels qu'ils soient d'ailleurs. Vous n'en douterez pas, vous n'en pourrez pas douter; car vous aurez le plus infaillible fondement de la certitude pour les faits, vous aurez la plus inviolable certitude de la pleine connaissance, de la sagesse, de la probité, de la sincérité, de la sûreté des témoins. Si par là vous n'aviez pas la certitude, il faudrait tout nier, absolument tout.

Or tels sont au souverain degré les témoins que nous avons de la vie et des miracles de Jésus-Christ.

Devant vous, Messieurs, après leur cause tant de fois jugée, une fois encore comparaissent les pêcheurs du lac de Tibériade et la troupe unanime des premiers disciples de Jésus de Nazareth. Je les considère ici suivant l'universelle et constante tradition de tous les monuments chrétiens, ou même païens et juifs.

Apôtres et disciples, leur nombre déjà est imposant; et dans leur témoignage et dans leur vie se rencontrent les mêmes traits d'un solennel et touchant caractère de franchise et de vérité.

Ces hommes s'attachèrent donc à Jésus et le suivirent. Ces hommes, quels sont-ils ? Simples, grossiers même. Ils sont tout préoccupés des idées du juif charnel sur un messie dominateur puissant. Pendant qu'une doctrine céleste et pure est continuellement donnée en nourriture à leurs âmes; quand les plus étonnantes merveilles se multiplient sous leurs pas, ils se disputent la première place dans le royaume du temps et de la terre qu'ils espèrent voir fonder par leur maître.

Avec peine, avec une longue patience et non sans de justes reproches, Jésus-Christ les ramène à la foi surnaturelle des faits divins.

Telle n'était assurément pas leur inclination volontaire.

Trois ans entiers n'ont pas suffi à les établir fermes dans la foi qui doit fonder le christianisme. Souvent ils doutent, ils hésitent, non pas toutefois sur la réalité des faits et des miracles qu'ils voyaient sans cesse, mais sur les conséquences nécessaires de ces faits. Cependant des élans de conviction vive s'échappent de leur cœur arrachés par l'évidence, quelques accents aussi inspirés par un dévouement généreux.

Mais on le voit, ces incertitudes mêmes et le mélange de questions incohérentes et d'ardentes protestations décèlent un état de candeur et de naïveté non feintes dans ces âmes.

Timides aussi et pusillanimes, elles perdent courage dans l'épreuve. Elles n'ont plus ni espoir ni assurance quand le maître est saisi et traîné au supplice.

Apôtres, disciples, tous l'abandonnent et le renient alors.

Tels sont, Messieurs, les témoins des faits évangéliques tant que le héros en sera présent sur cette terre.

Quand il a cessé d'être devant leurs yeux, la plus étonnante révolution s'est opérée au fond du cœur de ces mêmes hommes.

Je ne cherche pas ici la cause et la nature déjà divine de ce changement, ce n'est pas mon sujet.

Je n'examine pas non plus ce spectacle qu'il faut toujours redire si étrange : celui des bateliers Galiléens et de leurs premiers compagnons lancés de la sorte à la conquête des convictions religieuses de l'univers et de la régénération des âmes.

Spectacle unique dans l'histoire du monde, fait le plus historique des faits, révolution inexplicable, qu'on étudie mal ou qu'on n'étudie pas.

Je m'attache à un autre point de vue. Nous avons reconnu, Messieurs, tout à l'heure, un type à la fois de simplicité, d'hésitation et de conviction naïves; nous allons voir celui de la certitude et de la force dans la foi, mais joint toujours à la plus inimitable candeur.

Je considère donc ces hommes nouveaux.

Désormais leur parole est intrépide, leur courage calme et indomptable, leur langage simple.

Ils attestent des faits, ils les attestent devant

Jérusalem encore frémissante, et qui fut témoin elle-même aussi.

Ces faits sont la résurrection et les autres miracles de Jésus-Christ.

En vain on menace, on enchaîne, on frappe : les apôtres et les disciples ne sauraient plus craindre ni se taire; ils attestent les faits de Jésus-Christ.

Et dans les fers, sous les coups de la flagellation, comme sur la croix et sous les glaives, ils vont toujours, joyeux de souffrir l'opprobre et la persécution pour le nom de leur maître et pour la vérité de ses miracles divins. Ils vont toujours, jusqu'à la mort, et par leur mort ils témoignent encore. Toujours ils disent : Nous avons vu, nous avons entendu, nous avons touché; et mille autres ont vu, entendu, qui vivent encore.

Et ils s'en sont allés par tout l'univers, témoignant toujours de la vérité des faits : hommes pauvres et faibles, il est vrai, mais invincibles dans leur simple et constant témoignage; et l'univers rebelle se soumit à croire le miracle et le fait divin du christianisme.

Tout cela, Messieurs, est de l'histoire, le témoignage des apôtres est historique; vous le savez assez, les écrits, les monuments, les traditions, les institutions le contiennent, le rendent présent et vivant devant vous : vous êtes ainsi encore aujourd'hui juges des témoins et des faits.

Tout vous montre clairement que ces hommes furent contemporains de ces faits, que leurs paroles furent dites, écrites sans défiance comme sans précautions ; tout vous montre les témoins vrais, probes, pleinement instruits des faits qu'ils racontent. Et ils racontent toujours le miracle.

Messieurs, tel est le christianisme ; après tout c'est aux faits et aux miracles attestés qu'il faut en revenir.

Jésus-Christ et ses témoins ramènent tout au fondement des faits divins ; la foi repose sur cette inébranlable base. Direz-vous : Elle est fausse, en présence de ce caractère du témoignage et des témoins ?

Ah! quand je recueille attentivement dans mes souvenirs et dans mon cœur les traits qui me représentent les amis du Sauveur, les compagnons de ses travaux et de sa vie, je contemple avec bonheur dans la réalité de l'histoire cette mâle figure de la vertu apostolique.

J'y vois d'abord la pauvreté et son amour.

L'apôtre méprise les biens de cette terre, il les fuit avec horreur ; il se glorifie avec son maître de son indigence et de sa nudité, il travaille de ses mains pour vivre, il vit aussi d'aumône, et il dépose de faits dont le témoignage n'enrichit pas, mais dépouille.

L'apôtre s'affranchit des sens et des plaisirs, il châtie son corps et le réduit en servitude ; il ne suit qu'une loi spirituelle et pure, il puise sa force et ses joies dans le jeûne et la prière.

Il dépose de faits qui viennent abolir toutes les fausses lois du plaisir.

L'apôtre ne veut, ne cherche que l'honneur et la gloire de Dieu seul ; gloire, honneur, louange, estime des hommes, et la liberté et la vie, il a tout sacrifié pour la vérité des faits mêmes qui lui arrachent tous ces biens.

L'apôtre est avide de travaux et de souffrances ; il se consume pour arracher ses frères à l'erreur, pour les éclairer, pour les consoler, pour les soutenir, pour les conquérir au bonheur du christianisme.

C'est bien sans doute pour exercer le zèle que lui inspire une charité ardente, mais c'est encore et toujours pour attester à la face de l'univers la vérité des faits de Jésus-Christ, la vérité du miracle.

L'apôtre, il est héros, il est victime ; il est docteur, il est père ; il est indomptable, il est humble ; il est austère et pur, il est compatissant et tendre ; l'apôtre est grand, simple, éloquent et sublime ;

il est saint, il embrasse, il accomplit des vues immenses pour régénérer et sauver l'humanité.

Tel est l'apôtre, tel est le témoin du miracle.

Et je n'ai rien dépeint, Messieurs, qu'avec les traits mêmes de l'Évangile de saint Paul ou de l'histoire apostolique.

Par l'histoire vous voyez les apôtres, vous les voyez présents devant vous, vous les entendez; jugez-les.

Sont-ils des témoins dignes de foi, oui ou non?

Toutes les tergiversations sont ici des chimères. Il faut répondre : oui, ou non.

En présence de tant de vertu, d'héroïsme et de sainteté; en présence de ces hésitations premières, de cette conviction acquise devenue inébranlable et plus forte que la mort; à la vue de l'apôtre, vous répondrez : Oui, cet homme est digne de foi.

Sur de pareils témoignages, sans balancer, vous enverriez un coupable à la mort; rendez-vous donc vous-mêmes à la vie.

Qu'ont-ils dit, ces témoins? Le fait divin et le miracle : ils les ont dits et attestés mille fois.

Et la certitude des faits dépend du caractère des témoins.

Donc ces faits sont vrais.

Il faut donc croire; et la foi est certaine et divine.

Mais on ne croit pas. Et pourquoi donc, enfin? pourquoi? Quelle raison de rejeter ce témoignage?

Je l'examine en peu de mots : j'ai quelque chose à vous dire encore.

III. P. Un témoignage est donné, témoignage précis sur des faits précis et positifs.

Il n'y a que deux motifs pour le repousser et le détruire : je l'ai déjà rappelé ; j'y reviens. Il n'y a que deux motifs à opposer, sans quoi les faits sont vrais : l'illusion ou l'imposture ; mais c'est l'un ou l'autre, remarquez bien.

L'illusion exclut l'imposture, et l'imposture l'illusion ; jamais contre un même témoin les deux reproches ne sauraient s'unir et se confondre.

S'il fut trompé, il ne fut pas trompeur ; s'il fut trompeur, il ne fut pas trompé. L'un est la bonne foi qui s'abuse, l'autre est la conscience absolue du faux qui ment avec audace.

Voyons d'abord : le témoignage apostolique illusion.

L'illusion qui prêche est fanatisme.

Le fanatisme est fureur et inconséquence ; il est la passion exaltée, et il exalte toutes les passions. Il est souvent, le plus souvent l'inséparable allié de la cruauté ; presque toujours il mène après lui la débauche, et la plus hideuse débauche.

Voyez l'Indien et Mahomet.

Le témoin apostolique est courageux et inébranlable, mais il vit dans la paix et dans la charité. Il est pur et réglé dans ses mœurs, il combat toutes les passions, il est surtout opposé à l'orgueil et à la licence.

Rappelez-vous saint Jean, saint Paul... Non, ce n'est pas là le fanatisme.

Le fanatisme est le jouet ou le séide d'opinions extravagantes.

Le mysticisme oriental et Swedenborg en sont le type par excellence; c'est le plus épouvantable délire.

Comparez-leur l'apôtre : simple quoique sublime, il raconte, il expose et il atteste des faits; sa doctrine est l'histoire et s'appuie toute sur les faits.

Son enseignement est le témoignage; c'est un récit. Ce n'est point la langue de l'opinion, de la théorie ou du délire : ce n'est donc pas le fanatisme. Et puis, Messieurs, devant la candeur, la vertu, la sagesse, la modération des apôtres, ce reproche est impossible : on ne l'adresse même pas.

Point d'illusion qui annonce le fanatisme : alors ce sera un autre genre d'illusion, celle des visionnaires.

Ainsi les apôtres, et avec eux les soixante-douze

disciples, et les Juifs contemporains, qui jamais ne nièrent les miracles du Sauveur, tous ces hommes unis, divisés, amis, ennemis, tous ont cru voir ce qu'ils n'ont pas vu, entendre ce qu'ils n'ont pas entendu, toucher ce qu'ils n'ont pas touché; et cela durant trois années consécutives.

Et tous leurs sens furent fascinés à la fois, constamment, de la même manière; nul ne se réveilla entre tous.

Nul n'avertit les autres, nul ne s'aperçut de l'erreur; et elle dure encore; nous y sommes en grand nombre ici, je crois : j'y suis des premiers, et bien complétement, je vous assure.

Et le voile n'est pas tombé en présence des persécutions ameutées, des séductions de tout genre, des luttes philosophiques de toutes les époques.

Non; toujours, en tous lieux, les apôtres, les disciples, après eux les catholiques fidèles rendirent le même témoignage à leur maître; tous témoignèrent des mêmes faits, de la même manière; et ce témoignage a été reçu, vérifié par la science, le génie, la sainteté la plus sublime dans tous les âges.

Messieurs, j'ai honte d'insister: toutes les lois de l'ordre moral et même physique, toutes les lois les plus essentielles et les plus intimes de la nature et de l'intelligence humaine, tout est renversé, détruit dans cette monstrueuse supposition. Le bon sens crie : Dans de telles conditions, pour de semblables faits, avec de tels témoins, point d'illusion possible. L'illusion et le fanatisme, non jamais, ne purent exister avec un témoignage et des témoins de ce genre. Ce n'est pas, ce ne peut pas être là une illusion.

Alors ce sera l'imposture : pour rejeter le miracle, il n'y a plus d'autre raison, l'imposture. C'est-à-dire que les témoins et les compagnons de Jésus-Christ ou des apôtres, Jésus-Christ le premier, tous furent les fourbes les plus insignes, les plus habiles et les plus heureux : et ne croyant pas, vous devez le dire ; vous n'avez plus forcément que ce moyen : ce qui est boire l'absurde par torrents.

Imposture habile : car pour une fourberie le plan chrétien n'est pas mal conçu.

Mais qui donc a tout à coup transformé ces pêcheurs de poissons, les plus maladroits, les plus timides, les plus ignorants des hommes ?

Fourberie la plus heureuse : elle a régénéré la terre, changé la face de l'univers. Elle a tout conquis : nations, empires, science, art, génie, philosophie, histoire : tout. Elle a produit tous les progrès bénis de lumière, de liberté, de civilisation, de charité chrétiennes. Vraiment ! beau résultat du complot de quelques scélérats menteurs! car ils le sont incontestablement, si leur œuvre n'est pas divine : ils l'affirmèrent divine.

Et ce résultat, Messieurs, fut conquis par eux en attestant les faits les plus incroyables, en enseignant la morale la plus austère, puis en se laissant tranquillement égorger pour des faits qu'ils savaient faux et qu'eux-mêmes avaient forgés.

Mais y a-t-il au monde une supposition plus insoutenable et plus révoltante? Cependant ne croyant pas il faut la faire nécessairement : vous n'avez plus que l'imposture à supposer.

Le témoignage apostolique imposture!

Quelques hommes se réunissent, ils inventent les faits les plus merveilleux, les miracles les plus extraordinaires et les plus divins. Ils conviennent de bâtir sur ce fondement inventé et faux une religion nouvelle, contraire à tous les préjugés reçus, à toutes les passions adorées. Ils conviennent de faire adorer comme Dieu un homme crucifié dans la Judée.

Ils conviennent de se faire tuer pour lui et pour les faits faux, pour les miracles faux qu'ils veulent sciemment lui attribuer.

C'est un crime, une scélératesse; c'est se jouer de l'univers : car ce n'est plus folie, illusion : nous supposons l'imposture connue et embrassée.

Ces hommes sont les pauvres bateliers de Génézareth.

Le complot est formé.

Et dans cette même Judée, dans cette même Jérusalem, devant le peuple, les licteurs, les tribunaux, ils attestent les faits faux : ils les attestent devant des milliers de témoins, témoins irrécusables de leur audacieuse fausseté.

Nul ne se dément, nul ne trahit : ni les cachots, ni les fers, ni les tortures, ni le dernier supplice, ne rendent ces hommes à la crainte et à la vérité : ils mentent toujours ; et cependant ils convertissent les peuples aux mœurs angéliques du christianisme qu'ils pratiquent eux-mêmes.

Ils courent l'univers ; ils mentent à l'univers : ils prêchent, ils écrivent, à d'immenses distances : toujours les mêmes faits, la même doctrine, la même constance.

Jamais de contradictions : jamais le concert n'est rompu, jamais le complot découvert ; non, aucun ne se dédit.

Il y aura variété de témoignage, différence même dans le récit et dans la forme ; unité la plus parfaite au fond, unanimité complète : singulier phénomène! Et l'antiquité païenne, tyrannique et savante n'a pu leur donner le démenti des faits! Quoi! ce sont là des traits, des fruits caractérisés de fourberie, de scélératesse et d'imposture!

Et cela dans des hommes prodiges vivants de vertu et de sainteté surhumaines. Saint Paul, saint Paul sera un imposteur! Si vous l'aviez lu!...

Messieurs, je rougis de combattre ainsi contre l'absurde. Vous prononcez : Non, point d'imposture ici ; impossible.

Et quant à ces impostures, quant à ces illusions accréditées que vous m'objectez peut-être dans vos souvenirs, je n'ai qu'un mot à vous répondre.

Montrez-moi là des faits, des témoins, un témoignage avec leurs inébranlables caractères, comme la foi les présente.

Mais non ; dans l'illusion et l'imposture il n'y a pas de témoins, parce qu'il n'y a pas de faits.

Je résume :

Les faits de Jésus-Christ dans leur ensemble et leur seul énoncé sont des faits miraculeux et divins : nul doute à cet égard. Les apôtres et d'autres témoins nombreux les ont affirmés comme les ayant vus, entendus, touchés : ils les ont scellés de leur sang. Caractère du témoignage, caractère des témoins, tout confirme la vérité des faits.

Illusion impossible, imposture impossible.

Les faits sont donc vrais, les miracles vrais ; la foi est donc vraie, certaine, surnaturelle, révélée, divine.

Il faut donc croire; oui croire et faire, et vous serez sauvés.

Mais où est-elle cette foi? Où est donc le témoignage? Quelle conséquence en tirer?

Je vais vous le dire :

Messieurs, aux jours dès longtemps écoulés, rapprochés toutefois et présents par l'histoire, deux témoins, deux apôtres abordèrent aux lieux où régnaient alors les armes et les lois maîtresses du monde.

Dans l'intimité du palais des Césars, dans la cité du peuple roi, vivait alors aussi l'héritier des héros du Portique; il enseignait : il résuma le dernier leur doctrine.

Mais à l'orgueil de ses discours, au faste et à l'intempérance de ses mœurs, je reconnais sans peine le vil adulateur de l'affranchi Polybe, le panégyriste de Néron parricide : Néron à son tour le fit périr.

Et les formes les plus éloquentes du langage, et quelques lueurs de vérité conservées dans les ténèbres, n'ont pu donner ni crédit ni consistance aux leçons pas plus qu'à la vertu du philosophe.

Pierre et Paul sont venus : Sénèque put les entendre; il dut dédaigner sans doute leur indigence et leur parler barbare.

Pour eux, ils prêchèrent les faits divins du Crucifié, Néron les fit mourir.

Mais par leur désintéressement héroïque, leur pureté sans tache, leurs vertus, leur sainteté plus céleste qu'humaine; par leur foi, leur sang, leur témoignage, ils avaient fondé pour jamais l'Église mère de toutes les Églises, que Pierre gouvernait.

Ils y laissèrent en dépôt le témoignage apostolique.

Le successeur de Pierre le reçut et le transmit : et ainsi toujours d'âge en âge, de pontife en pontife, Rome a reçu, gardé, transmis le témoignage.. Il vit, il règne et parle encore.

Seul il vous offre, Messieurs, l'appui certain et durable au milieu du terrain mouvant des opinions humaines : seul il vous ouvre un abri dans les orages de la pensée et des passions; seul il dit avec les faits : Ne cherchez plus ; la foi c'est l'histoire.

Les faits attestés de Jésus-Christ, telle est la voie, la vérité, la vie. Non, les conceptions isolées, les vagues et arbitraires rêveries; non, l'apathie et la paresse de la pensée, le laisser aller de l'indifférence et du plaisir; non, non, l'ambition de fastueuses et vides théories ne sauraient donner la vérité et la vie.

Mais les faits, les faits de Jésus-Christ me disent

sa mission, sa parole, sa foi divine. Ils me soumettent, il est vrai, pour mon bonheur : ils captivent mon esprit et mon cœur sous le joug de la foi. Mais que le monde alors, que toutes ses grandes, ses bruyantes et pourtant si petites préoccupations disparaissent loin de moi! Une vie féconde vient animer les pensées et les œuvres, la vie de la foi.

Messieurs, sous ses divines influences les courages abattus se relèvent; les passions se calment, les déchirements cessent, les illusions s'évanouissent : et l'on suit paisiblement la carrière ouverte par la main du Dieu Sauveur.

Fasse le Ciel que ce jour qui réaliserait pour vous tous la vie de la foi, se lève encore sur ma patrie!

VINGT-CINQUIÈME CONFÉRENCE

LE CARACTÈRE DE JÉSUS-CHRIST

VINGT-CINQUIÈME CONFÉRENCE

LE CARACTÈRE DE JÉSUS-CHRIST

Monseigneur,

Quelquefois une direction utilement donnée à la science de l'histoire sut l'appliquer à étudier le caractère des grands hommes. Ce genre d'étude spéciale, pourvu qu'on l'appuie sur la vérité des monuments et des faits avec un vif intérêt, présente d'heureux fruits.

On y voit les conditions de grandeur posées par la Providence pour mériter la gloire, pour accomplir des desseins généreux et servir comme de levier à de puissantes transformations de peuples et d'empires.

Un homme peut ainsi être tout un siècle, la haute raison d'un âge et des faits de cet âge; et l'on aime à reconnaître ces trésors intimes de force et de génie déposés par la main divine dans une âme pour changer, régénérer ou punir l'humanité.

Mais si étudier les auteurs ou plutôt les instruments de ces vastes influences, élève, nourrit l'intelligence et les nobles désirs, que dire donc, Messieurs, de l'auteur du christianisme?

Et quand la pensée attentive s'arrête et se repose sur lui, quel sujet de méditations profondes!

Puisque nous avons assez rappelé, je pense, que Jésus-Christ, sa personne, sa vie et les faits de sa vie, objets et motifs de notre foi, sont historiques; je crois maintenant utile, Messieurs, de vous proposer l'étude de ce grand et divin caractère d'après les monuments et d'après les faits.

Le caractère de Jésus-Christ, tel sera le sujet de cette conférence.

Les sources où nous venons puiser ne sont pas pour nous, vous le savez, un seul livre; ce n'est pas seulement un livre, c'est l'ensemble de la tradition et des monuments, c'est le témoignage historique, c'est l'histoire.

Nous rechercherons donc soigneusement les traits marqués de cette grandeur extraordinaire qui éclata dans l'auguste fils de Marie; et il faudra bien conclure par la vérité historique encore que cette grandeur était réellement divine, que ces faits étaient réellement des faits divins. Messieurs, nous avançons, daigne le Ciel bénir chacun de nos pas dans la carrière.

I. P. Messieurs, un homme parut donc, il y a dix-huit cents ans, au sein de la Judée. Je me reporte et je le contemple aux lieux, aux temps bénis par sa présence.

A le voir, c'est un homme semblable aux autres hommes, pauvre, faible, mais qui offre vivante dans toute sa personne, dans tous ses actes, une ravissante expression de grandeur calme, de bonté touchante, de dignité surhumaine.

Jeune encore il a passé de longues années dans la retraite et l'obscurité. Il sort de l'atelier d'un artisan, il se montre; et dès le premier instant le charme de sa vue et de ses paroles lui ont gagné les cœurs, attiré de nombreux et dévoués disciples.

Jamais il ne fut donné à la terre d'admirer un tel ensemble de vertu, de perfection et de beauté morale. En Jésus-Christ quel amour, quel respect profond pour Dieu! Quel zèle, quel désir immense de le faire connaître, adorer et aimer! Il déclare, il répète sans cesse ne chercher et ne vouloir d'autre gloire que celle de Dieu lui-même, qu'il nomme toujours son Père. Et quand l'enthousiasme des peuples pressés en foule sur ses pas veut le proclamer digne d'une couronne, il s'enfuit rapidement au désert pour y prier.

Chose étrange! il ne fuira jamais l'abaissement et l'outrage, il ne fuira que la grandeur et la gloire humaines, qu'il trouve seules indignes de lui.

Il chérit avec tendresse l'humanité souffrante, il s'empresse à consoler et guérir ses maux, à soutenir, à guider sa faiblesse. Avec quelle patience il la supporte et il l'instruit! On le voit, jamais homme n'a ainsi aimé les hommes.

L'enfance est l'objet de ses prévenances et de ses affections les plus douces; la pauvreté, de ses éloges et de son intime familiarité.

Il accueille le pécheur avec une inépuisable indulgence, avec une sorte de prédilection paternelle; il absout les premières larmes de Madeleine, et il dit à la femme adultère : « Personne ne vous a condamnée, ce n'est pas moi qui vous condamnerai; allez, et ne retombez plus. »

Son cœur s'attendrit profondément sur la mort d'un ami; il pleure aussi sur les maux à venir de son ingrate patrie.

Il n'a de réprimandes et de leçons sévères que pour l'orgueil et l'hypocrisie pharisaïques; mais en toute rencontre il exerce, il enseigne, il presse de garder comme son précepte par excellence, l'humble, douce et bienfaisante charité. Il mourra en priant pour ses bourreaux.

Dans cet homme vénérable, l'innocence des mœurs est plus pure que la splendeur des plus beaux cieux, et la haine la plus envenimée ne songe pas même à l'ombre d'un soupçon à cet égard. Sa modération, son détachement, son humilité nous confondent; il ne posséda jamais aucun bien; jamais il ne s'attribua aucune autorité; il repoussa loin de lui tout ce qui pouvait ressembler au faste, aux honneurs vains, aux vains plaisirs.

En un mot, tous les trésors de bonté, de vertu, de sagesse, de sainteté, d'humble et sublime héroïsme, apparaissent en Jésus-Christ. Ils apparaissent dispensés au sein d'une paix profonde et d'une égalité toujours semblable à elle-même.

Cependant la plus admirable doctrine découle de ses lèvres. Dès ses premiers enseignements il laisse bien loin derrière lui les philosophes les plus vantés; il apporte au monde une morale toute céleste, un dogme élevé bien au-dessus de l'intelligence humaine, mais qui devient aisément une source abondante de consolation et de lumière.

Son éloquence est simple, attachante, s'accommodant à tous, à l'enfant, à l'ignorant, à la multitude comme à l'homme instruit et puissant. Il étonne, il pénètre, il ravit par ses discours, et l'on s'écrie : « Jamais homme n'a parlé comme cet homme. » *Nunquam sic locutus est homo sicut hic homo* [1].

Et toujours ses paroles, transmises mais vivantes encore, forceront la plus haute admiration du génie, en charmant la candeur des âmes naïves.

Partout sur son passage et à sa voix naissent les plus éclatants prodiges, les faits les plus extraordinaires; ses prodiges sont encore des bienfaits, car il passe en faisant le bien. Une vertu secrète toute-puissante sort et s'échappe sans cesse de Jésus; et parmi tant de merveilles, parmi le sublime de son Évangile, au milieu des choses célestes et divines, il paraît comme le fils établi dans la maison paternelle; le sublime, le merveilleux, le divin sont pour lui l'état propre et naturel. Sans travail, sans effort, sans trouble, sans ostentation aucune, il est ce qu'il est.

Je ne sais quelle sublimité paisible de vertu, de grandeur, de bonté, de génie, de puissance, éclate en lui, qui indique plus que l'homme et plus que l'âge; et l'on sent que s'il y eut jamais un envoyé divin sur la terre, c'est lui, c'est Jésus-Christ.

Le cœur s'émeut, les genoux fléchissent; on révère, on aime et l'on adore.

---

[1] Joann., vii, 46.

Tel est Jésus.

Mais ce n'est pas encore assez. Entre les traits qui peuvent constituer le caractère de la grandeur véritable, il en est un sur lequel je dois m'arrêter et qui nous fait le mieux connaître en Jésus-Christ la dignité surhumaine et divine.

II. P. Des hommes sont nommés grands. Sans vouloir aucunement, Messieurs, être systématique et exclusif, je dirai que ceux qui méritèrent à bon droit ce titre furent au premier rang, je pense, ces hommes en petit nombre, aux vues assurées, fortes et fécondes, qui surent devancer l'avenir, l'assujettir à leurs desseins, le créer en quelque sorte dans le présent, et enfanter ainsi une grande gloire, un grand bien intellectuel, moral ou politique, au sein de l'humanité.

Ils purent rencontrer des générations indociles, voir leurs desseins traversés ou même détruits; mais leurs vues restent; et ces vues puissantes, la haute influence qu'elles exercèrent, qu'elles exercent peut-être encore, attestent à mes yeux l'homme éminemment grand. Et trop souvent du reste on nommera grands des personnages qui sont réellement fort petits.

Cette puissance et cette hauteur féconde des vues, je les retrouve à des degrés et en des sens divers, dans l'étonnant créateur de la philosophie logique, le philosophe de Stagyre; dans le père de l'école socratique, auteur ou réparateur d'un noble spiritualisme; dans le sage antique de la Chine, conservateur et sauveur d'augustes vérités.

Ces vues grandes, je les retrouve, quoiqu'au milieu d'un fol excès d'ambition et d'orgueil, dans la pensée fondatrice d'un empire grec à Babylone, la pensée d'Alexandre; dans la politique du sénat romain, qui essaya l'empire du monde; dans Alfred le Grand, Charlemagne et saint Louis, qui tous trois en Europe ouvrirent de larges voies à la civilisation et aux lois chrétiennes; dans d'autres sans doute encore : dans ces immortels pontifes assis sur la chaire de Pierre, et qui, aux époques les plus solennelles de la chrétienté, par leur foi, leur science, leur sainteté, leur génie et le plus ferme courage, fondèrent tant d'avenir pour les sociétés modernes.

Je n'avais pas besoin de vous dire que j'appelais grand le révélateur du pacte hébreu, Moïse.

Mais un homme se présente à nous dans l'histoire avec un caractère tout spécial de majesté, d'humilité, de pauvreté.

Les philosophes les plus vantés se sont dit entre eux : « Il est bon que les peuples soient trompés en religion. » *Expedit populos in religione falli,* était un adage consacré. Et le peu de vérités qu'on croit avoir retrouvées sous un déluge d'erreurs, on en fait les mystères, on en compose la doctrine ésotérique ou secrète. Encore le sanctuaire des initiés recèle-t-il de honteuses et dégoûtantes déceptions.

Jamais, jamais aucun sage, aucun génie encore n'a songé, n'a dû songer à éclairer, à relever les nations assises à l'ombre de la mort.

Tout à coup le pauvre sorti de l'atelier de Joseph annonce qu'il vient régénérer le monde, changer la face de la terre, apprendre à toutes les nations de l'univers le culte du seul vrai Dieu, la religion véritable, et la voie qui conduit à l'éternelle vie.

Il l'annonce, modeste et calme : il ne discute pas, il ne raisonne pas ; seulement il fait et il enseigne, *cœpit Jesus facere et docere;* il enseigne comme possédant l'autorité, *tamquam potestatem habens.*

Ce dessein, il ne se développe point avec le temps, il ne reçoit point l'accroissement successif des circonstances, qui si souvent font les entreprises et les hommes. Ce dessein, il est entier, complet tout d'abord, tel que Jésus-Christ le conçut, tel qu'il l'annonça dès l'entrée de sa carrière évangélique.

Dès le premier instant c'est la régénération et

le salut de l'univers qu'il se propose, c'est l'enseignement religieux de toutes les classes, de toutes les nations comme de tous les temps.

Universalité, perpétuité, unité de foi et de culte, tel est le catholicisme, pensée première et dernière de son auteur.

C'est l'Église que veut fonder Jésus-Christ.

Il le dit, il le proclame : tel est son dessein, telles sont ses vues.

Et vous n'oubliez pas, Messieurs, que ce dessein, que ces paroles de Jésus, ce sont des faits, des faits attestés et transmis par la tradition des siècles : en un mot, c'est l'histoire.

Mais quel est donc ce dessein de Jésus-Christ?

Son regard, son cœur et son génie ont mesuré le ciel et la terre.

Il entend régénérer l'une pour peupler l'autre à jamais des innombrables légions de ses élus.

Il voit devant lui ces masses infortunées de nations idolâtres ; il contemple l'univers livré sans cesse à un frénétique délire, et ces mœurs si diverses et si corrompues, et ces guerres sanglantes, et ces terreurs, et ces passions, ces larmes, ces joies insensées et brutales, lamentable histoire de la triste humanité.

Jésus-Christ a vu, mesuré les siècles; il a mesuré l'orgueil du faux savoir, la tyrannie de la puissance, l'esprit d'indépendance, et l'amour du plaisir, qui devaient attaquer et briser le joug évangélique.

Et Jésus-Christ a dit : « J'établirai ma foi et mon Église : je l'établirai pour le salut de tous, et les portes de l'enfer ne prévaudront pas contre elles.

« J'enverrai mon esprit consolateur, et il renouvellera pour jamais la face de la terre. »

Jésus-Christ l'a dit, et pour assurer son succès il ne flattera aucun des penchants secrets et impérieux de l'homme; il les combattra tous jusqu'au moindre désir; il prêchera la pénitence, les vertus les plus pures et par là même les plus difficiles, comme des devoirs inévitables : il commandera l'humble soumission, l'entière abnégation de soi-même pour obéir à Dieu.

Sans déguisement et sans détour il impose à la raison la foi : il faut croire sans comprendre, croire d'impénétrables mystères.

Sa doctrine, sa loi seront le renversement le plus étrange de toutes les idées humaines. Et Jésus n'a rien excepté de l'empire de son Évangile : en lui il a tout embrassé.

Mais qu'est-ce à dire? Messieurs. Quelles sont ces vues? Nul n'en eut jamais de semblables, jamais. Jésus s'élance au delà des temps jusqu'au sein même des interminables éternités : il y transporte avec lui le genre humain, toute la suite des générations ; il les arrache au délire, à l'ignominie, à la fange des passions et des erreurs ; il les appelle à marcher après lui ; il veut établir la vérité, la foi, la morale la plus intacte et la plus pure, et le dogme le plus inaccessible, et la plus invincible Église. Voilà son dessein, telle est sa pensée.

Mais qu'est-ce donc qu'un tel dessein ? car je le considère en lui-même. Ce dessein, Messieurs, il est la pensée même d'un Dieu, ou la plus inconcevable folie.

Oui folie la plus étrange, si ce n'est une pensée de Dieu même, de vouloir, en combattant de front tous les préjugés, toutes les opinions reçues, toutes les passions, l'orgueil, les sens et les plaisirs, entraîner ainsi les cœurs, changer l'univers, enchaîner et soumettre l'avenir et tous les siècles.

Folie, si ce n'est l'œuvre même divine, évidemment folie d'ouvrir le ciel, d'en tracer la route sûre pour tous les hommes, de leur dicter au nom de Dieu ses volontés et ses lois. Le fanatisme, la frénésie humaine le firent aussi quelquefois ; j'en conviens.

Jésus-Christ l'a fait ; il a dit qu'il voulait le faire ainsi.

Loin de sa mémoire révérée, loin de son esprit et de son cœur, vous écartez à jamais la frénésie, le délire et les fanatiques transports qu'en d'autres vous flétrissez. Vous l'écartez : il fut le plus sage, le plus modéré, le plus saint des hommes. Et il eut ce dessein, ces vues sans bornes et sans mesure humainement raisonnable : ce n'était pas la folie ; non : donc c'était la pensée et l'œuvre même divine. Pas de milieu.

Jésus-Christ fut donc homme divin, il fut l'envoyé, l'organe de Dieu, ou Dieu lui-même. La conséquence est, Messieurs, nécessaire et inévitable.

Que la grandeur de Jésus-Christ ait été seulement une grandeur humaine, impossible. Tout dans ses vues, dans sa personne et dans sa vie fut au-dessus de l'homme et de l'ange, évidemment : sa pensée, son dessein, son entreprise ne peuvent être justifiées que par la puissance et la grandeur divine.

Grandeur divine. Eh! oui enfin : et mon âme longtemps comprimée s'ouvre et se repose quand elle peut exprimer la profonde conviction de la foi.

Messieurs, sur une plage inconnue le voyageur découvre encore debout l'œuvre monumentale du génie antique.

Il s'arrête ému : il contemple, il médite; il interroge ses souvenirs, il reconnaît l'âge, les caractères et la signification de l'art; il les décrit et les raconte avec bonheur.

Jésus-Christ nous apparaît à travers les siècles comme le monument le plus auguste et le plus vénérable de la plus vénérable histoire.

Quand, l'âme recueillie, nous étudions, quand nous méditons attentifs cet étonnant caractère, l'admiration nous saisit, nous pénètre malgré nous-mêmes; et bientôt la raison, la justice, la conviction triomphante du vrai, et la foi, et l'élan du cœur n'aperçoivent plus dans cette grande image ce qui est humain et terrestre : l'humain et le terrestre disparaissent.

Jésus-Christ est la splendeur du vrai, du bien le plus parfait et le plus aimable; et qui n'eût voulu compter autrefois au rang de ses amis?

Sa doctrine, elle est toute céleste et sublime, sa vie remplie des plus inépuisables merveilles; et tout en lui cependant est simple, facile, naturel et profondément paisible.

Ses vues sont la folie et le délire à leur comble, si elles ne sont divines; et ses vues, elles furent toutes-puissantes et toutes fécondes en fruits divins d'avenir.

La bonté, la sagesse, la grandeur, la paix et la puissance divine nous apparaissent dans leur réalité. Le ciel est sur la terre, la présence divine, le fait divin sont manifestés, ou Dieu se plaît à nous tromper lui-même, et il ne resterait à l'homme aucun moyen de connaître, il ne resterait à Dieu aucun moyen d'exprimer la vérité et la puissance de ses œuvres.

Caractère de Jésus-Christ, caractère réellement divin, qui lui imprime le sceau de la divinité même.

Ce n'est pas tout encore, Messieurs; car la vérité presse, et ne souffre pas qu'on respire sans elle.

III. P. De grandes vues sans avenir, sans puissance d'exécution qui en assure l'accomplissement, sont trop souvent, Messieurs, le partage de la faiblesse humaine.

Mais quand à un grand dessein conçu, énoncé avec ce repos de l'âme qui indique une force véritable, se joint une assurance constante, une assurance d'avenir et de triomphe; quand les moyens et les voies, quand les résultats d'exécution sont prévus, fixés et garantis; qu'ensuite surtout l'événement confirme ces puissantes prévisions du génie, je vois là, Messieurs, le plus haut terme de grandeur, de force et de gloire humaines, si même il y a seulement alors une gloire humaine.

VINGT-CINQUIÈME CONFÉRENCE

Que si à des conseils plus qu'humains, à des vues qui n'apparurent qu'une fois sur cette terre et qui furent si étranges, si élevées, si bienfaisantes et si pures, qu'il faut nécessairement y reconnaître un divin caractère ; si, dis-je, à de tels desseins vient encore s'ajouter une exécution conçue, garantie et consommée par des moyens qui ne tiennent évidemment pas de l'homme, que conclure, sinon qu'il y a là le sceau le plus complet de grandeur, de puissance et de réalité divine?

Ici encore, Messieurs, je demeure uniquement dans une appréciation des conceptions et des vues de Jésus-Christ en elles-mêmes pour apprécier et sentir la grandeur réelle de son caractère.

Jésus-Christ appuya donc l'avenir de ses desseins sur trois bases qu'il énonça entre autres: ses prodiges, sa mort, les persécutions de ses apôtres.

Ses prodiges : il les donnait en preuve de la divinité et de la puissance de sa mission. « Croyez à mes œuvres, » disait-il. *Operibus credite*[1]. « Mes œuvres, ce sont elles-mêmes qui rendent témoignage de moi et de la mission que le Père m'a donnée. » *Ipsa opera quæ ego facio, testimonium perhibent de me, quia Pater misit me*[2]. Et en-

---

[1] Joann., x, 38.
[2] Joann., v, 36.

core : « Allez, rapportez ce que vous avez vu : les boiteux marchent, les lépreux sont guéris, les sourds entendent, les morts ressuscitent, les pauvres sont évangélisés [1]. »

Et de pareils prodiges et de plus grands encore sont promis aux apôtres.

Jésus-Christ fondait l'avenir de ses vues sur des prodiges, sur des miracles, sur sa mort.

Il se comparait au grain de froment qui demeure seul s'il ne tombe et ne meurt dans la terre.

Il disait : « Il faut que le Christ soit livré aux Gentils, aux tourments, à la mort. »

Il ajoutait : « Quand je serai élevé de terre, j'attirerai tout à moi. » Il parlait ainsi de sa croix.

Les prodiges, la mort de Jésus-Christ furent ses moyens annoncés d'exécution.

Les persécutions de ses apôtres devaient être aussi des instruments de sa puissance.

Sans craindre de les effrayer, il leur dit, il leur répéta :

« Le serviteur n'est pas plus grand que le maître : ils m'ont persécuté, ils vous persécuteront…; à cause de mon nom vous serez haïs…; à cause de moi vous serez menés devant les magistrats et les rois pour être livrés aux tourments, à

---

[1] Luc., vii, 22.

la mort... Mais ne craignez rien..., j'ai vaincu le monde..., et mon esprit reposera sur vous... Mon Évangile sera prêché par toute la terre... jusqu'à la consommation des temps [1]. »

Messieurs, j'ai rapporté fidèlement les paroles de Jésus-Christ, paroles qui ont retenti dans l'univers et dans tous les siècles, paroles qui sont des faits, les plus historiques et les plus traditionnels de tous les faits : nous l'avons assez établi à l'avance.

Le grand dessein du christianisme s'y dévoile en entier.

Des miracles, une mort, des persécutions le feront triompher de tous les obstacles.

Telle est la puissance d'exécution fixée dans les prévisions de Jésus-Christ.

Des prodiges d'abord.

Jésus-Christ sans hésitation s'attribue le miracle, il en fait évidemment l'appui de son œuvre.

Je ne veux être frappé que d'une chose :

Le plus sage des hommes, le plus vertueux des sages affirme ainsi ses propres prodiges ; il affirme par eux en même temps l'avenir, la fixité et la divinité de ses desseins.

Jésus-Christ s'attribue le miracle, il l'affirme

---

[1] Joann., xv, 20; Luc., xxi, 12; Joann., xiv; Act., i, 8; Matth., xxiv, 14.

avec la plus paisible et la plus entière certitude.

Ce sera encore l'effet ou de l'illusion, ou de l'imposture, ou bien la vérité nécessairement.

Il faudra choisir.

Eh bien! accusez Jésus-Christ d'illusion ou d'imposture, j'y consens si vous l'osez. Mais alors nous aurons plus qu'un aveu, car nous aurons dans une telle imputation l'excès palpable du faux; et ce caractère célébré, révéré, chéri par vous-mêmes et dans toute l'histoire des siècles, viendra démentir le plus insoutenable outrage.

Jésus-Christ fut vrai, il fut saint, il fut sage; pour assurer un avenir certain à ses vues, il affirma, il apporta ses miracles: donc ils furent opérés et réalisés, je n'en veux pas d'autres preuves, c'est assez.

Jésus-Christ s'attribue le miracle, il l'eut pleinement en sa puissance.

En lui se manifesta donc l'action divine la plus certaine, car Dieu seul a pu ainsi parler et agir, seul déclarer et assurer de la sorte le dessein de régénérer le monde.

Il faut, Messieurs, le conclure sans tergiversation et sans détours, le fait divin est ici présent devant nous dans toute sa vérité.

Une mort, autre moyen.

Représentez-vous, Messieurs, je vous adjure, au milieu de vous un homme, mais le plus digne de vénération, de gloire, de confiance et d'amour, annonçant qu'il va bientôt mourir condamné au dernier supplice, chargé d'opprobres; annonçant que ses ignominies et son sang vont pacifier et sauver le monde, réconcilier le ciel et la terre, établir à jamais le culte du vrai Dieu.

Qu'en penseriez-vous, dites-moi?

Si vous l'entendiez encore se promettre dans ses disciples le témoignage du sang, fonder ses assurances de triomphe et de perpétuité pour sa religion et son Église sur les persécutions, sur l'oppression, l'opprobre et la mort subis par ceux qui croiront en lui;

En sorte que la faiblesse devînt la force, l'infamie la gloire, la défaite la victoire, que penseriez-vous, dites, je vous en prie?

Jésus-Christ se présente à nous sous ces traits. Sans cesse il appelle, il désire, il prédit ses tourments et sa mort. Les tourments et la mort, il les laisse comme héritage, comme récompense à ses amis.

Eux et lui devront se laisser égorger comme l'agneau, sans plainte, sans résistance, sans combat.

C'est une loi mystérieuse de douleur et de sacrifice sanglant qu'il établit : la mort et la honte;

par là il assure, il affirme à jamais se survivre et régner à jamais.

Une œuvre immense d'expiation et de régénération s'ouvre ainsi à nos regards dans les tortures, dans la pauvreté, les angoisses, l'agonie pour durer et porter toujours des fruits.

Et Jésus meurt, ses apôtres et ses disciples meurent comme lui immolés par la haine; l'œuvre est exécutée, le monument est élevé, inébranlable et indestructible.

En vérité, Messieurs, quelle est donc cette parole arrivée jusqu'à nous, cette voie promise et accomplie d'exécution? quel fut donc ce dessein étrange?

Quelle intelligence le conçut, quelle région le vit naître? Des tourments, une mort, des prodiges affirmés, affirmés à l'avance comme une infaillible garantie pour exécuter un inconcevable dessein, le dessein de sauver, de régénérer l'univers.

C'est Jésus-Christ qui l'affirma. Si l'on daignait y réfléchir et méditer avec un franc courage, ah! bientôt on dépasserait tout ce qui est purement naturel et humain, on toucherait aux bornes divines. La main de Dieu est là; sa parole, sa vie, ses mystères, sa bonté, sa puissance sont près de nous, nous environnent; le fait divin nous apparaît entier. Et dans ces rapides mais heureuses études sur Jésus-Christ, nous retrouvons aisément et la vérité, et la grandeur, et la force, et la réalité divines.

Messieurs, en vain, plongés dans les fascinations des sens et les replis de la matière, nous refusons-nous à considérer l'ordre surnaturel et divin, en vain dédaignons-nous d'y arrêter nos regards et nos pensées.

L'ordre surnaturel et divin existe ; l'histoire même, l'inexorable histoire en conserva les redoutables caractères.

Aux pages du récit évangélique, aux monuments et aux témoignages de l'univers, fut inséparablement attaché le tableau d'extraordinaires merveilles. Jésus-Christ le domine et le couronne.

Jésus-Christ, il le faut expliquer par l'homme ou par le Dieu. En Jésus-Christ que vois-je? Il est vrai, l'enfant qui naît, qu'on emporte en fuyant; et l'obscurité mystérieuse de trente années, et le travail des mains, et la sueur du front, et le baptême des pécheurs, la tentation de Satan, le jeûne, la faim, la soif, la fatigue du chemin qui le force à s'asseoir. Jésus-Christ est bien l'homme repoussé, méprisé, honni ; il est le commensal et l'égal du pauvre, le pénitent, le suppliant, courbé sous l'outrage et la peine, sous les ignominies et les douleurs, sous la crainte et l'ennui; réduit à l'agonie, à la plainte amère, au supplice de l'infâme, à la mort.

Mais, grand Dieu! qu'est-ce? Rien n'est assez faible, assez petit, assez bas et assez méprisable pour lui. En lui nul appui ni de richesse, ni de grandeur, ni de gloire humaine; mais bien la haine et l'horreur de toute grandeur humaine : il la fuit, il l'abhorre, il se plonge dans l'abaissement et le mépris, seuls dignes, ce semble, de lui; c'est l'unique soif qui le dévore. L'honneur pour lui, par la plus étrange contradiction, est ce que les hommes nommeraient le déshonneur; il le recherche, l'appelle et le tient étroitement embrassé.

Quelle énigme, Messieurs! Et au plus profond de l'humiliation et de l'anéantissement, parmi cette soif de l'outrage, cette ambition du mépris, je vois briller et resplendir au front de Jésus-Christ une majesté trois fois sainte de bonté, de force, de grandeur, de sagesse et de toute-puissance souveraine et divine. Enfant, il épouvante les rois et instruit les docteurs; fatigué, assis, il révèle les pensées secrètes et les faits inconnus du plus libre avenir. Indigent, écrasé par l'infortune et par l'outrage, mourant abandonné, il enseigne pour jamais les générations; il établit pour jamais le règne de la vérité sur la terre; il ébranle l'univers, le change, le remue à son gré; il le gouverne. On le voit, il est le maître de la nature, de la vérité, des cœurs, de l'avenir, et il est l'auteur et le consommateur de la foi.

Contraste étrange! infirmité, grandeur suprême: bassesse, toute-puissance; il souffre, il meurt, et il règne sur la mort et les douleurs.

Mais mon esprit est confondu.

Jésus-Christ un homme? Oui, c'est un homme; et il fut broyé dans l'infirmité. Mais est-il Dieu? Oui, il est Dieu, car il sauva la terre par une puissance et une sagesse toutes divines.

Et je crois comprendre qu'il n'y avait ici-bas d'autre gloire digne de lui que la douleur et le mépris.

Mais tout est étrange ici, Messieurs, et contre nature; tout dépasse et interdit la pensée; et je ne trouve dans ma stupeur, ma raison et ma parole, qu'un seul mot pour sortir d'angoisse et de tourment; un mot qui abaisse les montagnes et comble les vallées; un mot qui rend la paix, la lumière à mon âme; qui me dit, qui m'explique tout, qui m'ouvre le ciel et la terre : ce mot, Messieurs, c'est l'Homme-Dieu!

VINGT-SIXIÈME CONFÉRENCE

LA DOCTRINE DE JÉSUS-CHRIST

VINGT-SIXIÈME CONFÉRENCE

LA DOCTRINE DE JÉSUS-CHRIST

Monseigneur,

Parmi les faits de l'histoire évangélique tels qu'ils nous ont été transmis, il en est un digne des plus graves méditations.

Ce fait qui domine tout le christianisme, qui vient remplir les plus intimes besoins de l'homme, qui nous révèle aussi admirablement la personne, le caractère et la mission de Jésus-Christ; ce fait qui en Jésus-Christ nous révèle encore le fait divin; cette part historique de l'Évangile où tout est l'histoire; ce fait ou cet ensemble de faits dont je veux parler en ce moment, ce sont, Messieurs, les enseignements de Jésus-Christ; c'est sa doctrine.

Doctrine de Jésus-Christ fait historique avec ses témoins, ses monuments, sa tradition, qui en rapportent le sens et l'étendue aussi bien que l'époque et l'énoncé.

Il en devait être ainsi.

La parole dite et entendue est un fait.

Celle de Jésus-Christ fut par lui-même confiée à des témoins pour la redire; et telle est au vrai la nature, telle est l'existence de la doctrine de Jésus-Christ, existence historique fondée sur le témoignage et la tradition.

Par où l'on conçoit bien encore à quel faux point de vue se plaça la réforme: elle prit un livre, le lut, puis raisonna tout à son aise comme sur de pures théories.

Elle retrancha la tradition, elle brisa la chaîne du témoignage; elle dépouilla réellement pour elle-même les enseignements du Sauveur de leur caractère historique.

La réforme isolant ainsi dans ses mains l'Évangile, dut le considérer comme une spéculation doctrinale, livrée aux interprétations de chacun, et non comme une vérité de fait, attestée, transmise et fixée à la manière des faits. De là tant de maux et d'erreurs; de là ces derniers et si déplorables excès de l'exégèse allemande.

L'Église catholique, au contraire, est la grande société du témoignage; elle reçoit, elle garde et transmet ainsi toute l'histoire évangélique, mais avec l'autorité de jugement absolument nécessaire aussi.

Pour nous la doctrine, la foi, chaque point de la foi et de la révélation divine, ce sont toujours, Messieurs, des faits attestés, transmis, en même temps que définis par l'Église.

Ce que je remarque seulement pour constater d'autant mieux le mode d'existence et d'acceptation, quant à nous, des enseignements de Jésus-Christ.

Pour vous dire aussi qu'ayant à résumer et à caractériser ces enseignements eux-mêmes, nous ne sortons point de la ligne adoptée, que nous sommes dans un ordre de faits véritablement historiques.

Quelle fut donc la doctrine de Jésus-Christ?

En rechercher la pensée mère et fondamentale, l'apprécier mûrement pour en faire ressortir le caractère divin : tel est le but de cette Conférence.

I. P. Ce fut, Messieurs, quelque chose d'étrange que cette devise et ce drapeau donnés au christianisme à son aurore : « Gloire à Dieu, paix à l'homme. » *Gloria in altissimis Deo et in terra pax hominibus...* Et ce fut le cri mystérieux des légions célestes saluant le berceau de l'auguste enfant de Bethléem.

Je jette les yeux sur l'ancien monde; j'y cherche en vain reconnue et proclamée la gloire du Créateur. Idolâtrie monstrueuse, folie et délire au lieu de religion; systèmes faux, contradictoires, funestes; toutes les passions déchaînées, guerre contre Dieu: tel est réellement l'aspect que me présente le monde antique.

Guerre à l'homme aussi : lois sanguinaires, mœurs publiquement brutales, servitude; et comme pour mieux exprimer cette guerre et cette haine contre l'humanité, pour mieux les représenter dans leur type extrême, les sacrifices humains, religion de tous les peuples sans exception.

Je jette les yeux sur le monde moderne, sur ce monde séparé violemment du christianisme, au sein du christianisme lui-même; ce monde ingrat tel que le firent l'hérésie, le schisme, la philosophie incrédule : un drapeau est levé, une gloire arborée.

Ce sont encore les opinions et les passions humaines déchaînées contre Dieu, contre l'homme. Je vois l'orgueil et la licence, un déchirement lamentable, un égoïsme cruel.

On étalera en vain les plus spécieuses théories; en vain, sous les dehors du zèle pour l'intérêt public, usurpera-t-on des idées et des paroles généreuses; en vain prononcera-t-on les mots vertu, vérité, religion : loin de la pierre angulaire de la foi, on retrouve toujours la guerre contre Dieu, la guerre contre l'homme. Saint Augustin l'a dit à bon droit des coryphées de l'erreur dans tous les temps : « Vraiment oui, ils voulaient perdre et immoler. » *Perdere volebant, mactare et occidere.* Ils disaient : A moi la gloire; périsse tout ce qui s'oppose à moi : dernier mot et premier drapeau de tout individualisme philosophique ou hérétique. A moi la gloire : Mahomet, Luther s'expliquent par ce mot qui explique toutes les grandes personnifications d'erreur.

Jésus-Christ donc et le catholicisme seul avec lui ont pu dire et disent encore : Gloire à Dieu. Symbole admirable, caractère tout distinctif et divin de la foi que je vous prie de méditer, et qui va pour nous résumer tout l'Évangile.

« Le règne de Dieu approche, » disait Jésus-Christ. *Appropinquavit regnum Dei*[1].

« Il me faut évangéliser, annoncer le règne de Dieu, » *oportet me evangelizare regnum Dei;* « car j'ai été envoyé dans ce but, » *quia ideo missus sum*[2].

Ce que Jésus-Christ recommande à ses apôtres

[1] Marc., I, 15.
[2] Luc., IV, 43.

lorsqu'il leur donne leur mission première, c'est de prêcher le règne de Dieu : *Prædicare regnum Dei*[1].

Cette parole sans cesse répétée doit avoir assurément un sens élevé et principal dans la doctrine évangélique.

Ce même Évangile et cette même doctrine sont encore nommés dans saint Paul l'Évangile de la gloire de Dieu : *Evangelium gloriæ beati Dei*[2].

Saint Paul, si digne interprète de Jésus-Christ, nous dit dans son langage que nous avons tous besoin de la gloire de Dieu : *Omnes... egent gloria Dei*[3].

Et le cri fidèle de sa foi est toujours : « A Dieu seul l'honneur et la gloire. » *Soli Deo honor et gloria.*

Jésus-Christ a solennellement déclaré aussi qu'il ne venait point chercher sa gloire propre, sa gloire humaine : *Non quæro gloriam meam ;* mais bien la gloire de Celui qui l'a envoyé, de son Père[4].

Pour les innombrables et merveilleux bienfaits qu'il répand sur son passage, il ne veut, il ne ré-

---

[1] Luc., ix, 2.
[2] I Tim., i, 11.
[3] Rom., iii, 23.
[4] Joann., viii, 50.

clame que la gloire rendue à Dieu ; il se plaint quand ce devoir n'est point rempli : *Non est inventus qui rediret et daret gloriam Deo* [1].

Et si l'Évangile veut nous dire pourquoi des hommes de conditions élevées refusaient de croire, ou du moins d'avouer leur foi en Jésus-Christ, c'est, y est-il dit, qu'ils ont aimé la gloire humaine plus que la gloire de Dieu : *Dilexerunt enim gloriam hominum magis quam gloriam Dei* [2].

Ainsi donc, Messieurs, la gloire de Dieu ou son règne, telle est évidemment la pensée qui domine dans les pensées de Jésus : c'est le vœu le plus cher de son cœur, le but ardemment embrassé de sa mission ; c'est le besoin qui le presse, âme de son âme et vie de sa vie : la gloire de Dieu ! Et c'est son évangile et sa doctrine, l'Évangile de la gloire de Dieu : *Evangelium gloriæ beati Dei*. Le Fils de Dieu a vu son Père méconnu et déshonoré dans l'univers : il est venu.

Il se lasse et il s'épuise pour conquérir à son Père de vrais adorateurs qui l'honorent.

A ses détracteurs, à ses amis il répond avec ce mot : « J'honore mon Père. »

La soif d'un baptême de sang, la soif du sacri-

---

[1] Luc., XVII, 18.
[2] Joann., XII, 43.

fice le presse sans relâche : *Quomodo coarctor!* disait-il.

Il l'appelle, il le cherche : il s'indigne quand on veut en détourner l'image ; il le trouve enfin ; il s'en saisit ; il a saisi la croix avec ses opprobres et ses tourments comme la source du rafraîchissement et de la paix.

Et quand il dira : « Tout est consommé ; » quand il penchera sa tête, c'est que par le prix de son sang répandu il aura vengé la gloire de son Père outragé ; c'est que par la vertu de son sacrifice, jusqu'à la consommation des siècles, d'un bout du monde à l'autre, toujours ce cri s'élèvera du fond des cœurs fidèles : « A Dieu seul l'honneur et la gloire. » *Soli Deo honor et gloria.*

Aussi veuillez suivre son retentissement dans tous les âges.

Saint Paul, dont le génie peut vous suffire, est vraiment l'apôtre de la gloire de Dieu ; lisez-le bien, vous en serez surpris.

Cette gloire et cet honneur divins sont comme la noble passion qui fait battre son cœur, qui exalte sa foi et son courage et lui dicte les plus éloquentes inspirations apparues jamais sur cette terre.

Dans le martyr, dans le grand évêque, dans les saints, un mot, un seul mot peut donner le secret et la raison de leur constance, de leur vertu, de leur héroïsme: la gloire de Dieu ; et ils furent les interprètes, comme les imitateurs et les témoins fidèles de Jésus-Christ.

Saint Jean la bouche d'or, au sein de la nouvelle Rome, le grave et savant solitaire de Bethléem, l'athlète vigoureux d'Hippone, et plus tard l'invincible apôtre des Indes, François Xavier, qu'ont-ils voulu, qu'ont-ils cherché et exprimé par leurs travaux, leurs combats, leur enseignement et leur génie?

Dites, après y avoir bien pensé, si ce ne fut pas la gloire de Dieu avec le salut de beaucoup d'autres. Et que serait-ce donc?

La gloire de Dieu! Noble et belle parole, Messieurs, noble et belle pensée, pensée première de Jésus-Christ, âme de sa doctrine et de sa vie : la gloire de Dieu.

Mais ici un résultat me frappe et m'effraie en considérant ce qui se passe autour de nous : c'est que Dieu est oublié, retranché de l'univers et du cœur de l'homme. Dieu retranché avec sa gloire! Que vous restera-t-il donc? Caractère frappant de tout ce qui n'est pas le christianisme lui-même. Je vois la souveraineté, le domaine et l'honneur du Dieu créateur méconnus et délaissés bien au loin, comme le souvenir de l'étranger; puis toutes les désastreuses conséquences de cette erreur mère de toutes les erreurs : le monde vide de Dieu. Vous n'aurez pas le chaos matériel, parce que la matière ne blasphème pas ainsi. Mais vous aurez, vous avez le chaos moral, parce que vous prétendez ne tenir aucun compte de l'action de Dieu et de sa gloire, principe unique d'ordre et de vie.

Ce fut là, vous le savez, et c'est encore, Messieurs, le funeste travail de l'esprit humain hors du catholicisme : l'indépendance de l'idée qui veut se passer de Dieu. C'est le drapeau non catholique ; et certes chacun le voit, il court les rues. Mais aussi n'est-ce plus que la triste réalité du fait humain sans contredit.

Le christianisme, gloire de Dieu ! Ce caractère seul, exclusivement propre de ma foi, me montre en elle une sainteté, une majesté divines.

Mais vous en jugerez mieux encore quand j'aurai rappelé ce que c'est que la gloire de Dieu et en quoi elle consiste, car ce ne sera pas inutile.

II. P. On parle beaucoup, Messieurs, parmi les hommes, de gloire et d'honneur, sans qu'il soit toujours facile ni même nécessaire de s'entendre sur la valeur de ces grands mots.

Mais la gloire et l'honneur de Dieu, les connaissez-vous pour les embrasser et les défendre ? Cependant ils valent bien la peine qu'on en parle, qu'on en recherche la nature et le sens, relativement à nous du moins; car en Dieu même ce serait l'abîme infini.

Étude, Messieurs, au-dessus de toutes les études, et que nos vaines et futiles préoccupations de la glèbe et du temps nous font trop négliger.

La gloire de Dieu! car il n'y a pas autre chose à chercher dans l'univers que la gloire du grand Dieu qui le créa.

Les cieux, il est vrai, racontent la gloire de leur auteur, le jour la révèle au jour, et la nuit l'annonce à la nuit, comme parlait le prophète. La nature entière célèbre éloquemment son Créateur; mais l'homme seul conçoit et même exprime ce langage; sans l'homme l'univers est muet, insensible, et ne sait point rendre gloire au Seigneur.

J'aperçois un temple antique élevé à la majesté du Très-Haut. Sa vaste enceinte, ses nobles portiques, ses flèches élancées au milieu des airs, portant le signe protecteur du salut comme pour le faire planer au-dessus de toutes les demeures de la cité; cette masse imposante du saint édifice que le voyageur salue de loin avec un religieux respect: au dehors, tout m'annonce déjà la grandeur du Dieu qu'on y révère.

J'entre : homme, que tu parais petit sur le pavé de ce temple! Regarde cette voûte, ces vieilles et indestructibles colonnes qui te rappellent l'indestructible vérité.

Contemple ce sanctuaire et ses ornements sévères mais augustes; vois s'avancer le vénérable pontife avec la troupe fidèle de ses nombreux lévites; et si la grave harmonie des divins cantiques, si la pompe auguste de nos solennités saintes viennent recueillir et pénétrer ton âme agitée, en ce jour n'endurcis pas ton cœur.

Car ce temple, ses pompes, ses grandeurs ne sont rien encore sans une intelligence et un amour.

Il est surtout un temple que Dieu se bâtit à lui-même, un sanctuaire inaccessible aux regards et qu'il se choisit pour demeure. Là il se plaît à réfléchir sa divine image; là sont offerts au Seigneur le sacrifice et l'encens qui véritablement l'honorent. Ce temple, ce sanctuaire, cet autel, c'est le cœur de l'homme.

Dans ce mouvement immense des sphères, dans ces lois et ces magnificences de la nature, j'aperçois bien la force et la puissance d'un bras divin; mais puissance qui n'est ni comprise ni aimée, obéissance qui n'est non plus ni volontaire ni libre. C'est l'admirable machine du plus savant ouvrier, qui jamais ne bénira la main de son auteur.

Mais quand l'homme, à qui ce monde fut livré comme un domaine; l'homme, pour qui chaque matin se lève l'astre du jour, pour qui la terre se couvre de ses fleurs et de ses fruits ; l'homme, dont tant de faux biens et de séduisants plaisirs se disputent sans cesse l'esprit et le cœur ; l'homme, créé, soutenu pour vaincre, il est vrai, mais libre de succomber s'il le veut ; libre, s'il le veut, de se ranger parmi les ennemis du Très-Haut ; l'homme, que relèvent quelquefois les plus beaux dons de la science et du génie, quand je le vois s'humilier au plus profond de son être, et s'anéantir tout entier dans la Majesté divine, en même temps qu'il abaisse dans la poussière un front couronné peut-être des lauriers de la gloire ; quand il renvoie dans la simplicité de son cœur l'honneur et la louange au seul auteur de tout bien parfait ; quand il met sa gloire à obéir comme un enfant docile aux volontés du Père qui est dans les cieux ; quand aussi, à l'exemple de l'illustre père des Machabées, il préfère l'exil, les tourments, la mort à la plus légère infraction des lois du Seigneur :

Alors, oui, je m'écrie avec un orateur célèbre : « Dieu seul est grand ! » avec l'Apôtre : « A Dieu seul l'honneur et la gloire ! »

Le plus noble des ouvrages divins ici-bas est une âme intelligente et libre : sa dépendance et ses hommages sont la grande, la plus grande gloire de Dieu au sein de la création.

Et tel est bien l'Évangile, tel est l'enseignement de Jésus-Christ.

Jésus-Christ vint; il agit, enseigna, souffrit, mourut pour la gloire de Dieu; il la rechercha toujours avec la soif la plus ardente de son âme, nous l'avons vu.

Et je le contemple soumis, humble, obéissant jusqu'à la mort aux volontés divines : telle est même la disposition la plus marquée dans sa personne et dans sa vie, sa leçon aussi et son précepte chéri : l'humble soumission à Dieu.

La conséquence est nécessaire, les moyens doivent répondre à la fin. La fin est la gloire de Dieu; le moyen, l'humble dépendance.

Jésus-Christ a défini ainsi lui-même la gloire de Dieu sur la terre : l'humble soumission de l'homme, de la créature intelligente et libre.

Il a dit que sur la terre aussi c'était le repos et la paix de nos âmes : *invenietis requiem animabus vestris;* et vous le sentez bien quand vous obéissez au Seigneur!

La gloire de Dieu, soumission de l'homme et sa paix.

Mais alors le grand jour se lève pour ma conscience et pour mon cœur.

Alors seulement je reconnais l'admirable et divine harmonie de l'univers et du plan évangélique, la création soumise à son auteur et célébrant sa gloire par l'hommage de la dépendance entière de la créature intelligente et libre.

Que si j'approfondis encore, je découvre encore mieux, Messieurs, la céleste origine et la haute raison de ma foi comme de la gloire divine.

L'intelligence humaine, dans les vérités qu'elle comprend, maîtresse d'elle-même et dominatrice en quelque sorte des sciences les plus élevées, va s'enfler de sa propre énergie. Perdant de vue ses bornes étroites et sa faiblesse, et ne reconnaissant d'autre souveraineté que la sienne, elle se dispensera de payer à son auteur le tribut de dépendance et de soumission le plus digne de lui, l'hommage entier de la plus noble partie de nous-mêmes, l'hommage de la raison.

Il était juste, il était convenable que la souveraine et divine intelligence, pour son honneur, revendiquât ses droits; et en imposant à l'homme pour les croire les plus sublimes comme les plus incompréhensibles mystères, l'amenât à faire l'aveu de son impuissance et de son néant, de manière à soumettre ainsi totalement la raison à son auteur.

Car la raison, quand elle comprend, règne; quand elle croit, obéit, et dit alors dans la plus sublime des langues : « A Dieu seul l'honneur et la gloire. »

Telle est la haute convenance et même la nécessité de la foi. Telle est aussi la grande gloire de Dieu, la foi.

Mais la foi, Messieurs, est en même temps la paix et la gloire de l'homme. Sa paix, car l'ordre est ainsi établi ; l'homme est soumis à Dieu, il est enseigné de Dieu, guidé par lui. Et tandis que l'orgueil d'un esprit indocile dégrade l'homme et le perd, la foi l'élève au-dessus de lui-même en le fixant dans la vérité.

Sa gloire, car dans l'acte de foi l'homme célèbre la plus noble victoire remportée sur soi-même, la soumission de la raison frémissante et libre, qui dès lors contracte l'alliance la plus intime avec la lumière même divine.

Ainsi la foi seule, Messieurs, sauve l'homme des folles aberrations d'une science qui enfle, et des désordres d'un cœur que les passions troublent et agitent.

L'Océan un jour entendit une voix qui lui dit : Tu viendras jusqu'ici, et tu briseras tes flots sur ce rivage. Ses eaux mugissantes semblent bien quelquefois s'irriter contre leurs barrières divines, prêtes à les franchir ; cependant elles obéissent et s'arrêtent. Fortes alors par le frein même qui les modère, elles conservent leur place dans l'univers avec l'ordre et la beauté, dissipées et perdues si envahissant la terre elles portaient partout la désolation et la terreur.

Reconnaissez ici la gloire de Dieu et le bonheur de l'homme dans la raison soumise à la foi.

Toutefois, Messieurs, je n'aurais point complété ma pensée, je n'aurais pas exposé la plus noble part de la doctrine de la gloire de Dieu et son divin caractère, si je ne vous faisais pénétrer plus avant dans la foi : ce sera l'objet d'une dernière et rapide considération.

III. P. Un homme entre dans le temple de Jérusalem. Il ne se distingue de la foule que par une autorité humble et modeste, par une expression de bonté et de douceur surhumaines. Mêlé au reste du peuple, il se prosterne, il prie, il adore dans un recueillement et une paix profonde.

Cet homme, quel est-il ? Au dehors il est semblable aux autres hommes; il habite, il converse avec eux, il est leur frère et leur ami.

Voici son histoire dans l'Évangile :

« Au commencement était le Verbe, et le Verbe était en Dieu, et le Verbe était Dieu. En lui était la vie... Il était la vraie lumière qui éclaire tout homme venant en ce monde, et le monde ne l'a point connu... Et le Verbe s'est fait chair, il habita parmi nous, et nous avons vu sa gloire, la gloire du Fils unique du Père, plein de grâce et de vérité [1]. »

L'incrédule fameux disait : « La majesté des Écritures m'étonne, et la sainteté de l'Évangile parle à mon cœur. » Je le crois bien.

Vous retrouvez ici, Messieurs, la haute convenance en même temps que la révélation sublime de l'incarnation divine.

On demande quelquefois les raisons de la convenance d'une incarnation divine que la foi nous dit accomplie.

Voici l'une de ces raisons : Mallebranche et Leibnitz à tort l'exagèrent; renfermée dans ses justes bornes elle est vraie, fondamentale et catholique.

Quelque grand que soit un homme, quelque glorieux que soient au Seigneur l'hommage et le service de la créature raisonnable, ce ne sont néanmoins que des hommages bornés et finis, comme la créature elle-même, et constamment hors de toute proportion avec la grandeur divine.

Il en est de même pour la réparation ou expiation de l'offense commise envers Dieu, expiation

---

[1] Joann., I.

dont le besoin fut toujours si profondément senti au sein de l'humanité.

Tant que les actes seuls de l'homme simplement homme expient ou adorent, je ne vois dans l'univers qu'une gloire de Dieu faiblement et imparfaitement exprimée.

Libre cependant, éternellement libre et souverainement indépendant de tout ce qui n'est pas lui-même, Dieu a pu laisser l'homme seulement capable d'adorations et de soumissions humaines.

Dieu dans ce cas n'en serait ni moins bon, ni moins puissant, ni moins grand en lui-même. Il aurait manifesté au degré qui lui aurait plu ses attributs, qu'il est libre de manifester au dehors comme il l'entend. Libre de créer ou de ne pas créer, il choisit pour la création l'ordre et l'état qu'il lui convient de choisir.

Dans son essence, dans sa béatitude et sa solitude éternelles, l'infini se suffit à lui-même; il se contemple, il se connaît et s'aime : telle est sa vie, sa gloire intérieure et essentielle, impénétrable à nos pensées comme à nos regards.

Mais, s'il l'a voulu aussi, Dieu a bien su, il a pu se donner dans l'univers une gloire proportionnée, une gloire infinie.

Il l'a pu dans sa toute-puissance, dans son amour extrême pour la dignité et le bonheur de l'homme.

Qui l'en empêcherait? vos rêves? Ce n'est pas assez pour arrêter un bras divin.

S'il l'a voulu, la chose s'est accomplie, et alors un plan magnifique se déroule à mes regards, un admirable spectacle de gloire et de réparation divines m'est présenté.

Une nature humaine plus que sainte et sacrée, un homme s'abaisse, prie, adore, obéit.

Son abaissement et ses hommages sont propres à sa personne, ainsi que l'humanité même qui les produit.

Eh bien! dit le Seigneur, dans une nature humaine ce seront les abaissements, les réparations, les hommages d'une personne divine; elle seule pourra dire moi dans tous les actes de l'humanité qu'elle s'est unie; ces actes seront nécessairement les siens, ceux d'un moi divin, comme mes actions sont les miennes.

Ils auront donc le prix, le mérite, la grandeur, la dignité de la personne divine; ils sont ses actes, ils viennent d'elle, ils n'appartiennent qu'à elle.

Car toujours l'honneur rendu s'est mesuré sur la dignité de la personne qui le rend, comme la gravité de l'offense sur la dignité de l'offensé.

Il y a donc une grandeur, une dignité, un mérite divins, c'est-à-dire infinis, dans ces hommages;

et par conséquent un honneur et une gloire infinis sont rendus à Dieu par l'incarnation.

Tel est le mystère, le grand et sublime mystère de l'Homme-Dieu : telle est la haute convenance d'une incarnation divine, la plus haute manifestation donnée de gloire divine; telle est, Messieurs, la gloire de Dieu dans la foi catholique.

Mystère incompréhensible, je l'avoue, selon toute son étendue; mais éclatant de force et de splendeur dans son expression et son résultat évidents.

La création est complétée; Dieu y trouve, y place un adorateur, un réparateur digne de lui.

Le voyez-vous ce médiateur, roi pontife du genre humain, debout au sein de la création.

Il attire, il appelle à lui tous les hommes.

En lui se réunissent et s'élèvent tous les hommages, toutes les satisfactions dues au Seigneur.

Il se les incorpore comme à l'humanité même tout entière ; il est le chef, nous sommes les membres.

En lui, avec lui et par lui toute créature est unie étroitement à Dieu, et ce n'est plus pour tout l'univers que la grande unité de soumission, de réparation et de culte dans le Dieu médiateur.

C'est l'Homme-Dieu représentant et résumant toute la création en sa personne, et célébrant ainsi avec la dignité et le prix de l'infini, le concert magnifique de la divine gloire.

Dans cette unité, dans cette conception sublime de gloire de Dieu, tout le catholicisme fut compris, tout l'Évangile renfermé et admirablement coordonné.

Par la foi, par l'autorité dans la foi, par l'Église, par les vertus, par la prière, par les sacrements et par la grâce nous sommes unis aux mérites infinis d'un médiateur Homme-Dieu; nous sommes un avec lui, pour qu'en lui et par lui soit rendue au Créateur une gloire infinie.

Voilà, Messieurs, ce qu'est la gloire de Dieu et la doctrine de Jésus-Christ. Cette gloire de Dieu est bien la soumission de l'homme; mais désormais en tout homme, par une association intime et merveilleuse, c'est la soumission de l'Homme-Dieu.

Voilà ce que j'avais à vous dire, et le caractère divin d'enseignement que j'avais à vous rappeler.

Jamais la philosophie sans la foi ne s'éleva jusqu'à concevoir cet ordre, cette unité magnifique de la création; jamais l'esprit de l'homme sans la foi n'avait conduit son cœur à ce sentiment si vrai, si magnanime, si profondément calme qu'amène l'Évangile de la gloire de Dieu.

Peut-être comprendrez-vous mieux maintenant la doctrine évangélique, et saurez-vous mieux apprécier l'idée mère du christianisme, la gloire divine. Peut-être saurez-vous mieux aussi sentir dans votre cœur le bonheur, la grandeur de la foi et d'une vie conforme à ses lois; car alors on établit le règne de Dieu et sa gloire sur la terre.

Messieurs, quoi qu'on en ait, la gloire de Dieu est une loi qui vit et demeure, en exigeant la dépendance et la soumission de l'homme : obligation si bien exprimée par ces énergiques paroles de Jean le Précurseur : « Il faut que mon Dieu croisse, moi que je m'abaisse et diminue. » *Oportet illum crescere, me autem minui*. Car c'est le christianisme, sortant sublime et pur de la bouche et du cœur de son premier enfant.

La gloire de Dieu, il faut, Messieurs, la lui rendre; il faut la reproduire dans la vie intelligente, libre mais soumise, de l'homme.

Vainement se flatterait-on d'avoir une religion à sa manière : que sais-je? la religion de ceux qui n'en ont aucune, la religion de l'honnête homme par exemple.

Je le demande : rendez-vous ainsi vraiment gloire au Dieu de l'univers? Quand? où? comment? Quel lieu, quelle heure sont témoins de votre prière? Ce serait le premier pas, le premier acte d'hommage et de soumission envers Dieu; car sans prière il n'y a pas d'abaissement ni d'hommage: mais non, on ne priera même pas.

Je le demande encore : hors de la foi, de cette foi qui est dans le cœur et se révèle par la pratique, qui donc s'inquiète des lois que Dieu put bien, s'il le voulut, dicter à la terre? Les rechercher et les connaître, ces lois, serait déjà rendre gloire à Dieu. Puis les pratiquer, quand on les a connues, est le devoir de la conscience, la paix et le bonheur de l'homme : la gloire de Dieu encore. Ces lois on les méconnaît et on les néglige.

Mais Dieu est jaloux, dit le prophète; il est jaloux et zélé pour sa gloire : il l'attend, il la réclame, il l'exige de chacun de vous.

Il en veut voir et trouver les fruits; il vient, il considère l'arbre : rien; c'est le figuier stérile, il le maudit et le réprouve.

Mais plutôt, en ces jours de bénédiction et de salut, puisse à jamais pénétrer jusqu'au plus intime de vos cœurs le sentiment chrétien de la gloire de Dieu et d'une soumission fidèle à ses lois!

Vie divine, sève divine, puissiez-vous la ressaisir en franchissant tous les obstacles. Alors vos âmes généreuses, croyez-le bien, ne pourront que croître et grandir à l'ombre de la foi de Jésus-Christ : elles recevront par elle, avec les plus nobles inspirations de la vertu, du dévouement et du courage, les plus douces consolations de la terre et les plus glorieuses espérances du ciel.

VINGT-SEPTIÈME CONFÉRENCE

LES CARACTÈRES DISTINCTIFS

DE DIVINITÉ EN JÉSUS-CHRIST

VINGT-SEPTIÈME CONFÉRENCE

LES CARACTÈRES DISTINCTIFS

DE DIVINITÉ EN JÉSUS-CHRIST

Monseigneur,

Quand le génie de la science, appuyé sur un zèle d'observation infatigable, s'est frayé des routes nouvelles, a conquis en quelque sorte et nommé des êtres nouveaux au sein de la création, nous applaudissons volontiers à ces efforts et à ces progrès heureux.

A la surface de la terre ou dans ses entrailles, a-t-on rencontré quelques débris inconnus du monde antique; dans ces ateliers d'invention moderne, par l'action puissante qui sépare et qui unit, une substance nouvelle est-elle apparue; tout à coup le monde savant s'émeut. Honneur à celui qui le premier pourra déterminer les caractères distinctifs du nouvel être et fixer son ordre, sa place dans cette immense classification qui nous déborde. Un fossile informe, des ossements brisés, quelques vertèbres vermoulus suffiront pour donner naissance à un genre spécial et distinct : on inventera un nom sonore et magnifique, on construira de toutes pièces ces monstres géants dont la seule idée effraie l'imagination; on ne reculera point devant cette formation scientifique d'un monde à part, tout extraordinaire et tout étrange qu'il soit. On adoptera sans résistance à cet égard les données de la science.

Je ne blâmerai assurément pas, Messieurs, ceux qui déterminent et classent, ceux qui acceptent ces merveilles de la nature primitive, alors surtout qu'ils savent y reconnaître la puissance bien plus merveilleuse encore du Dieu créateur.

Mais je m'étonnerai toujours qu'on ne daigne pas transporter aux faits merveilleux du christianisme cette étude attentive, cette bonne foi entière, et même jusqu'à un certain point les procédés hardis des autres sciences.

Je m'étonne qu'on ne daigne pas, dans un ordre moral, historique ou même physique, étudier aussi l'être, le personnage le plus extraordinaire qui apparut jamais sur cette terre; qu'on ne veuille pas en déterminer aussi et en fixer les caractères distinctifs, afin de voir s'il a, ou non, son analogue au sein de la création, afin de voir si le nom et la nature de l'être divin ne lui conviennent pas expressément, s'ils ne l'expliquent pas seuls raisonnablement, comme la foi catholique l'affirme.

Vous entendez que je veux parler encore de Jésus-Christ, en demandant pardon au Seigneur de me servir de termes et de méthodes employés surtout par la science de la matière.

Mais dans ce siècle de classification et d'observation matérielle, on est quelquefois forcé d'emprunter sa marche et son langage pour défendre la vérité de nos dogmes.

Rechercher donc, d'après les faits et d'après l'histoire, les caractères distinctifs qui peuvent constituer l'être divin en Jésus-Christ, tel sera le grave objet de cette Conférence.

Heureux, Messieurs, si je pouvais en descendant de cette chaire laisser plus que jamais affermie dans vos cœurs la foi de l'Homme-Dieu.

I. P. En Jésus-Christ je vois d'abord, Messieurs, cet étonnant caractère, qu'on pourrait nommer celui de l'être prédit, annoncé et décrit longtemps à l'avance.

Jésus-Christ paraissait au milieu du peuple juif, au milieu de ces hommes qui se firent ses ennemis.

Les Juifs portaient alors dans leurs mains, ils portent encore aujourd'hui sur tous les points de l'univers, les livres sacrés de l'antique alliance.

Assurément ils n'auraient reçu ni ces livres, ni aucune altération de ces livres de Jésus-Christ ou des chrétiens : il serait plus qu'absurde de le supposer.

Ces livres, au contraire, nous les reçûmes des Juifs, et nous les lisons dans leur langue, avec l'ineffaçable sanction de leur antique origine.

Si je parcours, Messieurs, ces monuments sacrés des Écritures hébraïques, je suis frappé de l'éclat de majesté extraordinaire, empreint pour ainsi dire à chacune de leurs pages, et qui environne le libérateur promis dès le commencement : « Cet enfant, est-il dit, à naître de la femme et qui doit écraser la tête du serpent maudit [1]. »

Si le Très-Haut daigne se manifester aux justes des premiers âges, ce sera pour garantir solennellement l'effet de ses magnifiques promesses.

Abraham, le père des croyants, voit avec joie dans l'avenir toutes les générations bénies en Celui qui doit naître de sa race. Jacob mourant salue avec respect la gloire de Judas, et ce désiré des nations qui doit sortir du sein de la royale tribu.

---

[1] Gen., III, 15.

Si le grand Moïse est suscité, donné pour chef aux enfants d'Israël; si, sous sa direction puissante et surnaturelle, ils sont arrachés à la servitude d'Égypte, formés en nation sainte, protégés, instruits, gouvernés par une intervention divine toujours merveilleuse et constante, ce sera pour les rendre héritiers et gardiens de la promesse originelle du Messie futur.

Attendre fidèlement cet envoyé céleste, c'est la foi, la religion; c'est le culte tout entier, c'est toute l'existence du peuple hébreu comme de ses pères dès l'origine. Enseignement, rites, sacrifices, institutions politiques. même, révolutions, guerres, malheurs, prospérités, héros, législateurs et pontifes : tout chez cette nation étrange est figuratif, et parle du mystérieux réparateur de l'avenir.

Durant quatre mille ans l'héritage est transmis : la famille reçoit de ses auteurs comme un legs d'attente et d'espérance. Les enfants d'Israël savent donc, ils croient qu'ils ne seront sauvés qu'au nom du Rédempteur promis. Et autour d'eux le monde entier, que tant de commotions et de tourmentes agitent sans cesse, n'est véritablement en travail que pour enfanter son Sauveur : les traditions, les erreurs même et les mythes de l'antique Orient auront toujours conservé et perpétué cette attente mystérieuse ; elle aura toujours pressé, comme à son insu, l'univers païen de tendre à l'accomplissement des divins décrets.

Celui qui fut ainsi annoncé, qui fut offert pendant quarante siècles à la religion des peuples, au culte véritable de foi, de désir et d'amour, le personnage ainsi prédit, que sera-t-il donc?

Je trouve bien un Cyrus nommé, chose admirable! par son propre nom dans Isaïe, deux cents ans avant son règne, et député par le Seigneur à la délivrance de son peuple captif dans Babylone.

Je lis encore la prédiction qui désigna Jean le précurseur.

Mais ce sont là, Messieurs, deux faits passagers, deux hommes montrés un moment et qui s'effacent bientôt devant le grand objet des prophéties, qui même s'y rapportent uniquement, comme la figure à la réalité, comme la voie au terme où elle mène.

Au-dessus des plus illustres personnages et des plus illustres événements de l'ancienne alliance, domine et respire quelque chose d'auguste et de véritablement divin : la vive et perpétuelle image de la nouvelle alliance et de son mystérieux fondateur.

Dans cet ordre d'idées si étrange, mais dans ces livres les plus vénérables et les plus authentiques des livres, cherchez, Messieurs, ce qui exaltait par de saints transports l'âme du royal prophète, et la faisait s'exhaler sans cesse en cantiques sacrés ; cherchez ce qui enflammait le zèle éloquent d'Isaïe, calmait les vives douleurs de Jérémie, ce qui anime en un mot le sublime et puissant concert de toutes les inspirations prophétiques.

C'est la venue de Celui qui est engendré par le Seigneur dans les jours de l'éternité, de ce Fils éternel de Dieu, établi Roi sur la montagne de Sion, dont le règne n'aura point de fin, et à qui toutes les nations furent données pour héritage.

Il est le guide, le précepteur, le docteur des peuples ; il est leur lumière, leur justice, leur paix, leur joie, leur salut : car il porte tous ces noms.

Il est cette fleur de la tige de Jessé, en qui doit reposer l'esprit du Très-Haut ; il est l'Emmanuel ou le Dieu avec nous, le Saint des saints, en même temps que l'oint du Seigneur et son Christ.

Mais qu'est-ce donc, et que voulez-vous de plus ?

Je viens de prononcer, vous venez d'entendre textuellement les propres accents de David, d'Isaïe, de Jérémie, de Daniel : et sans qu'il soit besoin ni même possible ici de rappeler tant d'autres et presque innombrables oracles, déjà n'avez-vous pas nécessairement reconnu dans cette harmonie antique des prophètes, l'hymne sacré de la louange et de l'adoration décernées pendant les longs siècles de l'attente à la divinité du Messie futur? Aussi la science des Écritures en arracha-t-elle plus d'une fois l'aveu aux plus célèbres et aux plus savants entre les ennemis même jurés du nom chrétien : ils furent forcés de lire, écrite devant eux, la promesse du Dieu-Homme; ils en consignèrent l'aveu dans des monuments qui demeurent.

Mais il fallait qu'Isaïe, véritable historien de nos mystères, huit siècles à l'avance, s'écriât dans son enthousiasme divin : « Un enfant nous est né, il porte sur son épaule la marque de sa royauté; il s'appellera l'Admirable, le Dieu fort, le Père du siècle futur, le Prince de la paix. » *Parvulus natus est nobis... cujus principatus super humerum ejus... et vocabitur nomen ejus Admirabilis, Deus fortis, Pater futuri sæculi, Princeps pacis.*

Vous l'avez entendu, Messieurs : un enfant, le Dieu fort, le Père du siècle futur; et il est nommé Dieu dans des termes et des conditions que la langue originale et sacrée n'appliqua jamais qu'à la Divinité même : on l'a prouvé cent fois.

Cet enfant sera Dieu! Quel enfant peut l'être au monde, je vous le demande, si ce n'est un seul ?

Et Jérémie ouvrant une fois son âme aux plus

douces consolations, en laisse tomber ces touchantes paroles : « Voici le jour qui vient, dit le Seigneur. » *Ecce Deus veniet.* « Je ferai naître de David l'enfant juste. » *Suscitabo David germen justum...* « Il sauvera Juda, et voici son nom... »

Prophète, quel est ce nom? Dans ta langue antique et propre qu'as-tu dit? Quel titre nouveau ajouteras-tu donc à tant de titres? Quelle grandeur, quelle dignité nouvelle vas-tu promettre au fils attendu de David? « Voici son nom, dit le Seigneur, c'est Jéhovah! »

Jéhovah!... nom redoutable et terrible, nom le plus sacré de toutes les langues humaines ou divines, et que la lèvre du Juif n'osa jamais balbutier même en tremblant; nom incommunicable du seul vrai Dieu, du Dieu vivant et véritable.

Sans un blasphème horrible il ne peut être donné, ce nom, à un pur homme; il est donné dans la langue prophétique et sacrée au rejeton attendu de David. Cet enfant est donc prédit comme enfant de Dieu.

Que je résiste ou que je m'égare, que j'oublie, que j'ignore ou que je nie, c'est écrit, c'est gravé dans ces ineffaçables monuments élevés pour attester et comme pour bâtir à l'avance l'avenir.

L'enfant Dieu! « Ah! oui, il sera grand. » *Hic erit magnus.* « Il s'appellera le Fils du Très-Haut, et il sera vu sur la terre conversant avec les hommes. »

Ainsi parlaient, ainsi s'exprimaient les oracles sacrés des Juifs de longs siècles avant la naissance de Jésus-Christ.

Et pour qui ne sait pas y lire la présence réparatrice d'un Homme-Dieu promise à la terre, que faire, sinon de s'envelopper dans son manteau et de pleurer amèrement sur le plus triste aveuglement?

Jésus-Christ paraît au milieu des Juifs, il ose bien prendre le livre des prophètes, il le tient ouvert devant la synagogue assemblée, il le lit et dit : « Aujourd'hui s'est accompli ce que vous venez d'entendre [1]. »

Il l'a dit, sa parole est attestée, vivante encore dans l'Évangile et dans l'histoire : *Quia hodie impleta est hæc scriptura in auribus vestris.*

Il l'a dit, et il a dit encore de même aux Juifs : « Vous étudiez les Écritures, ce sont elles qui rendent témoignage de moi. » *Scrutamini Scripturas... illæ sunt quæ testimonium perhibent de me* [2].

Jésus-Christ s'appliqua donc à lui-même les témoignages des prophètes; cela suffirait.

Mais en Jésus-Christ, en lui seul, se réunissent

---

[1] Luc., IV, 21.
[2] Joann., V, 39.

comme dans un même faisceau tous les rayons de divine gloire épars jusque-là dans les oracles sacrés.

Il vient au temps, au lieu, avec tous les signes et les caractères marqués et prédits pour la venue du Messie.

Il vient après les semaines comptées par Daniel ; il vient quand le sceptre est sorti de Juda, suivant la parole de Jacob ; il vient au sein d'une paix profonde et quand tout l'univers est dans l'attente de l'avénement du personnage extraordinaire.

Il naît dans cette Bethléem de Juda, félicitée par le prophète si longtemps à l'avance de la naissance du grand Roi ; il naît d'une pure vierge, suivant le signe miraculeux d'Isaïe et le témoignage de tous les siècles chrétiens ; il est de la tribu de Juda et de la maison de David, tous les prophètes l'avaient dit mille fois ; il sera homme aussi, semblable aux autres hommes.

Mais d'autres signes encore avaient été donnés dans le Testament ancien.

Il devra fuir en Égypte, il reviendra pour vivre pauvre et pour souffrir. Il sera le plus doux, le plus innocent, le plus haï, le plus persécuté de tous les justes ; il annoncera une nouvelle et céleste doctrine, il multipliera sous ses pas les plus étonnants prodiges.

Mais son peuple le fera mourir; il sera rassasié d'opprobres, mis au rang des scélérats; ses pieds et ses mains seront percés.

Sa mort abolit tous les autres sacrifices, renverse les idoles, établit sur la terre le règne éternel de la justice.

Son tombeau deviendra glorieux; à son nom toutes les nations se prosterneront pour l'adorer.

Et ses apôtres, et son Église, leurs combats, leurs triomphes, l'invincible durée de la foi, tout est raconté encore.

Mais qu'est-ce donc? sa prophétie?

Oui, c'est la prophétie. Ce sont ses propres termes; je n'ai fait que les réciter. Vous en croirez ma conscience et ma parole, et vous pouvez les vérifier tous.

C'est la prophétie, mais c'est aussi l'Évangile dans sa plus exacte précision. Le symbole des faits catholiques et divins se trouve écrit d'avance en entier, c'est de Jésus-Christ lui-même et de lui seul qu'il est question, impossible de s'y méprendre.

Vous rapprochez, vous comparez la prophétie antique et l'histoire réalisée: mêmes signes, mêmes traits. Le personnage prédit, le personnage venu et historique ne font qu'un seul et même personnage. Il a été prédit avec ses caractères distinctifs comme Dieu, et tout s'est réalisé. C'est le même homme, le même Dieu annoncé, arrivé. On voit, on touche l'antique loi venant au-devant de la nouvelle. Elles se rencontrent, s'embrassent et se confondent dans l'unique et vrai Sauveur, en Jésus-Christ Dieu fait homme. Nulle autre explication n'est tolérable ni possible ici : non, nulle autre absolument.

L'être prédit et réalisé, tel est son caractère distinctif. Il faut de toute nécessité le classer et le nommer dans le ciel et sur la terre.

L'aurore paraît, et par elle vous annoncez, vous nommez le jour et l'astre du jour qui vont paraître. Au front du temple est inscrit : Au Dieu très-bon, très-grand; vous nommez à l'entrée la Divinité qu'on adore.

La loi antique, l'antique prophétie a nommé et le soleil nouveau de justice, et le Dieu nouvel homme : inscription du temple, aurore du grand jour, il faut y croire; ou bien ressembler à ces sauvages habitants des déserts qui, dit-on, à coups de flèches prétendent combattre et détruire le jour et le soleil du jour qui les inondent des bienfaits de la lumière.

L'être prédit comme Dieu-Homme a paru avec tous ses traits, c'est Jésus-Christ. La prophétie est divine, Dieu annonça Dieu. La nature et le nom de Jésus-Christ sont donc trouvés. Il est l'Homme-

Dieu, vous n'en pouvez pas faire autre chose; non, vous ne le pouvez pas.

Mais il existe encore d'autres caractères distinctifs: voyons, Messieurs, comment vous pourrez les expliquer.

II. P. Nous achevons d'étudier, Messieurs, dans la vue d'un immense besoin, nous étudions Jésus-Christ et ces traits distinctifs, extraordinaires qui en font éminemment l'être à part dans la création.

Trois choses se présentent encore en Jésus-Christ :

La doctrine;

Les œuvres;

Le caractère.

Trois choses qui sont des faits, et des faits historiques.

Qu'en doit-il résulter?

La doctrine d'abord.

Je ne veux, je ne puis, Messieurs, en reproduire ici l'ensemble et le tableau admirable. Je ne rappellerai point cette sublimité si simple et si pure, dégageant pour tous la vérité du poids de fausses et funestes ténèbres; ce code complet de tous les devoirs et de toutes les vertus qui, s'il était accompli, réaliserait sur la terre la société du ciel; loi d'une application si merveilleusement universelle, qu'elle féconde et vivifie tous les temps, tous les lieux, toutes les formes de nationalité, toutes les conditions et tous les âges ; d'une efficacité si puissante, qu'elle enfanta, qu'elle enfante toujours sur cette terre désolée des prodiges d'héroïsme et de sainteté, et versa pour jamais au sein des civilisations nouvelles les influences réparatrices les plus indestructibles, malgré tous les assauts du crime et de l'erreur.

Je ne vous parlerai point de ce mot uniquement divin et qui résume toute la loi : « Vous aimerez, » *diliges,* parole qui seule apporta sur la terre la charité!

Je laisse ces augustes mystères de vérité comme de vertu qui soumettent mais qui élèvent, qui éclairent, échauffent, animent et apaisent aussi l'âme, se réunissant et pour ainsi dire se couronnant dans une grande et céleste lumière, au sein de la gloire de Dieu, terme dernier, raison première et souveraine de toute la doctrine évangélique.

Ces points de vue, qui déjà sont de si haut et de si loin supérieurs à toute doctrine humaine, caractérisent une doctrine vraiment divine, et manifestent dans son auteur la parole et la sagesse divines elles-mêmes.

Mais en ce moment je m'arrête à ce trait si distinctif et si étrange.

Jésus-Christ s'enseigna lui-même, comme un dogme fondamental et premier; il s'enseigna comme constituant personnellement le fait et la doctrine, objets principaux de la foi.

Quel est donc ce dogme?

Entendez les discours qui découlent de cette bouche modeste et sacrée comme un fleuve abondant de lait et de miel : « Je suis, dit-il, la lumière du monde; je suis la voie, la vérité, la vie. » Quelles paroles! Écoutez encore : il répète sans cesse qu'il est le Fils de Dieu, que Dieu est son Père, que la gloire de Dieu est la gloire de son Père : langage étrange, inouï jusqu'à Jésus-Christ.

Ce n'est pas tout, il croit juste, il juge légitime et vrai de dire : « Mon Père et moi nous ne sommes qu'un. » *Ego et Pater unum sumus.* « Celui qui me voit, voit mon Père. » *Qui videt me, videt et Patrem meum.* « Tout ce qui est en mon Père est en moi. » *Omnia quæcumque habet Pater mea sunt.* « Tout ce que mon Père fait, moi aussi je le fais. » *Pater usque modo operatur et ego operor.*

C'en était trop; les Juifs irrités l'accusent de blasphème; ils l'accusent de se faire Dieu, quand il n'est qu'un homme: *Quia tu, homo cum sis, facis teipsum Deum.*

Ils ont donc bien compris ces Juifs ce que plus tard l'arien ancien, l'arien nouveau ne voudront pas comprendre. Saint Augustin le remarqua : *Ecce intellexerunt Judæi quod non intelligunt ariani.* Aussi les Juifs, vengeurs jaloux de la gloire divine qu'ils croient usurpée, veulent-ils à l'instant lapider Jésus-Christ.

Jésus-Christ pouvait d'un seul mot, il devait, il devait sans détour, s'il n'est pas Dieu, en repousser la moindre supposition avec horreur; il devait détruire et nier à jamais l'odieuse imputation de ses ennemis. Mais non, il la laisse subsister, il l'approuve même, il la confirme. Et quand une autre fois on lui oppose sa naissance arrivée il y a moins de quarante années, il répond : « Avant qu'Abraham votre père fût conçu, je suis! » *Antequam Abraham fieret, ego sum.* « Je suis!... Abraham fut créé, formé; moi je suis! » *Ego sum.*

C'est, Messieurs, ce que Dieu même avait révélé à Moïse qui lui demandait son nom : « Je suis celui qui est; » *ego sum qui sum:* nom véritable de l'essence divine, le même nom que Jéhovah! « Je suis! » *Ego sum.* Jésus-Christ prend ce nom, c'est bien assez.

Mais ce n'est pas tout encore. Jésus-Christ demandera qu'on croie en lui comme on croit en

Dieu même : *Creditis in Deum, et in me credite.* Il veut que tous honorent le Fils comme ils honorent le Père : *Ut omnes honorificent Filium sicut honorificant Patrem.* La vie, la félicité éternelles seront de le connaître, lui Jésus-Christ, aussi bien que son Père. Il veut qu'on attende de lui-même tout don de grâce et de vertu : *Sine me nihil potestis facere;* qu'on l'aime, qu'on le suive, qu'on demeure en lui, qu'on sacrifie pour lui tout ce qu'on aura de plus cher au monde, qu'on meure pour sa foi et pour la gloire de son nom.

Mais évidemment, tout en laissant à la foi son mérite, Jésus-Christ ne pouvait plus fortement l'éclairer et la dicter; il ne pouvait, pour se faire reconnaître et adorer comme Dieu, ni en dire ni en exiger davantage évidemment.

Et il promet, il donne l'Esprit-Saint, l'Esprit de Dieu, comme le sien propre : *De meo accipiet; mittam vobis Paracletum;* il promet son infaillible assistance jusqu'à la fin des temps à son Église enseignant toutes les nations de l'univers. Il départ à ses apôtres de sa pleine autorité le pouvoir des miracles, celui d'opérer la conversion du monde; le pouvoir tout divin aussi, qu'il exerça lui-même, de remettre les péchés.

Il est, dit-il, la résurrection, la vie, le salut du monde, il veut attirer tout à lui-même : *Omnia traham ad meipsum,* à lui-même ; et il ne rechercha jamais que la gloire de Dieu même.

Enfin, au moment solennel et suprême qui précéda sa mort, quand Jésus se taisait, le grand pontife assis sur la chaire de Moïse, au nom de la loi et de l'autorité divine, au nom du Dieu vivant, le pontife l'interroge, l'adjure de répondre : « Dites-le donc, êtes-vous le Christ, Fils de Dieu ? » Jésus répond alors : « C'est vous qui venez de le dire, vous l'avez dit, je le suis. »

Il a blasphémé ! s'écria-t-on. Messieurs, Jésus-Christ avait rendu ce dernier et solennel témoignage à sa divinité [1].

Quelle doctrine ! Messieurs, que vous en semble ? Elle est l'enseignement littéral de Jésus-Christ. Il enseigna qu'il était Dieu. Quoi ! il l'enseigna ! Eh oui ! impossible de le traduire ou de l'entendre autrement. Toute autre explication ferait violence aux termes, et les travestirait en un violent mensonge ;

Quand d'ailleurs ces propres paroles sorties de la bouche même de Jésus-Christ, sont autant de faits et de faits certains de la plus certaine histoire, faits historiques de l'Évangile confirmés par la tradition et le témoignage. Nous l'avons assez établi à l'avance.

[1] Matth., XXVI, 63.

Indubitablement donc il faut à ce trait premier d'être le personnage prédit comme Dieu et ensuite réalisé, joindre en Jésus-Christ ce caractère non moins surprenant et non moins étrange : Il fut Celui qui s'enseigna lui-même dogmatiquement comme étant Dieu.

Eh bien! quel rang, quelle nature, quelle classe, quel nom allez-vous donc lui donner parmi les êtres. Je vous le demande? Mais il faut me répondre.

Jésus-Christ enseigna sa propre et personnelle divinité, il se rendit lui-même à lui-même cet inconcevable témoignage qu'il était Dieu, lui, Jésus-Christ!

Il faut conclure, oui ou non; et vous concluez tous.

Mais attendez. Procédons comme Jésus-Christ avec sa divine logique.

Il parle, il enseigne, et à sa parole il joint les œuvres; mais je ne puis en dire qu'un seul mot.

Les nations lointaines et même barbares reconnaissent l'envoyé d'un roi ou d'un peuple; elles reconnaissent sa parole et ses lettres de créance aux signes et au sceau apposés comme la représentation de la souveraine puissance qui parle ou qui envoie.

Ses lettres de créance divine Dieu les donne, le sceau de sa royale puissance il l'appose, quand à ses paroles il joint ses œuvres, quand à une doctrine annoncée, proclamée en son nom, il joint pour la confirmer, pour la prouver et véritable et divine, ces éclatants prodiges, cet ensemble de faits que la toute-puissance divine peut seule opérer.

Alors c'est Dieu lui-même qui par ses œuvres atteste et prouve qu'il a parlé; car à une parole annoncée comme divine se joint une œuvre évidemment divine: c'est le sceau et le cachet.

Jésus-Christ parle, il annonce qu'il est Dieu, vous l'avez bien entendu, je pense; et à sa voix et pour témoigner de la vérité de ses paroles la nature entière est docile et soumise. La santé, la vie, la douleur, la maladie, la mort, le tombeau, et les vents, et la mer, et les puissances infernales, et tous les éléments lui obéissent; le gouvernement de l'univers exécute ses ordres; Jésus-Christ le change, le bouleverse, en dispose à son gré, l'histoire évangélique et toutes les voix de la tradition l'ont attesté.

Mais c'est ainsi que Dieu parle, car c'est ainsi que Dieu seul agit. Donc Jésus-Christ est Dieu.

Que voulez-vous? il n'y a pas moyen d'en sortir autrement, il faut baisser la tête et croire; c'est la plus inévitable et la plus divine logique, et c'est la nôtre, celle de la foi, celle de Jésus-Christ.

Des œuvres toutes divines, des œuvres de Dieu seul évidemment, viennent prouver et sceller des paroles dites au nom de Dieu,

Jésus-Christ a dit, a fait, il a parlé, agi de cette sorte; il a dit qu'il était Dieu, il a fait les œuvres de Dieu : il l'est donc.

Simple mais accablante, douce mais éclatante lumière qui environne la plus haute vérité de la foi.

Messieurs, le génie et sa puissance m'expliquent tout le reste et me rendent raison de tout ce qu'il y a de plus grand parmi les hommes.

L'Homme-Dieu seul m'explique Jésus-Christ.

Vous n'en pouvez pas sortir, car j'ai bien voulu vous étourdir avec ma foi.

III. P. Oubliez maintenant, Messieurs, tout ce que je viens de vous dire, n'en retenez qu'une seule chose, que vous ne pouvez pas ne point m'accorder.

Celui dont le nom au-dessus de tous les noms commande la louange à toutes les bouches, le respect et l'amour à tous les cœurs; Celui auquel l'incrédulité la plus aveugle ne put refuser le solennel hommage de son admiration et de ses éloges; Celui que ses ennemis les plus déclarés, les plus prononcés contempteurs de son Église ont si souvent et si hautement proclamé juste et sage :

Ce Jésus de Nazareth, assurément, Messieurs, vous aussi vous le proclamez grand, juste, saint et sage.

Eh bien! je ne demande rien de plus.

Jésus-Christ fut juste, saint et sage.

Donc nécessairement il est Dieu.

Car s'il n'est pas Dieu (Seigneur, vous me pardonnez cet horrible langage, pour l'honneur même de votre nom); si Jésus-Christ n'est pas Dieu, alors il n'est qu'un blasphémateur impie et un imposteur sacrilége.

L'alternative est inévitable, et vous allez forcément vous-même dire l'un ou l'autre, vous choisirez.

Jésus-Christ, vous venez à l'instant de l'entendre, Jésus-Christ dans ses œuvres, dans ses paroles eut un but manifeste : établir qu'il était Dieu, qu'il était l'Homme-Dieu. Vers cette idée, vers cet inconcevable résultat tendit toute sa vie, tendit toute sa doctrine, tendirent tous les actes de sa vie. Il se laissa, il se fit adorer, il s'attribua ouvertement et la nature et le pouvoir divins, et cela dans ses paroles, dans ses œuvres les plus claires; je viens de les exposer à vos yeux.

Après un tel langage, après cet enseignement et ce but déclarés, si Jésus-Christ n'est pas Dieu, s'il n'est pas ce qu'il dit et voulut être, non évidemment il ne fut ni juste, ni saint, ni grand, ni sage.

Si Jésus-Christ n'est pas Dieu après un tel langage, après son enseignement le plus solennel, non il n'est plus digne ni d'estime ni de louange; il ne mérite que le mépris le plus profond, comme ces insensés dont l'histoire a conservé, flétri les noms, et qui eurent la ridicule ambition de se faire décerner les honneurs divins.

Il ne fut qu'un blasphémateur impie et un imposteur sacrilége : car enfin, n'étant qu'un homme, il voulut se faire adorer comme un Dieu. Et ne croyant pas, vous devez le dire ainsi : osez-le. Osez voir en Jésus-Christ l'imposteur, l'impie; le fanatique, le scélérat menteur : s'il n'est pas Dieu, vous devez le dire, pas de milieu.

Malgré vous-mêmes cette conséquence vous fait horreur.

Jésus-Christ, son caractère, son honneur, sa vertu, sa sagesse, sa sainteté sublimes : ah! vous les proclamez. Donc il est Dieu, oui Dieu lui-même. C'est une seule et même vérité, le plus indissoluble lien unit l'une à l'autre la sainteté et la divinité en Jésus-Christ.

Y eut-il donc jamais de contradiction plus manifeste et plus déplorable que de prétendre honorer, louer Jésus-Christ comme un grand homme? Jésus-Christ un grand homme!

Et l'on croit beaucoup dire, et l'on croit beaucoup faire, on croit parler ainsi une langue raisonnable et religieuse.

Et l'on ne voit pas que c'est dévorer la plus folle inconséquence et la plus cruelle ignominie!

Car en louant, en exaltant Jésus-Christ on flétrit sa vie, sa personne, sa doctrine et toutes les actions de sa vie, d'un sceau avilissant de démence ou de mensonge impie ; puisque enfin on le loue, on l'exalte comme un homme, et lui il se donna pour un Dieu.

Mais déchirez plutôt toutes les pages du récit évangélique, dites plutôt avec le Juif déicide anathème à son glorieux héros. Je l'aime mieux. Du moins il y aura de la sorte une franche logique dans la haine et dans la guerre.

Mais ne venez pas, non, ne venez pas avec vos louanges, profanateur téméraire de la tradition de soixante siècles, qui tous se réunissent et se confondent en la divinité de Jésus-Christ comme dans le foyer commun de vérité et de lumière ; ne venez pas outrager indignement le Dieu béni des chrétiens, en démentant par des éloges ses doctrines les plus expresses, ses œuvres les plus éclatantes et ses paroles les plus claires. Car alors vous abusez de la louange pour blasphémer et pour maudire; et quand on maudit, on maudit, on ne loue pas.

Ou bien, si vous voulez accepter et révérer l'Évangile, accepter et révérer le caractère de Jésus-Christ, sa grandeur, sa sainteté, sa sagesse, sa sincérité, croyez donc qu'il est Dieu, puisqu'il l'a dit.

Messieurs, ma tâche est terminée. Je vous laisse [1].

A la vue de votre persévérant et religieux concours, à l'aspect de cette antique métropole que remplirent vos rangs si pressés et si nombreux, volontiers le prêtre se demande si l'Église, que tant de douleurs naguère encore faisaient gémir, se verrait donc rendue aux jours heureux de ses paisibles triomphes.

Et pourquoi donc en effet la foule vient-elle inonder nos temples, prendre part à nos solennités saintes, environner nos chaires chrétiennes, et fléchir une fois encore les genoux au nom du Seigneur Jésus, comme pour obéir à l'ordre du grand Apôtre?

---

[1] Conclusion de la station du carême de 1839.

D'où peuvent naître ces hommages en quelque sorte involontaires pour plusieurs?

Messieurs, vous me permettrez en finissant de le penser et de le dire :

Aux grands souvenirs du christianisme, par une sage et touchante disposition de la Providence divine, fut attachée une vertu secrète mais puissante, qui, même après de longs siècles écoulés, vient chercher et réveiller les sentiments de l'antique foi jusque dans des cœurs glacés par une mortelle indifférence.

Malgré toutes les résistances, malgré tous les vains raisonnements et tous les oublis de l'homme, il vit indestructible cet instinct de l'âme naturellement chrétienne, pour me servir de l'expression d'un ancien; il vit cet intime besoin de croire, cette force cachée de la foi, qui à certaines époques ramène comme à leur insu et malgré eux les esprits et les cœurs au divin auteur de notre foi, sauveur de tous les hommes.

On pourra bien, vivant à la légère, sans réflexion, sans étude consciencieuse, sans prière, entraîné que l'on est par le tourbillon des préoccupations d'un jour, on pourra détourner les yeux de la lumière, aller bien loin de ses paisibles influences errer dans la région du trouble, des ténèbres et des vagues rêveries.

On pourra, ô folie! se bercer un moment de l'enchantement des plaisirs et des passions, ou bien s'agiter et se débattre au sein de je ne sais quelle fièvre de malaise, d'inquiétude, d'inconstance et d'erreur, qui ronge et qui dévore le corps social. A la question posée du fait divin, on aura pu dire comme l'apôtre incrédule : « Si je ne vois, si je ne touche, je ne croirai pas. » *Nisi videro, non credam.*

En présence de l'auguste simplicité des faits, près de la chaîne palpable et avérée des monuments et des témoignages catholiques, et peut-être, oserai-je l'espérer? après l'heure silencieusement écoulée dans cette enceinte, on sentira, on avouera même que dans la foi seule il est donné de rencontrer le remède à nos maux et de retrouver le repos, l'ordre, la vérité, la gloire.

Puissiez-vous les avoir retrouvés, les retrouver du moins un jour pour jamais, afin de vivre heureux, paisibles et confiants! C'est mon vœu le plus ardent.

Mais je ne descendrai pas ingrat de cette chaire. Je bénirai le Ciel d'avoir soutenu ma faiblesse, je le bénirai de vos dispositions généreuses, qui vinrent toujours avec une si fidèle assiduité accueillir mes convictions et ma confiance, et consoler le cœur du vénéré pontife.

Messieurs, entre l'apôtre et ceux qu'il évangélisa, des rapports touchants s'établissent.

Je ne vous quitte jamais sans une émotion profonde, sans ressentir vivement les liens puissants qui m'attachent à vos âmes.

Votre souvenir me suit et m'accompagne constamment dans la retraite. Pour de jeunes cœurs, espoir de l'avenir; pour ceux qui croient, pour ceux qui s'égarent je ne cesse d'invoquer le Consolateur éternel et d'appeler sur eux, sur mon pays la lumière, la paix, la force de la foi; afin que, régénérés et puisant la vie aux sources du Sauveur, nous coulions de longs jours de gloire et de prospérité pour arriver à des jours meilleurs encore.

L'ÉGLISE CATHOLIQUE

VINGT-HUITIÈME CONFÉRENCE

LE CHRISTIANISME EST L'ÉGLISE

OU L'EXISTENCE DE L'ÉGLISE

VINGT-HUITIÈME CONFÉRENCE

LE CHRISTIANISME EST L'ÉGLISE

OU L'EXISTENCE DE L'ÉGLISE

Monseigneur,

L'Église de Jésus-Christ poursuit son cours à travers les siècles. Invariable parmi les vicissitudes et les fluctuations d'une mer agitée, elle est ce navire heureux que la Providence divine dirige elle-même pour le conduire au port.

Quelquefois il semble aux regards des hommes que ses plus illustres appuis, ses plus fermes soutiens viennent à lui manquer. Mais le Sauveur ne manqua jamais à sa promesse : il est toujours et il sera jusqu'à la fin avec l'apostolat catholique. La succession non interrompue d'autorité, de savoir, de courage et de charité viendra toujours apaiser les craintes, relever les espérances et affermir cette foi sacrée, dont l'Église de Jésus-Christ est seule la dispensatrice et la gardienne.

Vers cette Église même aujourd'hui, Messieurs, je dois reporter vos esprits et vos cœurs pour signaler et, si je puis, pour détruire une illusion trop funeste.

Au fond de toutes les suppositions gratuites et erronées par lesquelles on combat ou l'on élude la divine institution de l'Église, apparaît un vice radical qui leur est commun et qui appelle une réponse commune. On sépare, on divise en deux idées et en deux choses le christianisme et l'Église; on prétendra même garder l'un, rejeter l'autre : unissez-les, et toutes les difficultés s'évanouissent.

Il faut donc montrer, Messieurs, que le christianisme est l'Église, en ce sens que l'un et l'autre sont à jamais et essentiellement inséparables. Il faut montrer que le christianisme vivant et formel est nécessairement l'Église; de manière qu'admettre ou rejeter l'un, c'est admettre ou rejeter l'autre; que nommer l'un, c'est avoir nommé l'autre, sans qu'il puisse être permis de se dire chrétien et en même temps de se construire une demeure séparée hors de l'Église.

Ainsi reconnaîtrons-nous, Messieurs, que les doctrines et la religion de Jésus-Christ ne peuvent de fait et de droit, par leur nature même, subsister sans la constitution sociale qu'on nomme Église : ce qui revient à dire qu'on ne peut être chrétien sans être catholique.

Cette Conférence est grave : prions Dieu de la bénir.

I. P. Nous avons, Messieurs, à développer cette idée importante, que le christianisme est l'Église.

Le christianisme ne saurait se concevoir ni exister sans l'Église, sans la société des fidèles enseignés et régis par les pasteurs.

Voici mes raisons dans leur simple énoncé d'abord :

La pensée du fondateur du christianisme : Jésus-Christ en instituant le christianisme a voulu fonder et il a fondé l'Église ;

L'établissement même du christianisme : il s'est établi comme Église ;

L'enseignement chrétien des premiers siècles : il fut l'enseignement de l'Église ;

La durée du christianisme : son histoire est l'histoire de l'Église.

D'où nous devrons logiquement conclure qu'en fait, en droit et par nature, le christianisme et l'Église s'unissent et se confondent, ne font qu'une seule et même chose. Reprenons rapidement chacune de ces raisons.

Pour étudier et bien connaître le christianisme on doit en interroger la pensée mère, on doit étudier mûrement la pensée qui le fonda.

Dans toute la vie de Jésus-Christ et dans tout l'Évangile, je prends ce seul fait historique : Jésus-Christ voulut fonder, et il fonda, il institua l'Église en fondant le christianisme.

Que Jésus-Christ ait voulu établir une religion et la religion véritable, c'est ce qui, dans son intention et dans vos esprits, ne fait pas l'ombre d'un doute. Il disait à la Samaritaine : « O femme, crois-moi, l'heure est venue, elle est maintenant, *venit hora et nunc est*, où de vrais adorateurs adoreront le Père en esprit et en vérité [1]. » Il disait à la foule assemblée : « Telle est la volonté de Celui qui m'a envoyé, du Père, que tous ceux qui croiront en son Fils aient la vie éternelle [2]. » Il ajoutait : « Je suis la voie, la vérité, la vie ; » et encore : « Celui qui me suit ne marche point dans les ténèbres... » Tous les actes, tous les travaux, tous les enseignements de Jésus-Christ tendirent manifestement à ce but : établir une religion et la religion véritable.

[1] Joann., IV, 23.
[2] Joann., VI, 40.

LE CHRISTIANISME EST L'ÉGLISE

A cette religion Jésus-Christ voulut donner et il donna dès l'origine la forme constitutive sociale, la forme d'Église, telle que le catholicisme lui seul la présente encore à nos regards et à nos cœurs.

Jésus-Christ se choisit douze apôtres, il réunit des disciples en plus grand nombre : il est lui-même maître et docteur; il donne la mission d'enseigner, d'évangéliser. Ce fut la mission première, la première prédication des apôtres dans la Judée du vivant du Sauveur. Saint Matthieu et les autres évangélistes l'ont racontée [1]. Réunion d'apôtres et de disciples; mission d'enseigner et de prêcher donnée par un chef, Messieurs, c'est déjà l'Église.

Jésus-Christ exposera sans cesse, pour les faire connaître, sa religion et ses doctrines, leurs caractères et leur nature sous la forme de parabole ou de figure, il est vrai, mais en marquant de la manière la plus expresse la constitution sociale qu'il veut donner et qu'il donne à son œuvre.

C'est la maison, *domus :* la maison est la famille et la société avec son autorité, son gouvernement établis [2].

Souvent c'est la cité, *civitas :* la cité est la communauté sociale régie par des magistrats [3].

---

[1] Matth., x, 7.
[2] Luc., xiv, 23.
[3] Matth., v, 14.

Mille fois c'est le règne et le royaume, *regnum* : le règne, le royaume de Dieu annoncé dans la prédication de Jean le précurseur, dans la prédication première de Jésus-Christ lui-même et des apôtres ; le royaume rappelé, inculqué sans cesse dans l'Évangile sous les plus vives images et d'autorité et d'union. Car Jésus-Christ ne veut pas de royaume divisé contre lui-même. Royaume spirituel et religieux sans doute, mais qui ne peut plus mériter ce nom sans la forme constitutive de société et de pouvoir [1].

Enfin une parabole chérie du nouveau Maître est celle du bercail, *ovile*, « un seul bercail, un seul pasteur. » *Unum ovile et unus pastor* [2] : Jésus-Christ le déclare, telle devra être la réunion de ses disciples, qu'il nomme pour toujours ses brebis. Et s'il se nomme lui-même pasteur et le bon Pasteur, il laissera après lui à d'autres ce nom, cette charge et cette mission touchante, il la laissera surtout à Pierre : « Paissez mes agneaux, lui dit-il,... paissez mes brebis. » *Pasce agnos meos,... pasce oves meas* [3].

Bercail, troupeau et pasteur, telle est encore notre langue, Messieurs, la langue et la forme de

---

[1] Matth., III, 2 ; IV, 17 ; X, 7.
[2] Joann., X, 1, 16.
[3] Joann., XXI, 15, 17.

la société chrétienne. Jésus-Christ la conçut et l'enseigna : il voulut donc établir une Église, et une seule, point deux ; un seul bercail, dit-il, et ce que Jésus-Christ voulut est l'institution même du christianisme : le christianisme est donc l'Église.

Mais après avoir si souvent dépeint et exprimé la pensée même constitutive du christianisme, et tout en la montrant comme animée aux yeux qui veulent la voir sous les traits significatifs de la maison, de la cité, du royaume, du bercail, Jésus-Christ en propre termes a nommé et constitué son Église.

« Tu es Pierre, et sur cette pierre je bâtirai mon Église, et les portes de l'enfer ne prévaudront point contre elle [1]. »

Au moins dans ces mémorables paroles, pour le moment, faut-il entendre l'Église, celle de Jésus-Christ. Mon Église, dit-il, s'élevant sur sa base, comme un édifice inébranlable à tous les assauts.

De quelle assemblée ou société, de quelle Église peut-il être question, je vous le demande, avec son fondement inébranlable, sinon de la religion même et de la foi de Jésus-Christ, du christianisme en un mot ? Telle était donc pour jamais la pensée de

---

[1] Matth., xvi, 18.

Jésus-Christ en fondant le christianisme : établir l'Église. C'est donc une seule et même chose.

Que si avec cette idée de société et d'Église, vous voulez trouver jointe l'idée d'ailleurs inséparable d'autorité, la voici : « Si quelqu'un n'écoute point l'Église, qu'il soit pour vous comme le païen... Je vous le dis en vérité, tout ce que vous aurez lié sur la terre, sera lié dans le ciel; tout ce que vous aurez délié sur la terre, sera délié dans le ciel... Celui qui vous écoute m'écoute... Toute puissance m'a été donnée dans le ciel et sur la terre; allez donc et enseignez toutes les nations... Voilà que je suis avec vous tous les jours jusqu'à la consommation des siècles... [1] »

Ces admirables paroles en disent bien plus, Messieurs, vous le comprenez, que la seule proposition à établir aujourd'hui devant vous. Nous aurons plus d'une fois à rappeler le sens et la portée de cette auguste institution. Mais pour qui dès à présent n'y voudrait pas lire une Église établie, des pasteurs établis avec le pouvoir d'enseigner et de régir les peuples chrétiens, on ne sait vraiment si une conviction de bonne foi serait encore possible. Car la plus simple évidence est ici présente.

---

[1] Matth., XVIII, 17; Luc., X, 16; Matth., XXVIII, 18.

Nous suivons, Messieurs, la vérité pure et simple des faits, la pensée même qui fonda le christianisme. Il est facile de se laisser aller aux illusions, aux vaines théories, et aux vains systèmes en écrivant l'histoire du christianisme. On en retracera nonchalamment une origine et un progrès qu'on invente. Par un dédain commode mais souverainement injuste, on néglige les paroles et la pensée même de Jésus-Christ; on dénature son institution; on se confie dans de gratuites et superbes rêveries bien plus que dans ces monuments sacrés, première et irréfragable histoire de notre foi, bien plus que dans toute la langue des traditions contemporaines. Et c'est ainsi qu'on oublie que le christianisme est l'Église, qu'il a commencé par elle, qu'il n'a jamais été, qu'il n'a pu être sans elle.

Messieurs, pour peu qu'on ait étudié cependant le caractère du fondateur du christianisme, on ne lui refusera pas sans doute, indépendamment des divines manifestations de la foi, une grande puissance de conseils et de vues, de vastes pensées d'avenir pour son œuvre, une souveraine et profonde prudence.

Et l'on voudrait qu'enfantant pour le salut de tous la religion, la doctrine chef-d'œuvre des religions et des doctrines, il l'eût ensuite laissée sans garantie, sans organisation, sans constitution sociale, comme une théorie de plus à mettre au rang des opinions individuelles et arbitraires : météore brillant et incertain, sans place, ni lois, ni existence assurées sur la terre ou dans les cieux !

Il n'eût point songé, lui, le législateur à jamais le plus sage, que la forme sociale était nécessaire à toute religion pour subsister parmi les hommes, destinés en tout aux liens sociaux. Cette forme constitutive indispensable, il ne l'eût point trouvée, il ne l'eût point établie. Il eût abandonné aux disputes des hommes et aux vicissitudes des temps le soin de conserver, d'organiser, de compléter et de perfectionner le christianisme, sans penser ni prévoir que dans la lutte déclarée par le nouvel Évangile à toutes les passions, à tous les intérêts humains, il fallait, pour résister et pour durer, qu'il fût assis sur le roc immuable, environné de puissantes légions de défenseurs.

Ainsi nul fondement, nul pouvoir, nulle hiérarchie d'autorité et d'enseignement conçus à l'origine; mais une vague et libre philosophie lancée au milieu des orages du monde et livrée à toute la fureur, à tous les caprices des vents d'opinions contraires. Tel fut le christianisme primitif, telle est l'œuvre du Christ. Et vous le supposez nécessairement ainsi, quand, isolant de la pensée même chrétienne toute notion d'Église constituée, vous rêvez parmi vos préoccupations imprudentes une seule voie de perfectionnement, le progrès de l'humanité, le seul dieu apparemment capable pour vous d'instituer une société religieuse et chrétienne.

Mais est-ce assez d'imprudence et de contradiction? Vous louez, vous célébrez Jésus-Christ comme un sage, et vous le travestirez en imposteur indigne, en niant sa divinité, qu'il déclara ouvertement lui-même. Vous louez Jésus-Christ comme un sage, et vous en ferez l'homme à courtes vues, l'homme idiot, qui n'aurait pas compris que pour un grand corps de doctrine religieuse et de législation véritable, il fallait nécessairement un corps de société, une autorité, et une autorité suprême. Mais vous, vous-mêmes, croiriez-vous pouvoir établir des lois sans tribunaux et sans juges, surtout sans un juge suprême et dernier? Et Jésus-Christ l'eût ainsi pensé! Non, mille fois non.

Si toutefois, Messieurs, avoir conçu dès le premier principe, et avoir établi le gouvernement le plus fort, le plus admirable et le plus simple, l'Église; si l'avoir doté de garanties et d'une puissance de durée sans égale dans le monde, paraît évidemment sortir du cercle des attributions humaines et du cours ordinaire des choses, certes nous n'en disconviendrons pas, nous y verrons l'œuvre d'une pensée et d'une volonté divines; et acceptant toute la vérité des faits avec toutes les conséquences, nous dirons hautement : Il est impossible de supposer que Jésus-Christ n'ait point institué, établi l'Église; mais une telle institution, l'Église toujours une et persévérante, fut impossible à tout autre qu'à Dieu.

La nature du christianisme et la pensée de son auteur nous prouvent déjà l'unité et l'identité du christianisme et de l'Église. Les faits de l'établissement de l'Évangile vont nous le dire encore.

II. P. Si avant de construire à son gré quelque système sur l'établissement du christianisme, avant de raconter, comme on l'a fait, je ne sais quelle formation postérieure et tout humaine de l'Église, on daignait, Messieurs, se souvenir que nous possédons, sur les prodigieux travaux des premiers propagateurs de l'Évangile, les récits et les monuments contemporains les plus authentiques, les lettres mêmes des apôtres, leurs actes retracés par le fidèle compagnon de saint Paul, les témoignages de leurs successeurs immédiats; si, après avoir écarté les vains nuages d'une fausse critique, on daignait avouer qu'on doit admettre comme vrais, originaux et historiques ces graves documents, ou bien qu'il faut rejeter tous les monuments anciens, même ceux qui sont le mieux défendus par un concert de traditions constantes; si, dis-je, alors on parcourait avec l'amour de la vérité ces instructions précieuses pour y retrouver le fait primitif de l'institution chrétienne, bien peu d'étude et d'impartialité suffirait, Messieurs, pour y lire l'Église inséparablement liée au christianisme, liée à son origine, à son établissement, à sa durée.

Il y eut donc une Église hiérarchique, constituée dès l'origine comme elle l'est aujourd'hui, société de pasteurs unis sous un chef, enseignant et régissant spirituellement les fidèles.

J'ouvre les Actes des apôtres : le Maître n'est plus sur cette terre, mais les disciples sont assemblés au cénacle.

Pierre se lève au milieu de ses frères; il déclare qu'un autre doit remplir la place du traître qui avait fait partie des douze; Mathias est élu apôtre [1].

Au cinquantième jour, ils sont sortis du cénacle; Pierre se lève encore, et le premier il prêche le christianisme au peuple. La foule croit, elle est baptisée; elle persévère et vit dans la fraction du pain, dans la prière commune et la foi des apôtres, sous leur direction. On en peut lire le touchant et

---

[1] Act., I, 15.

admirable récit au chapitre second du livre des Actes des apôtres [1].

La prédication continue, et les persécutions l'accompagnent; le nombre des fidèles s'est considérablement accru, les apôtres ont besoin d'aide. Des ministres inférieurs, les diacres sont élus; les apôtres leur imposent les mains; ils choisissent aussi les prêtres ou anciens [2].

Paul est miraculeusement converti et appelé [3]. Il a reçu d'en haut la mission extraordinaire, il la proclame en plusieurs endroits de ses épîtres, et il la prouve. Cependant il est venu à Jérusalem pour voir Pierre et s'entendre avec lui; il revient quatorze ans après dans le même but, et confère avec les autres apôtres touchant l'Évangile annoncé aux gentils [4].

Paul, institué apôtre des Gentils, refuse de soumettre à la circoncision judaïque les païens convertis à la foi de Jésus-Christ. Dans Antioche, les chrétiens nés de la synagogue veulent imposer à tous, comme loi, les prescriptions mosaïques. La question est déférée aux apôtres réunis; Paul et Barnabé s'y rendent.

---

[1] Act., II, 14, 37, 42.
[2] Act., VI, 5, 6.
[3] Act., IX, 15.
[4] Gal., I, 12, 16, 18; II, 2.

On délibère, Pierre se lève et parle: Pierre, toujours nommé le premier et parlant le premier. Son avis est suivi de tous; la liberté évangélique et l'abolition de la loi juive sont prononcées. Et l'on écrit ainsi le jugement porté : « Il a plu au Saint-Esprit et à nous. » *Visum est Spiritui Sancto et nobis.* Le langage est étrange, il sera celui de l'Église dans tous ses conciles; c'était le premier concile [1].

L'Évangile est répandu en tous lieux, mais toujours avec cette même autorité de doctrine et de gouvernement pastoral qui constitue l'Église.

L'infatigable Paul est à Milet près d'Éphèse. Il fait venir les anciens de cette église, c'est-à-dire, suivant le sens de l'expression grecque, ceux qui étaient constitués en dignité dans cette chrétienté, et il leur adresse entre autres ces paroles remarquables : « Veillez sur vous-mêmes et sur tout le troupeau à la tête duquel le Saint-Esprit vous a placés comme pasteurs, pour gouverner l'Église de Dieu. » *In quo vos Spiritus Sanctus posuit episcopos regere Ecclesiam Dei.* Ainsi parlait saint Paul [2].

Telle est, Messieurs, la naissance du christia-

---

[1] Act., xv, 7, 28.
[2] Act., xx, 28.

nisme, ce sont là les traits véritables de son histoire.

Un chef est désigné d'une manière non équivoque, comme il l'était déjà dans l'Évangile : Pierre, qui en toute occasion paraît, agit, parle, décide le premier ; qui préside et dirige ses frères, auprès duquel saint Paul se rend pour conférer.

Il existe une communauté de fidèles enseignés, gouvernés et pleinement soumis aux apôtres, à leurs délégués.

Il y a divers ordres de ministres ; l'imposition des mains et la mission sont données.

C'est l'assemblée des apôtres et des anciens qui juge les controverses en concile.

C'est donc déjà l'Église telle que nous la voyons encore ; et le christianisme est sorti avec elle du cénacle même, tout formé, tout vivant et constitué en société, avant même d'être répandu dans les masses. Le christianisme fut donc toujours l'Église, et vous vous rappelez bien, Messieurs, que je n'ai pas autre chose à établir en ce moment.

Saint Paul, dans ses épîtres à jamais incomparables, écrites au milieu des travaux du plus glorieux apostolat, n'aura pas manqué de nous dépeindre à grands traits l'Église.

Veuillez attentivement saisir ces traits. Il en est un surtout qui revient sans cesse avec l'insistance la plus énergique sous la plume du grand Apôtre : « Nous sommes un seul corps, le corps de Jésus-Christ, *corpus Christi;* membres les uns des autres [1]. » — « Le Christ lui-même a constitué les apôtres..., les pasteurs et les docteurs pour la consommation des saints dans l'œuvre du ministère évangélique..., afin que nous arrivions tous à l'unité de foi..., que nous ne soyons plus flottants, incertains à tout vent de doctrine [2]. »

Telles sont les paroles de saint Paul : que voulez-vous y voir, Messieurs, sinon l'Église inséparable du christianisme, sinon tous les fidèles incorporés à Jésus-Christ dans l'unité, par la hiérarchie d'enseignement et d'autorité? Cette explication est de celles qui calment et consolent comme la vérité même.

Et pour que vous ne doutiez pas de cette subordination organisée qui est le christianisme lui-même en action et en corps : « Obéissez à vos préposés, » *Obedite præpositis vestris*, dit saint Paul, « et soyez-leur soumis, » *et subjacete eis* [3].

Mais alors il faut bien que l'Église ait existé dès le principe.

Ainsi saint Paul nous a-t-il, Messieurs, enseigné

[1] I Cor., xii, 12, 13, 27, 28.
[2] Eph., i, 23; iv, 11 et seqq.
[3] Hebr., xiii, 17.

formellement l'institution de l'Église, son unité, sa hiérarchie et son autorité primitives : vous venez de l'entendre.

Non, après avoir lu saint Paul, on ne rêverait plus un christianisme sans Église. Plusieurs n'ont pas daigné apparemment le lire, et ils ont écrit cependant sur l'histoire du christianisme. Mieux instruits, ils auraient vu à l'origine une institution complète et formée. Les développements accessoires que le temps devait amener et qu'il amena n'y ont rien changé : le christianisme fut toujours l'Église.

Après les témoignages des apôtres eux-mêmes, si l'on voulait encore rechercher la vérité sur l'établissement du christianisme et sur sa constitution indestructible, il faudrait consulter de bonne foi les autres monuments des temps apostoliques. Je parle de ces écrits jugés certains et authentiques par la critique la plus sévère et la plus minutieuse; monuments précieux de la doctrine et de la constitution primitives du christianisme; témoignages non suspects et dont la véracité est garantie par l'éminente sainteté de leurs auteurs, par cette partie de leur existence contemporaine qui fut témoin de la prédication même des apôtres, par l'énorme distance des lieux qui sépara ces hommes apostoliques les uns des autres. En eux l'Europe, l'Asie, l'Afrique rendirent un témoignage unanime à la vérité première. Toujours nous serons en droit de nous étonner de l'étrange et complet oubli de ces monuments dans des hommes qui prétendent discuter sérieusement les origines et les institutions chrétiennes.

III. P. Au premier siècle vécut Hermas. Il a laissé un livre, *le Pasteur*, livre qui fut connu et en grand honneur dans toute l'antiquité chrétienne. Ce livre, d'un mysticisme élevé, contient beaucoup de choses mystérieuses, on en convient; ce n'est point là qu'est la question. L'existence première de l'Église, sa constitution même, sa hiérarchie, les degrés distincts des trois ordres principaux, évêque, prêtre, diacre, s'y trouvent formellement exprimés : au premier siècle le christianisme était donc l'Église [1].

Au premier siècle encore nous avons plusieurs lettres incontestablement authentiques de saint Clément, pape, et l'un des premiers successeurs de saint Pierre, s'il ne fut même le premier; il était disciple de saint Pierre et de saint Paul. Dans sa première épître aux Corinthiens, écrite, remarquez bien, par l'évêque de Rome, il ne cherche qu'à

---

[1] Lib. I, *Patr. Apost.*, Coteler., t. I, p. 80. Antuerpiæ, 1698.

inspirer à ces Grecs de Corinthe, toujours inquiets et indociles, l'amour de l'unité et de la subordination envers les pasteurs légitimes de l'Église [1]. Il enseigne positivement que les apôtres, qu'il avait connus, établirent les évêques, les prêtres et les autres ministres avec leurs attributions diverses. Chacun peut aisément le vérifier dans les lettres de saint Clément, pape [2].

Oui, c'est bien là l'Église constituée au premier siècle.

Vers la fin du même siècle et au commencement du second vivait saint Ignace, martyr, second évêque d'Antioche après saint Pierre, dit Eusèbe, et disciple des apôtres. Le sol du Colisée a bu son sang.

Nous avons d'admirables et incontestables lettres de cet illustre témoin de Jésus-Christ. Dans sa lettre aux Éphésiens entre autres (n° 4), il recommande aux fidèles de se soumettre à l'enseignement de leur évêque, auquel il dit que les prêtres sont unis comme les cordes d'une lyre : l'expression est remarquable [3]. Et saint Polycarpe, disciple de saint

---

[1] S. Clem., *Epist. I ad Cor.*, n° 42, p. 170. Edit. Coteler.

[2] Vide etiam locum, t. I, p. 455, col. 1, fin. in annot. Beveridgii, in Can. Apost. II.

[3] Vide multa aliar. epistolar. S^{ti} Ignatii loca apud Beveridg. in Can. Apost. annot. in can. II. Cotelerius, t. I, p. 455, col. 2.

Jean l'Évangéliste, écrit dans sa lettre aux Philippiens (n° 5) : « Soyez soumis aux prêtres comme à Dieu et à Jésus-Christ [1]. » C'est toujours la même subordination prêchée, c'est bien encore l'Église. Mais j'en ai cité assez.

Il existe un travail fort remarquable de Guillaume Béveridge, célèbre évêque anglican, qui fut en correspondance avec Bossuet [2]. Dans ce travail, Bévéridge, savant consommé, résume merveilleusement tous les monuments anciens sur la constitution hiérarchique primitive de l'Église. On le conçoit, il écrivait pour les épiscopaux contre les presbytériens. Mais ses preuves sont invincibles, il ne procède qu'avec les originaux des premiers siècles. Pourquoi faut-il qu'un point essentiel ait manqué à tant de science et de vérité : le centre apostolique d'unité, écrit aussi partout, comme nous l'établirons plus tard ?

Saint Irénée, Tertullien, Clément d'Alexandrie, Origène, saint Cyprien et d'autres encore, tous des second et troisième siècles, affirment le plus explicitement la même doctrine, c'est-à-dire l'Église hiérarchique, en cent endroits de leurs ouvrages ; nous aurons occasion de revenir sur leurs

---

[1] Coteler., t. II, p. 186.
[2] Annot. in Canones Apost. in can. II, apud Coteler., t. I, p. 455.

éclatants témoignages [1]. Mais au moins convenez donc, Messieurs, que le christianisme en s'établissant s'est établi comme Église instituée, et non comme une vague et spéculative opinion livrée aux développements et aux institutions arbitraires de l'homme.

Il y a, Messieurs, dans l'erreur une disposition qui fatigue et contriste, sans ôter cependant au cœur qui la combat, je vous assure, ni la compassion sincère, ni le paisible amour. Cette disposition affligeante est l'oubli tranquillement volontaire, ce semble, des monuments, des faits, des preuves multipliées en faveur de la vérité. Ces preuves se présentent accumulées, on les laisse passer comme l'eau qui s'écoule. Ou bien on entr'ouvre un œil endormi qui regarde à peine, puis se referme, et le rêve continue sans que l'on veuille tenir le moindre compte de la réalité.

Si l'on daignait se réveiller et s'interroger, si l'on considérait les faits avec courage, si l'on priait pour goûter et connaître la vérité : oh! alors, impossible que l'Église n'apparût ce qu'elle est, l'institution première et vraie du christianisme, toute brillante des caractères divins de son auteur,

---

[1] Irenæus, lib. III, c. III. Tertull., *de Baptism.*, c. XVII. Clem., *Strom.* l. VI. Origen., *in Num. hom.* 2, *in Cant. hom.* 2. Vide loca apud Beveridg., l. C, p. 456, col. 1.

belle et consolante à l'âme comme la splendeur toujours ancienne et toujours nouvelle qu'on a trop tard aimée.

Cet enseignement catholique, au reste, toujours perpétué et toujours le même, toujours propre à donner la lumière et la paix, fut dès l'origine un enseignement d'autorité, un enseignement d'Église, nouvelle et irrécusable preuve de l'identité primitive entre le christianisme et l'Église.

On sait que le catéchumène n'était instruit que par degrés, qu'on lui tenait cachée à dessein pour un temps une partie des mystères. Ainsi la foi qu'on lui demandait était surtout la foi dans l'autorité ayant reçu mission de l'enseigner. Si le christianisme primitif avait été la religion du libre examen, une croyance individuelle au sens rationaliste; s'il n'avait consisté que dans des opinions religieuses libres, sans Église, ce mode primitif d'enseignement eût été un non-sens et une contradiction flagrante. La première chose à faire dans ce cas eût été d'exposer la doctrine, toute la doctrine pour la livrer à la liberté de l'examen privé, ce qu'on ne faisait certainement pas. Il fallait donc qu'aux yeux et à la conscience du catéchumène, du païen converti, le christianisme se présentât comme une autorité constituée d'enseignement, environnée, il est vrai, de tous les titres et de tous les motifs de créance qui pouvaient et qui devaient raisonnablement la faire admettre; mais enfin c'était un enseignement d'autorité, un enseignement d'Église. Le christianisme se posait donc dans le monde comme Église dès le principe.

Dans la réalité, Messieurs, et pour conclure, l'un fut toujours historiquement l'autre, l'histoire de l'un est l'histoire de l'autre; et comme il y a de ces formes simples de langage qui récèlent de grandes vérités, l'on dit bien et on disait uniquement autrefois *l'histoire de l'Église*, rarement, improprement *l'histoire du christianisme*. Pourquoi, sinon parce que le christianisme vrai et réel est l'Église?

L'Église, *Ecclesia*, est le mot de l'Évangile, le cri des apôtres, des Pères, des fidèles, des martyrs des premiers temps. L'Église est la société, la mère à laquelle on se donne en embrassant la foi de Jésus-Christ; nous la voyons : elle est debout et vivante, quoique horriblement ensanglantée dès son premier âge, vivante dans ses évêques, ses prêtres, ses conciles, ses décrets, dans l'admirable fraternité de ses enfants, comme dans leur inébranlable et fidèle soumission à ses lois.

L'Église, elle est tout entière dans l'histoire de ses glorieux pontifes, surtout des pontifes de Rome, dont la succession seule et les seuls noms fournissent à Tertullien, et plus tard à saint Augustin, la démonstration de la continuité et de la vérité de la doctrine depuis les apôtres.

L'Église, elle apparaît comme l'armée rangée en bataille, suivant l'expression de nos livres saints [1], au milieu des persécutions et des hérésies. L'hérésie veut la déchirer; l'Église reste une et inviolable dans les décrets de Rome, dans ceux de ses conciles, dans les combats de ses docteurs, dans sa hiérarchie toujours subsistante. Telle est l'histoire avérée des hérésies premières : c'est aussi l'histoire du christianisme et de l'Église.

Le christianisme existe donc par l'Église.

Voici, Messieurs, un fait païen qui le prouve entre bien d'autres. Aurélien, soldat parvenu, est élu empereur par l'armée en 270. Admiré presque autant que haï, il fut surtout un persécuteur acharné des chrétiens. Cependant il fit un grand acte de justice à leur égard. L'hérésie de Paul de Samosate excite des dissensions à Antioche. Aurélien le sait : il est juge, il est maître. Il examine le débat, et décide en faveur de ceux qui étaient dans la communion de l'évêque de Rome, parce qu'il le regardait comme le chef et le grand pontife de cette religion. Il oblige en conséquence

---

[1] Cant., VI, 3, 9.

l'hérésiarque d'abandonner la maison épiscopale à celui à qui le pape adressait ses lettres ; c'était au troisième siècle [1].

Tels sont les faits ; mais ils décident bien, ce me semble, la question de l'existence de l'Église et de son identité même avec le christianisme dès l'origine.

Je m'arrête : j'en ai dit assez. Les bornes d'une Conférence m'empêchent de m'étendre : mais vous convenez, j'espère, que l'histoire du christianisme est l'histoire de l'Église même ; que l'enseignement du christianisme est l'enseignement de l'Église ; que l'établissement du christianisme est l'établissement de l'Église ; que la pensée créatrice du christianisme est la pensée qui institua l'Église ; que la nature du christianisme est l'Église ; qu'en un mot le christianisme c'est l'Église.

Je n'en demande pas davantage en ce moment : je ne veux que cette simple vérité. Je n'ai voulu que rétablir ce fait premier, manifeste et nécessaire : le christianisme est l'Église.

C'est avec cette idée même si grave et si puissante que la question doit aujourd'hui s'engager ; et non pas dans le champ des vagues abstractions. Ainsi admettre un christianisme quelconque c'est

---

[1] Euseb., l. VII, c. XXVI.

n'avoir rien fait encore. Il faut admettre aussi l'Église, qui lui est inséparablement unie dans une réelle identité.

Nous presserons, Messieurs, ces conséquences avec courage, et nous vous dirons bientôt avec franchise quelle est cette Église qui possède ou plutôt qui est elle-même et elle seule le christianisme vivant et véritable. Le sujet est digne de vous et de cette chaire sans aucun doute.

Mais dès à présent, je vous en conjure, qu'à cette grave pensée de l'Église votre esprit s'arrête et médite. L'Église n'est-elle donc qu'une chimère? n'est-elle qu'un vain nom vide de toute réalité? Chacun a-t-il reçu mission pour se donner, se former à lui-même sa religion et sa foi? Sera-t-il permis de traduire à sa guise le christianisme, de construire à l'aventure son histoire, sa forme, son enseignement?

Quoi! le christianisme eût été conçu dans ces conditions, ainsi donné à la terre, ainsi abandonné aux illusions et aux caprices de l'homme! Quoi! il aurait ainsi rempli le monde de ses bienfaits, ainsi régénéré l'humanité! Vous le croiriez! Non, vous ne le croyez pas. L'absurde vit dans cette prétention; et si le christianisme n'avait pas été, n'avait pas dû être par sa nature et sa pensée primitive l'institution forte et sociale de l'Église, qu'il y a longtemps que le genre humain, replongé encore dans les malheurs païens, en mesurerait de nouveau la triste profondeur! La vérité ne nous éclairerait plus de sa lumière; la foi ne nous prêterait plus le charme et l'appui de ses douces consolations; et il faudrait croire que Dieu abandonna la terre. L'Église est; l'Église vit: il y a donc une arche de salut, seul abri dans les tempêtes du doute et des passions. Vous le comprendrez mieux encore bientôt, j'espère, Messieurs; vous le proclamerez avec l'accent d'une conviction vraie, et vous saurez chérir ce dogme sauveur de l'autorité catholique, qu'on verra par vous encore porter ses fruits les plus glorieux.

VINGT-NEUVIÈME CONFÉRENCE

L'ÉGLISE EST LE CHRISTIANISME

OU

L'INSTITUTION DIVINE DE L'ÉGLISE

VINGT-NEUVIÈME CONFÉRENCE

L'ÉGLISE EST LE CHRISTIANISME

OU L'INSTITUTION DIVINE DE L'ÉGLISE

Monseigneur,

Quand on veut sincèrement se demander ce qu'est le christianisme, le christianisme vivant et véritable, ce qu'il est par sa nature et par le fait primitif de son institution, il faut répondre : C'est l'Église. Et telle est si bien l'idée formelle à concevoir du christianisme, que sans elle on verrait s'évanouir toute la réalité de la religion chrétienne avec toute la réalité de son histoire. Si l'on prétendait imaginer un christianisme sans l'Église, on transformerait à son gré en abstraction vague et arbitraire un fait positif et pratique; on nierait une identité palpable et historique; car tous les monuments contemporains et avérés le proclament : si un jour sur cette terre le christianisme fut établi, l'Église le fut par là même. Jamais l'un n'exista sans l'autre; ils existent l'un par l'autre. Il y a ici plus que l'union indissoluble; il s'agit de la forme même constitutive d'une existence identique.

Aussi, pour aider à l'accomplissement d'un grand devoir, avons-nous tâché de réunir les deux idées réellement inséparables, le christianisme et l'Église. Et dans la vérité, l'Église sans le christianisme n'est rien; le christianisme sans l'Église n'est pas : de sorte qu'il a fallu conclure qu'admettre l'un c'est admettre l'autre, ou ne rien admettre du tout. Restitution importante d'idées saines qu'il fallait faire d'abord : tel fut l'objet de la précédente Conférence.

Cette identité du christianisme et de l'Église une fois rétablie, Messieurs, quoiqu'en termes généraux, une grave conséquence doit aussitôt s'ensuivre. Le christianisme est l'Église, ainsi tout ce qui convient et appartient au christianisme convient et appartient à l'Église.

Puisque l'Église et le christianisme ne sont point réellement distincts et séparables, puisqu'ils sont une seule et même institution; alors les titres, les droits, les preuves de l'un sont les titres, les droits et les preuves de l'autre. La chose est de soi évidente : à l'être formel et existant et non à l'être abstrait et de raison, appartiennent réellement les propriétés caractéristiques qui le rangent dans la catégorie des êtres.

Au christianisme sont attachés des caractères irréfragables de divinité, d'admirables et invincibles démonstrations; on doit dire que ces caractères et ces titres tout divins sont essentiellement propres à l'Église; que démontrer l'un c'est démontrer l'autre; en sorte que la divinité du christianisme est la divinité de l'institution même de l'Église.

Une première Conférence vous a dit : Le christianisme est l'Église, pour établir ainsi l'existence de l'Église. Cette seconde Conférence vous dira que l'Église est le christianisme, pour établir la divinité de l'Église.

Le christianisme est divin, l'Église est donc divine: tel est aujourd'hui mon but et mon dessein. Ma pensée est franche autant que votre besoin est réel. Je voudrais vous faire bien reconnaître et sentir la divine institution de l'Église.

I. P. Oui, Messieurs, à l'Église appartiennent en propre les caractères divins du christianisme, puisque, ainsi l'avons-nous vu, l'un c'est l'autre. L'Église est la personnification et comme la personnalité du christianisme : les caractères du christianisme sont donc les caractères propres et, pour ainsi dire, personnels de l'Église.

Mais de quelle Église en particulier? Je n'ai point à le dire précisément encore; vous le devinez aisément toutefois. Le christianisme est la société chrétienne : à cette société, qu'il ne sera pas difficile de nommer et de spécifier, appartiennent tous les signes éclatants d'institution divine; voilà uniquement ce que je viens établir en ce moment. Nous saurons ainsi à l'avance que l'Église, avec laquelle s'identifie le christianisme, est, comme lui, avec lui, l'œuvre divine : telle est toute ma pensée aujourd'hui.

L'un des caractères les plus divins du christianisme, sans contredit, fut d'être annoncé et décrit longtemps à l'avance, réalisé ensuite trait pour trait, par la seule cause qui pût le faire, celle-là même qui seule avait pu l'annoncer et le préparer de longs siècles à l'avance. Mais on ne remarque pas assez peut-être, Messieurs, que le christianisme fut réellement annoncé comme Église, qu'à l'Église même appartiennent tous les signes prophétiques, qu'ainsi ce que les inspirations des prophètes font briller d'un éclat évidemment divin, c'est l'Église.

Dans les livres de l'ancienne alliance était déposée la promesse, la vive image d'une alliance nouvelle. Pour le même avenir s'y trouvait jointe la promesse, la perpétuelle image du Messie libérateur. « Voici les jours qui viennent, dit le Seigneur dans Jérémie; j'établirai avec la maison d'Israël un pacte nouveau. » *Ecce dies veniunt; feriam... fœdus novum*[1]. Ce que saint Paul écrivant aux Hébreux rapporte et interprète admirablement, en montrant le Testament ancien aboli et remplacé par le Testament et le Pontificat nouveaux [2].

« Je vous donnerai des pasteurs selon mon cœur, » *Dabo vobis pastores juxta cor meum,* dit encore le Seigneur par son prophète [3]. Et c'étaient si bien les pasteurs de la loi nouvelle qui étaient ici désignés, que dans ce passage il s'agit du temps où l'on ne dira plus : « L'arche du Testament du Seigneur. » *Non dicent ultra: Arca Testamenti Domini.* On ne dira plus alors l'arche du témoignage du Seigneur! et l'arche d'alliance était le symbole inséparable du culte mosaïque [4]! Il s'agit donc du temps auquel le pacte mosaïque ne sera plus, et sera remplacé par un culte et un sacerdoce nouveaux. Il s'agit du temps où dans la nouvelle

---

[1] Jerem., xxxi, 31.
[2] Hebr., viii, 8.
[3] Jerem., iii, 15.
[4] Jerem., iii, 16.

Jérusalem « seront réunies toutes les nations au nom du Seigneur. » *Et congregabuntur ad eam omnes gentes* [1]. Figure positive de l'Église au jugement unanime de toute la tradition chrétienne.

Le règne catholique du Messie, son autorité universellement reconnue sur la terre, sont encore clairement annoncés dans les magnifiques paroles des psaumes et du prophète Zacharie : « Il règnera d'une mer à l'autre...; l'Éthiopien se prosternera devant lui...; tous les rois de la terre l'adoreront et toutes les nations lui obéiront. » *Et dominabitur a mari usque ad mare... Coram illo procident Æthiopes... et adorabunt eum omnes reges terræ, omnes gentes servient ei* [2]. Règne, autorité universelle de culte et de religion qui ne peuvent assurément s'entendre que d'une société avec un pouvoir religieux constitué : c'est l'Église elle-même.

L'Église est encore dans Isaïe « ce mont placé au sommet des monts et préparé dans les jours nouveaux pour servir de demeure au Seigneur : vers lui doivent affluer toutes les nations. » *Et erit in novissimis diebus præparatus mons Domini in vertice montium... et fluent ad eum omnes gentes* [3].

---

[1] Jerem., III, 17; XXIII, 3 et seq.
[2] Psalm. LXXI, 8 et seq.; Zach., IX, 10.
[3] Isa., II, 2.

Là, chose remarquable, « le Seigneur enseignera lui-même ses voies. » *Et docebit nos de viis suis...* [1]

L'Église, encore dans Isaïe, suivant le sens interprété par le Sauveur lui-même et par les apôtres, est cette pierre posée des mains du Seigneur dans les fondements de Sion, pierre angulaire, éprouvée, à jamais assise sur une base inébranlable [2].

Ailleurs ce sera cette épouse mystérieuse du Seigneur; tous ses enfants seront enseignés par Dieu même sur toute la terre. « Lève-toi, Jérusalem, revêts toutes les splendeurs de ta gloire, ton jour est venu...; les peuples vont marcher à sa clarté..., la force des nations vient à toi... Je t'amènerai des enfants des contrées les plus lointaines..., et le Seigneur lui-même sera ta lumière éternelle [3]. »

Ainsi les chants prophétiques célébraient-ils à l'avance, Messieurs, l'apparition nouvelle de l'Église sur cette terre, et son sacerdoce nouveau, et sa catholicité, et son efficacité pour la conversion des peuples, et sa perpétuité, et son enseignement, lumière et autorité de Dieu même. Encore

---

[1] Mich., IV, 2; Is., II, 3.
[2] Is., LIV. 3 et seq.
[3] Is., LX, 1 et seq.

n'ai-je cité que quelques rapides passages. Il faudrait lire l'éloquente, l'inimitable suite des prophéties qui concernent le christianisme et l'Église avec lui. Comme ensemble de beautés sublimes, rien ne leur est comparable; mais surtout les accents de la vérité et l'expression de la puissance divine y pénètrent profondément l'âme qui se recueille dans la grâce.

Ces livres, que nous lisons aux mains du peuple juif, ne laissent pas la méprise possible. Dieu y annonça le christianisme et tous les traits de son histoire, nous l'avons d'autres fois exposé. Dieu y dévoila ses grands desseins de longs siècles à l'avance.

Jésus-Christ, l'Évangile, l'Église ont paru, marqués de tous les caractères prédits, réalisant tous les faits divins annoncés, réalisant cette œuvre divine de régénération universelle que l'antique alliance tout entière prépara, célébra, attendit.

Il faut conclure : Dieu dans le temps sut accomplir ses desseins et les rendre manifestes à tous les yeux; le christianisme, l'Église sont l'œuvre même divine. Dieu avait dit : « J'établirai mon Christ, sa loi, son sacerdoce, son autorité, son enseignement par toute la terre et pour toujours. » Les faits répondent : la promesse est exécutée. L'œuvre est marquée du sceau divin de la prophétie.

Et dans l'œuvre accomplie, impossible de séparer l'Église du christianisme, impossible. C'est l'Église elle-même qui est annoncée et désignée. Le christianisme est l'Église; tout ce qui appartient au christianisme appartient à l'Église; il est divin, elle est divine; c'est une seule et même chose.

Pourquoi donc, Messieurs, aller se perdre dans le champ des abstractions et du vide? Pourquoi, de grâce, ne point se rappeler ces fondements augustes de notre foi? Pourquoi, ces monuments et ces faits divins une fois reconnus, ne pas chérir, ne pas embrasser à jamais cette bienheureuse et complète institution qui seule explique tout, seule console et calme l'âme, l'Église?

Le christianisme apparaît encore divin, Messieurs, par les miracles qui accompagnèrent son origine et son établissement.

Les miracles, on les dédaigne, ce semble, et plus d'un catholique timide craindrait d'en prononcer le nom, d'en proclamer la vérité. Il faut se dessiner fortement.

Les miracles qui prouvent le christianisme sont les miracles qui prouvent l'Église; ils sont à elle et pour elle, et par la raison souvent rappelée d'identité commune et par une raison toute spéciale que voici.

Les miracles prouvent l'Église comme institution divine; je l'explique d'un seul mot, car, s'il n'y a pas eu de miracles, il n'y a eu non plus ni christianisme ni Église établis sur cette terre : la conséquence est inévitable.

Comment d'abord est-on obligé d'admettre, sous peine de nier la clarté du soleil, le fait de l'établissement du christianisme et de l'Église sur cette terre? Par l'histoire, par les témoignages, par les monuments. Prenez, Messieurs, lisez l'histoire, étudiez les monuments et les témoignages de l'âge contemporain, ceux des amis, ceux des ennemis.

Les juifs et les païens parlent de l'art magique du Christ et de ses apôtres, de leurs œuvres merveilleuses et diaboliques : on sait ce que cela veut dire. Les Évangiles, les récits et les lettres des apôtres, les écrits des Pères apostoliques, et les traditions premières, et les premiers édifices bâtis avec la pierre pour le culte chrétien, et la liturgie antique, symbole parlant et vivant de la foi, tout cela raconte les miracles de Jésus-Christ, des apôtres, de leurs successeurs. Pas d'histoire du christianisme sans les miracles; tout ce qui dit et raconte un christianisme apparu, dit, raconte les miracles; c'est tout un et toute l'histoire primitive. En conscience, lisez-la, et ne vous contentez pas de vagues et faux dédains, ou de quelques lambeaux dénaturés et tronqués. Puis croyez seulement en Dieu, vous croirez au miracle, qui n'est qu'un exercice fort simple de la toute-puissance divine. Qui l'empêcherait d'en faire, je vous prie?

Rayez les miracles de l'institution du christianisme, vous rayez toute l'histoire, vous effacez tous les monuments de ce fait mémorable. Car, s'il n'y a pas de miracles, alors plus de récit quelconque de l'institution évangélique, il n'en reste plus; point d'histoire du christianisme, plus de christianisme, c'est un rêve en l'air, puisque toute son histoire première consiste en faits miraculeux. Cependant l'histoire de l'établissement du christianisme existe, l'histoire des miracles existe donc aussi, l'un c'est l'autre.

Et comme l'histoire du christianisme est précisément l'histoire de l'Église, les miracles sont donc des faits propres de l'Église; ils sont divins, elle est divine.

Les miracles prouvent donc l'Église, l'Église même. Ils établissent et confirment divinement ce christianisme vivant et organisé, le seul fondé à l'origine, le seul qui ait pu l'être et qui est l'Église même.

Les miracles, remarquez-le, Messieurs, prouvaient surtout la mission divine et l'autorité des premiers apôtres ou envoyés de Jésus-Christ. Ils prouvaient leur institution divine, leur enseignement divin.

A ce pouvoir de mission et d'enseignement divin se rapportaient principalement les signes naturels de la puissance et de l'intervention de Dieu. Ainsi Dieu disait et devait dire aux peuples par les prodiges de son bras, il disait des apôtres comme il avait dit de son Fils : Écoutez-les.

Les apôtres instituèrent leurs successeurs; ils leur donnèrent la mission, le pouvoir, l'autorité de doctrine et de gouvernement pastoral, scellés par les miracles. Les miracles étaient le sceau ineffaçable imprimé à l'institution tout entière, marque divine d'origine et de vie. Et ces apôtres, ces premiers pasteurs des peuples, toute cette institution enseignante et active, qu'est-ce, Messieurs, sinon l'Église même? Les miracles prouvent donc l'Église. Et voilà, Messieurs, au vrai, comment il faut entendre et appliquer toutes les preuves du christianisme.

Mais nous parlons des miracles anciens, pourquoi ne point parler des miracles nouveaux et toujours répétés dans l'Église et pour elle?

Même en ces temps avancés et raisonneurs, plusieurs fois chaque siècle l'Église proclame solennellement la sainteté de quelques-uns de ses élus.

Au jour fixé, toutes les pompes sont déployées, tous les arts ont prodigué leurs richesses ; croyants, incroyants sont accourus de toutes parts.

La foule inonde l'immense basilique, et l'Église s'y montre dans tout l'appareil de sa grandeur et de sa puissance.

Que voyez-vous? quels signes vont frapper vos regards? quels faits l'Église va-t-elle célébrer et manifester à la face de l'univers?

Quels faits? Messieurs, des miracles. Leur histoire est vivante sur la toile : l'Église les expose et les expose seuls. Ils parlent assez haut pour elle. Les miracles sont les faits qu'elle a voulu surtout constater, avant de décerner un culte aux bienheureux.

Enquêtes, témoignages, recherches sévères, tout a été réuni, scrupuleusement jugé ; et au dix-neuvième siècle encore le miracle est proclamé, célébré, affirmé par l'Église : le miracle, dis-je, opéré il y a peu d'années, comme pour ces saints placés naguère sur nos autels.

Qu'est-ce à dire, Messieurs? N'est-ce donc qu'une vaine cérémonie et une pompe vaine? L'Église de Jésus-Christ, fondée par le miracle, divine par lui, par lui vit et règne et se manifeste divine à tous les yeux. Un seul procès de canonisation et un seul fait prouvé de ce procès établit encore sous nos yeux la divinité présente de l'Église.

Messieurs, ce qui est vrai des miracles pour établir l'institution divine de l'Église, l'est également du témoignage des martyrs; car le témoignage du sang est bien aussi une démonstration puissante.

Le martyr chrétien mourait pour des faits, nous l'avons établi dans cette chaire. En donnant quelquefois sa vie pour d'autres religions, on mourait pour des opinions, ce qui est fort différent et s'explique naturellement.

Otez de la foi du martyr les faits, les miracles de Jésus-Christ et des apôtres eux-mêmes; ôtez le témoignage des apôtres que le martyr entendit ou reçut de main en main; ôtez les faits et les témoignages des faits surnaturels et divins, vous ôtez la foi; le martyr ne meurt plus, il abjure; et ces multitudes innombrables de conditions, d'âge, de sexes divers se livrant aux bourreaux pour cimenter l'Église par les torrents de leur sang répandu, dès qu'il n'y a plus de faits à attester disparaissent de l'histoire et de la scène du monde. Il n'y a plus de martyrs, car la foi seule et la foi des faits les explique.

La raison du martyre mûrement méditée est donc, Messieurs, un solide appui de la divinité de notre foi, comme elle est aussi un type original et exclusivement propre du christianisme, type qui ne saurait être relégué parmi les assimilations d'aucune erreur. Car, répétons-le toujours, aucune erreur religieuse au monde, aucune autre religion ou fraction de religion, aucune n'a, comme le christianisme, le caractère de faits dans ses dogmes; aucune n'a, comme lui, le témoignage pour enseignement propre ; aucune autre religion au monde n'a pour elle le témoignage, l'histoire et l'histoire infaillible de faits surnaturels et divins.

Citez-en une seule ; le paganisme, quelque forme qu'il ait revêtue, toutes les sectes quelconques sorties du christianisme, le mahométisme, l'incertaine réforme, le triste rationalisme, rien, rien hors du catholicisme n'est une histoire sérieuse et fondée de faits divins constituant le dogme et la foi même. Seul le christianisme porte ce caractère, seul aussi il compte de vrais et innombrables martyrs, témoins des faits divins.

Mais ce qui revient spécialement à mon sujet, c'est de vous dire, Messieurs, ce que vous comprenez du reste aisément, que le martyr prouve l'Église et meurt pour elle.

Il meurt pour ce christianisme seul primitif, seul institué par Jésus-Christ, c'est-à-dire pour l'Église.

Il meurt pour cet enseignement qu'il reçut, enseignement d'autorité et d'Église, non moins que de témoignage et de faits.

Il meurt à la voix de ses pasteurs, pour leur mission divine, objet certain de sa vénération et de sa foi : il meurt pour les suivre, pour les imiter ; et les évêques sont, Messieurs, les premiers athlètes comme les premiers docteurs du martyre, du témoignage sanglant. Saint Ignace d'Antioche, saint Polycarpe de Smyrne, après les apôtres leurs maîtres, saint Irénée de Lyon, saint Cyprien de Carthage et mille autres exhortent, encouragent au martyre par leurs exemples et leurs ardentes leçons. Ils s'appelaient le froment de Jésus-Christ prêt à être broyé. Ainsi le troupeau joint au pasteur présentait l'admirable et constant spectacle du martyre, aussi bien que celui de l'Église. Glorieux triomphe, voix éclatante de la vérité, voix du sang qui s'élève jusqu'à la hauteur des cieux et lègue à la terre l'édifice sacré de paix et de salut fondé, défendu par des légions de héros : car ils vivent toujours et pour rendre témoignage et pour nous offrir la foi et leur prière.

Le martyr appartient à l'Église. Toutes les beautés, toute la sainteté, tous les bienfaits, tous les effets du christianisme appartiennent encore à l'Église et prouvent sa céleste origine.

Cette doctrine touchante et admirable, qui la donna, Messieurs, au monde après Jésus-Christ? Les apôtres, l'Église. Cette sainteté, ces vertus surhumaines, ce christianisme des saints en un mot, qui l'a produit? L'Église : les saints vécurent de sa foi, de ses enseignements, de ses maternelles et puissantes influences.

Cette régénération du monde opérée et toujours poursuivie, ces lumières de vraie civilisation répandues, ces mœurs barbares changées en mœurs chrétiennes, le sentiment de la liberté rétabli, les institutions grandes, utiles, savantes : qui donc montra ces prodiges à la terre? L'Église. Sa mission, sa hiérarchie seule firent les apôtres de tous les temps; ses pasteurs furent les premiers auteurs effectifs du soulagement des peuples. Par eux l'Église, car ils sont l'Église elle-même, par eux l'Église enseigna, convertit, éclaira, adoucit les peuples et répandit les gloires de la civilisation chrétienne. Toujours, l'histoire à la main, si nous voulons être sincères, nous trouvons l'Église, le siége de Rome surtout, à la tête du mouvement et des progrès des nations; jusqu'à ce qu'une philosophie ingrate fût venue glacer les cœurs, obscurcir les esprits et nous obliger, Messieurs, au pénible devoir de vous rappeler qu'il existe une Église, une Église chrétienne, sainte, divine, à laquelle reviennent en propre tous les biens, tous les titres, toutes les gloires du christianisme. Dieu seul a pu être l'auteur de ces biens; il est donc l'auteur de l'Église qui apporta ces biens à la terre.

Je devais d'abord, Messieurs, exposer les fondements principaux de notre foi, et montrer qu'ils établissent directement l'institution divine de l'Église; mais j'ai encore d'autres caractères à vous présenter, que je vous prie de méditer avec moi.

II. P. Une chose doit frapper quand on médite attentivement sur l'origine du christianisme. Il était, il est encore, Messieurs, la religion la plus radicalement impossible, s'il n'est l'œuvre même de Dieu. Partant l'Église aura été impossible : elle fut, elle est toujours avec le christianisme une seule et même institution; comme lui elle est donc divine. Veuillez bien saisir, je vous prie, ce nouveau caractère.

Le christianisme, l'Église sont impossibles s'ils ne sont pas divins : car enfin qu'est-ce que le christianisme? Souffrez, Messieurs, que je le redise sans cesse, puisque sans cesse on l'oublie. Perpétuellement on se berce de théories, de considérations purement spéculatives : on accepte ou l'on combat, on dédaigne ou l'on réforme le christianisme comme s'il n'était qu'un système philosophique et rationnel; et il n'est qu'un fait d'histoire, un grand fait, ou, si vous l'aimez mieux, un ensemble de faits et de faits surnaturels et divins rapportés, attestés par les apôtres et les disciples de Jésus-Christ: voilà ce qu'est le christianisme. Il faut le prendre à sa naissance, à son établissement même, le considérer à l'état primitif et vrai. Là nous interrogeons, nous écoutons les témoins, les monuments, les enseignements originaires, les Évangiles, saint Paul, les Pères des premiers siècles, les adversaires des premiers siècles: il s'agit de faits, le christianisme est tout entier dans les faits surnaturels et positifs de Jésus-Christ, tout entier là: sa doctrine, ses dogmes, ses mystères principaux ce sont les mêmes faits; lisez seulement son symbole, et ces faits sont racontés et attestés par les apôtres et par les premières générations des chrétiens.

Tel est le christianisme. Attaquez ces faits, cette histoire, ces témoignages innombrables et avérés : vous aurez tort; mais vous serez au moins dans la question. Vous balancez-vous dans les vagues et arbitraires spéculations du rationalisme; vous efforcez-vous d'y attirer, d'y reconstituer ou d'y détruire le christianisme : vous vous battez en l'air; et c'est alors comme une chevalerie errante des idées à laquelle nous assistons, et qui, dans ses chimériques aventures, ne désarme et ne tue personne. On peut ainsi triompher tout à son aise.

Après tout, Messieurs, le christianisme est ou n'est pas, suivant que les faits surnaturels et divins qui le constituèrent d'abord, sont ou ne sont pas eux-mêmes.

Tel est le point d'où il faut partir : et je ne me suis point encore repenti d'avoir consacré déjà tous mes efforts à établir, dans une suite de Conférences, que le christianisme porte avec lui cet invincible caractère d'histoire et de fait.

Ces faits éclatants et merveilleux, qui sont le christianisme, s'appuyèrent, nous l'avons assez démontré alors, sur des témoignages nombreux, graves, réitérés, oculaires, émanés d'hommes d'une sainteté éminente, qui, dispersés dans toutes les parties du monde, n'ont jamais varié dans leur récit, et qui moururent pour attester ces faits.

Eh bien! je le soutiens, un pareil témoignage était totalement, absolument impossible sur des faits faux. Que s'il a été rendu, les faits sont vrais : ainsi le christianisme est divin et l'Église est divine, puisque les faits sont tels eux-mêmes ; ou bien il faudra dire que le christianisme et l'Église sont impossibles. J'explique ma pensée.

Ce témoignage était un témoignage certain, c'est-à-dire revêtu de tous les caractères et de toutes les conditions d'infaillibilité historiques. Or certes rien n'est plus métaphysiquement impossible qu'un témoignage infaillible, incontestablement tel, et rendu néanmoins sur des faits faux : cela implique et constitue une contradiction formelle dans les termes; vous en conviendrez. Tel serait cependant le christianisme s'il n'était divin : un témoignage infaillible sur des faits faux. Il serait donc impossible.

Mais ce témoignage est-il infaillible?

Prenez, Messieurs, les faits que vous croyez le plus invinciblement et le plus certainement des faits du temps passé : et vous en croyez quelques-uns inviolablement, je pense. Alors les témoignages sur ces faits ont été pour vous certains et infaillibles; sans quoi vous devriez douter : vous ne doutez pas.

Si un seul de ces faits, dont vous ne pouvez ni ne devez douter, a pour lui des témoignages ou des témoins seulement égaux aux témoins des faits du christianisme et de l'Église, je me tais et me retire.

Quel fait et quelle histoire invinciblement admise ont pour eux des témoins religieux, vrais, naïfs, désintéressés, saints? des témoins oculaires et nombreux comme l'étaient les apôtres et les disciples même du Sauveur ?

Quel fait et quelle histoire ont eu leurs historiens égorgés pour la vérité de leurs récits ?

Quel fait et quelle histoire, portant avec eux pour conséquence immédiate et nécessaire la pauvreté, la guerre déclarée à toutes les passions en soi-même, la soumission au dehors à toutes les fureurs, et la patience pour tous les maux; quels autres faits de ce genre ont été redits, prêchés, annoncés, crus par toute la terre? quels faits? pas un seul. Tels sont les faits chrétiens, tel est leur témoignage.

Ce témoignage est donc le témoignage assuré et infaillible, ou nul ne le fut, Messieurs, jamais pour aucun fait.

Si cependant les faits divins du christianisme n'étaient pas vrais, ils auraient en même temps pour eux un témoignage historiquement infaillible. Ce serait l'infaillibilité témoignant du faux : qu'en pensez-vous? C'est l'impossible. Si donc le christianisme n'est pas divin, il est, il fut impossible.

Il eut été un témoignage infaillible plus grand que toute autre certitude au monde, qui eût attesté et réalisé le faux! C'est, Messieurs, l'absurde impraticable.

Mais ce témoignage fut rendu, et le christianisme est par lui : le christianisme existe donc par la vérité inviolable des faits divins. Le christianisme est ainsi de toute nécessité divin lui-même : ou il est à jamais impossible ; car il serait, encore une fois, l'infaillibilité de témoignage jointe à des faits faux.

Messieurs, le christianisme est l'Église, le christianisme établi n'est autre que l'Église elle-même : nous l'avons assez vu et assez dit dans cette chaire. C'est donc à l'Église que le témoignage a été rendu, à cette Église que Dieu s'est acquise par son sang, comme parle saint Paul, et qui est une seule et même chose avec le christianisme. C'est donc l'Église qui eût été impossible ; elle est donc divine, puisque l'infaillibilité du témoignage vient garantir en sa faveur la vérité des faits divins.

Et qu'on ne répète pas le vieux dicton de l'ignorance ou de l'irréflexion : Toute religion, même la plus fausse, prétend aussi avoir pour elle des faits merveilleux et divins. C'est se débattre hors de la question, et parler pour ne rien dire. Je demande : les religions autres que le christianisme ont-elles, pour leurs faits prétendus surnaturels et divins, un témoignage infaillible, historiquement infaillible ? Non ; pas une seule. Donc nulle comparaison.

Le christianisme est seul historique, et historiquement enseigné, formulé; il est certain de cette manière. Seul avec l'Église il est la religion des faits et des faits divins, constatés par un témoignage historique infaillible. Ainsi le christianisme et l'Église eussent été impossibles dans ce qui les constitue proprement, s'ils n'eussent été divins : premier caractère.

Un autre caractère de divinité pour l'Église, la folie de sa doctrine : et ne vous scandalisez pas, Messieurs, je parle avec saint Paul.

On veut trop souvent travestir le christianisme en pure spéculation de la raison : méprise étrange! le christianisme dans son dogme lui-même est de l'histoire.

On veut louer, ce semble, le christianisme en faisant honneur de son triomphe et de ses admirables influences à sa sublime philosophie : c'est une complète erreur.

On peut s'en rapporter à saint Paul pour caractériser la foi native et véritable du christianisme, qui est toujours l'Église.

Le christianisme, sa force, sa vertu, furent sa folie; mais folie divine, disait le grand Apôtre, *quod stultum est Dei.* Aussi sommes nous devenus fous à cause de Jésus-Christ. Ce sont les paroles mêmes de saint Paul : *Nos stulti propter Christum.*

Et vous vous rappelez peut-être le mot de Tertullien prononcé pour rabattre l'étourdissante enflure de la philosophie humaine : « Je crois parce que c'est ridicule. » Mon cœur, Messieurs, tressaille de joie en vous citant ces rudes paroles. Tel est le christianisme, une folie domptant et régénérant le monde.

Et vous entendez bien que je parle de la folie de la croix, du renversement de toute la raison humaine et de toutes les pensées humaines par la croix. Saint Paul disait : « Moi, je ne sais autre chose que Jésus crucifié, c'est ma gloire. » Telle est sa doctrine, tel est son christianisme; le vrai apparemment, la croix. Lisez donc ses admirables épîtres, celles des autres apôtres, et les Évangiles; et les actes, les prédications des premiers propagateurs de la foi. Ils annoncent Jésus-Chrst crucifié. C'est le point fondamental et dominant, la croix.

Ensuite, heureux les pauvres ; Dieu commande l'humilité, il faut l'abnégation, il faut croire simplement aux plus profonds mystères; il faut courber son front sous le joug et abaisser toute science et tout orgueil; combattre toutes les passions; obéir en enfant à l'enseignement de l'Église, à l'enseignement de faits surnaturels, miraculeux, mystérieux, divins; en sorte que toutes les idées soient confondues, la philosophie bien humiliée, l'homme bien petit : tel est le christianisme. La passion du Sauveur, ses opprobres, ses douleurs, comme sa résurrection; sa rédemption, notre péché, la croix, la croix toujours, et la divinité même d'un homme : tout cela est le christianisme prêché dès l'origine, celui de saint Paul et des apôtres; c'est le christianisme s'établissant vainqueur, renversant tout par sa faiblesse et sa folie.

Telle est l'idée à concevoir de l'établissement du christianisme, l'idée historique et nette, et non pas celle qu'ont inventée ou dénaturée de hautaines rêveries au lieu d'histoire.

Plus vous insisterez sur la rudesse et la folie étrange des faits premiers du christianisme, de son dogme, de ses prédications, plus vous serez dans le vrai. Et vous n'en direz jamais assez, jamais vous ne représenterez assez au vif douze Juifs, matelots ignorants et timides, venant conquérir les intelligences et le génie avec la foi en la divinité d'un homme crucifié entre deux voleurs. Encore une fois c'est le christianisme, et c'est aussi l'Église.

La vieille foi, Messieurs, était comme la vieille gloire et la vieille vertu romaines; celle-ci se trouvait à la charrue, dans les travaux rustiques et la pauvreté; elle disparut dans le luxe et le raffinement de l'empire.

Trop souvent on voudrait nous imposer un christianisme de luxe et de civilisation dorée; pour nous, catholiques fidèles, la parole, le souvenir comme l'anneau grossier du pêcheur de Galilée, scellent encore les décrets et les enseignements de la foi. Et à Dieu ne plaise que nous rougissions de la folie de l'Évangile; elle est, au contraire, notre plus beau titre de gloire, elle est l'empreinte même divine, le sceau divin de l'Église.

Par la folie, par la folie des faits, de la croix, des miracles, des mystères, par la folie des apôtres grossiers pêcheurs, le christianisme s'est établi. Que voulez-vous? pour croire ainsi, pour arborer ainsi un drapeau d'extravagance et abjurer tout ici-bas, richesse, honneur, plaisir; pour livrer sa tête au témoignage de la vérité, non pas d'opinions, mais de faits et de faits si étranges, oh! il fallait tout bouleverser, tout remuer de fond en comble. Ce fut un chaos, une mêlée épouvantables. Mille fois le christianisme devait périr, car les fous on les enferme, et ils périssent sans changer le monde.

La croix a changé le monde, le christianisme a vaincu. Il a été, il est, il dure; il ne devait pas, ne pouvait pas être ni durer; il était folie, et une folie contraire à toutes les passions. Quelle est l'explication seule raisonnable et possible? Cette folie, cette croix victorieuse de toute la raison et de tout l'orgueil humain, c'est Dieu lui-même et rien que Dieu.

Et c'est bien l'Église toujours. Le christianisme enseigné, formé, est l'Église, pas autre chose, nous l'avons dit.

Aussi l'Église a-t-elle assez multiplié, Messieurs, cette image, la croix. Qu'en pensez-vous? Partout, toujours elle vous l'offre, pour vous dire: Je suis divine. Ce morceau de bois, cet homme pendu, vous l'adorez; vous le croirez, c'est tout le christianisme. Il s'est établi ainsi, l'Église s'est établie ainsi; ainsi elle a vécu et duré. La folie est trop forte, trop supérieure à la raison et à la puissance humaine : elle est la force et la sagesse divines. Que voulez-vous? il n'y a pas moyen d'en sortir autrement, et j'ai bien voulu vous étourdir avec ma foi.

Voilà, Messieurs, comment il faut retracer l'histoire et présenter la nature du christianisme, comme saint Paul, qui s'y connaissait apparemment.

Oui, Messieurs, religion impossible, folie impraticable, si ce n'est l'œuvre divine. Voilà comment il faut considérer sans crainte le caractère natif et vrai du christianisme et de l'Église.

L'Église constituée dès l'origine en collége de pasteurs enseignant des fidèles, puisque le christianisme est né ainsi, l'Église apportait donc à l'appui de son institution divine un témoignage aux conditions infaillibles, et rendu à des faits dont la fausseté produirait ainsi la contradiction et l'incompatibilité les plus formelles. Ces faits sont donc vrais, et l'Église est divine.

L'Église apportait sa folie de la croix, bouleversant, renversant toutes les idées, toutes les passions, toute la raison humaine, et impossible encore mille fois à cet égard, si elle n'eût été divine; l'Église s'est établie.

Messieurs, quand le voile tombe et que les prétentions se dissipent, quand on a conçu le courage apostolique de l'antique foi, quand on a franchi la barrière des tristes et vains raisonnements pour embrasser l'impérieuse vérité des faits surnaturels et divins, alors un pénible et grand voyage est accompli.

L'âme a donc ici-bas un abri tranquille, elle trouve un lieu pour son repos. Son premier et immense besoin est satisfait: être enseignée et croire. Si un sacrifice lui fut demandé et lui coûta, ce fut celui des erreurs et du doute. Mais elle voit alors, dans une lumière paisible et pure, que l'histoire entière, l'histoire du christianisme n'est pas un violent mensonge. Il fallait auparavant tourmenter, opprimer les faits pour les fausser ou les nier; restitués, ils sont comme le guide consolateur, comme le flambeau bienfaisant. On se soumet, on croit à l'Église parce qu'elle est divine, et tout ainsi se coordonne et s'explique.

Je m'arrête; car plus tard j'aurai à vous demander si cette Église primitive et divine a persisté, si elle vit encore, si on peut la retrouver. Il faudra répondre. La vérité, Messieurs, est comme la charité, elle presse, mais pour consoler et pour bénir.

Toutefois, dès à présent une chose doit nous frapper.

Lève les yeux, ô homme incertain et malheureux, et ne crains pas d'arrêter un moment ton regard et ton cœur.

Une grande société t'environne, seule au monde elle tient ce langage étrange : Je suis l'Église divine, unique, infaillible, établie par Jésus-Christ; je suis l'Église catholique.

Messieurs, ce langage de l'Église catholique a droit de surprendre, et il prouve à lui seul et par lui-même la vérité de l'institution divine que nous voulons établir. Société innombrable, répandue dans tous les lieux de l'univers, héritière des traditions de dix-huit siècles, composée dans son identique unité de peuples, de mœurs, de régions, de langues et d'intérêts divers et opposés; société cependant parlant comme un seul homme, elle ose bien à la face du ciel et de la terre se rendre cet étonnant témoignage : Je suis l'Église catholique, divine, infaillible; elle le dit, elle l'affirme et ordonne de le croire.

Elle l'affirme comme témoignage d'un fait, de ce fait: Dieu me fonda un jour pour durer tous les jours, pour enseigner infailliblement toutes les nations jusqu'à la fin des temps. Et d'un seul mot elle résume ainsi tout l'ensemble et toute l'histoire des faits divins.

Le témoignage d'une société innombrable sur des faits est un garant certain de leur existence. Un peuple entier se lève et dit : Je suis le peuple français. Vous le croyez, pourquoi? mais pourquoi donc? J'en veux savoir la raison. La raison en est ce témoignage invincible de la société sur un fait social. De plus l'histoire vraie est encore le témoignage et surtout le témoignage uni des nations. L'Église est la grande nation, la réunion de toutes les nations. Elle témoigne, elle affirme son existence, son origine et son autorité divines, ce sont des faits; son témoignage est celui de la société la plus nombreuse, la plus ancienne, la plus digne de vénération et d'estime; il faut la croire, ou bien dites à la France : Tu n'es plus France.

Et n'alléguez pas d'autres religions, d'autres Églises ; aucune autre société religieuse au monde, aucune autre Église, s'il y a une autre Église, ne parle comme l'Église catholique, son langage lui est exclusivement propre. Vérifiez sincèrement ce que j'avance.

D'ailleurs il n'y a plus aujourd'hui que deux choses et deux partis, il faut être rationaliste ou catholique. Le rationalisme s'attache à des opinions qu'on peut nier comme il les affirme ; le catholicisme s'attache à des faits. Avec des faits, il dit : Croyez à mon autorité et soumettez-vous, j'enseigne seul au nom de Dieu.

Ce témoignage, Messieurs, dompte l'orgueil des plus fiers génies, qui célébrèrent leur soumission comme le jour de leur délivrance et de leur gloire.

Ainsi donc ne craignons pas de le répéter : une des preuves les plus saillantes de la divinité même de l'Église est le témoignage qu'elle se rend à elle-même ; la preuve de son autorité est l'autorité même qu'elle s'attribue, qu'elle ne pourrait pas s'attribuer si elle ne l'avait pas, et qu'elle a parce qu'elle dit l'avoir.

Témoignage encore aux conditions infaillibles, et témoignage impossible pour des faits faux ; voix unanime d'un grand peuple, de mille peuples et de dix-huit cents ans. Témoignage invincible d'un fait immense, plus éclatant que le soleil, marqué du sceau d'une splendeur et d'une folie divines, annoncé quarante siècles à l'avance, réalisé par d'innombrables prodiges, rouge encore du sang des martyrs, couronné des bénédictions de l'univers, témoignage transmis aux derniers temps par la chaîne indissoluble des générations et des temps anciens; en sorte que nous allons toucher de la main ce Verbe de vie manifesté en la chair, qui voulut, après les jours de sa carrière mortelle, demeurer et vivre au sein de son Église fidèle, afin d'y verser en abondance ces eaux pures de la grâce et de la vérité, qui jaillissent jusqu'à l'éternel séjour.

TRENTIÈME CONFÉRENCE

L'AUTORITÉ SOUVERAINE DE L'ÉGLISE

TRENTIÈME CONFÉRENCE

L'AUTORITÉ SOUVERAINE DE L'ÉGLISE

Monseigneur,

Il est donc impossible d'étudier sincèrement l'origine et l'institution du christianisme, sans reconnaître qu'il fut conçu, établi, propagé, maintenu dès le principe dans la forme d'Église; d'Église, société de fidèles enseignés et régis par des pasteurs; en sorte qu'on ne saurait légitimement séparer ces deux idées, le christianisme, l'Église. Ainsi nous avons dans une première Conférence démontré ce point important : le christianisme existe; il est société, il est Église par sa nature même et son institution; et s'il n'y a pas d'Église, il n'y a pas de christianisme, c'est l'indissoluble identité, nous l'avons vu.

Mais le christianisme est divin, l'Église est donc

divine; ce sont les mêmes traits, les mêmes caractères d'origine et d'institution, c'est la même histoire. A parler exactement, c'est à l'Église comme telle qu'appartiennent en propre tous les signes, tous les biens et tous les faits divins du christianisme. Car ce n'est pas un être purement abstrait et de raison que celui qui fut si merveilleusement impossible et si merveilleusement réalisé, qui brilla de tout l'éclat des prophéties et des miracles, de tout l'éclat de la puissance et de la sainteté divines. Non, ce furent là des gloires pratiques, si j'ose ainsi parler, et qui s'appliquèrent à un corps vivant et organisé, à l'Église. L'Église fut toujours le christianisme subsistant et en action. Seconde vérité ainsi obtenue et que nous avons nommée la divinité ou l'institution divine de l'Église.

L'Église existe donc comme le christianisme; comme lui, avec lui elle est divine.

Au moins exista-t-il une Église de la sorte; car je n'ai pas même voulu conclure positivement encore, ce qui est cependant bien simple et bien manifeste, que nous possédons cette Église toujours existante.

Mais tous les grands caractères une fois reproduits pour le christianisme primitif et vrai, nous montrerons facilement l'identité et la permanence présentes.

En ce moment nous venons vous dire, Messieurs, qu'à l'Église chrétienne et divine, à l'institution première du christianisme appartient l'autorité, l'autorité souveraine d'enseignement et de gouvernement spirituel.

La certitude de cette autorité souveraine et sa nature dans l'Église, c'est ce que nous allons aujourd'hui apprécier et établir. Dans la prochaine conférence nous nous occuperons directement de l'infaillibilité même. Mais il fallait d'abord établir le principe d'autorité; l'infaillibilité en est la conséquence.

La question est nettement posée : existe-t-il dans l'Église une autorité souveraine, une souveraineté réelle en matière d'enseignement religieux? Question grave qu'on ne peut éluder, qu'il faut résoudre, qui se présente vivante et qui touche à nos besoins les plus chers, à nos intérêts même immortels.

Je m'étonne et je m'afflige toujours de ce que l'on tranche et décide à la légère, ou bien de ce qu'on s'endort sur de si graves débats, sans réfléchir mûrement, sans peser les motifs, sans les mettre en balance avec les vains prétextes d'indépendance et de dédain.

Parlons donc de cette autorité de l'Église.

I. P. Ici, Messieurs, deux choses sont à établir :

Premièrement. Le principe constitutif et social de l'Église est la foi ou la loi de croire, *lex credendi*, comme dirait l'école.

Deuxièmement. Pour décerner, définir, appliquer cette loi de croire ou la foi, il existe dans l'Église de Jésus-Christ une autorité souveraine à laquelle tous doivent obéissance.

Ce ne sont point, vous le comprenez, des théories de pure raison à discuter; ce sont des questions de fait et de fait historique en même temps que révélé.

Le christianisme déjà démontré divin, l'Église déjà démontrée divine sont-ils ainsi institués et pas autrement? institués avec une autorité souveraine dans la foi? Voilà tout ce qu'il faut savoir.

Nous arrivons, Messieurs, au cœur de la vérité catholique, vous daignerez y pénétrer avec moi, j'espère.

Il faut entendre par principe constitutif et social de l'Église ce lien moral en vertu duquel les fidèles sont unis entre eux pour ne former qu'un même corps ; or ce lien d'union n'est pas et ne peut être autre chose que la loi de croire obligeant tous les membres de l'Église. C'est ce qu'il faut établir en premier lieu.

Nous l'avons déjà remarqué, Messieurs, pour bien connaître la nature du christianisme, c'est surtout la pensée, la volonté même de son auguste fondateur qu'on doit interroger.

Jésus-Christ institua l'Église, nous l'avons montré. En quels termes l'a-t-il instituée? C'est ce que souvent encore il faudra nous rappeler.

Voici les dernières paroles et comme le testament du Sauveur en quittant la terre : « Allez, dit-il à ses apôtres, enseignez toutes les nations, baptisez-les, au nom du Père, du Fils et du Saint-Esprit, enseignez-leur à garder tout ce que je vous ai ordonné : voilà que je suis avec vous jusqu'à la consommation des siècles [1]. » Et encore : « Prêchez l'Évangile à toute créature. Celui qui aura cru et aura été baptisé sera sauvé ; celui qui n'aura pas cru sera condamné [2]. »

Les apôtres et les ministres de Jésus-Christ ont donc reçu de lui la mission d'établir l'Église en enseignant et en baptisant, et de la conserver aussi de même jusqu'à la fin des temps, *usque ad consummationem sæculi*. Mais cette loi d'enseigner imposée aux ministres de Jésus-Christ, à ses apôtres, jusqu'à la fin des temps, impose évidemment à tous les fidèles la loi d'écouter, de croire ce qui

---

[1] Matth., ult. 19.
[2] Marc., XVI, 15, 16.

leur est enseigné. La corrélation est nécessaire, sans quoi la mission est illusoire, et l'Église n'est pas possible. Vous le sentez, Messieurs, ce n'est que par cette double loi correspondante, foi enseignée, foi reçue, que peut réellement se constituer la société des croyants ou l'Église. Alors, mais seulement alors, il y a dépendance et lien : il y a mieux, il y a obligation de croire. Et cette loi d'accepter l'enseignement de Jésus-Christ, transmis par ses ministres, est si bien le principe constitutif et essentiel de la société chrétienne, que le Sauveur ajouta : « Celui qui aura cru (à votre enseignement) sera sauvé ; celui qui n'aura pas cru sera condamné. » *Qui crediderit salvus erit; qui vero non crediderit, condemnabitur* [1]. La sanction est ici portée : la loi de croire existe donc, son infraction est punie.

Ailleurs, et toujours en vertu de la mission conférée, il est dit par Jésus-Christ : « Qui vous écoute m'écoute, et qui vous méprise me méprise. » *Qui vos audit me audit, et qui vos spernit me spernit* [2]. Donc évidemment Jésus-Christ a voulu que son Église se composât d'hommes qui écouteraient ses ministres comme lui-même, qui par conséquent obéiraient ainsi à la loi imposée de croire en la

---

[1] Marc., xvi, 16.
[2] Luc., x, 16.

parole enseignée : à cette obeissance de foi Jésus-Christ annonce la récompense éternelle, à l'incrédulité la condamnation. Le lien fondamental, la condition première de l'Église et de la vie dans le sein de l'Église, est donc, suivant la pensée du divin auteur du christianisme, cette loi de croire, ou l'obligation d'admettre la foi enseignée. Nous avons le même sens à tirer, Messieurs, nécessairement de cet autre et bien explicite passage : « Si quelqu'un n'écoute pas l'Église, qu'il soit pour vous comme le païen et le publicain. » *Si... Ecclesiam non audierit, sit tibi sicut ethnicus et publicanus* [1]. Ne pas écouter l'Église, c'est être comme le païen : donc être chrétien c'est écouter l'Église, ou, ce qui est une même chose, croire en son enseignement. Loi de croire, tel est le fondement et le lien constitutif de la société chrétienne.

Messieurs, que voulez-vous? il faut bien que j'insiste. On oublie tellement, on ignore à tel point, on a si étrangement défiguré la nature et l'institution du christianisme, la nature et l'institution de l'Église! Les voilà dans leur vérité et leur pureté primitives. Jésus-Christ auteur et consommateur de notre foi vient de vous les déclarer lui-même. L'Église a pour loi constitutive et première l'obli-

---

[1] Matt., XVIII, 17.

gation de croire à l'enseignement de ses pasteurs.

Les paroles du Sauveur méritent bien au moins quelques-uns des égards que l'on prodigue pour les monuments et les législateurs anciens, ou pour je ne sais quelles chroniques dont l'autorité quelquefois n'est pas bien grande, ni l'intérêt bien grave.

Cependant j'ai besoin de le dire en rendant grâces à Dieu : il faut de nos jours reconnaître que les esprits et surtout la jeunesse montrent plus de sérieux dans les habitudes et les idées ; et je n'en voudrais, Messieurs, d'autre expérience et d'autre preuve que votre patiente assiduité à un enseignement bien constamment sérieux et même austère.

Je viens à saint Paul, dont la franche énergie et la pensée profonde nous dévoilent jusqu'aux entrailles du christianisme.

Il dit dans son épître aux Éphésiens : « Ayez soin de garder l'unité de l'esprit dans le lien de la paix, *in vinculo pacis;* vous êtes un seul corps et un seul esprit [1].... » Et pour en donner la raison, il ajoute : « Un Seigneur, une foi, un baptême. » *Unus Dominus, una fides, unum baptisma*. Triple unité, où le lien des âmes, des esprits est surtout et ne peut être que dans la foi même au seul Dieu

---

[1] Eph., IV, 3.

et au seul baptême. Le principe constitutif d'union social et d'Église est donc encore la foi, et la foi obligée, sous peine de n'être plus membre du corps. Car l'Apôtre écrivait aux Romains : « Je vous conjure, mes frères, de prendre garde à ceux qui se plaisent à faire naître des dissentiments et des divisions, en ne se conformant pas à la doctrine qui vous a été enseignée [1]. » *Præter doctrinam quam vos didicistis.* Les hommes de cette sorte ne servent point le Christ notre Seigneur.

Constamment saint Paul, de toute la puissance de sa mission divine, défendra qu'on altère en rien la doctrine enseignée par lui; il déclare naufragés quant à la foi, retranchés et frappés d'anathème ceux qui ont suivi leur propre esprit et interprété à leur gré l'enseignement de Jésus-Christ et de ses apôtres [2]. Ce qui est assurément, de la part de saint Paul, proclamer qu'à jamais le lien, le principe constitutif d'unité et d'Église chrétienne est l'obligation stricte pour tous d'adhérer et de croire à l'enseignement toujours vivant des apôtres et des ministres de Jésus-Christ. C'est déclarer plus encore, nous le verrons tout à l'heure. Mais ici nul doute n'est possible sur la pensée qui fonda le

---

[1] Rom., XVI, 17.
[2] Gal., I, 6, 7, 8; Tit., III, 10, 11.

christianisme; l'obligation est imposée à tous de croire, de croire à une seule et même doctrine enseignée par les apôtres au nom de Jésus-Christ; et dans cette obligation, dans cette loi de croire, se trouve formellement le lien d'union sociale et le principe constitutif de l'Église.

Otez cette obligation, ôtez ce premier devoir d'adhérer à une même foi, vous n'avez plus la société chrétienne, vous n'avez plus l'Église; car rien ne lie et ne retient plus dans l'unité les intelligences et les cœurs, qui sont les membres nécessaires de la société spirituelle. Quel serait alors ce lien, puisqu'il n'y aurait nulle obligation commune?

Messieurs, on s'en va donc errant à l'aventure et libre jouet de ses folles pensées. On se débat dans de pénibles et vains efforts pour se créer, se donner à soi-même la vérité : la vérité, qui est en Dieu seul et qui est Dieu lui-même. Et combien d'âmes fatiguées ainsi de leur travail dans les champs de l'abstraction et du vide, s'usant et se consumant elles-mêmes, périssent déjà durant leur vie et meurent volontiers au sentiment du vrai en renonçant à l'obligation de croire?

Cette pensée constitutive du christianisme ne put pas non plus, Messieurs, ne pas être saisie et inculquée par les successeurs des apôtres et par les premiers témoins de leur enseignement et de la tradition divine.

Ils affirmèrent mille fois que la vérité religieuse et chrétienne ne se trouvait que dans la doctrine de l'Église ; qu'il fallait demeurer étroitement uni à l'Église, admettant tout ce qu'elle enseigne ; que de scinder la foi de l'Église était un crime qui nous en séparait ; en sorte qu'une loi, un devoir domine dans ces enseignements primitifs du christianisme, la loi, le devoir de croire en tout avec l'Église ; d'où ressort son unité nécessaire.

Saint Irénée touchait aux temps apostoliques : dans le livre premier de son ouvrage contre les hérésies, chapitre III, après avoir dit que l'Église, répandue dans tout l'univers, ne possède pour ainsi dire qu'une seule bouche, *quasi unum possidens os,* il ajoute : « Comme en effet il n'y a qu'une seule et même foi, celui qui peut dire beaucoup n'y ajoute rien, celui qui ne saurait dire que peu n'en retranche rien. » Et au livre quatrième, chapitre XXXIII, le même saint Irénée menace de la condamnation dernière tous ceux qui sont hors de la vérité, c'est-à-dire hors de l'Église, *eos omnes qui sunt extra veritatem, id est qui sunt extra Ecclesiam.* Être hors de la vérité, c'est donc être hors de l'Église, vous l'entendez, Messieurs, au deuxième siècle. Mais hors de quelle Église ? De l'Église de saint Irénée sans doute. Ce n'était pas le triste et vague rationalisme, je pense. Non, c'était autre chose.

Tertullien, dans son livre célèbre des Prescriptions, chapitre IV, compare aux persécutions les plus atroces les hérésies, qu'il dit déchirer l'Église par la perversité de leurs doctrines. Il existait donc pour les chrétiens un devoir et une loi d'accepter la foi de l'Église, sans la diviser, sans rien ajouter, sans rien retrancher. Cette loi une fois violée, il n'y a plus d'Église pour le coupable. L'Église est donc à ce prix, de remplir la loi, l'obligation de croire tout ce qu'elle enseigne; c'est là son essence et sa vie : or l'Église doit être.

Clément d'Alexandrie, saint Cyprien dans son livre si éloquent de l'Unité de l'Église, et tous les autres partent du même principe; ils le proclament, le défendent avec énergie; et tous les Pères des premiers temps comme des temps postérieurs ne repoussèrent avec tant de force l'erreur et l'hérésie qu'en vertu de cette loi constitutive fondamentale : il faut croire ce qu'enseigne l'Église.

L'Église est par ce principe. L'université d'Oxford, par une étude consciencieuse de l'antiquité chrétienne, a été de nos jours amenée à le reconnaître solennellement et d'une manière bien frappante. Le nom même d'autorité a été prononcé.

Fasse le Ciel que cette franchise généreuse porte ses fruits sans obstacles. Est-ce que le christianisme institué par le Maître, à l'origine, ne vaudrait pas autant que vos rêves aventureux? Et qu'avez-vous à vous occuper de refaire, d'inventer, ou de réformer le christianisme? Il est peut-être aussi bien que si vous l'aviez fait.

Le christianisme est l'Église, l'Église est divine, nous cherchons son principe constitutif. A cet égard, quand nous n'aurions ni l'Évangile, ni saint Paul, ni la tradition écrite, il en serait de même encore pour nous, car nous avons l'expression la plus fidèle de l'institution première dans la tradition et la vie pratique de l'Église. Ce qu'elle a toujours fait et pratiqué dès l'origine, le principe en vertu duquel elle a constamment agi, nous montre indubitablement ce qui la constitue. On connaît l'arbre par ses fruits, le principe intérieur de vie par les effets qu'il produit au dehors; et il faut regarder comme constitutif dans l'Église ce qu'elle a toujours cru et professé comme tel par ses actes, ce qui a toujours fait, pour parler ainsi, le fond de son existence et de sa vie.

Messieurs, s'il y eut quelque chose d'élémentaire et de certain dans le christianisme primitif, ce fut cette double et invariable conduite; d'abord l'adulte n'était jamais admis par le baptême dans l'Église qu'il n'eût préalablement confessé sa foi, affirmé qu'il croyait, promis qu'il croirait tout ce que l'Église enseigne au nom de Jésus-Christ. Tel était le lien qu'il contractait, la condition, la loi essentielle de son admission : loi, obligation de croire. Par l'acceptation de cette loi il était de l'Église; il acceptait l'Église, il était accepté par elle : tant il est vrai que cette loi de croire est le principe même et le lien constitutif de l'Église.

Jamais non plus l'Église ne conserva dans son unité, dans son corps de société, que ceux qui persévéraient dans la profession de la même foi, et elle rejetait de son sein comme étrangers ceux qui niaient opiniâtrément quelqu'un des articles de la doctrine enseignée par elle. Pourquoi, si ce n'est qu'une loi fondamentale constituait l'Église, lui donnait et lui conservait l'être et la vie, cette loi de croire à tout ce qu'elle enseigne, expression des premiers temps, loi vivante du christianisme? Impossible de s'y tromper : la profession de foi, la promesse faite au baptême, le retranchement de l'hérétique ne se comprennent et ne s'expliquent que par la constitution même de l'Église. Elle naît, elle vient de naître, elle agit de la sorte; elle agira toujours ainsi; elle n'a même pas d'expression plus formelle de son existence et de ses conditions essentielles. C'est donc que cette loi la constitue, la fait ce qu'elle est, la fait une, sociale; loi active, doctrine enseignée avec autorité par les pasteurs; loi passive, soumission obligée de tous les membres à la foi enseignée. Messieurs, voilà le principe constitutif et vital de l'Église.

Et ne parlez pas ici d'intolérance ou d'indépendance pour renverser cette double loi, vie du christianisme; soyons une fois au moins et logiques et justes.

Vous raisonnez, et il s'agit d'un fait. L'Église a été ainsi constituée; elle s'est toujours déclarée elle-même, elle s'est toujours professée elle-même comme telle. Et d'avance nous avons dû établir que l'Église primitive est divine. Contre une institution divine affirmée par les faits, que peuvent de prétendus raisonnements, je vous le demande? que peut la triste langue des préjugés et des passions?

L'intolérance d'ailleurs, mais on le touche de la main, il n'y en a pas l'ombre ici. Le devoir tout intérieur d'adhérer à la vérité divine est imposé à l'homme: quoi de plus juste? C'est le bienfait des bienfaits.

L'indépendance! mais au vrai qu'est-elle pour l'homme, sinon le droit de se soumettre à l'autorité seule divine? Ici l'autorité divine parle. Réellement c'est dépendre en esclaves, c'est se traîner dans l'infirmité et la bassesse, et se débattre dans le faux, que de refuser son adhésion à un fait démontré divin.

Prenez, Messieurs, retournez en tous sens le christianisme premier, mais considérez-le d'un esprit attentif, vous trouverez invariablement cette même expression, cette même formule de son principe constitutif : la loi, l'obligation de croire.

Aux pensées et aux enseignements qui fondèrent le christianisme, à la tradition originaire et pure, à la vie pratique de l'Église et aux combats expression de sa vie, faut-il joindre maintenant la raison ? Messieurs, nous ne le craignons pas. Raisonner après des faits pour les apprécier, pour en exprimer la haute philosophie, c'est bien ; c'est un juste et légitime usage de cette précieuse faculté. Raisonner avant les faits ou sans eux, pour les construire à son gré, pour les plier à d'abstraites théories qu'on chérit et caresse comme un rêve, c'est ce qu'on appelle trop souvent de nos jours la philosophie de l'histoire, ou tout simplement l'histoire ; et il n'y a qu'injustice et folie étranges.

Le christianisme, l'Église existèrent un jour ; toutes les splendeurs des divins caractères les environnaient ; nous partons de ces faits antérieurement établis, et nous nous demandons : Qu'était l'Église, que devait-elle être dans sa constitution intime? Que dit à cet égard la raison?

Messieurs, toute société porte nécessairement en elle-même, comme principe de vie, une loi fondamentale obligeant tous ses membres, les unissant en un seul et même corps, et dirigeant leurs actions au bien commun; car telle est, Messieurs, la raison formelle de la société: un lien qui unisse ses membres pour former un tout, un corps, et tendre à la fin commune par des actes communs; hors de là point de société.

L'Église est société, ou n'est rien du tout; elle devra donc reposer sur quelque loi fondamentale qui unisse, qui oblige ses membres et les dirige vers une même fin. Quelle peut être cette loi fondamentale de l'Église, qui la fasse une, qui la constitue en société, qui lie ses membres entre eux? Car, s'il faut un lien, il faut une loi, *lex a ligando*.

L'Église est essentiellement une société religieuse dont le but dernier est la vie future, sans doute, mais dont le but prochain et immédiat ici-bas est certainement la profession et l'accomplissement de la véritable foi de Jésus-Christ. La fin commune et présente est la foi véritable; le lien commun, le moyen pour arriver à cette fin, sera donc la loi, l'obligation formelle pour tous de recevoir, de retenir et de conserver cette foi. Vous n'avez pas, Messieurs, deux manières de concevoir la chose; la société formée pour professer la foi doit avoir dans ce but, pour loi constitutive, d'accepter, de retenir cette foi, de croire en un mot. Tel est donc le principe constitutif de l'Église, la raison sociale et l'obligation imposée à tous ses membres : Croire. C'est ce que les faits nous avaient déjà montré.

De plus il faut bien admettre que l'Église est une société totale et complète, qu'elle a comme telle le droit inhérent de conservation et même de propagation dans l'ordre spirituel. L'Église se compose d'intelligences et de volontés libres; pour les conserver et les unir, elle n'a et ne peut avoir à l'appui de son droit qu'un lien, une loi, croire; puisque ce sera cette obligation de croire et de garder sa foi, qui seule pourra efficacement lier les membres entre eux, qui seule formera, gardera l'unité sociale. S'il n'y a point de foi qui oblige, s'il n'y a point de loi de croire, alors il n'y aura nul droit et nul résultat possible de conservation, puisque chaque membre ne sera lié par rien au but commun, qui est de garder la foi de Jésus-Christ. Car enfin, Messieurs, l'Église, comme société, doit pouvoir se maintenir; pour se maintenir, elle doit pouvoir garder et s'attacher ses membres. Elle n'a pas nécessairement la sanction, la coaction pénale extérieure; non, elle est société spirituelle. Elle aura au moins, mais nécessairement et comme condition nécessaire de l'existence, l'obligation, la loi intérieure de croire, le lien de la foi. Il faudra bien aussi sans doute lui reconnaître le droit de la sanction spirituelle, mais cela ne fait pas directement à mon sujet.

Ainsi, Messieurs, la saine raison elle-même, une fois posée l'existence de l'Église, nous manifeste son principe constitutif, la loi de croire; et ce point était important à établir.

Comment donc se persuader, en présence des faits et de la raison des faits, qu'on peut rejeter, admettre ou bien retrancher, ajouter, diviser, entendre et modifier à son gré tout ce qui est du christianisme? Est-ce de bonne foi qu'on pense et qu'on agit ainsi?

S'il y a un christianisme, il y a une société chrétienne, l'Église. Si l'Église existe, elle possède un lien constitutif et social. Pour la société chrétienne ce lien ne peut être que la foi obligée, la loi de croire aux enseignements de Jésus-Christ transmis par l'Église : cette loi existe donc.

Il faut déplorer, Messieurs, ces doctrines incomplètes et vagues auxquelles on se laisse aller quelquefois; une âme élevée doit vouloir des croyances parfaites et pleinement conséquentes et logiques. On se tourne alors vers le catholicisme, qui est une institution complète et parfaitement coordonnée. On comprend qu'avec lui la raison exerce tous ses droits lorsque s'approchant libre des motifs préalables de croire, elle ne se rend qu'à l'autorité divine elle-même, à ces motifs évidents qui obligent d'admettre ce que Dieu établit et dicta.

Et qu'on ne parle pas de liberté d'opinion et de croyance : sait-on bien ce qu'on veut dire ainsi? Messieurs, l'erreur est, dans la conscience, une liberté comme le crime; en nous le faux ne vaut guère mieux que le mal. Et pourquoi donc voulez-vous que la conscience soit liée au bien, et ne le soit pas au vrai? Je parle de l'obligation intérieure. La conscience n'est pas libre en présence du devoir de croire à la vérité, pas plus qu'en présence de l'obligation de pratiquer la vertu; et le lien de conscience quant à la vérité et à l'unité chrétienne ne peut être que la loi et l'obligation même de croire

Mais c'est en avoir assez démontré l'existence et la nécessité. La loi de croire est et doit être; elle est le principe constitutif de l'Église; mais ce principe même exige encore dans l'Église un exercice d'autorité souveraine.

II. P. Il est donc bien vrai, Messieurs, que le mal d'un grand nombre d'esprits est dans l'habitude, prise plutôt par laisser aller que par système, de ne vouloir s'en rapporter qu'à leurs propres pensées en matière de religion, de christianisme et de foi. Ils repoussent la voie d'autorité comme injurieuse pour leur dignité, leurs lumières et leur indépendance; ils prétendent ne se fier qu'à leurs idées. Cependant ils sont malades, ils souffrent et ils l'avouent quelquefois.

Mais si au christianisme vrai, à l'institution primitive et divine se trouve jointe et inhérente l'existence d'une autorité souveraine en matière de foi; si Jésus-Christ constitua ainsi son Église, si ce fait est bien établi, et si d'ailleurs par lui-même le principe constitutif et social du christianisme exige absolument cet exercice d'une souveraineté d'enseignement religieux, le moyen alors de croire raisonnablement à la pleine indépendance des pensées, des religions, et même des christianismes individuels, s'il m'est permis de parler ainsi? Car on prétendrait volontiers garder le christianisme en cette manière, on prétendrait l'entendre convenablement de la sorte, en faire un à son usage, peu gênant, bien entendu. Et la vie se passe dans ces illusions, dans ces rêves, dans cette indifférence funeste, sans prévoir le moment terrible du réveil.

Voici, Messieurs, le fait qu'il s'agit d'étudier consciencieusement. Dans l'Église chrétienne et divine, dans l'institution première du christianisme, il existe une autorité vraiment législative et souveraine en matière de foi, autorité à laquelle tous doivent obéissance.

Nous avons déjà vu qu'il y a pour les chrétiens obligation de croire et d'obéir à l'enseignement reçu ; cet enseignement fait donc déjà autorité, et autorité souveraine, l'un appelle l'autre. Et nous n'avons, vous le concevez, presque rien autre chose à faire qu'à reprendre en ce moment ce que nous venons de vous dire pour retrouver le droit correspondant au devoir, le pouvoir correspondant à l'obéissance, l'autorité imposant l'obligation de croire ; ce qui n'est pas difficile.

Les paroles de la mission conférée l'ont dit assez : « Toute puissance m'a été donnée dans le ciel et sur la terre : allez donc, enseignez toutes les nations.... voilà que je suis avec vous tous les jours jusqu'à la consommation des siècles. » Et « celui qui croira sera sauvé [1]. »

Il s'agit des apôtres et de leurs successeurs, car il s'agit de l'enseignement à donner jusqu'à la consommation des temps, et du salut à opérer toujours.

[1] Matth., ult., 18 et seq.

Aussi les apôtres et les pasteurs à venir enseigneront toujours avec une autorité souveraine; ils sont envoyés en vertu du pouvoir et avec le pouvoir de Jésus-Christ même : *data est mihi omnis potestas... euntes ergo docete...* Ils enseignent à garder tout ce que Jésus-Christ commanda lui-même: *quæcumque mandavi vobis.* Ils enseignent avec l'assistance perpétuelle de Jésus-Christ : *ego vobiscum sum omnibus diebus.* Celui qui n'ajoutera point foi à leurs paroles sera condamné : ***condemnabitur.*** Expression formelle, sanction positive d'une autorité souveraine et divine d'enseignement, ou bien cette autorité ne saurait être exprimée, puisque les termes les plus clairs n'en donneraient pas la signification.

Telle est, Messieurs, l'institution première, puissance d'enseignement souveraine dans les pasteurs, obligation absolue d'obéissance dans les fidèles, car voici encore les paroles du Maître : « Si quelqu'un n'écoute pas l'Église, qu'il soit pour vous comme le païen [1]... Je vous le dis, en vérité, tout ce que vous aurez lié sur la terre sera lié dans le ciel; tout ce que vous aurez délié sur la terre sera délié dans le ciel... Qui vous écoute m'écoute [2]... » Saint Paul ajoutait : « Obéissez à vos

---

[1] Matth., xviii, 17.
[2] Luc., x, 16.

pasteurs et demeurez-leur soumis... » Et puis :
« C'est l'Esprit-Saint qui a établi les évêques pour gouverner l'Église de Dieu [1]... »

Il s'agit toujours des mêmes apôtres et des mêmes pasteurs à perpétuité : l'Église est pour toujours. Leur obéir, les écouter, dépendre d'eux sous les peines et les qualifications les plus graves, et cela pour tout ce qui tient à la doctrine même de Jésus-Christ, tel est le devoir imposé aux fidèles.

On peut, Messieurs, disputer et se livrer à de tristes arguties sur un mot ou sur un autre : de l'ensemble résulte évidemment la constitution d'une autorité souveraine d'enseignement à laquelle tous doivent obéissance. Il ne faut que du bon sens et une sincérité d'appréciation historique pour le reconnaître.

Aussi, Messieurs, chercheriez-vous en vain comme permise, dans le christianisme primitif, la voix du libre examen ou l'indépendance individuelle pour acquérir ou conserver la foi ; non, et saint Paul l'a exprimé énergiquement en deux mots : « La foi par l'ouïe [2]. » *Fides ex auditu.*

Dans la réalité, quand il s'agit de l'Église, que la question en est venue là, qu'elle est nettement

[1] Act., xx, 28.
[2] Rom., x, 17.

posée; si l'on veut avec réflexion méditer ces paroles premières par lesquelles Jésus-Christ envoya ses apôtres, par lesquelles les apôtres se substituèrent des successeurs immédiats et les préposèrent à l'enseignement, à l'accomplissement de la mission divine, on touche au doigt cet ordre établi par le Sauveur dans son Église, un ministère permanent de témoignage, de doctrine et d'autorité, une voix d'autorité proprement dite, enseignant avec empire, avec le droit absolu à l'obéissance de la foi [1]. Telle est cette institution du corps enseignant des pasteurs, que le catholicisme a toujours reconnue, professée, défendue pour le repos et le salut du monde.

Ici encore on retrouve, Messieurs, cette vie pratique et primitive de l'Église, exprimant et exerçant dès l'origine son autorité souveraine. De qui la tenait-elle alors, si ce n'est de son auteur, et avec tous les signes éclatants d'intervention, d'institution surnaturelle et divine?

L'Église dans tous les temps, soit par les conciles, soit par les souverains pontifes, détermina et définit les vérités de la foi, proscrivit les erreurs, publia et imposa des symboles ou professions de foi, prononça l'anathème enfin contre ceux qui

---

[1] Act., I, 8, 22; x, 41; xxvi, 16; II Tim., II, 1, 2.

repousseraient ses définitions. Mais évidemment il y a là l'exercice et la vie pratique d'une autorité législative et suprême en matière de foi.

De savants controversistes, entre autres le cardinal Bellarmin [1], ont recueilli avec un soin scrupuleux et éclairé les exemples de cette autorité de l'Église exercée en chaque siècle. En voici quelques-uns :

Au premier siècle, question des observances légales du judaïsme, concile de Jérusalem sous la présidence de Pierre, décision d'autorité souveraine.

Au second siècle, la question de la célébration de la Pâque ; plusieurs conciles d'évêques furent tenus à ce sujet. Le pape Victor décida tout par son décret, et ceux qui n'obéirent pas furent considérés comme hérétiques, au témoignage de Tertullien, d'Eusèbe, de saint Épiphane, de saint Augustin.

Au troisième siècle, hérésie des novatiens et des anciens anabaptistes ou rebaptisants ; le pape Corneille, dans deux conciles tenus à Rome, proscrivit l'erreur ; le pape Étienne la condamna aussi quant à la répétition du baptême ; et dès lors ceux qui résistèrent furent rangés parmi les hérétiques.

---

[1] *De verbo Dei*, l. III, c. VI.

Au quatrième siècle, la célèbre hérésie d'Arius et le grand concile de Nicée.

Jusqu'au concile de Trente et à nos jours, la marche, Messieurs, est la même. Permettez-moi de vous rappeler ici un mot de saint Augustin : *Non recte autem fieri quod universa Ecclesia fecit semper et facit, dicere aut scribere insolentissimæ insaniæ est.* Le saint docteur a donc cru le devoir dire : « Prétendre tenir pour mal fait et fait à tort, ce que l'Église universelle fit toujours et fait encore, c'est la plus insolente folie [1]. » Nous sommes dans ce cas pour l'autorité souveraine en matière de foi.

Mais c'était la parole sévère d'un évêque catholique. Quel évêque cependant ? Augustin ! En voulez-vous un autre ?

L'archevêque anglican Bramhall, mort en 1663, a écrit ces paroles remarquables : « Celui qui professe la religion chrétienne, et qui n'est pas satisfait de la tradition constante de l'Église universelle, c'est-à-dire depuis les apôtres, est incapable d'éprouver une conviction réelle, et fait dépendre sa croyance plutôt de son humeur que de son jugement [2]. »

---

[1] Aug., epist. 118.
[2] Apud Godescard, *Fêtes mobiles*, t. I. — *Du Dimanche*, c. II, p. 11.

Ce n'est point nous qui parlons ainsi, c'est un des organes de la réforme au dix-septième siècle, inconséquent comme bien d'autres avec ses propres principes. L'autorité fut donc toujours la voie par laquelle l'Église accomplit sa mission divine.

La tradition vit aussi, Messieurs, éloquente et certaine chez les Pères des premiers siècles. Si une chose est évidente, c'est assurément la voie d'autorité et d'autorité souveraine qu'ils enseignaient devoir être acceptée par tous dans l'Église.

En vérité, une douce et glorieuse jouissance au cœur du catholique est de retrouver ainsi sa foi, ses convictions actuelles, toutes tracées et exprimées il y a bien près de dix-huit cents ans et au berceau même du christianisme. Une correspondance s'établit pour ainsi dire au plus intime de l'âme, et va reconnaître et savourer avec délices la foi native. D'ailleurs, qu'il existe encore aujourd'hui une autorité telle qu'elle fut instituée par Jésus-Christ, c'est là un de ces miracles qui seuls prouveraient une origine et une nature divines; comme les variations et l'inconstance, naître, changer et mourir, prouvent une cause et une existence humaines; et telle est l'histoire de tout ce qui cessa un jour d'être avec l'Église.

Les Pères, dès les premiers siècles, professaient

donc les droits d'une autorité souveraine en matière de foi dans l'Eglise. Et nulle part, veuillez le remarquer, ni par un seul d'entre eux, n'est enseignée comme chrétienne ou légitime la souveraineté de la raison individuelle en matière de foi. Non, ils veulent qu'on obéisse à Dieu même dans l'enseignement de son Église. C'est la langue qu'on parlait dès lors.

Je choisis saint Irénée, Tertullien et saint Cyprien, ils appartiennent au second et au troisième siècle. Ils puisaient à la source la séve primitive du christianisme.

Tous trois écrivirent contre les hérésies premières, contre les libres penseurs de ce temps-là, contre les libres réformateurs du premier âge, car tous les âges se ressemblent.

Saint Irénée écrit : « Nous indiquons, dit-il, la foi de l'Église romaine, qui est arrivée jusqu'à nous par la succession de ses pontifes; et cela suffit pour confondre toutes les erreurs et tous les raisonnements[1]. » *Fidem (Ecclesiæ romanæ) per successiones episcoporum pervenientem usque ad nos indicantes, confundimus omnes.* Voilà ce qu'écrivait saint Irénée au deuxième siècle. Mais qu'était donc alors le christianisme, sinon cette société dont la foi, dont

---

[1] Iren., l. III, c. III, n. 1.

la vie reposent sur une autorité souveraine? Par cette foi seule des évêques de Rome successeurs de Pierre, tous les hérétiques sont confondus; il faut donc que dans les évêques successeurs des apôtres et surtout dans celui de Rome réside la suprême autorité quant aux choses de la foi. Car si leur enseignement n'était pas souverainement obligatoire pour tous, les hérétiques, loin d'être confondus, n'auraient qu'un mot à répondre, et ils seraient dans leur droit en disant : Nous ne sommes pas tenus d'obéir. Ce qui est évidemment contraire au sens de saint Irénée. Je dois me contenter ici d'un seul passage.

Tertullien, dans son livre des Prescriptions, est tout entier à cette idée de repousser les vains raisonnements, les discussions interminables sur le sens des Écritures. Il dit aux hérétiques : Vous n'avez pas le droit de raisonner et de discuter sur le fond des matières de foi. Vous n'avez qu'une seule chose à constater : où se trouve la suite des évêques successeurs des apôtres, quelles sont les Églises vraiment apostoliques. Ce point constaté, il faut recevoir avec une entière soumission leur enseignement. Là, suivant Tertullien, vit encore entière la prédication des apôtres; là nous est encore tracée la voie unique d'autorité et d'autorité souveraine; et non pas celle d'un libre et malencontreux examen ou de l'interprétation privée des Écritures.

Saint Cyprien écrivit, Messieurs, son admirable livre de l'Unité contre les novatiens, au troisième siècle; j'oserais dire que, pour un esprit non prévenu, il suffirait de lire ce rapide traité. Forcément on y reconnaît tout ce que nous enseignons aujourd'hui sur l'Église de Jésus-Christ, sur son chef visible, sur son autorité indépendante et souveraine, sur la condition de la foi véritable, celle-ci : l'enseignement de l'épiscopat uni. « L'épiscopat est un, » disait-il : *Episcopatus unus est*. Mais en outre dans une de ses lettres il écrivait : « Les hérésies, les schismes ne naissent que parce qu'on n'obéit pas au prêtre de Dieu, et qu'on ne veut pas reconnaître dans l'Église une seule autorité sacerdotale, un seul juge prononçant à la place de Jésus-Christ. » *Judex vice Christi*[1]. Sans aucun doute saint Cyprien parle de ceux qui possèdent toute la plénitude du sacerdoce et toute l'autorité d'enseignement.

Et saint Jérôme, résumant ces traditions premières en héritier fidèle, disait dans son écrit contre les lucifériens : « S'il n'y a pas dans l'Église une seule et éminente autorité, *una eminens potestas*, il y aura autant de schismes que de

---

[1] Cyp., l. I, epist. III, al. 55.

prêtres. » Et il aurait pu ajouter : autant que de chrétiens raisonneurs. Il ajoutait aussi : « Avec le seul soleil de l'Église je pourrais dessécher tous les petits ruisseaux de vos pensées. »

Voilà, Messieurs, notre christianisme antique et vrai ; il est assez explicite et formel. Il apparaît comme l'unité la plus fortement constituée, ayant pour soutien inviolable une souveraineté d'enseignement religieux, à laquelle tous doivent obéissance.

Mais il s'agit après tout d'un fait, d'un fait sauveur parmi toutes les tourmentes ; il s'agit de l'institution divine d'autorité dans la foi. Est-elle ou non établie ? Répondez. Le christianisme fut-il ainsi constitué ? Devons-nous l'accepter ou le faire ? Car il faudrait bien en finir une fois.

Quel repos dans la vérité on goûterait ! quelle lumière paisible éclairerait l'intelligence, si l'on voulait avouer que le christianisme est l'Église, et que l'Église est l'autorité !

Et maintenant, Messieurs, nous pouvons raisonner à notre tour, parce que nous avons établi nos bases avec les faits.

Une société a une loi constitutive, principe de vie pour elle. Cette loi est morte, inerte de sa nature ; elle se laisse lire, entendre ; elle n'agit pas, ne s'interprète pas elle-même, n'amène pas elle-même toute seule son exécution, essentielle cependant. Il faut une autorité vivante, parlante et souveraine, qui agisse, décerne, applique et juge. Toute société subsiste par là : donc l'Église est de même dirigée, vivifiée par sa souveraine autorité. Sa loi, son droit constitutif est la foi ; son autorité est donc aussi dans la foi.

De plus, quelle est la raison première et la racine d'une autorité législative dans les sociétés? La voici : nécessité de concourir au bien commun. Car il faut ce concours de la part des divers membres, sans quoi point de société.

Or, pour que les hommes, mettant de côté leurs intérêts privés et si souvent contraires, concourent à la fin commune, il faut qu'ils y soient tenus, et qu'ils soient dirigés vers ce but. Autrement les uns étant indépendants des autres, chacun ne chercherait, ne mesurerait le bien commun que suivant son goût et ses caprices; chacun pourrait effectivement préférer le bien privé, nuire au bien des autres, au bien de tous : chacun étant libre, il y aurait autant de jugements, d'avis et de manières d'agir que d'individus. Il a donc fallu établir l'obligation de tendre au bien commun par certains actes sociaux, obligation qui ne peut naître que de la loi : et telle est au vrai la loi dans son essence, obligation de tendre au bien commun. La loi, Messieurs, on le sait, ne peut être portée à coup sûr que par une autorité proprement dite qui représente en elle-même le bien commun, dont le bien commun soit le bien propre : et telle est encore au vrai la notion d'autorité, la personnification nécessaire du bien commun qui s'impose à tous.

Il existe donc en toute société une autorité législative et active, décrétant la loi, obligeant les individus à son exécution, la pressant et l'exigeant au besoin.

L'Église est société : elle aura donc nécessairement une autorité législative et souveraine. Son bien commun et social est sa foi, la foi de Jésus-Christ, le maintien de cette foi véritable. L'autorité de l'Église sera donc une autorité ordonnant la foi, déterminant, imposant, exigeant de tous la foi, sa conservation et son accomplissement : ainsi l'Église est-elle société par son autorité législative et souveraine ; ainsi l'Église possède-t-elle cette autorité vraiment législative et suprême. Et la raison l'indique bien, ce me semble. Cependant, il ne faut pas perdre de vue que le principe, la source de cette souveraineté dans la foi est toujours l'institution même divine. J'en ai dit assez.

Messieurs, deux hommes surent unir à un tendre amour de l'humanité une philosophie profonde: saint Augustin et Fénelon. Leur parole est calme, pénétrante; et si elle s'anime et s'enflamme, c'est surtout par l'ardente charité de leur cœur.

L'un et l'autre avaient bien sondé, bien connu les besoins et les faiblesses de l'homme : et tous deux avaient dévoué leur vie et les forces du plus beau génie à la défense de l'Église et de sa foi.

Quand ils avaient combattu l'erreur, appuyé la vérité catholique de tout le poids de ses puissants motifs, se repliant sur eux-mêmes et sur les sentiments intimes de leur âme; tristes alors à la vue de tant de maux et d'égarements volontaires, ils laissaient échapper ces pensées profondément vraies et touchantes : « Si la providence de Dieu ne préside pas aux choses humaines, il n'y a plus à s'occuper de religion. Si au contraire ce magnifique ensemble des choses créées qui ne peut certainement découler que de la source féconde de toute beauté véritable ; si je ne sais quel sentiment intérieur exhorte, presse, en secret et en public, les esprits et les cœurs les meilleurs de chercher Dieu, de servir Dieu; alors il ne faut pas désespérer que Dieu lui-même n'ait constitué quelque autorité à l'aide de laquelle, comme avec un appui certain, nous nous élevions jusqu'à lui. » *Si enim Dei providentia*, écrivait saint Augustin dans le traité *De Utilitate credendi* (c. xv), *si Dei provi-*

dentia non præsidet rebus humanis, nihil est de religione satagendum. Sin vero et species rerum omnium quam profecto ex aliquo verissimæ pulchritudinis fonte manare credendum est, et interiori nescio qua conscientia **Deum** *quærendum,* **Deoque** *serviendum meliores quosque animos quasi publice privatimque hortatur; non est desperandum ab eodem ipso* **Deo** *auctoritatem aliquam constitutam, qua, velut gradu certo, innitentes attollamur in* **Deum.**

« Autorité (de l'Église) si nécessaire, écrivait Fénelon, pour soutenir les faibles, pour arrêter les forts ; dont les forts ont encore plus besoin que les faibles pour tenir tout dans l'unité; autorité sans laquelle la Providence se manquerait à elle-même pour l'instruction des simples, rendrait la religion impraticable, jetterait tous ses enfants dans l'abîme des discussions et des incertitudes des philosophes, et n'aurait donné le texte des Écritures, si manifestement sujet à tant d'interprétations différentes, que pour nourrir l'orgueil et la division [1]. »

Telles sont les paroles de l'immortel archevêque de Cambrai.

Tout est dit dans ces paroles, je n'ai plus rien

[1] *Christianisme présenté aux hommes du monde,* par Fénelon, t. I, préface, p. 82.

à ajouter. Je ne désespère pas non plus, Messieurs, que vous ne sentiez le besoin de reconnaître et de chérir cette autorité salutaire, qui seule par des degrés certains peut vous élever au-dessus des fluctuations et des malheurs du doute jusque dans le sein même de la vérité et de la paix divine.

TRENTE-UNIÈME CONFÉRENCE

L'INFAILLIBILITÉ DE L'ÉGLISE

TRENTE-UNIÈME CONFÉRENCE

L'INFAILLIBILITÉ DE L'ÉGLISE

Monseigneur,

Il est un mot bien étrange à prononcer sur cette terre, en présence de la fragilité humaine et de la perpétuelle expérience de nos erreurs; un mot, une pensée trop souvent dédaignés dans les pensées de certains sages, de ces riches du monde des intelligences et du savoir; consolation, appui offerts cependant à la force comme à la faiblesse, et que rejettent ceux-là mêmes qui en ont le besoin le plus marqué. Institution salutaire et puissante qui vit encore parmi nous malgré tant d'assauts et de ruines, et que revendique seule en propre, que s'attribue seule, sur tous les points de ce vaste univers, l'Église catholique : c'est l'infaillibilité.

Ce privilége a droit de surprendre, j'en conviens, un esprit et un cœur fermés il y a longtemps aux douces et pures influences de la foi.

Il s'agit en effet de la participation donnée à des hommes ici-bas de l'un des plus beaux attributs de la Divinité elle-même, ne pouvoir jamais errer. Et l'Église en affirme l'inviolable existence dans son sein, quant au jugement des vérités de la foi.

Mais si l'on veut être sincère, Messieurs, et rentrer au dedans de soi pour écouter la voix de la conscience, on comprend, malgré toutes les répugnances, qu'un guide infaillible pour l'homme dans les questions religieuses et dans la voie qui conduit à la vie, est le plus grand, le plus doux bienfait du Ciel ; que, s'il n'existait pas, tous nos vœux le devraient appeler ; que ce bienfait une fois accordé, nos maux ont leur remède, et l'on répète alors volontiers au plus intime de l'âme le mot touchant et profond de saint Augustin : « S'il y a une providence de Dieu, il ne faut pas désespérer qu'il y ait aussi sur cette terre une autorité établie par laquelle, comme par un degré certain, nous nous élevions jusqu'à Dieu. »

Or ici le pouvoir de donner à bon droit la certitude est l'infaillibilité seule absolue.

Vous parler de l'infaillibilité de l'Église est aujourd'hui mon dessein.

Pour le faire avec ordre et pour établir cette affirmation si grave sur d'inébranlables bases, j'exposerai quatre choses : le sens, le droit, le fait et la raison de cette infaillibilité.

Le sens, ce qu'elle signifie, ce que nous entendons ici par le mot infaillibilité ;

Le droit, l'institution même divine, qui en est la source, et qui seule a pu l'être ;

Le fait, l'exercice confirmatif du droit de l'Église, et cette vie en tout temps pratique, acte continu d'infaillibilité qui la prouve établie dès l'origine ;

La raison enfin, les motifs qu'une saine méditation peut produire en faveur de cette extraordinaire mais indispensable puissance.

Après une signification bien comprise, montrer ce pouvoir infaillible établi en droit, en fait et en raison, ce sera, je crois, en avoir prouvé incontestablement l'existence.

Je demande à Dieu la grâce de ne point compromettre dans vos esprits, par ma faiblesse, la cause de l'invincible vérité.

I. P. J'oserai, Messieurs, réclamer toute votre attention dans une matière fort étendue, et que je dois resserrer beaucoup.

Dans quel sens d'abord attribuons-nous à l'Église, dans quel sens s'attribue-t-elle l'infaillibilité?

Le voici bien nettement.

En ce moment j'expose et ne prouve pas. J'expose le sens catholique, tout à l'heure j'établirai le droit et le fait.

L'infaillibilité dont nous parlons n'est point seulement un pur enseignement de doctrine; il est aussi autorité, pouvoir réel, c'est-à-dire droit absolu à l'obéissance. C'est l'autorité souveraine de l'Église que nous démontrions dans la Conférence précédente; mais cette autorité est infaillible, ne peut pas se tromper, ne peut pas tromper, et oblige ainsi à croire vrai tout ce qu'elle définit et enseigne touchant la foi. Voilà comment nous l'entendons.

Cependant une définition de l'autorité infaillible n'est point une révélation nouvelle, un article nouveau de foi proprement. Non, la révélation complète et dernière a été faite en Jésus-Christ : *Locutus est nobis in Filio,* dit saint Paul [1]. La définition, la proposition infaillible de l'Église n'est jamais que la foi première, une seule et même révélation, celle de Jésus-Christ, interprétée, enseignée, maintenue, non pas changée, non pas augmentée.

---

[1] Hebr., I, 2.

L'infaillibilité de l'Église est donc l'infaillibilité d'enseignement, de définition et de jugement en ce qui touche les matières de la foi : don surnaturel qui réside, de l'aveu de tous, dans le corps des évêques unis à leur chef. En sorte que l'Église catholique, considérée comme autorité enseignante et infaillible, n'est autre chose que le corps même des évêques uni à son chef le souverain Pontife. Pour nous, simples prêtres, nous n'y avons aucune part; comme vous, Messieurs, nous n'avons qu'à écouter et à obéir en ce qui touche l'enseignement de la foi; et notre parole n'a d'autre autorité que celle que lui donne la mission même épiscopale, nous nous plaisons à le redire.

Cet épiscopat catholique infaillible, nous le reconnaissons tel, soit dans les conciles œcuméniques ou généraux, soit dans un décret dogmatique du Saint-Siége porté pour toute l'Église, auquel adhèrent les évêques.

Que si vous me demandez encore ce que c'est en soi-même que cette infaillibilité de l'Église enseignante, je réponds que c'est une assistance spéciale et perpétuelle du Saint-Esprit, par l'effet de laquelle le corps des pasteurs joint à son chef ne peut jamais errer en déterminant tel article, ou tel sens d'un article de foi. Un concile particulier, un évêque, des évêques séparés peuvent errer ; le corps des évêques uni au pape ne peut pas errer dans l'enseignement dogmatique. Je laisse à dessein de côté tout objet possible de controverse, même le plus cher aux convictions profondes de mon âme. J'expose et je décris sous vos yeux ce qui est certain pour tous les catholiques en tous temps et en tous lieux, ce qui est de foi pour tous, car il est de foi aussi que l'Église est infaillible dans la foi.

Ainsi, Messieurs, des hommes délibèrent, des hommes jugent; ils prennent et doivent prendre les moyens ordinaires que la Sagesse enseigne, l'étude, le conseil, la prière, puis ils décernent. En décernant ils pourront encore, comme l'autorité humaine, exposer leurs motifs; mais ces hommes sont l'Église enseignante, leur décret est en soi divinement infaillible, et ne dépend pas même des motifs qui l'appuient. A l'exercice et au travail de ces nobles intelligences établies juges de la foi, assiste l'Esprit de vérité, qui écarte de la décision toute erreur, et suggère la parole infaillible.

Il y a ici un ordre de choses humain et extérieur; l'Église est aussi une société humaine et extérieure. Mais il y a en même temps un principe divin, une force divine intérieure.

Telle est donc l'infaillibilité établie de Dieu sur

la terre, l'autorité du chef visible de l'Église et des évêques unis à lui, définissant souverainement les vérités révélées. Ainsi sont-ils juges suprêmes de toutes les controverses touchant la foi; ainsi sont-ils juges absolus et sans appel du sens des Écritures, juges des doctrines en tant qu'elles s'appliquent à la révélation chrétienne.

Infaillibilité donc dans la foi; le sens catholique en est exposé, vous l'avez bien compris.

Messieurs, aux jours qui devaient commencer la mission évangélique du Sauveur dans la Judée, Jean baptisait au désert. Jésus vient à lui, et veut être baptisé. Consacré alors en quelque sorte aux yeux des hommes par cette onction extérieure, le Christ va enseigner avec autorité : *Tanquam potestatem habens.* Sous la forme mystérieuse d'une colombe, le Saint-Esprit s'est reposé sur lui, dit encore l'Évangile, et une voix du ciel s'est fait entendre : « Voici mon Fils bien-aimé, en qui j'ai mis toutes mes complaisances [1]. » Paroles qui furent complétées sur le *Thabor* : « Écoutez-le. » *Ipsum audite* [2].

Après les jours accomplis de sa carrière mortelle, Jésus-Christ voulut continuer sur la terre son enseignement comme son incarnation. L'onc-

[1] Matth., III, 17.
[2] Luc., IX, 35.

tion sainte et la consécration furent établis; l'assistance de l'Esprit divin fut promise et donnée pour toujours; la parole : « Écoutez-les, » fut prononcée, car il fut dit à des hommes choisis : « Qui vous écoute m'écoute. » Ainsi le ministère d'enseignement du Sauveur fut-il par lui perpétué dans son Église. Jésus-Christ, Fils de Dieu et fils de l'homme, voulut être fidèlement représenté dans ses apôtres jusqu'à la fin des temps; sa parole, pour ainsi dire, s'incarna une seconde fois dans leur parole : personnification de son divin auteur, l'Église apparut constamment persévérante dans les douleurs comme dans la vérité.

Ainsi fut réalisé le plan magnifique annoncé par les prophètes : Jésus-Christ fut ce roi de la pensée établi sur la montagne de Sion, auquel devaient accourir toutes les nations comme les eaux des fleuves courent à la mer : *Et ad eum fluent omnes gentes.*

En Jésus-Christ fut placé à jamais le centre d'intelligence, de vérité, de foi, loi universelle de tendance et d'unité, par laquelle les esprits et les cœurs, d'un bout du monde à l'autre, devaient se rencontrer, s'embrasser et s'unir, pour former la grande confédération chrétienne.

Personnification de Jésus-Christ dans son Église, infaillibilité de Jésus-Christ devenue l'infaillibilité de son Église; c'est là encore l'idée, le sens de cette glorieuse autorité.

C'est quelque chose, Messieurs, cependant que de se définir infaillible et souveraine dans la foi; c'est quelque chose surtout pour une Église qui marche à la conquête de l'univers, qui veut s'emparer des esprits, gagner les cœurs, se faire reconnaître et se faire aimer.

C'est quelque chose d'arborer ainsi avec l'infaillibilité l'étendard du surnaturel, de ce surnaturel contre lequel notre siècle conserve encore tant de préventions et d'éloignement; pour lequel on témoigne encore tant d'opposition et de dédain.

C'est quelque chose qu'aujourd'hui, du haut de cette chaire, je vienne encore au nom de l'Église proclamer son infaillibilité, et vous demander de vous soumettre à sa foi.

Il y a là ce qui ne semble guère convenir à l'erreur : et vous me ferez bien l'honneur de me croire étranger à la folle pensée de prétendre vous imposer des illusions et des rêves. Je voudrais guérir les vôtres.

Mais il faut maintenant établir le droit d'infaillibilité par l'institution même divine.

II. P. Être fondé en droit, c'est avoir, Messieurs, la loi en sa faveur. La loi divine est la plus puissante et la plus absolue, le droit qu'elle confère est le plus fort et le plus inviolable.

La loi divine est le christianisme, l'Évangile ; nous devons le supposer ainsi reconnu. Nous avons assez montré la dignité du christianisme et de l'Église ; et nous ne pouvons pas toujours recommencer la question première. Il faut faire quelques pas dans la carrière. En sorte que pour établir le droit d'infaillibilité surnaturelle et divine dans l'Église, il n'y a plus qu'à rechercher si ce grand privilège fit partie de l'institution première du christianisme. Alors tous les signes, tous les caractères divins de la foi s'appliqueront nécessairement à l'infaillibilité elle-même comprise dans l'institution chrétienne. L'infaillibilité de l'Église sera ainsi divine et certaine de droit.

Pierre un jour avait solennellement confessé la foi en la divinité de son maître, et l'on aime à se reporter, Messieurs, à ces jours de la conversation divine sur la terre. Jésus-Christ lui dit : « Tu es Pierre, et sur cette pierre je bâtirai mon Église, et les portes de l'enfer ne prévaudront jamais contre elle [1]. » En vertu de ces paroles de Jésus-

---

[1] Matth., XVI, 18.

Christ, les portes, c'est-à-dire, dans le langage du temps, les puissances de l'enfer, ne doivent jamais prévaloir contre l'Église; mais ces tristes puissances que nous savons être surtout des esprits de mensonge et d'erreur, prévaudraient, si des erreurs contre la foi véritable venaient à infecter le corps de l'Église. Et réellement l'Église serait infectée par l'erreur, l'esprit d'erreur prévaudrait contre elle, si l'autorité souveraine dans l'Église, son chef et les évêques, auxquels tous les fidèles sont tenus d'obéir, si cette autorité, dis-je, enseignait une fausse doctrine et prescrivait de la croire. Cette autorité ne pourra donc jamais enseigner le faux; elle est donc infaillible.

« Je prierai mon Père, dit le Sauveur à ses apôtres, et il vous donnera un autre consolateur qui demeurera avec vous pour toujours, *in æternum*, l'Esprit de vérité. Il vous enseignera, il vous inspirera tout ce que je vous aurai dit... Il vous enseignera toute vérité. » ***Docebit vos omnem veritatem***[1].

Telle est encore la promesse de Jésus-Christ faite pour « toujours » à son Église qui doit durer toujours, *in æternum*.

Voilà donc une autorité d'enseignement chargée

---

[1] Joann., xiv, 16, 26.

de redire tout ce que le Christ enseigna lui-même : ce sont les apôtres et leurs successeurs à jamais, *in æternum;* avec eux demeurera toujours l'Esprit de vérité, l'Esprit saint, l'Esprit divin, qui leur enseignera toute vérité, leur enseignera, leur inspirera tout ce que Jésus-Christ leur a dit : *Suggeret vobis omnia quæcumque dixero vobis.* Ces paroles sont remarquables.

De cette promesse solennelle rapprochez, Messieurs, une autorité qui peut se tromper et qui se trompe en effet, qui enseigne le faux, qui dénature les enseignements de Jésus-Christ, la promesse est-elle remplie? Non. Donc Jésus-Christ institua l'infaillible autorité des pasteurs de son Église, et ils enseigneront toujours la vérité. Aucun moyen d'interpréter autrement.

« Comme mon Père m'a envoyé, je vous envoie... Tout pouvoir m'a été donné dans le ciel et sur la terre; allez donc, enseignez toutes les nations, enseignez-leur à garder tout ce que je vous ai recommandé. Voilà que je suis avec vous tous les jours jusqu'à la consommation des siècles [1]. »

Ici Jésus-Christ institue le ministère public d'enseignement, ministère inhérent à l'Église et qui durera autant qu'elle, *usque ad consummationem*

---

[1] Joann., xx, 21; Matth., xxviii, 18.

sæculi: à ce ministère permanent est faite dans la personne des apôtres par Jésus-Christ la promesse de son assistance tous les jours, assistance pour ceux qui enseignent, *docete... Ego vobiscum sum,* enseignez.... Je suis avec vous...; assistance pour enseigner toute la doctrine de Jésus-Christ, *docentes... omnia...*; assistance pour enseigner avec la même autorité que Jésus-Christ même: *Data est mihi omnis potestas... sicut misit me Pater et ego mitto vos.*

Que l'enseignement uni des pasteurs puisse faillir, errer un seul jour; alors la promesse de Jésus-Christ est vaine, sa parole est imposture, son pouvoir, son assistance donnée n'ont servi à rien; ou bien, c'est l'autorité même de Jésus-Christ, c'est son assistance permanente qui sont la cause et l'auteur de l'erreur : on peut choisir. L'Église reconnue infaillible, tout est clair, conséquent, accompli.

Puis encore : que le corps des pasteurs successeurs des apôtres ait erré en enseignant la foi; l'enfer a prévalu, l'Église a défailli et cessé d'être; car elle vit par la vraie foi; et la foi des fidèles est de fait et de droit la foi des pasteurs. L'Église alors et la vérité sont impossibles sur la terre. Qui osera prétendre à les reconstituer sûrement après l'erreur admise et toujours possible encore? Il faudra donc désespérer; Jésus-Christ aurait donc follement constitué son Église; Dieu n'aurait pas su faire son œuvre.

L'infaillibilité assurée, Dieu est justifié, Jésus-Christ est sage, la foi garantie, la vérité reconnaissable, le monde est sauvé, perdu qu'il était sans cette infaillible autorité.

Saint Paul nous dit : « Jésus-Christ lui-même a donné les apôtres, les pasteurs et les docteurs... pour que nous nous retrouvions tous dans l'unité de la foi, pour que nous ne soyons plus comme des enfants flottants et ballottés à tout vent de doctrine, suivant la malice des hommes, suivant les caprices et les ruses de l'erreur... » *Ne simus fluctuantes... in astutia ad circumventionem erroris* [1]. Les pasteurs ont donc été donnés pour exclure l'erreur et pour conserver l'unité de la foi véritable, ce qui est l'infaillibilité catholique.

Telle fut l'institution sage, nécessaire et divine de Jésus-Christ.

On peut, Messieurs, je le sais, torturer les mots et les phrases, dépenser avec grand luxe du grec ou du syriaque, arracher violemment aux paroles leur sens le plus naturel et le plus simple, forger le symbolisme, le mythe, et s'abuser de tous les

---

[1] Eph., iv, 11 et seq.

rêves audacieux du naturalisme et de l'exégèse allemande : je le sais. A l'homme calme, probe et droit, l'Évangile comme histoire à la main, d'après ce qui vient d'être dit, et j'aurais pu en dire et en citer bien davantage, je demanderai : Jésus-Christ a-t-il voulu promettre l'infaillibilité à son Église? On me répondra : Oui.

D'ailleurs, vous le savez, pour apprécier et bien juger une vérité, c'est un ensemble de faits, de paroles ou de principes qu'il faut considérer : un ensemble, non pas des détails si aisément minutieux et sophistiques. L'institution chrétienne doit se juger dans son ensemble, dans la réunion des intentions, du but, des pensées, des paroles, de la doctrine de son fondateur, dans la nature des besoins reconnus, des secours préparés ; et si alors dans la sagesse de Jésus-Christ, dans ses desseins annoncés, dans sa tendre prévoyance, dans ses prescriptions expresses, dans les manifestations de sa puissance on ne lit pas l'infaillibilité d'enseignement pour l'Église, il faut renoncer à rien lire et à rien comprendre.

Messieurs, cette question est toute de conscience et de bonne foi : à qui ne veut pas ouvrir les yeux on ne saurait montrer la lumière. Qu'on veuille, qu'on aime sincèrement la vérité ; à l'instant, comme l'écrivait saint Augustin, avec une grande joie, avec amour, « on va se jeter dans le sein très-pur de l'Église catholique, où l'on repose en paix. » *Totosque vos... sanctissimo Ecclesiœ catholicœ gremio conderetis.*

Mais un jour il fut dit sur cette terre, par l'orgueil dans son ivresse : L'Église n'a plus d'autorité. Il fut dit après coup, après quinze siècles, et par suite d'un parti pris : (que ne dit-on pas alors,) il fut dit : C'est à chacun d'interpréter, de juger, de former sa foi. Alors toute indépendance fut donnée à la fougue des pensées et des illusions individuelles, et l'oracle sacré dut tristement s'accomplir : « Tout royaume divisé contre lui-même sera désolé. » Nous l'avons vu et le voyons encore : nous recueillons ce que d'autres ont semé; et nous assistons au plus inextricable chaos d'opinions, d'idées et de doctrines : confusion véritable où surnage et apparaît encore cependant en bien des cœurs généreux la pensée catholique.

Jésus-Christ institua l'infaillibilité de l'Église : au christianisme premier et divin, à l'Église, fut inséparablement unie l'autorité infaillible; c'est le droit : l'infaillibilité fut l'institution divine.

Mais le fait déclare encore et confirme le droit ; nous allons le voir.

III. P. Une institution vient de naître : si elle vit, elle s'annonce par son exercice et son action. L'Église fut fondée; elle vécut, et sa vie a rempli le monde : elle dut s'exercer et agir.

Et bien que pour une époque aussi reculée et aussi sanglante, on ne dût pas naturellement espérer de pouvoir retrouver tous les éléments du fait pratique et vivant de l'autorité de l'Église, cependant il en existe bien assez pour constater son infaillibilité comme divine à la fois et active dès l'origine : c'est, Messieurs, le fait joint au droit.

Les apôtres enseignèrent, ils enseignèrent au nom de leur maître, avec l'autorité la plus absolue dans la foi : ils exigèrent de tous la soumission la plus entière à leurs leçons.

Les apôtres se substituèrent des successeurs, d'autres évêques; à ceux qu'ils ont établis pour le gouvernement de l'Église ils recommandent d'exercer leur mission avec tout empire, *cum omni imperio :* c'est le mot de saint Paul à son disciple Tite [1]. Ils défendent, suivant les leçons du Sauveur, qu'on les méprise, *nemo te contemnat;* ils prononcent l'anathème contre ceux qui ne garderont pas les vérités et les enseignements laissés par les apôtres, transmis par ceux qu'ils insti-

[1] Tit., II, 15,

tuent. Les Actes des apôtres, leurs épîtres, surtout celles de saint Paul à Timothée, en font foi.

Ici vous n'avez pas seulement une autorité souveraine : vous trouvez l'autorité infaillible exercée, mise en action par les apôtres et leurs successeurs immédiats : puisque le pouvoir de l'anathème et un empire absolu dans les enseignements de la foi signifient sans aucun doute l'infaillibilité de la mission permanente établie par le Sauveur. Autrement ce serait tyrannie, mensonge, oppression et usurpation insupportables. Et la loi qui s'établissait ainsi était la loi de charité et de toute sainteté.

Les apôtres ont achevé, Messieurs, leur carrière. Leur ministère est continué, soutenu avec gloire. Les dissidences, les hérésies se multiplient dès le premier et le second siècle : l'histoire l'atteste. Elle atteste qu'il y eut dès lors retranchement, séparation, et condamnation des hérétiques. Mais pourquoi?

Ainsi par exemple dans les questions très-agitées de la Pâque, du novatianisme, des rebaptisants et aütres, au second et au troisième siècle, les souverains pontifes décidèrent, les évêques s'unirent au siége de Pierre. La foi de l'Église catholique fut ainsi fixée sur tous les points controversés. Fixer la foi divine au nom de Jésus-

Christ même, et l'imposer avec autorité, avec anathème, c'est toujours faire acte explicite d'infaillibilité. Le fait exista donc dès l'origine ; et maintenant, Messieurs, nous constatons le fait.

Quand l'Église respira enfin, quand elle se reposa sous Constantin du long fléau des persécutions, elle ne fit que continuer en acceptant l'héritage transmis, bien loin de prétendre ouvrir une nouvelle carrière. Et quand, au commencement du quatrième siècle, le célèbre concile de Nicée fut tenu sous la présidence des légats du Saint-Siége, la pensée, le cri des trois cent dix-huit Pères, fut de ne rien faire que suivant les traditions premières. Constantin déclara qu'il n'était point juge, qu'il n'était rien dans l'assemblée des évêques, qu'il n'avait qu'à écouter et obéir. Et l'Église ne fut alors pour la première fois plus nombreuse dans ses pasteurs assemblés que parce qu'elle était plus libre, et l'hérésie plus formidable, c'était l'arianisme.

Alors le grand symbole que nous récitons encore fut formulé : le même absolument au fond, quoique plus explicite que celui des apôtres. Arius fut condamné, comme Cérinthe, Ébion, Novat, Marcion, et bien d'autres l'avaient été dans les temps antérieurs sous une forme différente : mais toujours avec ce même fait, par ce même exercice de l'anathème et de l'autorité infaillible en matière de foi.

Les conciles généraux se succèdent et se ressemblent, quoique les erreurs diffèrent. Une même voix, une même autorité parle à tous les âges de l'Église. Tenus d'abord pour la plupart en Orient, ces conciles sont reçus, obéis en Occident. Un historien moderne [1] s'en étonne et le constate; il reconnaît le fait pleinement. Il aurait pu remonter au droit seule cause ici possible du fait, c'est-à-dire à l'institution première et divine.

Et pour rapporter, Messieurs, un trait pratique d'autorité entre un grand nombre d'autres, voici quelques mots de la lettre synodale du concile d'Éphèse, adressée à Nestorius, rédigée par saint Cyrille, et qui fut de nouveau approuvée dans le sixième concile général, action onzième [2].

« En outre tu devras affirmer par écrit et par serment que tu anathématises les opinions impies que tu avais adoptées. Tu promettras pour l'avenir de croire et d'enseigner ce que nous croyons et enseignons tous tant que nous sommes d'évêques, de docteurs et chefs des peuples, vivant en Orient et en Occident. Car telle est bien la foi de l'Église catholique et apostolique, la foi que professent

[1] M. Guizot, *Cours de civilisation.*
[2] Tom. III, Conc., p. 397.

d'un commun accord tous les évêques orthodoxes d'Occident et d'Orient. » *Hæc enim est catholicæ apostolicæque Ecclesiæ fides, in qua universi Occidentis et Orientis orthodoxi episcopi consentiunt.*

Il n'était pas alors (au cinquième siècle) ni auparavant question des droits et de l'indépendance absolue de la raison individuelle en matière de religion et de foi; il n'était pas non plus question de l'interprétation privée des Écritures comme règle de foi.

Ainsi donc l'Église, dès sa première origine, eut l'acte et la pratique de l'infaillibilité, définissant la foi, condamnant les erreurs, séparant de son sein les hérétiques opiniâtres : monuments de l'histoire, actes des conciles, décrets des souverains pontifes, tout le prouve.

Tel est le fait et l'exercice de l'infaillibilité. Mais le fait, Messieurs, n'a pu être ici sans le droit. C'eût été de la part de l'Église et de tous ses pasteurs une usurpation monstrueuse et sacrilége; au premier instant l'Église de Jésus-Christ aurait donc défailli, cessé; par là même les portes de l'enfer auraient prévalu.

Mais de plus, faussement usurpée et sans origine ni marque divine, cette infaillibilité n'aurait pu avoir aucune consistance, pas plus que ces fausses doctrines, si souvent annoncées au nom de Jésus-Christ, et qui, dépourvues de la sanction d'autorité, destituées de l'appui des traditions et du miracle, tombaient incessamment.

Dans la vérité, Messieurs, tout ce qui s'opposait à l'établissement du christianisme, tout ce qui le rendait impossible, s'opposait par-dessus tout à l'idée d'une autorité souveraine et infaillible dictant à tous la foi.

Jugez-en par le temps où nous sommes. Liberté de la pensée, préventions de la science et de la philosophie, indépendance des passions, rationalisme sans frein, dédains de l'indifférence, tout repousse l'infaillibilité. Et quelle puissance au monde établirait aujourd'hui le droit et le fait, s'ils n'avaient pas toujours existé? Cependant cette infaillibilité s'établit active et permanente quand s'établit le christianisme, malgré toutes les répulsions.

Avant Luther, quinze siècles durant, elle avait été crue et admise de tous. Mais quoi! avant cette époque, bien que fausse, nullement divine, et seulement tyrannique, cette autorité n'eût rencontré aucune réclamation! Pour les moindres nouveautés, nous lisons de longs combats livrés dans l'arène du christianisme; pour cette institution inventée, imposée par les hommes, et si pesante, jamais de soulèvement et de guerre! et la fraude n'est pas découverte. La lumière pour la première fois a surgi du milieu des orgies de Wittemberg et des conférences sataniques de la Wartbourg. Vous le croiriez ainsi! Oh! en vérité, pour ne pas vouloir accepter l'institution de Jésus-Christ, la pratique constante de l'Église, la tradition de dix-huit siècles, au milieu de quelle forêt d'invraisemblances choquantes ou plutôt d'impossibilités révoltantes il faut établir son séjour!

Je suis obligé d'omettre la voix antique des Pères s'élevant du sein des siècles chrétiens pour rendre un hommage unanime au fait et au droit de l'infaillibilité divine dans l'Église. Je les ai assez cités d'autres fois.

Elle est donc belle, Messieurs, elle est vénérable la foi du catholique lorsque nous la voyons, appuyée sur les faits, descendre jusqu'à nous en suivant le cours des traditions, grands fleuves où la vérité coule à pleins bords. Prétendre s'isoler, trouver un monde nouveau, et s'aventurer sur une mer sans rivage, est le mal de notre temps. On ne veut pas croire que Dieu ait daigné positivement intervenir pour instruire et sauver l'humanité; il l'abandonne donc aux flots tumultueux de ses pensées. On ne veut pas croire que des faits divins aient fondé, constitué le christianisme, le constituent encore; on ne veut pas croire que le paganisme et la philosophie convertis aient pris la peine de vérifier les faits à l'origine, pas même pour accepter une autorité qui s'imposait souveraine et infaillible, en même temps qu'unique et universelle. Devant cette institution étrange le genre humain n'eût été qu'aveugle et stupide; l'Église, ses apôtres, ses pontifes, ses martyrs, ses docteurs, ses saints, ses héros et son fondateur lui-même auraient tous été abusés ou imposteurs; nous le serions encore de même dans cette enceinte, dans cette chaire; et il n'y aurait rien de vrai, rien de divin dans le christianisme, nulle autorité certaine dans la foi. Non, le vague, le doute, les ténèbres, le désespoir, la mort nous resteraient seuls pour partage; c'est bien préférable à la foi de l'Église. A la bonne heure. Au moins on conviendra qu'on n'a point encore ainsi trouvé la félicité et la paix intime du cœur: la paix, premier des biens et des devoirs que Dieu nous promet et nous commande. L'infaillibilité catholique la renferme et la donne seule.

Le sens, le droit, le fait, nous les avons vus; reste la raison à vous exposer.

IV. P. La raison.

Mais d'abord pourquoi, Messieurs, la plus grande, la plus belle loi de la nature ne se retrouverait-elle pas dans l'ordre spirituel et moral comme dans l'ordre physique? Comment Celui qui a fixé dans leurs orbites par l'attraction les astres qui sans elle se balanceraient incertains et errants dans l'espace, n'aurait-il pas su aussi fixer et guider les intelligences autour d'un vaste centre d'action, de vérité et de vie? Cependant le monde des intelligences est bien au-dessus de ces mondes matériels créés pour être le domaine de la pensée. Quelle folie d'admettre ainsi une providence ordonnatrice dans le monde de la matière, et de la bannir du monde des esprits! Notre siècle vit de généralisations et procède sans cesse par analogie, ne cesserait-il donc de généraliser et de conclure que lorsqu'il serait conduit ainsi à la vérité catholique? Mais voici, Messieurs, des raisons autres qu'une analogie plus ou moins conjecturale.

Le principe constitutif de l'Église, nous l'avons vu, est la foi en tant que loi ou obligation de croire; et cette loi doit être nécessairement intimée, déterminée, appliquée par une autorité vivante et présente, par celle que Jésus-Christ préposa au gouvernement de son Église, nous l'avons vu encore. Or, Messieurs, la loi de croire est infaillible en elle-même, soit parce qu'elle vient originairement de Dieu, soit parce qu'il ne peut y avoir jamais de loi vraiment obligatoire de croire quelque chose de faux; par conséquent l'autorité qui dans l'Église intimera et définira cette loi, son objet et son application, sera nécessairement infaillible, autrement elle pourrait obliger à croire le faux, ce qui répugne.

Ce n'est pas tout : l'autorité dont la mission est de porter la loi de croire ou de définir la foi, cette autorité par sa nature a droit à l'obéissance intérieure et absolue, à la soumission immobile de l'intelligence, ou bien elle cesse d'être autorité. L'intelligence cependant ne peut être obligée en aucun cas d'obéir intérieurement qu'au vrai, jamais au faux. L'autorité qui commande à l'intelligence et à la foi intérieure est donc infaillible.

Telle est l'autorité de l'Église.

Faut-il rappeler ici, Messieurs, qu'en toute société il y a nécessairement une autorité souveraine et qui doit être considérée comme infaillible dans la pratique? A la loi portée, au jugement définitif dans la société civile, allez donc tâcher de vous soustraire sous prétexte d'erreur, on vous répond : « C'est tenu pour vrai. » *Pro veritate habetur*. Tel est l'axiome, et il y a autre chose que des axiomes pour vous forcer à l'exécution.

L'autorité de l'Église aura donc son infaillibilité pratique, mais qui sera nécessairement aussi l'infaillibilité dogmatique et absolue.

En effet, l'acte propre de cette autorité, par sa nature même, est d'imposer à l'intelligence l'obligation de croire véritable ce qu'elle définit tel. L'obéissance pratique à cette autorité sera donc la conviction même intellectuelle du vrai. Cependant, si cette autorité a pu se tromper, je pourrai juger et découvrir le faux; dans ce cas je ne croirai plus comme vrai ce qu'elle a défini comme tel; je ne pourrai pas même le croire, je n'aurai plus alors l'obéissance pratique requise; il n'y aura plus d'infaillibilité pratique dans ce pouvoir, et tout pouvoir en a une. Ainsi donc dans l'Église l'autorité, l'infaillibilité ne peut être que l'infaillibilité dogmatique, intellectuelle et absolue.

En un mot l'Église est la société constituée par la foi, son autorité est souveraine dans la foi; une autorité souveraine dans la foi est par cela même infaillible, ou il n'y a plus ni société, ni autorité, ni foi.

Vous reconnaissez ces principes hors de l'Église. Messieurs, quand de bonne heure un enfant a perdu sa mère, il ignore un sentiment bien doux et qui occupe une grande place dans la vie, le sentiment de la piété filiale envers celle à qui l'on doit le jour, à qui l'on doit les tendres soins prodigués au jeune âge. Qu'un autre à qui Dieu conserva la providence et l'éducation de la mère, avec la vive impression de ses bienfaits, avec le retour fidèle de confiance et d'amour qu'inspire la tendresse maternelle; que cet enfant heureux vienne à parler de ses affections de famille, de ses jouissances de cœur au pauvre orphelin isolé, celui-ci ne le comprendra pas. Ce sera pour lui la langue inconnue, et un sentiment, un amour inconnus. A cet égard, une sorte de faculté et de sens lui manque. C'est tout un monde qu'il n'habita jamais, toute une région que l'infortune n'a jamais vue. A peu près aussi comme l'homme dont l'enfance eût été abandonnée dans un désert, et qui n'aurait aucune pensée, aucun sens des douceurs de la vie domestique et sociale. Même après avoir été ramené aux mœurs civilisées, il pourrait conserver longtemps encore une horreur instinctive pour son état nouveau.

Quelque chose de semblable se passe, Messieurs, dans les cœurs qui perdirent, qui peut-être ne connurent jamais l'amour de l'Église et la tendresse de fils pour elle. Si nous voulons leur en parler, ils ne nous comprennent pas; livrés uniquement à la pensée humaine, plongés, pour ainsi parler, dans une atmosphère de raisonnements et de soins terrestres, ils ignorent une autre terre et d'autres cieux. Ils ne soupçonnent pas même ce que peuvent être les joies et la force de ces relations établies avec le Dieu qui nous créa, avec la grande famille qu'il institua pour notre amour, pour nous unir, nous instruire et nous guider; état réel cependant et sentiment réel.

On a voulu aussi vivre au désert et se créer je ne sais quel vide, je ne sais quelle solitude de l'opinion, loin des rapports et des mœurs si douces de la société chrétienne.

Mais quand on a rouvert son âme à toutes les lumières de la foi et à l'onction intérieure de la grâce, quand on a fidèlement rangé son esprit et son cœur à l'abri sous l'autorité tutélaire de l'Église, alors, croyez-moi, il se fait un grand calme, un jour tout nouveau se lève pour l'intelligence. Même au milieu des ombres et des obscurités saintes de la foi, on sent, on respire le bien-être d'une clarté paisible et divine. On s'y repose, on y vit appuyé, consolé : on s'identifie avec la parole, la gloire et les douleurs de l'Église; on lui dévoue ses efforts généreux; mais les travaux sont doux, ils sont bénis : on la chérit comme une mère. Chaque matin on s'éveille heureux dans son sein, et quand le sentiment de la foi renaît ainsi chaque jour avec la vie, on remercie le Ciel de cette demeure hospitalière, cité déjà tranquille et permanente dans la vallée du passage et de l'exil.

Messieurs, notre ministère vous doit compte

sans doute des motifs et des raisons qui appuient, qui défendent la vérité et l'autorité catholiques; il s'efforce d'obéir et de répondre à vos besoins dans les faibles proportions de son pouvoir. Mais il lui est aussi permis de vous dire que la foi seule rend heureux; et que si les discussions et les preuves sont tristement nécessaires pour les esprits, le simple désir du cœur et son humble prière savent bien mieux encore conduire à la vérité, à l'Église, dans ce lieu du rafraîchissement et de la paix.

TRENTE-DEUXIÈME CONFÉRENCE

L'AUTORITÉ CATHOLIQUE

TRENTE-DEUXIÈME CONFÉRENCE

L'AUTORITÉ CATHOLIQUE

Monseigneur,

Quand on a reconnu la nature, les droits et les devoirs de la raison; quand on a aussi franchement constaté qu'en acceptant l'autorité catholique la philosophie obtient tout ce qu'elle a droit d'exiger, et qu'elle n'a aucun droit d'exiger ce qu'elle n'obtient pas; il n'y a plus, et il n'y a jamais eu à vrai dire pour la conscience qu'une seule question, celle-ci : L'autorité de l'Église en matière de foi est-elle certaine, certaine pour la raison? Car si elle est telle, la philosophie la plus exigeante n'a rien à opposer à l'admission des croyances catholiques, puisqu'elles sont proposées et définies par un enseignement infaillible.

Les droits de la raison demeurent; la foi même les respecte et les consacre en s'appuyant sur une autorité démontrée certaine; et le génie chrétien l'a toujours ainsi compris de saint Paul à Bossuet.

Eh bien! Messieurs, j'y consens; soumettons à une nouvelle épreuve la question de l'infaillibilité catholique; acceptons tous sincèrement le débat et jugeons-le par la saine raison.

Il y a une triple voie par laquelle une vérité acquiert la certitude rationnelle : c'est le triple procédé historique, scientifique et métaphysique. L'histoire procède par voie de témoignage, la science par des théories ou des lois que fonde une puissante observation des faits, la métaphysique par des raisonnements tirés de l'essence même des choses. Si par cette triple voie l'autorité de l'Église est démontrée souverainement raisonnable et certaine, il n'y a aucun motif de s'y soustraire pour s'en aller encore errant dans les régions du doute. C'est donc, Messieurs, une étude profonde et sérieuse, quoique rapide, que je vous propose en ce moment : l'infaillibilité de l'Église démontrée à la raison par le procédé historique, scientifique et métaphysique. Puissions-nous être ainsi de plus en plus affermis dans la foi de ce divin pouvoir!

I. P. Messieurs, l'infaillibilité de l'Église est un fait, un fait d'institution divine : il s'énonce et se propose avec ce caractère formel. Ce fait n'est à comparer à rien sur la terre, j'en conviens : il n'y a rien de semblable dans l'histoire des faits et des institutions humaines, je l'avoue ; cependant, pour établir ce fait et cette institution, nous avons toutes les voies de la certitude.

Et d'abord le procédé historique. Je ne veux ici considérer qu'un seul témoignage, celui que l'Église se rend à elle-même.

Quelque chose d'immense et de palpable à la fois se passe dans le monde : l'Église catholique se dit infaillible. Elle enseigne, elle affirme solennellement qu'elle reçut de son divin auteur le privilége surnaturel de ne pouvoir jamais errer dans la foi. Cela est étrange ; mais il y a là un fait et un fait attesté, affirmé : l'est-il dans toutes les conditions d'une véritable certitude ? Telle est la question.

Veuillez, Messieurs, méditer un instant avec moi sur les caractères propres de ce témoignage de l'Église, et vous allez saisir la différence profonde et totale qui le sépare des prétentions de toutes les sociétés religieuses quelles qu'elles soient ; vous allez sentir la force invincible et historique qui s'attache à cette voix retentissante de l'Église s'affirmant elle-même infaillible.

Qu'est-ce en effet que ce témoignage ?

Messieurs, c'est d'abord le témoignage d'un fait, non celui d'une opinion ou d'une simple doctrine : ce fait est celui de l'institution même divine, environnée de ses signes miraculeux et irréfragables : voilà ce que l'Église affirme.

Son témoignage en second lieu est le témoignage d'une grande et innombrable société. Rien, en général, n'est plus fondamentalement et certainement historique qu'un fait attesté par une société tout entière, par une nation, par exemple, et par toute la suite des générations qui la perpétuent.

Mais les catholiques témoigneraient ainsi pour eux-mêmes? Non; ils attestent un fait. Cesserez-vous de croire les Français attestant un fait de leur histoire, parce qu'ils sont Français? Perd-on le droit d'être cru sur un fait parce qu'on est chrétien et catholique?

C'est ainsi, Messieurs, bien souvent qu'on répond à l'Église par des mots qui ne renferment point une pensée.

Témoignage de l'Église, témoignage d'une grande société sur un fait.

Mais il y a un troisième et admirable caractère, l'universalité. Daignez réfléchir sans prévention.

L'Église catholique est cette société une et universelle, composée des mœurs, des intérêts, des nationalités les plus diverses : ce n'est toutefois qu'une seule et même société.

Dans ces conditions, cette société étonnante, unique au monde comme telle, innombrable, répandue en tous lieux, témoigne unanimement de la vérité d'un fait : elle ne peut pas ne pas être crue; car aucun témoignage ne fut mieux affranchi de toute crainte de collusion ou d'erreur : l'unité dans une prodigieuse multiplicité l'en garantit à jamais.

Tout devrait, Messieurs, naturellement diviser la société catholique; néanmoins elle est une et universelle en vertu du fait même attesté qui fonda, pour la régler, une autorité infaillible; en vertu de ce fait qui constitue un régulateur souverain touchant la foi.

Ce fait est certainement contraire à l'orgueil de la nature et à la fière indépendance de la pensée humaine; il est cependant affirmé avant tous les autres, dans tous les lieux de l'univers, par tout ce qui vit de la croyance catholique.

Le centre d'unité, le chef unique et suprême de la hiérarchie, en qui le fait attesté d'institution divine place le droit principal de l'enseignement infaillible, ce centre de la catholicité est géographiquement ou nationalement étranger pour le plus grand nombre; il est religieusement un et commun pour tous et dans tous les lieux de l'univers. Messieurs, ce n'est point ainsi que les hommes inventent; voyez plutôt quel sujet de répulsion y rencontrent plusieurs. Ce témoignage d'universalité, qui montre la source et la raison de cet étrange état de choses dans un fait divin, est donc à jamais digne de respect et de croyance. Rien de naturel et d'humain ne saurait ni l'inspirer, ni l'établir, ni l'expliquer.

Témoignage de l'Église, témoignage rendu sur un fait, témoignage de société, témoignage d'universalité; c'est déjà plus que suffisant.

Mais enfin témoignage complétement historique: je veux dire que dans l'affirmation de l'Église attestant son infaillibilité, toute l'histoire du fait divin de son institution est en quelque sorte vivante et présente. Car ce pouvoir existe; il est exercé. Si Dieu même n'en fut point l'auteur, si ce pouvoir exorbitant ne vient pas de Dieu, alors il fut établi, inventé par un homme.

Cet homme, quel est-il? Il est inconnu; le temps de son audacieuse et incroyable usurpation est inconnu; le mode d'institution humaine et première est inconnu; les résistances qu'une pareille agression a dû produire dans l'Église sont inconnues; et depuis dix-huit cents ans, toujours, sans interruption, une voix uniforme retentit de monde en monde affirmant l'institution divine de l'infaillibilité : cette voix est celle de l'Église universelle, de la catholicité toujours une et persévérante.

Messieurs, de quel côté est l'histoire vivante ? de quel côté le témoignage et l'affirmation de la vérité ? Car il s'agit d'un fait immense, étrange, tout extraordinaire; il s'agit d'une puissance d'intelligence et de foi infaillible établie sur l'univers entier : et l'univers catholique l'atteste comme un fait d'institution divine; et toute origine humaine demeure en ce point inconnue, étrangère à l'histoire, comme elle est aussi physiquement impossible. Car enfin, Messieurs, il suffit ici d'une simple réflexion; supposez qu'un homme, que plusieurs hommes, après le christianisme établi, aient voulu faire reconnaître à jamais comme divine leur propre institution d'une autorité infaillible, une et universelle. Quoi ! ils auraient réussi, et sans trace aucune de résistance, sans laisser même la trace de leurs noms, de leur temps, de leur entreprise ! Mais cela répugne au souverain degré.

L'histoire est donc caractérisée en tout sens dans le témoignage que se rend l'Église elle-même sur sa propre et divine infaillibilité. C'est le témoignage le plus complétement historique et certain qui fut jamais, puisque toute supposition contraire d'un fait purement humain mène à l'absurde et à l'impossible.

Le voilà, Messieurs, ce seul et grand témoignage qui se prouve réellement lui-même par tous les caractères glorieux qui l'accompagnent. Quand la raison attentive contemple ce spectacle frappant d'une société dont l'existence est l'universalité, dont le fondement même est un fait attesté d'infaillibilité divine, dont la langue est l'unité, alors on doit sentir profondément en son cœur ou le bonheur ou le besoin d'être catholique. Mais on comprend aussi que rien ici-bas ne saurait entrer en comparaison avec le témoignage de l'Église.

A proprement parler, Messieurs, l'Église catholique est la seule au monde qui s'affirme comme ayant par le fait divin une autorité hiérarchique infaillible. Loin d'elle, ce sera surtout l'individualisme qui s'affirmera lui-même et se condamnera par cela seul.

De plus l'Église affirme et atteste un fait, les autres religions énoncent des opinions toujours sujettes à l'incertitude et à l'arbitraire. Quel fait propre et spécial d'institution divine attestent le protestantisme et le schisme grec comme tels? Aucun. Et ce qu'ils prétendent garder d'un christianisme premier ne leur appartient pas, ils sont d'hier. Le mahométisme et le bouddhisme ne sont pas non plus des religions de faits et de témoignages. Le bouddhisme n'est qu'une terminologie sans la moindre histoire attestée d'action divine. Le mahométisme se réduit à un naturalisme brutal. La mission de son prophète n'a d'autre témoin que lui-même et son livre : son livre, qui raconte quelques merveilles du genre de celle-ci : « Un jour la lune descendit dans la poche de Mahomet. » Point ici de témoignage, ni d'histoire, ni de faits divins au sens dans lequel le témoignage de l'Église est complétement historique, vous l'avez vu.

Hors de l'Église rien n'est universel pas plus qu'historiquement divin. L'Église a seule en sa propriété ce principe de catholicité ou d'universalité qui parle et qui s'affirme en se prouvant dans son témoignage.

Messieurs, tout ce que les hommes peuvent produire, entendez-le, ce sont des religions nationales, et la chose est assez facile avec l'égoïsme, le pouvoir et les passions. Dieu seul a pu, contre tous les intérêts, contre les passions et la puissance, concevoir et établir le droit et le fait de l'universalité, cette force et cette nature d'une foi qui ne se renferme dans l'enceinte d'aucune limite de lieu ni de temps, mais appelle à soi tous les hommes. La nationalité en religion est une injure cruelle et une évidente erreur. Car il n'y a devant Dieu ni juif, ni gentil, ni barbare, ni nation; en Dieu tous les hommes sont un, et la religion doit être une et universelle comme Dieu et la vérité. Excepté le catholicisme, dont le nom seul est une preuve, toute religion est restreinte, égoïste, nationale; elle exclut réellement et proscrit le principe de la grande fraternité humaine et religieuse, elle est donc une erreur. Voyez cependant l'injustice, on dit : L'Église catholique est exclusive et barbare. Messieurs, elle est seule universelle; seule elle appelle dans le sein même de l'unité tous les hommes, et les convie au banquet divin de la vérité.

C'est assez pour constituer à jamais le procédé historique le plus certain; l'Église est donc infaillible, et son témoignage le prouve.

II. P. Le célèbre auteur de l'*Exposition du système du monde*[1] le remarquait avec justesse : « C'est en comparant les faits entre eux, en saisissant leurs rapports, et en remontant ainsi à des phénomènes de plus en plus étendus, que la science parvient à découvrir les grandes lois de la nature, toujours empreintes de leurs effets les plus variés. »

[1] Laplace.

C'est là aussi, Messieurs, ce que nous avons nommé le procédé scientifique.

Le génie de Galilée pose un principe, il énonce une théorie, les faits vérifiés s'accordent et s'expliquent, ils entrent tous dans cette magnifique synthèse : le système du monde est trouvé et ses lois découvertes.

Il y a de même une noble et belle synthèse dans ces paroles de l'Église : Je suis infaillible. Ce principe admis, les faits du monde moral et religieux se coordonnent, s'expliquent, forment des lois; ils sont inexplicables à jamais si le principe de l'infaillibilité catholique est rejeté. Qu'en conclure d'après la méthode scientifique, sinon que ce grand principe est vrai, et l'autorité de l'Église irréfragable ?

Ainsi, Messieurs, deux systèmes sont ici en présence, deux hypothèses données : l'une explique tout, l'autre rien; dans l'une l'Église dit vrai, ce qui est déjà assez probable; dans l'autre l'Église ment, ce qui est dur à admettre.

Mais c'est forcément l'un ou l'autre : ou l'Église dit vrai, ou l'Église ment, quand elle s'affirme infaillible.

Si l'Église a menti, c'est-à-dire si elle n'est pas infaillible quand elle l'affirme, tout est inexplicable dans le monde, tout. Le catholicisme entier n'est alors qu'imposture, car tout entier il repose sur son principe d'autorité hiérarchique et infaillible, sur son chef unique, pierre fondamentale qui porte l'édifice pour durer toujours, suivant la parole du Sauveur.

S'il n'y a pas d'autorité infaillible qui fixe, détermine et garantisse la certitude et le sens de la foi, alors le christianisme n'est qu'un amas d'opinions aventureuses, incertaines ou purement philosophiques : autant en emporte le vent; vous le savez bien par ce qui arrive tous les jours aux opinions humaines.

Cependant la foi demeure : comment donc?

Si l'Église n'est pas infaillible, comment, ô philosophe, as-tu donc quitté pour elle et l'école du divin Platon, et les douceurs de la vie, et les attraits de l'erreur païenne? Comment es-tu venu grossir la troupe empressée des martyrs de la foi?

« J'étais en effet moi-même sectateur zélé de Platon, répond le philosophe; j'entendais calomnieusement dénoncer les chrétiens, et je les voyais marcher avec intrépidité à la mort et à tous les genres de supplices les plus terribles. Alors je compris bien que ceux qui recherchaient ainsi les tourments et la mort ne pouvaient être coupables des vices et des voluptés criminelles dont on les accusait. Car ils auraient, dans ce cas, conservé à tout prix leur vie, leurs biens, leurs plaisirs; ils les sacrifiaient volontairement pour confesser leur foi [1]. »

« Je reconnus que là se trouvait la seule philosophie certaine et utile, et c'est par elle aussi que je devins philosophe [2]. » *Et per hæc ipsa ego philosophus prodii.*

Ce sont, Messieurs, les propres et belles paroles de saint Justin, devenu, au commencement même du second siècle, de philosophe païen philosophe catholique et martyr. Il parle ainsi dans son Apologie première et dans le Dialogue avec Tryphon.

Et quelles multitudes immenses de païens convertis comme lui, comme lui martyrs, mais, remarquez-le, martyrs des faits et non de vaines opinions!

Ils mouraient tous à la voix de l'Église, pour ses enseignements et pour les faits divins qui démontraient surtout son autorité infaillible et divine.

Si cette autorité est fausse, incertaine, usurpée, si les faits qui l'appuient sont faux, controuvés,

---

[1] S. Just. mart. *Apolog.* i, p. 50 A. in-f°. Parisiis, apud Morellum, 1636.
[2] Id. S. Just. mart. *Dialog. cum Tryphone*, p. 225 C. in-f°. Parisiis, apud Morellum, 1636.

la conversion du monde par ces faits eux-mêmes, la mort d'innombrables et saints martyrs pour attester ces faits et leurs infaillibles conséquences, tous ces trois cents ans de combats, de victoires et de supplices, sont, Messieurs, à jamais inexplicables. Ils répugnent à l'ordre moral de la Providence et à la nature même de l'homme. Le faux ne s'établit et ne dura jamais de cette sorte.

Que l'autorité soit certaine, que l'Église soit véritable et infaillible, tout s'explique, tout est dans l'ordre et la logique. L'impiété et les passions persécutent avec fureur; les générations fidèles meurent plutôt que de renier la vérité. Elles meurent toutefois dans des proportions et avec un héroïsme surhumain. Et ce témoignage du sang reste un caractère indélébile qui manifeste l'Église infaillible et divine.

Quelques opinions fanatiques, quelques fausses religions ont eu quelques faux martyrs. Les seuls faits divins qui ont fondé l'Église catholique ont eu des martyrs innombrables et vrais. Les seuls martyrs catholiques sont témoins et martyrs des faits. Je crois volontiers avec Pascal une histoire dont les témoins sont des générations entières qui se font égorger pour la vérité de leur récit.

Telle est l'histoire de l'autorité infaillible de l'Église. Adoptez l'hypothèse qu'elle soit fausse, ce sera mille fois pire que si vous admettiez le système de Ptolémée et de Ticho-Brahé, que vous dédaignez si fort. L'Église est faillible, incertaine, dites-vous; il n'y a plus alors dans la conversion du monde et dans les torrents du sang martyr que des phénomènes et des fureurs inconciliables. Dieu lui-même aurait violemment trompé la foi de l'univers.

Si l'autorité de l'Église n'est point divine et infaillible, comment donc les premiers conciles tenus en Orient sont-ils reçus en Occident, font-ils loi partout? Un auteur protestant mais sincère s'en est étonné lui-même en traçant l'histoire de la civilisation chrétienne [1].

S'il n'y a pas sur la terre une autorité infaillible, comment y a-t-il des hérétiques? Cela ne se conçoit pas. Et comment ces hérésies frappées d'anathème vont-elles se divisant, s'affaiblissant pour mourir et disparaître? Sans une autorité certaine et divine présente dans l'Église, l'histoire de la réforme elle-même est incompréhensible. Voyez l'état présent du protestantisme; il dit bien haut pour nous : Là où il n'y a point d'autorité dans la foi, il n'y a ni foi ni Église possible.

Si une autorité véritablement divine ne veille

---

[1] M. Guizot.

au dépôt de la foi et à la conservation de l'Église catholique, comment dure-t-elle encore? Comment a-t-elle duré un jour? Tout est uni, armé contre elle et contre elle seule; toutes les attaques, toutes les passions, toutes les révolutions se lèvent contre l'Église. Tout passe, l'Église demeure.

S'il n'y a point d'autorité infaillible, mais comment donc l'unité catholique est-elle apparue, s'est-elle maintenue sur la terre? L'unité de foi dans une société dont l'univers est la patrie et la demeure, il y a là, Messieurs, un fait, un phénomène qui à lui seul suffirait pour tout prouver, il est trop évidemment surnaturel et surhumain. Une autorité est divine quand elle conserve l'unité véritable de croyance parmi tant de nations diverses et dans tout le cours des siècles. Ce fait n'appartient qu'à l'autorité catholique, il est inexplicable à jamais sans elle.

Que si ailleurs on paraît s'entendre quelquefois, mais dans des bornes, dans un temps et un nombre restreints, ou, en examinant de près, on trouvera qu'il n'y a pas de foi ni de doctrine proprement dite, comme dans les religions de l'Inde et dans les malheureux démembrements du schisme slave; ou un fatalisme sensuel a courbé et abruti les âmes, comme dans l'islamisme. Quant au rationalisme protestant, il est la division même en principe et le côté faible de l'intelligence humaine livrée à tous ses écarts.

Enfin on s'accorde à reconnaître dans le christianisme un principe puissant de science et de civilisation. Mais le christianisme civilisateur n'a été et ne peut être que l'autorité catholique. Pourquoi? je l'ai déjà dit, parce qu'elle définit seule, qu'elle donne seule des bases assurées et divines en religion, à la raison et à la liberté de l'homme. Il en est de même pour les principes de morale conservateurs des vertus et de la conscience au sein des nations. Abandonnés à la libre appréciation de chacun, ils varient au gré des caprices, des intérêts et des passions; déterminés par une autorité reconnue et souveraine, ils restent inviolables malgré tous les écarts et les abus de la liberté humaine.

Résumons-nous. On dit : le soleil est au centre, tout gravite autour de lui; les faits s'accordent et se formulent en lois.

L'Église possède une infaillible autorité, centre et foyer des croyances chrétiennes; les faits s'accordent et s'expliquent, les lois d'une étonnante gravitation intellectuelle sont ainsi connues.

Oui, avec l'autorité infaillible et divine le catholicisme n'est pas une imposture, la philosophie est amenée à la foi, le monde renouvelé, le martyre raisonnable, les conciles obéis, les hérésies abattues, la durée de l'Église invincible, son unité indissoluble, la science et la civilisation fécondées, la morale assurée, la paix des consciences profonde et certaine; tous les fruits de sanctification et de salut sont versés abondamment sur les peuples.

Il n'y a plus d'autorité catholique et infaillible dans la foi: le monde est un chaos, le christianisme un mensonge, l'héroïsme une folie, la civilisation une erreur ou un hasard; l'Église, sa durée, son unité, des phénomènes contre nature et contre toute raison.

Le procédé scientifique est certain, il faut conclure: l'Église est infaillible, car c'est le seul système qui explique les faits.

Mais la raison, mais ses droits : à la raison l'acceptation de l'autorité. L'autorité doit être acceptable et démontrée; elle est telle mille fois, l'histoire et la science l'attestent. Ainsi l'autorité définit, mais cette autorité est certaine : la raison croit et se soumet dans la plénitude de ses droits et de ses devoirs.

Est-ce que la vérité fixée et sûre vous fatigue? L'Océan est ainsi fixé lui-même et défini. Il lui fut dit comme à la raison et par la même voix : Tu viendras jusqu'ici.

Pour lancer vos vaisseaux demandez-vous des mers sans port et sans rivages?

Pourquoi n'en voulez-vous point aussi pour le départ et le repos de vos pensées? L'Église seule est le roc immuable et tutélaire; tout le reste est du sable mouvant ou des vagues en furie.

III. P. Reste donc, Messieurs, le procédé purement rationnel ou métaphysique : le temps me force d'abréger.

Le genre humain est une grande école, une vaste institution d'enseignement qui a besoin de maîtres.

Il faut nier la nature même des choses, ou reconnaître que l'humanité doit être enseignée. L'immense généralité est de ceux qui écoutent, le petit nombre de ceux qui enseignent. Ceux qui meurent varient trop souvent, trop souvent se contredisent. Demandez à vos souvenirs combien de ces philosophes, de ces docteurs du genre humain ont été d'accord entre eux ou même avec leurs propres pensées. Impossible, hors du catholicisme, d'en trouver jusqu'à deux qui s'accordent. Le fait est hors de toute contestation.

. Quoi! les peuples errants seraient ainsi pour jamais abandonnés comme de misérables jouets aux incertitudes, aux variations continuelles des opinions humaines, lorsqu'il s'agit de connaître Dieu, l'âme, ses rapports et ses destinées, de connaître la religion en un mot! Dieu n'aurait donc jugé indigne de lui que le soin des plus nobles intérêts de la création; il ne manquerait de providence que pour conduire sûrement les intelligences à la vérité, seule nécessaire après tout, à la vérité religieuse!

Il faut donc au genre humain un docteur, un maître certain et infaillible, toujours présent, toujours vivant comme l'humanité même qu'il doit instruire, ou bien Dieu se manquerait à lui-même. Saint Augustin et Fénelon raisonnaient ainsi; ils ne trouvaient ce maître que dans l'autorité catholique.

Tous ont droit aux moyens de connaître la voie qui mène à Dieu. Quels sont ces moyens pour tous sans une autorité d'enseignement infaillible? Il n'y en a réellement aucun pour la généralité des hommes.

Il faut la société spirituelle et religieuse bien plus encore qu'il ne faut la société matérielle et politique. Car il faut régir, cultiver, sanctifier les âmes elles-mêmes; descendre dans la conscience, y prescrire l'accomplissement des devoirs, conduire l'homme immortel à sa fin dernière et divine.

La société politique n'atteint pas ce terme ; par sa nature même et sa destination temporelle et nationale elle n'a pas le pouvoir, elle n'a pas le droit de tendre à ce but si élevé, but commun à toute la grande famille humaine.

Pour la culture et le gouvernement des âmes il faut donc la société spirituelle et l'autorité spirituelle. Une autorité spirituelle qui doit commander à l'homme intérieur, à son esprit, à son cœur, à sa conscience, à sa foi ; cette autorité est infaillible, ou n'est rien. La chose est de soi évidente. c'est la royauté des intelligences. L'Église est donc souverainement conforme à ce besoin si rationnel de l'homme ; et l'existence d'une autorité infaillible sur la terre, souverainement conforme à la sagesse et à la bonté divines.

Dieu donna la vérité à la terre : pourquoi sans cela aurait-il créé l'intelligence?

Ou Dieu en donnant la vérité en livra la détermination au jugement de chacun, et alors Dieu voulut donner la vérité pour la voir bientôt détruite, suivant les vicissitudes ordinaires des opinions humaines. Ou Dieu voulut conserver la vérité, il voulut la restituer et la sauver contre toutes les attaques, et alors il établit l'autorité qui peut seule être souveraine des esprits et leur imposer la vérité, l'autorité infaillible. Telle est l'Église, réalisation des desseins de Dieu créateur et réparateur, après la longue et nécessaire expérience des aberrations libres de l'homme.

Messieurs, j'ai traité longuement, dans une Conférence à part, ce genre de démonstration rationnelle et de convenance logique en faveur de l'autorité catholique. Il me suffit ici de vous avoir rappelé ces éléments bien simples.

L'humanité doit être enseignée : par qui le sera-t-elle? par l'homme ou par Dieu même? par les mille erreurs qu'enfante la liberté humaine, ou par la vérité qu'assure seule une infaillible autorité?

Il faut absolument la société des âmes, la société spirituelle, et par conséquent il faut le pouvoir spirituel ; il est dans la nature même des choses, au moins dans une souveraine convenance que la condition d'une telle société, d'un tel pouvoir, soit l'infaillibilité ; si ce n'est qu'il faille entendre par société la discorde et la division en principe.

Et enfin Dieu bon, Dieu sage, Dieu ami de l'homme, providence des faibles, providence des forts, qui en ont plus besoin encore, a dû à tous le moyen sûr et facile de connaître et de garder la vérité. Ce moyen est seulement l'autorité infaillible et certaine.

Il manque donc encore, Messieurs, avec la droiture des intentions, il manque une condition pour croire, il manque le courage. Et il faudrait savoir que l'orgueil qui nous enchaîne n'est qu'une lâcheté. Le courage est l'humilité, l'humilité respectueuse et libre à la fois, qui s'affranchit de toutes les préoccupations et de tous les engagements. Elle s'incline seulement devant les faits et les témoignages irrécusables, langue de Dieu parlant à l'homme; mais s'incline courageusement devant eux, puis se relevant pour faire tête à l'orage, combat le vice, repousse l'erreur avec toutes les armes de la foi et de l'amour; et se repose, en attendant la Jérusalem céleste, dans le sein de cette glorieuse Église que ses prophètes, ses martyrs, ses héros et ses docteurs, que la succession inviolable de ses pontifes depuis les saints apôtres, et les cris même des hérésies expirantes, nous montrent élevée sur le sommet de la montagne, recevant les hommages du genre humain et possédant la plus haute, la plus grande, la plus infaillible autorité [1].

---

[1] S. Aug. *De Utilit. credendi,* c. xvii, § 35, p. 69, édit. Bened., t. VIII.

TRENTE-TROISIÈME CONFÉRENCE

LA RAISON DE L'ÉGLISE

TRENTE-TROISIÈME CONFÉRENCE

LA RAISON DE L'ÉGLISE

Messieurs [1],

On ne saurait jamais assez admirer par quels ressorts cachés ou connus la Providence divine retint l'homme dans les liens de l'union sociale, en combien de manières elle voulut le rattacher à ses semblables, en sorte que la société se trouvât dans tous nos rapports, nos sentiments et nos besoins.

Et même, il faut l'observer, ce sont les différences les plus marquées et les plus saillantes de l'âge, des forces, des lumières, des conditions, qui deviennent autant de nœuds puissants pour rapprocher et pour unir ce que la nature ou la civilisation semblait avoir le plus séparé.

Toujours l'enfant et le vieillard auront besoin

---

[1] Le siége de Paris était vacant, en 1840.

de l'homme adulte, l'ignorant du savant, le faible du fort, le pauvre du riche; le riche même aura constamment besoin des secours du pauvre, et sans cesse il les réclamera. Et c'est ainsi que se manifeste dans la société l'admirable et touchant dessein d'une Providence paternelle, qui voulut faire de tous les hommes un grand peuple de frères, enfants d'une même famille, dont l'origine, les efforts et la fin vinssent s'unir et se confondre dans le sein même de Dieu.

Heureuses, Messieurs, les nations si elles n'oubliaient jamais ces vérités fondamentales, si elles étaient toujours fidèles à reconnaître comme base d'union sociale et de félicité publique cette religieuse dépendance à l'égard d'un Dieu père commun de tous, si elles reconnaissaient comme destination divine et dernière un même terme de bonheur commun à conquérir dans une vie meilleure!

Mais si la religion, d'accord avec la nature, nous découvre le véritable principe et les éléments véritables de la société civile, elle nous fait sentir aussi qu'il faut la société religieuse, l'union de culte et de croyance entre les hommes, puisque après tout il n'y a qu'un seul et même Seigneur à croire et à servir. C'est-à-dire que dans l'État il faut l'Église, comme aussi dans l'Église devons-nous retrouver l'État.

Il ne sera donc pas hors de propos d'établir une comparaison entre l'une et l'autre société civile et religieuse; non assurément pour agiter des questions irritantes sur les limites de l'une et de l'autre puissance, non pas même pour lutter ici contre l'erreur sur ce sujet : non.

Je viens, Messieurs, pour exposer la vérité sur l'existence et la nature de la société religieuse, la vérité suivant la raison et la foi, invitant ceux qui croient, ceux qui doutent, ceux qui s'égarent, à s'approcher de sa douce lumière.

Ainsi, en nous attachant à l'idée même de société, nous reconnaîtrons d'abord qu'il faut la société religieuse, qu'il faut l'Église ; puis nous verrons que par là même dans l'Église il faut une autorité souveraine et infaillible.

En deux mots :

L'Église société ;

L'Église autorité.

Tel sera le plan de cette instruction, qui, en vous offrant la raison de l'Église, vous offrira une puissante preuve en faveur de son autorité.

1. P. Que le christianisme, il y a dix-huit cents ans, soit venu, à l'aide de ses croyances et de ses institutions, fonder au sein des sociétés politiques une société nouvelle, société spirituelle, religieuse

et universelle, professant la foi de Jésus-Christ, c'est, Messieurs, un fait plus éclatant que le soleil, et qu'environne la plus haute évidence historique. Oui, le christianisme a commencé par la société chrétienne.

Il suffirait donc de présenter sous ce point de vue, et l'existence de la grande société catholique, et celle de l'autorité propre qui la régit.

Dans la vérité la religion chrétienne n'étant tout entière qu'un grand fait, la révélation de l'Homme-Dieu, son institution divine en société avec un pouvoir spécial, n'a besoin, comme tous les autres faits, que d'être attestée par une tradition et des monuments irrécusables. Et l'on reconnaît ainsi, par une voie simple et sûre, dans l'infaillibilité de l'Église, un fait de la volonté souveraine et infaillible de son divin auteur : fait lié dans son origine et sa durée à la révélation chrétienne elle-même, vrai, divin et toujours subsistant comme elle, en sorte qu'il est impossible de les séparer.

Aussi l'infaillible autorité de l'Église fut-elle dans tous les temps une des premières vérités qui éclairèrent l'enfance catholique, qui vinrent pleinement satisfaire et affermir à jamais l'homme sincèrement instruit. En remontant par l'histoire et par la suite des témoignages jusqu'au berceau divin du christianisme, on le voit naître, s'établir et se perpétuer en société religieuse, universelle; toujours semblable à elle-même, dont l'âme et la vie sont dans sa foi sans doute, mais dans sa foi enseignée, définie et transmise par une autorité souveraine qui possède et exerce l'admirable privilége de commander aux convictions de l'esprit. Tels sont les faits.

Toutefois, Messieurs, mon dessein aujourd'hui n'est point de développer ces preuves historiques. Bien qu'elles soient plus que suffisantes, et que même, à proprement parler, elles ouvrent seules à la raison, avec la grâce, la voie directe pour saisir la certitude de la foi catholique, il est utile aussi de considérer ce qu'on peut nommer la raison du christianisme; de pénétrer autant que possible dans l'admirable et divine sagesse qui dicta toutes ses institutions; d'en rechercher le but, l'esprit, les motifs, les moyens, afin de les mieux connaître et de les mieux aimer.

En particulier, rien n'est plus digne d'un homme sage et éclairé que de considérer la religion chrétienne comme corps social. Et c'est ce que nous allons faire en méditant avec respect la nécessité de cette institution bienheureuse.

Toute agrégation humaine, la nation comme la famille, est une sorte de personne morale qui a sa vie et ses actions propres qu'on nommera sociales. De là vient qu'on parle de l'existence, de l'esprit et des actes d'une société, à peu près comme des actes, des pensées et de la vie propre d'un individu.

Une fois qu'on admet un Dieu principe et fin de toutes choses, de la famille et de la société comme de tout le reste; quand par une conséquence nécessaire on admet aussi le culte qui doit lui être rendu comme au Maître souverain de l'univers, il faudra bien que la société, dans sa vie même et ses actions sociales, reconnaisse et honore son auteur par les mêmes lois de dépendance et de justice qui commandent à chaque homme l'exercice personnel du culte religieux; le même motif, le même principe et la même fin existent pour le corps social, ici-bas du moins, comme pour l'individu.

La société, comme l'individu, doit impérieusement ce tribut, cet hommage d'elle-même au Créateur. Il faut donc le culte social et public : ce qui revient à dire qu'il faut la société religieuse, il faut l'Église.

Il faut une religion et un culte; le nier par conviction et de bonne foi est chose impossible, ce n'est plus d'ailleurs de notre époque.

Mais si les hommes, parlant en général, ne

ne peuvent conserver leurs biens, leurs personnes, leur civilisation même et leur dignité d'hommes raisonnables que dans l'état de société civile; comment donc une religion et son culte, ses institutions, les vérités qu'elle enseigne, les devoirs qu'elle impose, les heureux effets qu'elle produit, se conserveront-ils hors de l'état de société religieuse?

Cela ne se conçoit pas même possible, quand on y réfléchit. Hors de la société tout languit et meurt. Et l'homme sans l'Église est, quant à la religion, comme la branche arrachée du tronc, il n'a plus où s'appuyer et se nourrir. En sorte qu'une déduction rigoureusement logique oblige à dire : il faut la religion, donc il faut l'Église.

La société, en effet, est l'ensemble des rapports, des besoins et des intérêts communs, des plus chers et des plus précieux surtout. La société est l'union des individus qui, joignant leurs soins et leurs efforts pour agir comme un seul homme, élèvent ainsi leurs forces au plus haut degré possible, pour parvenir à un but de propriété commune.

Société, c'est union; et tout la réclame dans la nature humaine.

Mais évidemment ce ne peut pas être pour établir seulement les rapports sociaux de la glèbe, du territoire et de la matière, les seuls rapports d'intérêts tout passagers et tout terrestres. Il y a dans l'homme de plus nobles exigences quant à son existence sociale.

L'homme, c'est surtout son âme; et les intérêts les plus sacrés, les besoins les plus pressants, le but premier à atteindre par tous, ce sont les intérêts, les besoins, le but immortels de l'âme. Ce sont les âmes, leurs forces et leurs destinées qu'il faut donc unir pour conquérir le terme d'immortelle et commune prospérité.

Telle est l'union ou la société religieuse. Les âmes réellement ne se forment en société pour leurs intérêts éternels, que par la religion et la foi. Voyez, le reste le plus souvent les divise.

Il faut union, société religieuse; il faut l'Église.

L'homme seul, isolé, est faible : faible contre lui-même, faible contre ses passions et contre les attaques des ennemis nombreux de la vérité et de la vertu. L'union de l'Église fait sa force. Le zèle, l'exemple des pasteurs et des fidèles, les erreurs en tout temps signalées, la lumière montrée à ceux qui s'égarent, les saines doctrines sans cesse rappelées, cette communication constante des biens de l'esprit; ce sont comme autant de remparts qui ceignent la cité sainte, qui fortifient et défendent le sol natal des enfants de Dieu et leur inoffensive liberté : telle est l'Église.

Elle est le refuge et l'appui pour les faibles, c'est-à-dire pour nous tous, tant que nous sommes.

L'homme ainsi rapproché de ses frères dans la foi et fort de leur constance, reçoit avec eux, avec eux il conserve et transmet intact le dépôt sacré des croyances véritables.

Car remarquez-le encore, Messieurs, pourquoi l'Église?

C'était pour que la vérité, la foi, demeurassent toujours vivantes et pures contre les attaques de novateurs hardis, contre les désertions de cœurs pusillanimes. En sorte que depuis l'origine jusqu'à la fin, les dogmes, la morale et le culte persévérassent les mêmes parce qu'ils étaient universels. Et nous signalons de siècle en siècle, comme le fanal éclairant les écueils, à ces hommes d'un jour qui voulurent briser les liens de l'unité, cette réclamation spontanée de la catholicité toujours une et persévérante contre les nouvelles et fausses doctrines. L'Église donc encore pour attester, conserver et transmettre les traditions antiques.

Pourquoi l'Église enfin? et tout est dans ce mot : pour l'unité. Dieu est un; sa parole, qui est lui-même manifesté, est nécessairement une aussi. Donc la vérité, la foi ne peuvent être qu'unes; impossible qu'il s'y trouve divergence et contradiction. Tout ce qui est vrai, divin, est un comme

Dieu même ou n'est pas vrai ; puisque enfin la vérité, qu'est-ce, Messieurs ? Dieu connu. Si donc la vérité, la foi existent sur cette terre, il faut l'unité et l'unité persévérante ; il faut donc l'Église. Ailleurs vous ne trouvez que déchirement, séparation, changement et combat.

Je résume :

Il faut le culte social, il faut la société religieuse, il faut l'Église.

Il faut la religion, rien ne vit qu'en société, il faut l'Église.

Il faut à l'homme la société de ses intérêts, de ses besoins, de son but premiers ; par-dessus tout la société des âmes et de leurs immortelles destinées, il faut l'Église.

Il faut l'appui aux faibles, le soutien aux traditions, à l'unité son sanctuaire et son garant, il faut l'Église.

Ainsi dut s'accomplir le vœu le plus cher d'un cœur magnanime, et s'exaucer sa dernière prière : « O mon Père, qu'ils soient unis. » Ce n'était pas assez dire : « Qu'ils soient un comme nous le sommes vous et moi [1]. » *Ut sint unum sicut et nos unum sumus.*

Alors se réalisa sur la terre la touchante image

---

[1] Joan., XVII, 12.

du bercail, de la maison, de la cité, du royaume de Dieu, si souvent rappelés dans l'Évangile ; car c'est l'Église.

Alors et dès le second siècle, l'évêque grec d'une antique métropole des Gaules, le grand Irénée put écrire ces admirables paroles : « L'Église, quoique disséminée dans tout l'univers, est comme la famille habitant une même maison, n'ayant qu'un cœur et qu'une âme, et ne parlant que par une bouche [1]. » *Ecclesia, licet universum in mundum disseminata, quasi unam domum inhabitans, quasi unam animam habens et unum cor, quasi unum possidens os.*

Nobles et généreux enseignements, vous seuls arrachez l'homme au froid égoïsme et aux funestes étreintes d'intérêts tout matériels et terrestres. Non, ce n'est que dans la communion sainte de la grande famille que l'âme est pénétrée d'une douce et vivifiante chaleur. Soutenue par la vie de la foi, elle secoue le poids de corruption et de boue qui l'opprime, la fatigue, et trop souvent irrite sa colère et sa haine. Elle s'élance, portée sur les ailes de la prière, avec le concert unanime de la louange catholique, jusque dans le sein même de Dieu ; et elle ne descend de ce foyer de paix et d'amour que

---

[1] S. Iren., lib. I, c. III.

pour répandre autour d'elle les divines influences de la concorde et de la charité.

Alors, dans cet esprit qui est l'esprit de l'Église, chaque homme devient pour un autre homme véritablement un frère, un ami, un cohéritier de l'éternité : et l'on sent bien qu'il faut avant tout s'entr'aider mutuellement pour arriver au port sans naufrage, suivre la voie qui conduit à la vie, et non pas s'abandonner aux folles déviations dont l'issue est la perdition et la mort.

A ces hommes, enfants égarés qui délaissent notre alliance chrétienne, je dirai : Je dois vous plaindre et vous chérir. Mais ne voyez-vous pas que, s'il vous faut pour des intérêts d'un jour la société civile et ses lois, il vous faut bien plus encore, pour des intérêts immortels, la société et les lois religieuses; que si les devoirs, les institutions et les lois de la société civile ne sauraient être violés sans crime, bien plus inviolables encore sont les lois, les institutions et les droits de la grande société religieuse?

Leur infraction, à ceux-ci, n'est point vengée par la force des armes ni par le fer des bourreaux. A Dieu ne plaise, jamais il n'en doit être ainsi, c'est la triste nécessité imposée à la justice humaine, justice d'un moment. L'Église attend parce qu'elle est éternelle. Mais le grand jour des justices se lèvera pour elle enfin, et ses ennemis seront confondus. Sur la terre, mère désolée et compatissante, elle ne lutte contre des fils rebelles que par ses plaintes et ses douleurs, et leur offre pour vengeance le pardon de la miséricorde et les douces joies du repentir.

Mais je dois surtout, Messieurs, recommander à vos plus profondes convictions une conséquence nécessaire de l'existence sociale de l'Église, je veux dire son autorité infaillible.

C'est le sujet de la seconde partie.

II. P. Pour peu qu'on y veuille réfléchir, on conçoit aisément que dans l'idée même de société est essentiellement comprise la présence d'une autorité souveraine. Au sein des réunions d'hommes liés ensemble par des rapports et des intérêts communs, sous quelque forme et quelque nom que ce puisse être, vous retrouvez nécessairement, Messieurs, pour qu'il y ait ordre, pour garantir les droits de chacun et amener aussi l'accomplissement des devoirs respectifs, pour qu'il y ait société enfin, vous retrouvez le pouvoir ou l'autorité qui décerne, administre, juge, exécute en souveraine, en sorte que vous n'avez pas de corps social quelconque sans le pouvoir. La chose est de soi évidente.

Au milieu du choc des opinions, des passions et des intérêts divers, cherchez le lien commun de la société, au moins le lien extérieur, ce moyen nécessaire pour la conserver une, pour en faire un tout, un corps vivant et organisé : c'est le pouvoir.

Supposez en effet une armée sans chef, une cité sans magistrats, un peuple sans gouvernement : qu'aurez-vous? Sera-ce une organisation sociale? Non ; ce n'est qu'anarchie et désordre, le pouvoir manque. Et c'est ce que nos livres saints ont énergiquement exprimé quand ils ont dit : « S'il n'y a pas un pouvoir pour gouverner, l'État croule. » *Si non sit gubernator, populus corruet.*

Le pouvoir est donc, dans un sens vrai, l'âme et la vie de la société ; sans lui tout doit se dissoudre et périr.

Mais remarquons-le bien, Messieurs, ainsi qu'on l'a judicieusement et plus d'une fois observé, le pouvoir social, quels que soient son nom et sa forme constitutive, sera nécessairement un, souverain et absolu dans son entier développement. Je m'explique. Que le pouvoir soit exercé par un seul, par plusieurs ou par tous, ses derniers actes une fois revêtus de toutes les conditions légales, auront un droit inévitable et absolu à la soumission de tous les membres du corps. Car la société n'est société, et le pouvoir n'est pouvoir que par le droit dans celui-ci d'exiger la soumission et l'obéissance due aux lois.

Ces vérités sont évidentes par elles-mêmes, confirmées d'ailleurs par l'expérience de tous les temps et de tous les lieux. Jamais on n'a vu, jamais on ne verra une société sans un pouvoir souverain. Il y aurait non-sens et contradiction dans les termes.

Et déjà sans doute vous pressentez la conséquence nécessaire à tirer de ces principes pour la société spirituelle et religieuse elle-même.

Que la religion se constitue comme naturellement en corps de société parmi les hommes, avec une autorité religieuse souveraine, c'est ce qu'il serait permis de démêler quoique dans des images bien défigurées, à travers le chaos des superstitions antiques.

L'Égypte et la Grèce avaient, dans leurs temples les plus fameux, des colléges sacrés de prêtres avec un chef souverain; l'Inde obéit à la hiérarchie de ses impérieux brahmanes, un immense plateau de l'Asie à son mystérieux grand prêtre, la Chine à son conseil souverain du culte. La Perse avait son archimage; Athènes eut un archonte, roi chef de la religion, Rome païenne son grand pontife; la Gaule trembla sous l'autorité de ses redoutables druides.

Il est inutile de rappeler ici l'autorité religieuse chez les Hébreux : elle fut souveraine, infaillible même, et totalement indépendante du pouvoir politique. Elle était l'œuvre de la Sagesse divine, et préparait un avenir meilleur encore.

Partout et toujours avec des temples, des autels, des sacrifices, des prêtres et des assemblées sacrées, on vit une société religieuse et son autorité propre souveraine.

Et si, parmi tant d'autres erreurs, l'autorité religieuse ne fut pas toujours dans les mains des seuls pontifes, du moins le pouvoir politique l'exerça-t-il, et dut-il se constituer en pouvoir religieux : tant il est vrai qu'il en faut un.

La réforme elle-même, on le sait, en posant le principe de la souveraineté privée de l'individu en matière de foi, prétendit secouer le joug de toute autorité religieuse ; et elle dut aussitôt s'en imposer un autre bien pesant quelquefois, celui de l'autorité civile en matière de religion. Souvent depuis, des rangs mêmes du protestantisme, s'élevèrent d'illustres regrets et des désirs sincères de ce qui avait été, de ce qui n'était plus. On peut se rappeler à cet égard les plaintes éloquentes de Mélanchton, de Grotius et de Leibnitz, les trois plus grands hommes de la réforme : ils déplorèrent le schisme et la perte du principe d'autorité.

Mais la digue était rompue, le torrent des opinions humaines avait débordé de toutes parts, et nous assistons encore à ses ravages.

C'est assez pour montrer qu'il y a de ces vérités auxquelles l'homme est forcé de rendre hommage par sa nature et par la nécessité même des choses. De ce nombre est cette vérité : la religion exige une organisation sociale avec un pouvoir souverain religieux.

Cette vérité cependant, mille fois obscurcie et dénaturée, ne brilla et ne brille encore de tout son éclat qu'au grand jour du catholicisme.

Il faut ici, Messieurs, mûrement l'approfondir ; il faut pénétrer jusqu'aux entrailles de la doctrine catholique d'autorité, et joignant la raison à la foi, rechercher l'idée fondamentale et rationnelle de l'infaillibilité dans l'Église.

La société religieuse existe, doit exister ; c'est l'Église. Elle est de fait pour nous l'institution divine. Elle est aussi dans les plus étroites exigences de la nature même de l'homme, de l'expérience et de la saine raison. Nous l'avons vu dans la première partie ; il faut l'Église.

A la société il faut le pouvoir, nous venons de le dire : la société spirituelle et religieuse aura donc le sien. Que sera ce pouvoir spirituel et qu'est-ce bien que la société spirituelle ? Telle est la question.

L'Église n'est et ne peut être ce qu'elle est, elle n'est société que par sa foi, par les croyances et les doctrines religieuses. On peut et on doit la nommer société de croyance et de foi. C'est-à-dire qu'elle repose tout entière sur la soumission de ses membres à une parole crue divine, comme à la foi fondamentale et sociale.

La foi est la loi fondamentale et sociale de l'Église.

Voulez-vous en avoir la preuve; voulez-vous bien comprendre comment la foi seule fait la société religieuse, fait l'Église?

Supposez, par impossible, toute foi ôtée de cette terre, supposez abolie toute croyance religieuse, qu'aurez-vous?

Retranchez par exemple ces doctrines et cette législation que les chrétiens vénèrent comme ayant Dieu même pour auteur, aurez-vous la société chrétienne, l'Église? Non; il n'y a plus de foi, alors il n'y a plus rien qui unisse les fidèles, plus l'ombre de société chrétienne, plus même de christianisme, car il est apparemment tout entier dans les croyances enseignées par Jésus-Christ.

Demandez à l'incrédule à quelle société religieuse il appartient, quelle est son Église. Il ne croit pas, il n'a pas la foi, il n'a plus de frères ni de société dans la foi, il n'a plus d'Église. Il vit dans une effrayante solitude de l'esprit et du cœur. Mais malheur à lui, car il est seul : *Væ soli!* Sans la foi, pas d'Église ; par la foi, l'Église, les croyances ; voilà donc les lois fondamentales et sociales de l'Église.

Et il faut l'Église, vous ne l'oubliez pas.

Or point de société qui n'ait un pouvoir souverain constitué pour interpréter d'autorité, maintenir et faire exécuter ses lois ; la société civile en est l'exemple et la preuve.

Donc l'Église aura un pouvoir pareil, et ce pouvoir comme pouvoir social devra s'exercer sur la foi et les croyances elles-mêmes, puisque ce sont ici les lois sociales.

Ce ne sera pas, à Dieu ne plaise, pour changer ces croyances ou les détruire ; elles sont, quant à nous, l'œuvre du suprême et divin législateur. Mais ce sera pour les conserver et les défendre, pour les faire régner sur les esprits et sur les cœurs, pour les interpréter, les appliquer, surtout pour en imposer l'exécution fixe à la conscience avec une souveraine autorité. Et à ce pouvoir sera due l'obéissance.

Ou bien plus d'ordre, plus de lois, plus de foi, plus de société religieuse possible, de même que sans tribunaux et sans pouvoir politique souverain, vous n'avez plus ni ordre, ni lois, ni société civile. La parité est complète.

Il nous reste un dernier pas à faire.

La foi, considérée comme loi sociale qui m'oblige, et qui m'est déclarée et intimée par une autorité suprême à laquelle je dois obéir, la foi n'est autre chose que la soumission même de mon intelligence et de ma raison.

Il s'agit d'une société de croyance et de foi religieuse; c'est mon intelligence qui doit croire pour être en société; c'est mon intelligence qui est le membre social; c'est ma raison elle-même qui est ici le sujet du pouvoir spirituel; c'est mon esprit lui même qui doit intérieurement se soumettre et obéir. Et cela par la nature et la nécessité même de la société religieuse.

Il s'agit de la société essentiellement spirituelle, société des intelligences et des cœurs; il s'agit du pouvoir qui doit la régir.

Il s'agit de la foi intérieure qui est ici l'objet de la loi fondamentale et sociale; en un mot il s'agit de croire comme devoir social.

Et il faut la société de foi, il faut l'Église; il faut à cette société son pouvoir dans la foi, ou bien plus de société, plus d'Église, plus de foi : nous l'avons assez vu.

Mais pour assurer à cette autorité spirituelle son

nécessaire exercice, pour constituer et maintenir par elle la société spirituelle, quel moyen reste donc ? Quel merveilleux ressort pourra faire mouvoir vers un centre commun le monde des intelligences et de la pensée ? Quelle puissance réalisera sur la terre l'admirable et divine conception du catholicisme, des convictions et des croyances, l'unité permanente et universelle de foi?

Quel moyen? vous le comprenez enfin, je pense; quel moyen? Il n'y en a qu'un seul, même logiquement et rationnellement parlant, c'est l'infaillibilité, l'infaillibilité du pouvoir suprême dans l'Église.

Il doit, ce pouvoir, commander les croyances et les convictions même; il doit, comme pouvoir social, obliger l'intelligence et la raison même à se soumettre, c'est-à-dire à croire.

La raison n'obéit pas autrement : quand elle comprend on délibère, elle règne; quand elle croit, elle obéit.

Mais ma raison, par droit, par devoir, pour croire, surtout des choses divines, demeure indépendante et libre, si ce n'est devant une certitude souveraine, si ce n'est devant la véracité même divine, ou l'infaillibilité absolue, qui en est la participation.

Mon esprit ne peut et ne doit soumettre sa conviction qu'à l'infaillibilité.

Cependant ma conviction et ma raison doivent obéir au pouvoir spirituel; ou bien plus d'ordre, plus de loi, plus de foi, plus d'unité, plus de société, plus d'Église; mais toujours il faut l'Église.

Donc son pouvoir est infaillible, ou n'est pas pouvoir et n'a pas le droit de commander.

Dans la société spirituelle, la nécessité sociale et légale est de croire. L'autorité doit ici commander à la raison même, définir, fixer, pour l'intelligence même les doctrines et les croyances. Car ce n'est alors, de la part de cette autorité, qu'interpréter, appliquer et faire exécuter les lois sociales.

Mais une telle autorité, c'est l'infaillibilité; ou ce n'est rien, ce n'est pas l'autorité.

Pas d'autorité, pas de société; pas de société religieuse, plus de religion; sans religion que deviennent les peuples?...

Et voilà comme tout se tient et s'enchaîne dans les œuvres divines, depuis le bonheur de l'homme jusqu'au dernier anneau du pouvoir suprême et divin.

Le pouvoir politique n'a pas besoin, lui, il n'a pas le droit de commander les convictions et les croyances, elles sont hors de son domaine, qui ne s'étend qu'à l'ordre extérieur de la société. Encore la sagesse des hommes d'État vraiment dignes de ce nom leur fit-elle sentir que toute autorité souveraine, même purement civile, devenait en quelque façon infaillible, non pas dans la réalité sans doute, mais pour l'exécution et la pratique. Puisque après tout l'homme, être intelligent et libre, est obligé certainement, comme membre du corps social, d'obéir et de se soumettre au pouvoir souverain et légal; et que l'obligation de se soumettre à l'erreur, comme à l'injustice, semble répugner.

De là cet adage fameux reçu chez un peuple voisin, que le pouvoir ne peut pas se tromper. Fiction politique, il est vrai, mais qui renferme un sens profond et contient le principe vital des sociétés.

Non, le pouvoir comme pouvoir ne peut pas se tromper; en politique c'est fiction, dans l'Église c'est la réalité. Dans l'Église plus de fiction possible, c'est la réalité qu'il nous faut. Dans l'Église, infaillibilité et pouvoir souverain sont une seule et même idée, il y a identité parfaite. Dans l'Église, le pouvoir, par sa condition essentielle de pouvoir social, règle les croyances et la foi; et régler les croyances et la foi, c'est être infaillible.

Je résume tout ce que j'ai dit :

Il faut la société civile, il faut la société religieuse ;

Il faut le pouvoir souverain civil, il faut le pouvoir souverain religieux ;

La société religieuse est la société de foi, l'unité de foi.

L'unité, la société de foi demande une autorité, un pouvoir souverain dans la foi.

L'autorité souveraine de la foi est l'infaillibilité.

Telle est, Messieurs, la notion vraie, consolante et pure de l'Église; l'Église société, l'Église autorité et autorité infaillible dans la foi. Telle est cette notion éminemment simple et rationnelle.

Bien d'autres développements, bien d'autres preuves se présenteraient encore en faveur de ce noble et divin pouvoir, mais je suis forcé de les omettre.

J'espère cependant en avoir assez dit pour faire sentir combien est fondée, même en raison, cette foi dans l'infaillibilité de l'Église, qui fait toute seule, mais qui fait pleinement le catholique.

Il l'embrasse étroitement cette foi, il la serre contre son sein, comme la planche du salut au milieu de tant de naufrages. Il chérit plus que sa vie même cet asile sacré d'une autorité infaillible et divine, auquel il confia sa fragile intelligence.

De là comme d'un paisible sanctuaire, il a regardé autour de lui. Un besoin de vérité non moins que de bonheur, le besoin même de croyances religieuses travaille les esprits et les cœurs. Mais ils cherchent incertains et à tâtons, semblables à des voyageurs marchant seuls, dans les ténèbres, sur un terrain mouvant qui se dérobe sous leurs pas. Errant à l'aventure, ils ne savent se poser ni se fixer nulle part.

Cependant un instinct secret pousse l'homme de nos jours vers le catholicisme, il en fera l'aveu quelquefois. Il manque à ces esprits malades un généreux et dernier effort pour saisir la colonne d'infaillibilité et se tenir debout à ses côtés.

Mais ici l'orgueil de l'homme se soulève tout entier, quand il s'est d'ailleurs tant abaissé. Soumettre ses convictions et sa raison! Non, disent l'esprit d'indépendance et les passions. Oui, répondent la grâce et la conscience intime. Eh quoi! vous ne voyez pas qu'il en doit être de ces résistances si fières comme de ces animaux fougueux, rebelles à la main qui les craint et qui cède, dociles au frein qui les modère et les dirige! Livrez ces coursiers superbes à leurs impétueuses saillies, ils vous précipiteront d'abîme en abîme; domptez-les, ils vous porteront sur un char de triomphe au séjour de l'immortalité.

Messieurs, je ne terminerai pas notre religieuse carrière [1] sans vous dire ce que j'ai profondément senti en vous parlant. Si la pensée des maux produits autour de nous par l'indifférence et par l'erreur vient souvent attrister l'âme dans cette chaire et lui imposer une lutte pénible, il est bien vrai aussi que le cœur du prêtre retrouve à votre vue d'intimes et douces consolations.

Votre assiduité si nombreuse et si constante, votre attention grave et recueillie, l'assentiment donné aux convictions les plus sincères du zèle, tout semble ici, le dirai-je? pour le ministre de Jésus-Christ, révéler la présence d'amis bienveillants et généreux.

Et pourquoi donc en serait-il autrement quand Dieu a voulu visiblement rapprocher des cœurs faits pour s'entendre?

Oui, je me plais à le reconnaître et à le proclamer, Seigneur, pour votre gloire : dans un grand nombre de jeunes et fortes âmes la foi du prêtre rencontre un retentissement fidèle. Il le voit, il le sent avec bonheur.

A la foi, à la croix, aux leçons de Jésus-Christ, bien des courages se sont ardemment dévoués; et, chrétiens comme aux premiers âges, ils ont su

---

[1] Le carême de 1840.

renouveler à nos yeux toutes les nobles inspirations du zèle, toutes les ardeurs de la charité.

Soyez bénis au nom du Dieu trois fois saint, ô vous tous, religieux espoir de l'avenir. Une grande mission vous est échue, vous saurez la remplir, j'en ai la ferme confiance. Par les travaux, par les talents, par la vertu vous saurez honorer la religion qui vous honore, et vous brillerez au sein des générations comme des flambeaux bienfaisants, comme des guides consolateurs.

Que si d'autres hésitent encore et balancent à vous suivre, leurs cœurs combattus leur disent assez où se trouvent, avec la vérité, le repos et la gloire impérissables. Puissent-ils y parvenir enfin!

Puisse le Pontife, que la Providence nous réserve et qu'appellent tous nos vœux, se voir encore et longtemps entouré, soutenu par la jeunesse catholique, pour en seconder à son tour les inspirations généreuses, et, appuyé sur les coopérateurs vénérables qui auront si fidèlement conservé le dépôt, puisse-t-il rendre encore à cette Église ses beaux jours de triomphe et de fécondité!

TRENTE-QUATRIÈME CONFÉRENCE

LES MOTIFS D'ADMETTRE

L'AUTORITÉ CATHOLIQUE

TRENTE-QUATRIÈME CONFÉRENCE

LES MOTIFS D'ADMETTRE

L'AUTORITÉ CATHOLIQUE

Monseigneur,

Si l'un des caractères distinctifs de la nature de l'homme est l'amour de la vérité, si la vérité est l'un des indestructibles besoins de notre âme, il n'en est pas moins juste de dire qu'une disposition trop commune en nous redoute et fuit la vérité. Ce qui flatte nos préjugés et nos penchants, ce qui n'impose aucun devoir, et laisse dormir notre oisive indolence, sera tenu facilement pour vrai, sera même supposé l'être sans examen : ainsi règnent l'erreur et la libre spéculation.

Mais au prix de ses inclinations et de ses pensées les plus chères, malgré les opinions qui caressent notre indépendance et nos passions, malgré le joug hautain du monde et du faux savoir, malgré toutes les conséquences exigeantes de croyance et de conduite, chercher, vouloir, embrasser, pratiquer la vérité, c'est encore, Messieurs, même à l'heure qu'il est, un trop rare courage, un fruit trop rare de la conscience et de la liberté.

On peut le remarquer, surtout quant à la question religieuse et catholique. Elle se présente certainement à nous avec tous les motifs du plus haut intérêt : la foi, l'Église ont rempli le monde de leurs institutions et de leur gloire : on répugne à s'en occuper, à chercher une solution, si l'on doute ; on répugne à saisir le jour entr'ouvert de la vérité : on redouterait de la trop bien voir et de la trop connaître, on craint les conséquences. De loin on se croira mieux en possession du droit qui dédaigne et qui oublie ; et alors cédant pleinement à ses répugnances, on laisse de côté la foi, l'Église et la vérité.

Messieurs, la vérité ressemble en nous à la vertu. Celle-ci au fond de notre âme consistera surtout dans le motif qui fait agir ; la vérité, dans le motif qui fait admettre. Le vice et l'erreur se jugeront suivant un principe analogue ; le mal, le faux, positions négatives de l'âme, viennent surtout des motifs qui font rejeter le bien et le vrai.

En sorte qu'un des caractères assurés de la vérité, si l'on y pense bien, devra se trouver dans le caractère même des répugnances et des motifs prétendus qui la repoussent. Le christianisme, l'Église à l'origine; le christianisme, l'Église aujourd'hui se prouvent essentiellement divins par ce seul caractère. Demandez-vous à vous-mêmes, Messieurs, ce qui dans tous les temps combattit et repoussa l'institution catholique, ce qui la combat et la repousse encore. Veuillez le bien sentir dans vos consciences et dans vos cœurs; et demandez-vous quelle force au monde a pu vaincre ces résistances, quelle force pourrait vaincre ici les vôtres. Dieu seul.

Ne vous étonnez donc pas si nous qui croyons et qui portions aussi avec nous les mêmes motifs de répulsion, nous tenons notre foi pour indubitablement divine; car notre foi est ainsi en quelque sorte à elle-même sa propre démonstration. Elle a rencontré en nous trop de répugnances naturelles pour n'être pas, dans sa victoire, la force et la vérité même divines.

Juger donc ainsi les motifs qu'on croit avoir de rejeter, les motifs qu'on a d'admettre l'Église catholique; les balancer entre eux, tel sera l'objet de cette Conférence. Ce sera résumer à certains égards la démonstration catholique, et la réduire à la question vitale : faut-il embrasser et garder, comme la vérité, la foi et l'autorité de l'Église catholique, apostolique, romaine, de cette Église qui parle et qui enseigne dans cette enceinte? Faut-il encore aujourd'hui être vraiment catholique, l'être de croyance et d'action?

Fasse le Ciel que vous daigniez mûrement l'examiner à cette heure, si vous aviez à l'examiner encore!

I. P. Vous me permettrez, Messieurs, de remonter comme point de départ à des idées que déjà j'ai eu l'occasion d'énoncer et de développer dans cette chaire. Il faut que j'en rappelle le souvenir rapide, pour montrer la suite et l'enchaînement des principes. J'oserai vous demander de vous recueillir en m'écoutant, car après les témoignages et les faits je vous apporterai les raisons.

Il faut à l'homme la vérité religieuse: l'homme ne vit pas uniquement de pain, mais encore de toute parole qui procède de la bouche de Dieu, comme disait le Sauveur au désert.

L'homme est surtout une âme immortelle dont la fin, la vie, sont en Dieu même. L'union intime avec l'infini, tel est le but, tel est le complément de toutes les facultés de notre être. Le reste, si nous y plaçons la fin de nos désirs, nous abuse et nous tue. Ici-bas il faut donc tendre à Dieu comme au terme dans la patrie; il faut la voie tracée pour y arriver sûrement; il faut le lien, le rapport qui nous mène à notre fin divine. La vérité religieuse seule nous unit à Dieu : religion veut dire lien; et c'est comme le rayon de lumière très-pure qui du haut des cieux descend sur la terre, qui de la terre monte aux cieux.

La vérité religieuse n'est pas seulement la société avec Dieu; elle est encore et en Dieu même la société de l'homme avec les autres hommes; c'est l'Église.

Société nécessaire et parce que la nature de l'homme est sociale, et parce qu'une tendance, une fin communes font la société, et parce que la religion est surtout ce qui associe les hommes entre eux par une même croyance et par un même amour.

En sorte que si nous voulons par la méditation pénétrer dans la nature intime de l'humanité, nous verrons que, suivant les conseils divins, le genre humain est la grande société des âmes, unies entre elles par la loi de tendre à la même vérité et au même bien. Et il n'en saurait être autrement.

Dieu existe, vérité souveraine et bien souverain; l'âme existe en chaque homme, destinée à la possession du vrai, du bien parfaits. Pour le départ, pour la voie et pour le terme, tous sont nécessairement unis dans le Dieu qui les créa, qui les dirige, et les appelle tous, s'ils veulent venir à lui. Telle est la religion et telle est l'Église, la société des âmes. Et comme il n'y a pas sous le ciel d'autre nom donné aux hommes dans lequel ils puissent espérer ni être sauvés, c'est en Jésus-Christ qu'il faut s'unir.

Grande et belle idée du christianisme, véritable notion de l'humanité : société universelle des âmes tendant à Dieu, unies en son Verbe, en Jésus-Christ. Guidées par des liens invisibles, nos libertés doivent se mouvoir sans cesse vers Dieu : gravitation puissante mais libre de toutes les intelligences autour du centre unique et divin de la création. Telle est l'union des âmes dans l'Église par le lien commun du médiateur Homme-Dieu.

Il faut à l'homme la vérité religieuse et chrétienne;

Il la lui faut sociale, à l'état d'Église.

Mais à la société il faut l'autorité, car il faut l'unité, ou bien tout va se dissoudre et périr; à la société de foi il faut l'autorité dans la foi; de là le pouvoir dogmatique ou de définition dans l'Église. Ce sont même des vérités logiques, et que je ne saurais me repentir d'avoir redites à satiété à vos oreilles.

Messieurs, un christianisme d'autorité vous est à jamais nécessaire, et vous vous rappellerez toujours ce mot si touchant sorti du cœur de saint Augustin et de Fénelon : « S'il y a un Dieu, une Providence, il y a une autorité. »

Après ces deux grands hommes et comme eux, quand on y réfléchit mûrement, on s'étonne qu'il faille autre chose que la simple idée d'une Providence s'occupant des destinées humaines, pour nous porter avidement à saisir l'appui de l'Église et de son autorité. On s'étonne qu'il faille plus que le bon sens pour embrasser et pour chérir comme une nécessité d'évidence et comme le plus doux remède à tous nos maux, un pouvoir d'enseignement et la soumission qui lui est due en religion.

Comment! à cette vaste glèbe qu'on appelle le monde, un peuple immense est attaché. Aussi loin que la pensée peut se porter sur toute l'étendue de l'univers, elle contemple des multitudes innombrables, gisantes, pour ainsi parler, dans l'ignorance, vouées au travail des mains, incapables par le fait du travail suivi de la pensée : condition nécessaire, quoi qu'on fasse, de la plus grande partie des hommes, et qu'on dirait ainsi à bon droit être la condition du genre humain tout entier. Car le genre humain est l'assemblage d'âmes intelligentes et libres sans doute, dignes du plus ardent intérêt et des plus véritables égards: mais enfin ce ne sont pas des tribus uniquement composées de membres d'académies savantes : ce sont des masses, tribus réelles d'enfants, de simples, d'ignorants, de faibles, d'indécis: tel est le monde. Il y a un Dieu dont la nature est la bonté, une Providence dont l'expression est la tendresse du père; et à chacun pour le guider sur cette terre, pour l'éclairer, le guérir, pour le conduire à Dieu et le sauver, à chacun il serait dit: Sois penseur libre; raisonne, réfléchis, considère, choisis; seul tu dois former ta religion et ta foi; nul, pas même Dieu, n'a le droit de la dicter pour toi, ni de te l'imposer !

Comment, il en serait ainsi! Raisonnablement vous le croiriez ! Après que, durant de longs siècles, le genre humain aurait été en proie à toutes les aberrations du rationalisme et des sens, précisément pour nous convaincre de l'extrême besoin où nous sommes d'un enseignement venu d'en haut, et dispensé, dicté à tous d'autorité, il en serait ainsi!

Et le christianisme apporté à la terre, ouvrant à l'humanité une ère nouvelle de lumière et de paix, n'aurait rien fait de plus pour les faibles, pour le peuple, pour les masses! il les aurait laissés et livrés à leurs propres pensées pour étudier et résoudre la question religieuse! Telle serait la Providence qui veille au bien des peuples! Vous le croyez?

Le christianisme ne serait rien de plus aussi pour le génie, roi, semble-t-il ici-bas, de l'intelligence! Le génie serait à lui-même sa propre autorité! Il en servirait pour les autres!

Messieurs, devant Dieu, toute intelligence est égale et indépendante en ce sens que le devoir de l'une est le devoir de l'autre, le droit de l'une celui de l'autre. Le lien religieux, fin de l'âme et société obligée avec Dieu, est le même pour toute âme. Juger, établir, secouer ou modifier ce lien, ce rapport avec Dieu, n'est pas un privilége du génie, par la raison que le génie n'est qu'un homme; et que ce qu'il pourrait à cet égard, tout homme le pourrait également : il ne saurait donc rien imposer aux autres hommes comme vrai en religion; il n'en a aucun droit.

Pour soi-même, le génie, fût-il d'ailleurs aussi commun qu'il est rare, n'est pas non plus une règle suffisante de vérité. Ce qui est multiple et contradictoire en plusieurs ne saurait être vrai tout à la fois. Rappelez-vous toutes ces doctrines religieuses inventées et professées en dehors de la foi d'autorité par des intelligences très-élevées d'ailleurs. Ces doctrines sont allées, elles vont chaque jour grossir l'histoire lamentable des erreurs humaines : et le catholicisme demeure!

Oui, plus il se trouvera de puissance, d'étendue et de savoir dans une âme, plus il faudra à ce glorieux enfant des cieux un frein, un guide tutélaire, pour aller contempler la lumière, et non pas s'abîmer en prétendant la ravir. Le mythe ancien de Prométhée en donnait la vive leçon; et nos Écritures divines l'avaient mieux encore proclamé : « Le scrutateur téméraire de la majesté de Dieu sera accablé par l'éclat de sa gloire. » *Qui scrutator est majestatis, opprimetur a gloria* [1].

Ainsi, Messieurs, pour les masses, pour le génie surtout, l'autorité d'enseignement religieux est nécessaire.

Mais qu'est-ce qui éloigne donc les hommes du principe d'autorité, et les oblige d'affronter seuls la majesté éblouissante de la lumière divine?

Serait-ce encore et serait-ce toujours je ne sais quelle préoccupation de la liberté, des droits de l'individualisme religieux, quand d'ailleurs, et hors de la question de foi, on exagère jusqu'aux derniers excès le besoin du socialisme, comme on l'a nommé?

Une bonne fois il faudrait s'entendre.

---

[1] Prov., xxv, 27.

Par ces mots, liberté religieuse et droits de la raison, veut-on exclure toute contrainte et toute violence des voies à employer pour faire admettre la vérité catholique ? Nous y consentons pleinement : nous tenons et nous professons que la foi est libre dans le vrai sens.

Veut-on dire qu'il faut des motifs préalables et raisonnables de croire ? Certes nous le reconnaissons aussi, et nous ne faisons autre chose que les reproduire ici sans cesse.

Mais veut-on dire, comme l'expriment réellement les tendances avouées de la philosophie moderne, veut-on dire qu'il n'y a ni obligation ni devoir de rechercher et d'embrasser la vérité, l'autorité catholique ; qu'elle est, malgré tous les motifs qui l'appuient, sans droit sur l'intelligence et la raison de l'homme ? C'est ce que nous repoussons à jamais, car ce serait déclarer l'erreur libre. L'erreur est libre, oui, je l'ai déjà dit, comme le crime ; l'âme a le triste pouvoir, mais non le droit d'errer. Et rejeter en principe et à l'avance, comme on le fait, toute autorité religieuse d'enseignement, poser le droit absolu d'un rationalisme indépendant, c'est donner à l'homme, à tous les hommes le droit d'errer sans crime. Car alors chacun ne reconnaîtrait d'autre guide que lui-même, avec tous les caprices arbitraires de l'opinion. Droit de l'erreur qui répugne en Dieu qu'on suppose le conférer, en l'homme qui se l'arroge et qui l'exerce.

Il faut donc, Messieurs, l'autorité en religion ; donc cette autorité est un besoin, un devoir, une obligation pour l'homme libre, et parce qu'il est libre.

Mais quelle sera, Messieurs, cette autorité enseignant et définissant la foi, Providence visible des peuples et du génie, soulageant et guidant l'intelligence et la portant rassurée jusqu'au sein des vérités divines ?

Vous vous rappelez, Messieurs, le mot de l'incrédule fameux : S'il faut se décider par l'autorité, je suis catholique.

Il le faut ; l'autorité est nécessaire, et au fond tous en sont convaincus. Je cherche : où donc se trouve l'autorité, digne au moins de ce nom, quant à la foi ? Il n'y a au monde que l'autorité de l'Église catholique ; il n'y en a pas d'autre qu'on puisse dire existante et constituée pour enseigner la foi et le salut ; pas d'autre même qui se dise telle, souveraine et infaillible. Il faut l'autorité ; je suis catholique : que serais-je donc ?

Mais d'ailleurs, avant tous nos raisonnements et sans eux il y a les faits ; les faits primitifs du christianisme, qui tous appartiennent en propre à l'Église catholique ; nous l'avons vu. Faits primitifs d'une institution divine, souveraine, infaillible, fait d'unité dans un chef suprême : tel est le christianisme et telle est l'Église catholique. Chaque trait du tableau signale l'original et le modèle ; il n'y a pas à s'y méprendre. Toutes les conditions constitutives du christianisme premier, constituent encore aujourd'hui évidemment l'Église catholique elle seule ; seule elle est donc le christianisme vrai, et son autorité est souveraine, divine, infaillible ; sa papauté, le lien nécessaire d'unité.

Serait-on préoccupé encore de je ne sais quelle théorie gratuite et arbitraire de la religion du progrès, qu'on ne se donne pas même la peine d'étayer d'une apparence de raison que les faits démentent, hélas! trop clairement dès qu'elle est inventée? Cette théorie, qu'il suffit de nier assurément, puisqu'on l'affirme comme d'autres rêvent, tombe d'ailleurs devant ce seul mot : le christianisme est l'œuvre spécialement divine, la loi divine. Pour que l'institution divine changeât et vînt à progresser, comme on dit, il ne faudrait rien moins que l'action du pouvoir qui la fonda. Le vieil adage de droit vaut ici pleinement : Les conventions et les lois en exercice se modifient ou se détruisent comme elles se sont établies. Nous attendrons les modifications divines et révélées.

Et puis qui n'a entendu les mille voix des origines chrétiennes proclamer l'œuvre du Sauveur comme le complément et la plénitude des temps et des croyances, promettre au nom du Seigneur et avec sa parole expresse l'invincible perpétuité de cette Église fondée par Jésus-Christ sur la pierre angulaire, promesse dont la réalisation est le miracle permanent et visible de la durée de l'Église catholique? Et à qui donc aller maintenant, ô mon Dieu, pour écouter les leçons de l'éternelle vie? *Domine, ad quem ibimus? verba vitæ æternæ habes.*

Il ne servirait de rien non plus de répéter que la réforme, la philosophie ou le siècle, n'importe, ont affranchi la raison; une seule question est à résoudre : Jésus-Christ a-t-il établi l'autorité? Oui, tout est jugé.

Pas davantage pourrait-on se réfugier dans le doute ou dans l'indifférence glacée : car avec le rationalisme, l'affranchissement prétendu et le progrès, je ne vois plus, Messieurs, d'autre subterfuge.

Non, il n'y a point place au doute ni à l'indifférence. L'Église catholique affirme son autorité identique avec le christianisme divin, avec l'institution divine; c'est l'affirmation, le témoignage d'un fait. Le témoignage rendu par une société innombrable sur un fait est la vérité, ou tout ordre, toute histoire a péri. Telle est l'Église catholique, et tel est son témoignage; elle doit donc être crue.

Point lieu au doute; l'Église catholique affirme: son affirmation est la voix des traditions, des faits, des monuments maintenus et perpétués d'âge en âge, qui nous montrent dans l'Église, dans son autorité l'institution même primitive et divine. Devant ces faits, devant cette identité et cette continuité divines, non, ce ne sont point le doute et l'indifférence qui légitimement sont possibles, mais la foi seule sincère et courageuse.

Au moins trouverez-vous, Messieurs, que nous ne sommes point catholiques sans raison. Avez-vous raison de ne pas l'être, vous qui m'entendez et qui hésitez peut-être encore? Je résume :

La vérité est nécessaire, la religion est nécessaire; nécessaire en société, en Église; nécessaire avec l'autorité qui fixe et détermine.

L'Église catholique est seule au monde l'autorité existante et constituée dans la foi, seule réunissant en elle et s'identifiant tous les traits et tous les faits caractéristiques du christianisme: son établissement, sa divinité, sa souveraineté intellectuelle et infaillible, sa papauté.

L'Église catholique seule identique ainsi au christianisme divin, seule répond par son autorité même aux besoins immenses de l'humanité comme à l'idée vraie d'une bonté divine et d'une providence divine.

L'Église catholique est l'institution permanente de Jésus-Christ, de Celui qui passa en faisant le bien, et ne voulut qu'arracher l'homme à ses erreurs, à ses fluctuations, comme à ses crimes; qui alors établit l'autorité, et l'établit avec tous les signes de l'institution irrévocable et divine; fait devant lequel s'évanouissent à jamais le rationalisme, le doute et le rêve d'un christianisme arbitraire et de progrès.

Voilà quelques-uns de nos motifs; en avez-vous de meilleurs et de plus fondés pour ne pas croire? Autorité, autorité en religion et dans la foi! est un cri de répulsion pour l'orgueil qui s'irrite, pour l'humeur légère, ignorante et servile des passions. Autorité, cri d'amour, de liberté et de salut pour l'âme vraiment indépendante et courageuse, qui salue le port retrouvé après l'orage, l'appui et la force dans les combats. Ainsi du moins on a dans la vie où reposer sa tête et son cœur. Dieu a parlé, a pensé pour nous; et sa voix est fidèle à dissiper nos angoisses, à consoler nos maux.

Mais sur cette appréciation, bien que probe et sincère des motifs de rejeter ou d'admettre l'autorité catholique, peut-être reste-il quelque nuage encore en vos esprits. Je vais tâcher de le dissiper, car je n'ai pas tout dit.

II. P. Autrefois, Messieurs, pour combattre l'amour des nouveautés et pour défendre le christianisme contre l'envahissement de doctrines adultères, les Pères des premiers temps insistaient avec force sur un caractère de l'Église comme sur le point capital, comme sur l'appui et sur la démonstration invincible de la vérité. On ne peut lire en effet avec quelque attention les principales réfutations d'erreurs qui nous ont été laissées, en particulier par saint Irénée, Tertullien, saint Cyprien, saint Jérôme, saint Augustin, saint Optat et Vincent de Lérins, sans être convaincu qu'au milieu d'une grande abondance de raisons, ils se reposaient comme définitivement sur celle-ci pour réfuter les novateurs : « Vous ne venez point des apôtres. »

Les premiers symboles de foi consacrèrent ce même fondement dès l'origine ; l'Église fut toujours proclamée apostolique ; le siége de la primauté perpétuée de Pierre fut aussi nommé apostolique par excellence.

Je m'empare à mon tour de ce mot, et je vais vous en expliquer le sens et la portée.

Avec l'homme qui n'adopte pas pleinement nos

convictions catholiques, tout serait obtenu s'il en venait enfin à reconnaître l'autorité souveraine et toujours vivante de l'Église catholique dans la foi; car alors il n'y a plus qu'à écouter et à se soumettre.

Pour refuser de reconnaître l'autorité de l'Église catholique, communément et même uniquement on veut penser qu'elle vint, comme institution politique et humaine, d'un développement successif de circonstances, en tous cas de faits postérieurs à l'établissement du christianisme.

Je ne sache pas qu'on ait jamais jusqu'ici attaqué, ni même qu'on ait délaissé l'autorité, l'infaillibilité de l'Église, comme s'étant établie avec le christianisme même, et tout en avouant que c'était une seule et même institution. Toujours au contraire dans la lutte on a prétendu séparer ces deux choses, le christianisme et l'autorité de l'Église catholique.

En prouvant donc que le christianisme des apôtres fut l'Église avec son autorité infaillible, l'Église même catholique romaine, telle qu'elle existe encore aujourd'hui, on a tout prouvé pour la question présente, on a renversé toute doctrine d'opposition, on a détruit tous les vains prétextes d'indépendance allégués jusqu'à ce jour.

C'est en ce sens que je m'attache ici, Messieurs, à démontrer l'apostolicité de l'autorité catholique;

et je consens volontiers qu'on oublie tout ce que j'ai pu dire jusqu'à ce moment.

Si l'autorité de l'Église catholique n'est pas l'institution même apostolique au sens de nos professions de foi, alors il y eut à cet égard quelque jour et quelque part une innovation; il y eut un jour et dans quelque lieu une altération et un changement apporté à l'enseignement et à l'établissement des apôtres.

Il faut l'admettre nécessairement, si on ne veut pas que l'autorité de l'Église catholique soit d'institution primitive et apostolique, c'est-à-dire divine. Car certainement cette autorité a été crue et reconnue sur la terre, elle est crue et reconnue encore par tout vrai catholique. Elle n'est pas, prétend-on, des apôtres réalisant les commandements de leur Maître; alors elle est venue plus tard, par une innovation et un changement bien graves. Il n'y a pas de milieu.

Eh bien! nul changement de ce genre n'a été fait, et il est à jamais impossible qu'un tel changement ait eu lieu.

L'auteur, le temps, le lieu, les opposants, le mode pour une innovation pareille, pour une pareille révolution seraient indubitablement assignés, ils ne le sont pas.

L'auteur d'abord : consultons l'histoire du christianisme; aucun changement notable, et bien moins notable que celui qu'on suppose ici, n'a été tenté dans la foi, dans les enseignements premiers apostoliques, que l'auteur n'en soit connu et assigné.

Aussi nous connaissons dès les premiers siècles Cérinthe, Ebion, Marcion; plus tard Arius, Pélage, Nestorius, Luther et une foule d'autres. Même ceux qui introduisirent un changement dans la doctrine ou l'institution chrétienne, léguèrent communément leur nom à leurs sectateurs et adhérents : l'histoire dit les ebionistes, les ariens, les pélagiens, les luthériens, comme pour les marquer d'autant mieux du sceau de la séparation.

Dans la science, dans la philosophie, dans les arts, dans les entreprises industrielles ou politiques, dans la guerre, même après de longs siècles, nous nommons, tout le monde nomme les auteurs de doctrines, d'inventions, de révolutions et d'institutions nouvelles.

Quel est l'auteur de l'institution d'une autorité souveraine et infaillible dans l'Église catholique? Savez-vous son nom?

C'est étrange cependant, la chose valait au moins la peine d'y attacher quelque célébrité; c'était une nouveauté dans le christianisme, on doit le supposer forcément, puisqu'on ne veut pas admettre une antiquité primitive et apostolique.

C'était une pensée d'homme tout autre que celle de Jésus-Christ et de ses apôtres, et venant après eux, on le suppose ainsi. C'était l'invention la plus merveilleuse, la plus extraordinaire, la révolution la plus étonnante à opérer dans l'esprit humain comme dans l'Église. Quelqu'un la conçut, la réalisa, l'imposa au monde; certes ce n'était pas peu de chose, elle subsiste forte et indestructible. Quel en fut l'auteur, quelle région l'a vue naître, quelle mère l'a nourrie? Rien, pas un nom avec l'apparence de vérité; et vous nommez avec certitude la moindre innovation religieuse dans la plus obscure antiquité! Et vous parlez encore d'une institution humaine de l'autorité de l'Église catholique.

Il ne sert de rien d'avoir rêvé après quinze ou même dix-huit siècles les noms de Constantin, de Charlemagne ou de Grégoire VII, et je ne sais quels autres. Dérision véritable! Est-ce ainsi qu'on écrirait toute autre histoire? Après quinze ou dix-huit cents ans supposer un fait si grave, l'un des plus graves au monde, quand nul monument, nulle trace n'en existe aux âges précédents; et quand au contraire une tradition positive, constante, universelle et pratique fait remonter à l'origine même divine du christianisme la grande institution dont il s'agit!

Constantin, Charlemagne, Grégoire VII inventeurs de l'autorité de l'Église! Pourquoi plusieurs noms? Un seul suffit, l'un dément l'autre. Mais c'est folie et imposture amère.

Rappelez-vous seulement combien d'hérésies solennellement condamnées, combien de conciles œcuméniques ou autres avant tous les temps et tous les noms qu'on invente après coup.

Voilà donc une institution qui a rempli le monde, et l'institution la plus étrange, sans nom d'auteur, sans origine connue; c'est vraiment étrange aussi, quand nous savons jusqu'aux moindres détails de l'institution des frères Moraves.

Je me trompe; Tertullien a dit à sa manière un mot énergique et évident : « Ce que l'on trouve ainsi admis dans l'Église par un concert unanime, sans commencement assigné, n'est pas l'erreur inventée, mais la vérité transmise. » *Non est erratum, sed traditum.* Entendez-vous? Ne l'oubliez pas.

Point d'auteur de ce pouvoir d'infaillibilité dans l'Église catholique; il est donc de l'auteur même du christianisme; c'est l'origine et la note apostolique, comme l'entend notre symbole de la foi chrétienne.

C'est encore un usage constant de l'histoire et un trait inséparable de l'apparition d'un fait grave, que l'indication du lieu où il se passa, où il commença d'abord. Ainsi encore pour toute nouvelle doctrine qu'on voulut enter sur le christianisme, nous savons où elle commença, où elle fut prêchée, enseignée d'abord : l'arianisme à Alexandrie, le nestorianisme à Constantinople, le luthéranisme en Saxe; et ainsi des autres.

Je demande où fut annoncée en premier lieu la doctrine de l'autorité de l'Église catholique, doctrine nouvelle et différente du christianisme. En quel endroit du monde fut tentée, essayée d'abord cette audacieuse institution: car elle commença, puisqu'elle existe.

En quel lieu? Silence absolu; histoire muette. Point d'origine plus mystérieuse assurément; c'est une exception à tous les faits connus. Il s'agit d'un fait d'institution le plus capital au monde; d'un changement immense et total survenu dans l'état du christianisme, dans son organisation sociale; ce n'est point un simple rit de liturgie, une pure cérémonie : il s'agit d'un pouvoir exorbitant et surhumain attribué à l'Église catholique quand elle ne l'avait pas; et devenu à jamais et par tout l'univers son droit constitutif. Ni lieu, ni auteur; et nous savons les moindres révolutions d'un petit peuple, le lieu, les auteurs du fait.

Si l'on disait que l'autorité de l'Église catholique a commencé avec le christianisme lui-même, qu'elle s'est établie où il s'est établi, comme ce serait simple et clair, conforme aux règles de critique et de bon sens! combien l'on s'éviterait ainsi de contradictions et de tortures historiques!

Mais il s'agit de la foi, de l'Église catholique et de son autorité : on dévorera un océan d'invraisemblances plutôt que de s'y soumettre. Pour s'y soustraire tout est raison, même la déraison. Il est donc bien vrai que des esprits éclairés d'ailleurs se troublent et s'aveuglent quand il s'agit de l'Église catholique; qu'ils ont deux poids et deux mesures; qu'ils admettent contre elle ce qu'ils rougiraient d'admettre en toute autre histoire, une révolution religieuse changeant la face du monde telle qu'eût été l'innovation étrange d'une autorité infaillible, sans auteur ni lieu qu'on puisse assigner dans toute la suite des siècles.

C'est qu'autrement, en suivant la saine raison et la saine logique, et la vérité des faits, il faudrait croire et pratiquer... Je le sais bien, Messieurs. Il en est de même pour le temps. On assigne les époques de la multitude innombrable des erreurs, des hérésies, des innovations qui prétendirent envahir le champ du christianisme depuis le temps des apôtres : pour l'autorité de l'Église on n'as-

MOTIFS D'ADMETTRE L'AUTORITÉ CATHOLIQUE 465

signe pas l'époque de son introduction postérieure: d'où vient cette différence? Est-ce donc que pour cette seule institution au monde l'histoire a manqué à toutes ses conditions et à tous ses devoirs? Quel luxe de dates n'avons-nous pas pour des lois, des batailles, pour des faits de peu d'importance! La naissance de l'autorité catholique n'a de date nulle part, hormis à la naissance même du christianisme, époque à laquelle elle remonte forcément, puisqu'on n'en assigne aucune autre. Cependant elle eût dû marquer, arrivant dans un âge postérieur : toutes les annales l'auraient enregistrée, tous les monuments la signaleraient : rien, absolument rien à cet égard. Et j'en appelle, Messieurs, à vos propres souvenirs : car je ne vous ferai pas l'injure de croire que vous avez besoin d'entendre réfuter sérieusement ici les fables violentes et les déclamations furibondes des premiers provocateurs de la réforme, fort peu d'accord entre eux du reste; et qu'on vit tout à coup saisis d'une sainte frayeur, crier au règne de l'Antechrist arrivé et à la corruption consommée de la Babylone romaine, pour les uns depuis le quatrième, pour d'autres depuis le cinquième, pour ceux-ci depuis le sixième, pour ceux-là au onzième siècle, sous Grégoire VII, bien entendu.

Nous avons dit sur ces époques et sur ces prétendus auteurs du pouvoir usurpé de l'Église, plus qu'il n'était nécessaire d'en dire.

Je le demande : l'époque récente et postérieure de cette institution de l'autorité catholique est-elle assignée, depuis l'institution même du christianisme, avec quelque fondement, avec quelque probabilité? Non. Qu'en conclure? Les mœurs historiques des peuples sont connues ; elles ont toujours pourvu fidèlement à conserver l'ordre et les temps des événements, et en particulier des divergences d'opinions religieuses survenues ; ni temps, ni place marqués pour avoir fait le pape et les évêques ce qu'ils n'étaient pas, juges de la foi : ils l'ont donc été toujours. C'est l'origine apostolique et divine.

L'auteur, le lieu, le temps ne sont nullement indiqués. Et les opposants? pas davantage.

Il est certain par toute l'histoire du christianisme que toujours, quand une innovation, fût-ce la moindre, dans la foi, commençait à se produire, toujours et à l'instant se levèrent en nombre de vigoureux défenseurs de la foi antique. On sait que de luttes, de guerres même pour un seul point de doctrine qu'on aurait voulu changer. A combien d'écrits publiés de part et d'autre, à combien de conciles, de décrets des souverains pontifes, et souvent même des empereurs et des princes, n'a pas donné naissance une seule nouveauté dans la foi? Vous le savez assez, Messieurs : les histoires en sont pleines.

Vous ne trouvez pas l'ombre d'une opposition semblable, pas le moindre vestige, à l'introduction première de l'autorité de l'Église. Signalez le débat; où est-il? Et certes il devait être.

Ce fut apparemment un acte subit de féerie magique, qui accomplit, dans la profondeur d'une sombre nuit et pendant que l'univers tout entier était endormi, cette merveilleuse transformation. Au réveil le monde entier se trouva placé sous l'autorité de l'Église, et la crut établie depuis des siècles, la crut divine, établie par les apôtres. Aimez-vous mieux le supposer ainsi? En vérité une supposition vaut l'autre.

L'histoire se tait sur tout combat à l'apparition du dogme nouveau d'autorité et d'infaillibilité. Elle se tait; elle devrait crier par toutes ses mille voix à l'irruption d'une nouveauté pareille; la gravité de cette usurpation, l'immense diffusion de l'Église, toute la nature intime de l'homme, et l'amour de l'indépendance, et l'amour d'une foi première, tout résiste et répugne à ce silence. Toutes les lois morales se révoltent contre la supposition de ce consentement muet, donné par tous à la fois à une pareille nouveauté. Ah! c'eût été l'opposition la plus sanglante; où en sont les traces?

Et l'on préfèrera, pour rejeter l'abri tutélaire de l'autorité dans la foi, on préfèrera dévorer l'hypothèse de son admission sans le moindre signe de vie dans le monde catholique. Voilà pourtant ce que l'on est contraint d'admettre et de croire, lorsqu'on veut supposer que l'autorité de l'Église a été un jour une nouveauté!

Si vous connaissez, Messieurs, la balance où l'on pèse l'absurde, regardez bien de quel côté elle penche en ce moment. Hélas! voudriez-vous pencher et descendre avec elle?

Voyez; en tout temps et presque en tous lieux dans la société catholique romaine, vécurent des docteurs distingués, des pasteurs pieux et vigilants, des populations ardemment dévouées à la foi de leurs pères; en sorte qu'une multitude innombrable de martyrs se rencontra pour protester, et pour préférer la mort à la moindre altération des enseignements apostoliques. Donc c'est ce qui est le plus impossible au monde, que dans une chose aussi grave, aussi journalière, aussi fondamentale et aussi exigeante que l'autorité de l'Église, tous, tous au sein du christianisme, dans toutes les régions qu'il habitait, aient reçu en silence le joug nouveau de la foi ainsi changée, bouleversée, sans réclamation, sans débat.

Il faut pourtant le dire et le croire ainsi arrivé, si l'autorité catholique n'est pas tout entière de Jésus-Christ par les apôtres.

Enfin pas un seul instant dans toute la durée du christianisme où n'aient été en présence de l'Église romaine des erreurs opposées, ennemies, nées pour la combattre, pour veiller aussi à toutes les altérations, afin de s'en faire de nouvelles et puissantes armes. Et certes elles auraient toutes vivement réclamé, célébré leur liberté, leur joie, quand elles auraient vu apparaître cette pensée récente, humaine, d'une autorité souveraine dans la foi. Or pas un mot à ce sujet jusqu'aux protestants, qui protestèrent eux, il est vrai, pour mériter leur nom, mais contre une institution déjà ancienne alors, ils en convenaient, et dont l'existence seule et l'antiquité suffisent pour les condamner à jamais.

Durant quinze cents ans, l'opposition est donc nulle, et l'autorité de l'Église existe reconnue, exercée : donc elle est née quand naquit le christianisme. Le contraire est l'impossible absolu.

Point d'opposition, point d'auteur, ni de lieu, ni de temps à indiquer pour une nouveauté de ce genre.

Il reste alors à toucher de la main la vérité, et

à aller saisir son premier anneau dans l'établissement tout divin du christianisme.

L'établissement de l'Église est un fait, sa conservation pendant dix-huit siècles est un autre fait également incontestable. On n'a pu rien ajouter, on n'a pu rien ôter, surtout on n'a pu jamais ajouter l'autorité catholique. Donc l'autorité catholique est le christianisme pur, premier et divin.

Messieurs, quand un dernier assaut doit bientôt décider du sort de la ville qu'entoure et presse une armée puissante, il semble qu'un moment solennel prépare et annonce la victoire. Les batteries sont élevées, les troupes rangées : le soldat plein d'ardeur attend au repos. Toutes les forces ont été réunies pour le combat. Au signal donné, des coups redoublés battent les remparts, les ébranlent, battent encore et renversent : les remparts cèdent; l'armée triomphante se précipite; la ville est prise et reconnaît son vainqueur. Cependant le vainqueur magnanime fait cesser le bruit et le carnage; il commande l'ordre et la paix; et si quelques frémissements lointains se font encore entendre, ce ne sont plus que les restes d'un orage qui passe et qui se calme. La sérénité va bientôt renaître. Il est dans la vie de l'âme chrétienne des moments solennels où Dieu l'assiége et la presse : toutes les armes de la foi ont été réunies pour combattre, toutes les forces de la vérité, tous les coups de la grâce; l'âme résiste, mais elle a pressenti sa bienheureuse défaite avec une crainte mêlée de joie. Le rempart tombe, Dieu entre en vainqueur; il ordonne la paix. Il a bientôt calmé tous les soulèvements derniers de la tempête. L'âme reconnaît, chérit son maître; et sa soumission fera désormais son bonheur et sa gloire.

Fasse le Ciel que dans les grands jours qui vont s'ouvrir, vos âmes consentent à céder pleinement au Roi souverain des cœurs et à l'empire si doux de ses lois. A ce prix, une paix divine sera votre partage. Vaincus vous serez vainqueurs; soumis à Dieu vous règnerez; et vous bénirez à jamais le jour heureux qui vous aura rendus à Jésus-Christ, à l'Église, à son autorité tutélaire, guide assuré pour vous élever jusqu'à la patrie des cieux.

TRENTE-CINQUIÈME CONFÉRENCE

LE CENTRE D'UNITÉ

OU

LA PAPAUTÉ

TRENTE-CINQUIÈME CONFÉRENCE

LE CENTRE D'UNITÉ

OU LA PAPAUTÉ

Monseigneur,

S'il y a une étude grave entre toutes les études, c'est assurément celle de l'Église et de son admirable constitution. Née avec le christianisme lui-même, elle en est la forme et la vie; elle le conserve, le répand en tous les lieux du monde, fidèle à s'étendre sans se diviser jamais, et retenant partout et toujours son organisation et son unité premières. Grande société et grande famille, composée de nations différentes de mœurs, de climat et de langage, l'Église catholique seule sur la terre réalise cet étrange phénomène moral trop peu remarqué, si palpable cependant, d'une organisation et d'une autorité sociales unissant ensemble et régissant des peuples nombreux et divers, qui sont laissés néanmoins à leurs lois, à leurs institutions et à leur existence complétement distinctes. Toute autre religion, tout autre ensemble de croyances religieuses ne produira jamais, quoi qu'on fasse, qu'une religion nationale dont l'organisation et l'autorité, si elle en conserve quelque ombre, seront renfermées dans l'enceinte d'un peuple ou d'un pays. Une Église seule mérite, elle seule porta toujours le beau nom d'universelle, de catholique, parce que, dans son existence et son principe, dans le fait et dans le droit, elle est seule par nature l'unité religieuse et la société spirituelle de l'univers : merveille déjà divine en soi, et humainement impossible dans le monde naturel des intelligences et de la pensée.

Mais il y a même ici-bas, Messieurs, une grande raison de cette universelle unité; il y a une grande raison de cette merveilleuse existence de l'Église comme société et comme unité par toute la terre, et cette raison est le centre même d'unité, je veux dire la papauté : centre duquel dans le christianisme tout doit partir, et auquel tout revient aboutir, même des extrémités les plus éloignées; centre d'unité pour la foi par une juste dépendance; en sorte que faire partie du corps et de la société catholique, c'est bien demeurer inviolablement uni au chef souverain de l'Église, au pontife romain.

Vous montrer, Messieurs, le souverain pontificat comme le centre nécessaire d'unité est aujourd'hui ma pensée.

Plusieurs écrivains, sans se mettre en peine d'étudier les faits avec une véritable indépendance, abusés par les préventions ou les systèmes, n'ont pas craint d'énoncer en divers temps, vous le savez, que la suprématie spirituelle du pape et la forme de l'Église à l'état de monarchie catholique avaient commencé à Constantin ou à Phocas, comme dit en particulier Luther, ou bien à Charlemagne, selon les autres, ou encore à Grégoire VII, au onzième siècle, ce qui serait un peu tard, il faut en convenir.

La question peut donc se réduire à des termes fort simples, elle est tout entière une question d'origine; le centre d'unité catholique a-t-il été établi, institué avec le christianisme lui-même et par Jésus-Christ même? L'établissement de l'Église, de sa foi, du christianisme, et l'établissement du pouvoir suprême et central des pontifes romains sont-ils une seule et même chose, une seule et même institution du même temps, du même auteur, de même nature? Oui. Alors tout est jugé; car ce fait une fois avéré, la papauté sera l'institution divine comme le christianisme, comme l'Église, avec lesquels elle forme un tout, un corps, un être indivisible. Telle est, Messieurs, la question, elle est toute de fait et de bonne foi : le centre d'unité catholique, le pape fut-il dès l'origine avec le christianisme, avec l'Église, une seule et même institution ?

Voilà ce que nous avons à examiner.

Pour le faire avec soin nous devons recourir aux monuments primitifs et contemporains, les lire avec recueillement et nous décider non par l'humeur ni par l'enthousiasme, mais par le jugement laissé à toute sa rectitude naturelle.

Je parlerai tranquillement, je l'espère ; je tâcherai d'être fidèle à la résolution que j'ai prise de comprimer les élans de mon cœur envers ce noble et divin pouvoir ; j'apporterai les témoignages et les faits, puis j'en appellerai à votre plus consciencieuse indépendance ; vous prononcerez.

I. P. Pierre et ses successeurs, tels furent, Messieurs, les dépositaires à jamais établis de la suprématie spirituelle pour toute l'Église ; tel fut spécialement le centre d'unité catholique institué par Jésus-Christ, et auquel tous les pasteurs et tous les fidèles durent être rattachés par des liens communs de foi et d'obéissance ; c'est le fait que nous avons entrepris de prouver.

J'ouvre l'Évangile : à l'égard de Pierre, des choses bien dignes de remarque se sont passées. Jésus-Christ le voit pour la première fois, il semble le considérer attentivement et lui dit : « Tu es Simon, fils de Jonas ; tu t'appelleras Céphas [1], » mot hébreu et syriaque qui signifie proprement pierre, *petra*, en grec et en latin.

Après que le même apôtre a solennellement confessé le Christ Fils du Dieu vivant, Jésus répond : « Tu es bienheureux, Simon, fils de Jonas...; et moi je te dis que tu es Pierre, et sur cette pierre je bâtirai mon Église, et les portes de l'enfer ne prévaudront point contre elle. Je te donnerai les clefs du royaume des cieux ; tout ce que tu auras lié sur la terre sera lié dans le ciel ; tout ce que tu auras délié sur la terre sera délié dans le ciel [2]. » Ce sont les paroles rapportées dans saint Matthieu?

Dans saint Luc, le Sauveur, peu de temps avant sa passion, dit à Pierre en parlant aussi d'abord des apôtres : « Satan vous a tous demandés pour vous passer au crible comme on y passe les grains de froment ; mais j'ai prié pour toi, afin que ta foi

---

[1] Joann., I, 42.
[2] Matth., XVI, 17, 18 et seq.

ne vînt pas à défaillir; à ton tour tu devras confirmer, affermir tes frères [1]. »

Dans l'Évangile de saint Jean, Jésus-Christ dit encore : « Simon, fils de Jean, m'aimez-vous?... Paissez mes agneaux, paissez mes brebis [2]. »

De plus, différentes prérogatives de Pierre sont à remarquer dans les Écritures.

Toutes les fois que les apôtres sont nommés par les évangélistes, Pierre est nommé le premier : « Voici les noms des douze apôtres, dit saint Matthieu, le premier, Simon, qui est appelé Pierre. » *Primus, Simon, qui dicitur Petrus* [3]...

Souvent et clairement Pierre est désigné comme le père de famille, comme le chef, le prince des apôtres, nommé seul quand les autres sont omis, nommé ou pour les représenter ou pour les instruire. « Pierre dit, ainsi que ceux qui étaient avec lui [4]. » *Dixit Petrus, et qui cum illo erant.* Et ailleurs : « Dites aux disciples et à Pierre [5]. »

Pierre seul, au nom de tous, a fait la première et solennelle profession de foi; souvent il parle seul pour les autres, en sorte que Pierre est toujours distingué d'une façon toute spéciale.

---

[1] Luc., XXII, 31, 32.
[2] Joann., XXI, 16, 17.
[3] Matth., X, 2; Marc., III, 16; Luc., VI, 14; Act., I, 13.
[4] Luc., VIII, 45.
[5] Marc., XVI, 7.

Origène et les Pères ont vu une prérogative spéciale de Pierre dans ces paroles : « Les portes de l'enfer ne prévaudront point contre elle, » *adversus eam...* Ils y ont vu unanimement la promesse de stabilité perpétuelle, faite non-seulement à l'Église universelle, mais encore à cette pierre sur laquelle l'Église est fondée; ce sont les mots d'Origène.

Suivant le livre des Actes, Pierre, dans la réunion des apôtres, se lève le premier et déclare à tous qu'il faut faire choix d'un douzième apôtre [1].

Pierre le premier et comme au nom de tous prêche l'Évangile aux juifs et aux gentils; le premier il est rapporté avoir fait un miracle en témoignage de la foi [2]; le premier il parle dans le concile de Jérusalem, et tous suivent son avis, comme le remarque avec soin saint Jérôme, qui n'était pas flatteur [3]. Saint Paul vient à Jérusalem pour voir Pierre, comme son supérieur [4] : *tanquam se majorem*, dit ici OEcuménius, parce que Pierre était la bouche des apôtres et leur chef, dit saint Jean Chrysostome, *quia os erat apostolorum et princeps*; ce que répètent presque dans les

---

[1] Act., xv.
[2] Act., iii.
[3] Act., xv, 7.
[4] Gal., ii.

mêmes termes et à la même occasion saint Ambroise et saint Augustin.

J'ai voulu, Messieurs, sans réflexion intermédiaire, vous rappeler au sujet de Pierre les principaux passages du récit évangélique, et il faut bien toujours convenir que c'est la plus vénérable histoire.

Une chose en résulte évidemment pour les yeux même les moins clairvoyants, c'est qu'une condition toute différente de celle du reste des apôtres fut faite à Pierre par le Sauveur. Car enfin toutes ces graves paroles, toutes ces prérogatives accumulées doivent avoir un sens.

Que si l'on veut préciser et résumer en son esprit ce qu'une simple et attentive lecture a dû produire, on trouve surtout deux qualités données à Pierre, l'une de fondement de l'Église, l'autre de pasteur souverain et universel.

Premièrement celle de fondement : « Sur toi je bâtirai mon Église. » Au fondement d'un édifice tout se rattache, sur lui tout repose et s'élève ; au fondement tout est uni, sous peine de se disjoindre et de périr. La pierre fondamentale régit ainsi et soutient l'édifice, en sorte que celui-ci dépend d'elle surtout ; tel fut l'apôtre Pierre pour l'Église, la pierre fondamentale : *Et ego dico tibi... super hanc petram ædificabo Ecclesiam meam.*

LE CENTRE D'UNITÉ

Il avait encore été dit : « Je te donnerai les clefs du royaume des cieux...; tout ce que tu auras lié ou délié sera lié ou délié...; tu confirmeras tes frères dans la foi... » Et dans une autre circonstance : « Tu auras la garde des agneaux et de leurs mères... » On donne les clefs de la cité au souverain, les clefs de la maison au maître : *ligare, solvere,* lier, délier, c'est encore une prérogative de l'autorité souveraine : on lie, ou on délie, par les lois, les jugements, les peines. Affermir ses frères, les autres apôtres dans la foi, avoir le soin des agneaux et de leurs mères, *pascere,* et cela pour toute l'Église, qui est la réunion des fidèles et des pasteurs, ce ne peut être encore que la charge et l'autorité de pasteur souverain.

Cyrus dans Isaïe est bien nommé pasteur, *pastor meus es* [1] *:* les rois dans Homère sont les pasteurs des peuples; et à Pierre seul il est dit : *Pasce agnos, pasce oves...,* agneaux et brebis, tout est compris dans ces mots; les fidèles et leurs pasteurs, qui sont brebis à l'égard de Pierre, tout est commis à l'autorité, aux soins de Pierre : ainsi l'entendirent les Pères, Origène, saint Ambroise, saint Léon, saint Eucher de Lyon et les autres; après eux Bossuet l'entendit ainsi dans son célèbre discours sur l'Unité.

[1] Isa , XLIV, 28.

Avec le pouvoir souverain le peuple est uni par les liens de dépendance, avec le pasteur le troupeau, avec le fondement l'édifice : tel est Pierre, telle fut l'Église. On comprend la pensée de Jésus-Christ · établir un centre unique et souverain d'unité, un pasteur souverain et universel, et une inséparable dépendance. Ainsi tout s'explique admirablement, ainsi le plan magnifique du christianisme apparaît dans toute sa divine splendeur d'ordre et d'unité; plan violenté, dénaturé par d'autres interprétations, toujours forcées et tourmentées elles-mêmes.

Sur le rivage, autour de la mer, la foule s'est pressée, elle veut suivre Jésus-Christ et l'entendre. Jésus monte sur une barque, s'y assied, et de là il adresse au peuple ses paisibles et divins enseignements. C'était la barque de Pierre. Touchante et sainte image, touchante et divine leçon! c'était l'unité avec son chef toujours visible, avec son chef devenu invisible : c'était l'Église, barque impérissable de Pierre où Jésus-Christ règne et enseigne toujours par les successeurs du pêcheur. Le Maître semble y sommeiller quelquefois, même durant la tempête, mais aux cris du nautonnier il s'éveille, et alors il commande aux vents et à la mer, et les vents et la mer se taisent.

Mais l'institution catholique et divine est certaine encore, Messieurs, comme la plus certaine histoire : et cela indépendamment des Écritures elles-mêmes. Ce qu'il ne faut jamais oublier.

Je ne voudrais pas vous accabler, Messieurs, d'autorités ; je vous en épargnerai le plus grand nombre ; mais puisque vous n'iriez point, je pense, recourir aux sources pour les trouver, je vous dois d'en rappeler quelques-unes.

Je m'attache d'abord exclusivement à la personne même de Pierre ; la succession de son pouvoir dans les pontifes romains nous occupera tout à l'heure.

Voulez-vous la voix antique de l'Orient ; dont nous avons d'admirables organes dans les Pères grecs ?

Origène, disciple de Clément d'Alexandrie et l'une des gloires de cette illustre école, écrivait à la fin du deuxième siècle ou au commencement du troisième : « Voyez ce que dit le Seigneur à ce grand fondement de l'Église, à cette inébranlable pierre sur laquelle Jésus-Christ a fondé son Église. » *Magno illi Ecclesiæ fundamento et petræ solidissimæ, super quam Christus fundavit Ecclesiam*[1]. Au moins Origène comprenait le fait comme nous catholiques encore aujourd'hui nous le compre-

---

[1] Orig., hom. 5 in Exod., et in cap. v, ad Rom.

nons; c'est bien quelque chose cependant, au deuxième siècle.

Saint Athanase écrivit, en son propre nom et au nom du concile d'Alexandrie, au pape saint Félix ces paroles : « Vous êtes Pierre, et c'est sur vous comme sur leur fondement que sont établies et affermies les colonnes de l'Église, c'est-à-dire les évêques. » Déjà vous entendez la perpétuité du pouvoir de Pierre vivant en ses successeurs, deux faits d'ailleurs que les Pères n'ont point séparés.

Voilà deux témoins héritiers des gloires et des traditions d'Alexandrie. Voici un évêque de la nouvelle Rome, de cette Byzance si infidèle à ses saints et vrais pontifes, si soumise ensuite au schisme de ses empereurs et de ses patriarches; et quel évêque, et quelle voix, Messieurs? L'éloquence et l'héroïsme personnifiés tout ensemble, l'oracle de l'Orient et de tout le monde catholique, saint Jean Chrysostome : il couronna dignement et vint clore le plus grand peut-être et le plus beau des siècles de l'Église, il a écrit : « Le Seigneur dit : Tu es Pierre, et moi je bâtirai sur toi mon Église. » *Et ego super te ædificabo.* Puis poursuivant et expliquant cette magnifique promesse du Sauveur, l'illustre évêque affirme expressément que par là « l'univers entier fut confié à Pierre, » *Petro commissum universum orbem terrarum,* et

« qu'il fut fait le pasteur et le chef de toute l'Église, » *factum pastorem et caput totius Ecclesiæ*. Cela est en propres termes dans l'homélie cinquante-cinquième de saint Jean Chrysostome sur saint Matthieu [1].

Saint Cyrille de Jérusalem (Catech. 2), saint Cyrille d'Alexandrie (l. XII, in Joann., c. LXIV), appellent également Pierre le prince et le chef de l'Église. Et ce sont, remarquez-le, les deux Églises apostoliques et patriarcales de Jérusalem et d'Alexandrie qui parlent ainsi par la bouche de leurs pontifes mêmes. Nous ne disons pas aujourd'hui autre chose qu'au troisième et au quatrième siècle.

Cependant au dix-neuvième il est des hommes qui ne craignent pas d'écrire encore, d'autres qui croient avec un imperturbable sang-froid, que Charlemagne ou même Grégoire VII inventèrent la prérogative de Pierre, la suprématie et le centre spirituel d'unité ; car il ne s'agit pas ici d'autre chose.

Vraiment on s'étonne, dirai-je, de tant d'ignorance, car il y en a beaucoup, ou de tant d'aveuglement ; quand mille fois toutes ces voix illustres de l'antique Orient ont retenti comme rassemblées

---

[1] Chrysost., hom. 55 in Matth.

à nos oreilles. Concert vivant des traditions catholiques, qui célèbre depuis dix-huit cents ans le centre établi d'unité, et cette pierre angulaire posée des mains du maître pour porter l'Église universelle.

Voulez-vous les voix de l'Occident, les témoignages de l'Église latine? Ils sont unanimes.

Tertullien, au livre des *Prescriptions,* demande si quelque chose fut caché à Pierre, lui qui avait été nommé, établi la pierre fondamentale de l'Église à édifier, *œdificandæ Ecclesiæ petram dictum.* Tertullien écrivait au deuxième siècle; et sa plume énergique vous en dirait bien plus encore si vous le lisiez.

Saint Cyprien, le très-éloquent évêque de Carthage, florissait au troisième siècle. Promoteur zélé de la foi, pour laquelle il devait donner tout son sang, il sembla un instant, abusé qu'il était, discuter, non pas l'autorité, mais l'avis du pontife romain. Et le même saint Cyprien est, parmi les anciens, un des plus ardents défenseurs des droits du Saint-Siége. Il paraît comme suscité de Dieu pour léguer aux âges les plus reculés la vive foi du premier âge en l'auguste primauté de Pierre. Ses lettres, ses traités en parlent avec une intarissable abondance. Son traité de l'*Unité de l'Église* mérite tout entier d'être lu, relu et médité; on en serait déjà amplement récompensé par le charme inexprimable de la diction et des pensées.

Je ne choisis ici que quelques mots de ce Père; ils précisent le fait qui nous occupe. Dans le livre de l'*Unité,* Pierre est « le chef, la source, la racine de toute l'Église. » Dans la lettre à Quintus : « Le Seigneur, dit saint Cyprien, établit Pierre le premier, et sur lui, *super eum*, il bâtit son Église. »

Dans la lettre à Jubaïen il est dit : « L'Église, qui est une, a été par la voix du Seigneur fondée sur un seul qui en a reçu les clefs. » Il ajoute encore : « Quant à nous, nous tenons la tête et la racine de la seule et véritable Église. »

Croyez-vous donc, Messieurs, qu'au deuxième, au troisième, au quatrième siècle, Rome, Jérusalem, Alexandrie, Constantinople, Carthage, et l'Asie, et l'Afrique, et l'Europe reconnussent le centre vrai d'unité catholique? Le croirez-vous? Je vous en ai rapporté les témoignages. Ce n'est qu'une voix chez tous les Pères.

A Tertullien, à saint Cyprien, je pourrais pour l'Église latine joindre saint Hilaire, saint Ambroise, saint Jérôme, saint Augustin, et vous entendriez encore ces savants et saints organes recueillant les traditions de la Gaule, de l'Italie, de l'Orient et de l'Afrique. Toujours même foi et même unanimité; Pierre est le fondement et le pasteur souverain.

Saint Jérôme, dans le livre Ier contre Jovinien, c. xiv, écrivait : « Un seul entre les douze est choisi, pour que, le chef étant constitué, toute occasion de schisme soit ôtée. »

Saint Ambroise (serm. 47) : « Pierre est ainsi nommé parce que, comme un roc immobile, il porte et soutient la masse et l'ensemble de tout l'édifice chrétien. » Et je rends mal la vive énergie des paroles.

Saint Augustin enfin (liv. II de Bapt., c. 1) affirme que Pierre se distingue par la primauté reçue au-dessus des autres apôtres, par la principauté de l'apostolat supérieure à tout épiscopat. » *Quis nescit illum apostolatus principatum* (in S. Petro) *cuilibet episcopatui præferendum?* Saint Augustin, un évêque, tous les évêques parlent ainsi.

C'est assez, Messieurs, en vérité, sur un point, sur l'origine et sur la date même du fondement catholique, du centre d'unité et d'autorité établi pour toute l'Église. A Pierre, aux paroles mêmes du Sauveur, à l'institution même divine, il faut remonter, ont dit tout d'une voix les saints docteurs des premiers âges; et j'omets une foule de témoignages; et j'omets cette protestation de la ville éternelle, les mille voix de ses monuments et de ses splendeurs séculaires qui célèbrent si éloquemment le nom de Pierre comme l'auteur et le premier anneau de son pouvoir et de sa gloire.

Ne soyez donc pas étonnés, Messieurs, si quelquefois du fond des cœurs catholiques et des convictions du génie chrétien, il s'élève comme un accent d'enthousiasme et d'amour pour célébrer la gloire et le bonheur d'être unis à la chaire de Pierre. Et qui de vous ne se rappelle les paroles si belles et presque semblables de deux grands cœurs, génies bien grands aussi, de Fénelon et de Bossuet? Ils protestèrent avec effusion tenir à cette Église romaine du fond de leurs entrailles. Mais en voudriez-vous bien connaître la raison? Voudriez-vous bien savoir pourquoi nous tenons ainsi étroitement embrassée cette pierre auguste et vénérée, fondement de l'unité?

C'est que nous comprenons la pensée de Celui qui fut l'auteur et le consommateur divin de notre foi; c'est que nous nous associons à tous les désirs de son cœur généreux : c'est que nous croyons à sa divine parole.

Jésus-Christ a vu les flots tumultueux des opinions et des passions humaines s'élever et se presser contre la pureté de ses enseignements et l'unité de son Église. Alors il voulut poser le roc immobile au sein des tempêtes, l'abri invincible et tutélaire auquel en tout temps pût s'attacher l'ancre de l'espérance et du salut.

En vain les orages auront mugi, en vain toutes les puissances ennemies se seront déchaînées : debout, inébranlable, la pierre mystérieuse domine les eaux et les apaise; et toutes les portes ouvertes de l'abîme ne sauraient prévaloir contre elle. Aux regards de tous, elle apparaît toujours la même et toujours protectrice. Qui se tourne vers elle a retrouvé le calme dans la tourmente. C'est le fondement que le Seigneur a posé · sur lui l'Église même est bâtie. Elle s'élève, cité de paix, de lumière et de vérité. Au sein de son unité, Dieu promit d'habiter et de veiller toujours. Les périls du passage ont alors disparu; on touche au port, on s'y repose, attaché, lié, quoi qu'il arrive, à son rempart inexpugnable. Et dans la joie, dans la consolation intime qu'on trouve à s'appuyer sur la pierre angulaire, on dit alors : Il est bon d'être ici. Volontiers on répète les chants du prophète : « C'est bien là que je m'endormirai dans la paix. » *In pace, in idipsum dormiam et requiescam.*

Notre foi au fondement et au centre d'unité catholique remonte, Messieurs, avec nos joies elles-mêmes jusqu'au Sauveur, jusqu'à son apôtre; je viens de vous le dire. Mais notre foi, comme nos bienheureuses assurances, se perpétue chaque jour avec les successeurs mêmes du pouvoir de Pierre ; c'est ce que je dois ajouter.

II. P. Il ne faut pas trop, Messieurs, demander compte à l'erreur de ses raisons et de ses motifs : le plus souvent, hélas ! elle ne sait guère s'en rendre compte à elle-même. Cependant on éprouve toujours en soi le besoin de rechercher ce qui peut arrêter des esprits graves dans les voies de la vérité, et leur faire prendre une fausse route.

On n'a pas vu d'abord briller la gloire et la splendeur temporelles au front du pontife romain, ni sur le siége du pêcheur galiléen établi prince des apôtres. Sous les terreurs du glaive et des tyrans, le règne de l'Église se trouvait aux arènes et aux échafauds, ou bien aux catacombes. Plus tard, la puissance politique s'honora elle-même en décorant des insignes de la richesse et de la grandeur humaines la primauté de Pierre. Dans les relations rendues plus faciles des diverses parties de l'univers, dans les conciles plus régulièrement tenus, dans la sage entente d'une organisation désormais plus libre et qui fut complétée par les canons ; on retrouvera, ce semble, une extension d'influence et de gloire pour l'évêque de Rome. Quelques phases de la civilisation chrétienne auront paru lui rendre en soumission et en respect ce qu'elles en avaient reçu en lumières et en secours heureux. Aussitôt on date, suivant ses impressions, l'origine du pouvoir papal ; on s'irrite de sa domination souveraine conquise, pense-t-on, après coup et par des moyens tout politiques, domination que si longtemps l'univers avait bénie comme la source de la vérité, de la liberté, de la vie : et l'on ne voit pas que rien n'a pu être établi en ce genre, que rien n'a été changé à cet égard dans les temps postérieurs à l'institution même de l'Église. On ne daigne pas interroger les monuments primitifs, la voix des premiers âges du christianisme, qui tous redisent le pouvoir originaire et divin des successeurs de Pierre, redisent sa nature, son étendue, sa durée toujours les mêmes par la constitution divine ; les mêmes, comme la foi, comme l'Église, comme la parole révélée sont les mêmes toujours.

C'est cependant ce qu'il n'est pas difficile de reconnaître et de distinguer.

Vous devant, Messieurs, toute vérité, nous allons continuer de vous la dire, en résumant dans ses origines premières l'histoire de la papauté comme centre divin, permanent et jamais interrompu de l'unité catholique. Heureux si cette vérité peut vous apparaître ce qu'elle est, plus éclatante que la clarté du plus beau jour.

LE CENTRE D'UNITÉ

Pierre avait donc reçu de la bouche même du Sauveur la primauté; il l'exerça, elle fut reconnue comme elle pouvait et devait l'être; nous l'avons suffisamment rappelé. Pierre mourut sous Néron, crucifié comme son maître; mais il avait établi dans Rome une puissance qui ne devait point périr.

L'un de ses disciples et l'un de ses premiers successeurs, saint Clément, a laissé des lettres que nous possédons encore, lettres authentiques et certaines au jugement de tous. D'après la première de ces lettres, écrite aux Corinthiens, voici un fait digne de remarque. Les Corinthiens, au mépris de tous les droits, avaient déposé leur évêque et ses prêtres; le différend fut porté devant le pontife romain, qui était alors saint Clément lui-même. Il écrivit que les évêques et les prêtres légitimement institués ne pouvaient être déposés par le peuple, et il ordonna qu'ils fussent reçus et reconnus comme tels sous peine de l'anathème et de la damnation éternelle.

C'était au premier siècle : pourquoi recourir de Corinthe à l'autorité de l'évêque de Rome? Comment se fait-il qu'il prononça la sentence en juge souverain établi au-dessus de l'évêque, du prêtre et du peuple de Corinthe? Il n'y en a qu'une seule explication possible et raisonnable : la papauté comme nous l'entendons encore. Et remarquez :

alors vivait saint Jean l'Évangéliste, mort à Éphèse, le dernier de tous les apôtres, une année seulement avant saint Clément de Rome. On ne s'adressa pas à lui. Pourquoi donc, quelle en est la raison? La papauté.

Au deuxième siècle, sous le pontificat de saint Victor, la question de la Pâque agitait beaucoup l'Église. Saint Victor ordonna que des conciles fussent assemblés en Orient sur cette question. Ils se tinrent. Polycrate, évêque d'Éphèse, et d'autres évêques de l'Asie Mineure demeuraient opiniâtrément attachés au mode juif de fixer le jour de Pâques; saint Victor avait décidé le contraire, il retrancha les opposants de la communion de l'Église, ou du moins il les menaça positivement de l'anathème.

Il s'agissait d'une question qui intéressait toute l'Église; une partie de l'Orient se montrait peu soumise à la tradition apostolique et chrétienne. L'évêque de Rome intervient, prescrit d'abord des assemblées d'évêques; puis, pour l'Orient et l'Occident, il prononce, et sanctionne sa décision par les peines spirituelles, qu'un pouvoir souverain et universel dans l'Église avait seul le droit de porter. Ce fait est avéré; Eusèbe, les autres historiens, plusieurs Pères le rapportent.

Au même siècle, au second, vivait dans les

Gaules un évêque apostolique venu de Grèce, saint Irénée. Il écrivit un ouvrage étendu contre les hérésies, déjà multipliées de son temps, ouvrage précieux que nous avons encore. Irénée touchait de la main, pour ainsi dire, aux temps et aux enseignements de l'apôtre saint Jean. Sans doute il n'ignorait pas l'institution du maître ni les traditions des disciples. Saint Irénée reconnaissait, réclamait et vénérait l'autorité des pontifes romains. Il en a conservé l'ordre et la série avec leurs noms, jusqu'à son âge : Pierre est le premier, l'évêque de Rome est le successeur de Pierre [1]. C'était au deuxième siècle. Saint Irénée écrit encore au même endroit : *Ad hanc enim Ecclesiam (Romanam) propter potentiorem papalitatem, necesse est omnem convenire Ecclesiam, hoc est eos qui sunt undique fideles; in qua semper ab his qui sunt undique conservata est ea quæ ab apostolis est traditio.* Vous l'entendez, Messieurs. Alors il était nécessaire, *necesse est*, que toutes les Églises fussent en rapport, en communion avec l'Église romaine, à cause de son autorité supérieure, *propter potentiorem papalitatem*. Il fallait que de tous les lieux du monde, au dire de saint Irénée, *eos qui sunt undique*, les fidèles fussent unis à l'Église romaine, parce

---

[1] S. Iren., l. III, c. 1, c. 3.

que cette Église était chargée pour tout l'univers de conserver la tradition qui vient des apôtres.

Mais certes, Messieurs, que voulez-vous de plus? Saint Irénée, nourri, élevé en Orient, en avait rapporté la connaissance des institutions et de la foi primitives. Établi sur l'un des premiers siéges de la Gaule, voisin de l'Italie, il atteste et résume aussi dans sa doctrine les doctrines de l'Occident : et il atteste ce fait, que Pierre établit à Rome son siége, transmettant à ses successeurs, sur toute l'Église, la puissance supérieure, universelle, centrale, et l'autorité formelle de définir les traditions apostoliques, aussi bien que de retenir dans leurs mains les liens de l'unité.

Quel moyen ici de supposer la fraude ou l'erreur? Saint Irénée n'a-t-il pas su ce qu'il disait? N'est-il pas évident que, malgré les combats et les persécutions de l'Église naissante, le centre d'unité subsistait toujours, subsista dès l'origine comme tradition première et divine?

Parmi les témoins du deuxième siècle, nous avons encore Tertullien, qui, dans son livre *De Pudicitia* (chap. 1), alors qu'il était déjà tombé dans l'hérésie, écrit : « J'entends dire qu'un décret solennel et péremptoire a été porté; le pontife souverain, c'est-à-dire l'évêque des évêques a ordonné... : » **Pontifex Maximus, quod est episcopus** *episcoporum, edicit.* Que Tertullien parlât ainsi avec ironie ou sérieusement, peu importe, il atteste un état de choses existant pour lors, le pouvoir exercé par les pontifes romains de porter des jugements péremptoires en matière de foi; il atteste en leurs personnes ce titre et sa réalité, pontife souverain, évêque des évêques.

Mais encore une fois, avec les faits de saint Pierre d'abord, avec ceux de saint Clément et de saint Victor, avec les témoignages explicites de saint Irénée et de Tertullien, et d'autres que je pourrais citer, monuments qui sont tous des deux premiers siècles, comment douter de la perpétuité divine et assurée du souverain pontificat dans les évêques de Rome comme successeurs de saint Pierre? On reconnaissait en eux évidemment le même pouvoir que dans le prince des apôtres, avec la même origine, le centre divin d'unité catholique établi par Jésus-Christ. Comment donc rêver une institution politique récente? Est-ce ainsi qu'on écrirait toute autre histoire? Et diriez-vous donc que les successeurs de Charlemagne n'ont pas reçu de lui l'empire, mais l'ont conquis, ou créé, ou inventé sans lui? Cependant ce serait la même chose que de nier la continuation du pouvoir de Pierre dans ses successeurs.

Puis vous entendez, Messieurs, sans que je le

dise, que tous les monuments postérieurs, si graves en poids et en nombre, sur le pouvoir de la papauté, sont des voix recueillies des premiers âges. Car enfin, comment tout à coup, au troisième et au quatrième siècle, aurait surgi si abondante et si forte la tradition de la papauté transmise par Pierre à ses successeurs, si les temps précédents n'en avaient apporté le témoignage toujours vivant et non interrompu? Une institution de cette nature, une autorité si extraordinaire ne s'improvise pas, et surtout ne s'impose pas en un instant à tout l'univers. On sent que jamais ni force, ni ruse ne pourraient lier à un tel principe d'unité et d'obéissance tous les divers ordres de l'Église et toutes les hiérarchies de la science sacrée, et les conciles œcuméniques eux-mêmes, et tous les rangs des fidèles et leurs consciences dans tous les lieux du monde, si la main, si la voix divine n'avaient porté la loi. Il y a de ces raisons, Messieurs, de ces considérations qui sont de puissants et vrais témoignages en faveur des faits : quand on voit, par exemple, que, s'ils se sont accomplis, ce n'a pu être qu'en vertu d'une institution primitive et reconnue de tous comme telle. Il en est ainsi de la papauté.

Au troisième siècle, l'Église était encore déchirée par les persécutions, par le schisme et l'hérésie ; elle était défendue par l'autorité du martyre, de la sainteté et du génie, mais toujours aussi par l'unité romaine. Alors vécurent entre autres Clément d'Alexandrie, Origène, saint Grégoire de Néocésarée, saint Cyprien et Lactance.

Dans le même temps le pape saint Zéphyrin condamnait les sectateurs de Montan, le pape saint Étienne les rebaptisants. Saint Cyprien, évêque de Carthage, combattait les novatiens. Pour combattre le schisme et défendre l'unité, l'éloquent docteur ne trouva rien de mieux que l'unité même de chef constituée dans la personne des successeurs de Pierre. Il enseigna que l'Église est une ainsi dans sa racine et dans son chef, bien qu'elle se multiplie et se propage; que Pierre fut établi chef, pour que le principe et le point de départ fussent dans l'unité, pour que l'Église fût et parût une. C'est ainsi, au sens du saint évêque, que l'épiscopat tout entier est un dans son centre même. « Aussi, poursuit saint Cyprien, n'y a-t-il qu'une seule Église répandue par les accroissements de sa fécondité dans l'immense multitude des membres qui la composent ; de même que l'on voit sortir du soleil une foule de rayons, mais qu'il n'y a qu'un seul foyer de lumière; comme il y a plusieurs rameaux d'un même arbre, mais un seul tronc et une seule force fondés sur une racine mère; plusieurs ruisseaux coulant d'une même source et revenant tous, malgré leur abondante diversité, à la commune origine. Coupez le rayon, séparez-le de son foyer, plus de lumière; brisez le rameau, séparé de l'arbre il va périr et ne produira rien; isolez le ruisseau de sa source, il va tarir. »

« Telle est l'Église : la divine lumière qui la pénètre embrasse de ses rayons le monde entier; mais elle vient d'un point unique qui distribue sa clarté dans tous les lieux : ainsi vit et demeure l'unité. Son inépuisable vertu propage ses rameaux sur toute la terre, elle épanche au loin ses eaux abondantes; c'est partout le même principe, une seule et même tête : *unum caput,* une même origine, une même mère, glorieuse des succès de sa fécondité. C'est là le sein qui nous a enfantés à la vie, le lait qui nous a nourris, l'esprit qui nous anime. L'épouse de Jésus-Christ n'admet point d'alliance adultère; elle est chaste, elle est inviolable, elle ne connaît qu'une maison... C'est elle qui nous conserve à Dieu, elle qui nous marque pour le royal héritage du sceau de ses enfants... Il n'est plus possible d'avoir Dieu pour père quand on n'a plus l'Église pour mère [1]. »

Voilà, Messieurs, un rapide extrait du monu-

---

[1] S. Cypr., *De Unit.,* p. 78. Edit. Oxon.

ment admirable de saint Cyprien. Voilà comme, un peu plus de deux cents ans seulement après la mort du Sauveur, l'illustre évêque de Carthage dépeignait, défendait l'Église. La Bruyère avait raison de s'écrier : « Il est beau de voir la foi soutenue, défendue par de tels hommes. »

Cette unité, ce centre d'unité c'était la foi du troisième siècle comme du précédent, comme du premier siècle lui-même. Vous n'en pouvez douter. Nous tenons des mains mêmes de la réforme anglaise une édition critique de saint Cyprien. Je viens d'en traduire un passage dans le texte même des protestants anglais ; texte merveilleusement torturé dans les notes pour lui supposer un sens qu'il est impossible de lui donner.

Les lettres du même docteur au pape saint Corneille, à l'occasion du schisme de Novatien, sont les plus explicites. C'est bien le pontife romain, Corneille lui-même vivant alors, qu'il regarde comme le successeur de Pierre, comme le chef de l'unité catholique. Saint Cyprien écrivait : *Navigare audent ad Petri cathedram, atque ad Ecclesiam principalem, unde unitas sacerdotalis exorta est, litteras ferre.* Chaire de Pierre, Église reine, source de l'unité sacerdotale, c'était pour le grand évêque l'Église romaine.

Messieurs, je ne puis et ne dois plus citer;

mais je n'ai pu refuser à la cause de la vérité de rappeler ces éclatants témoignages. Maintenant parcourez tous les autres monuments subséquents du troisième au seizième siècle : dans les Pères, dans les conciles, dans l'histoire tout entière de l'Église, ce qui domine c'est l'existence et la vie de l'unité en son centre unique et divin, dans le pontife de Rome. Saint Jérôme du fond de sa solitude en Orient s'écriait en s'adressant au pape Damase :... « Quant à moi je suis avant tout uni à votre siége même qui est la chaire de saint Pierre ; quiconque ne recueille pas avec vous dissipe, et n'appartient pas à Jésus-Christ. » Saint Athanase, saint Jean Chrysostome, saint Basile, saint Grégoire de Nazianze, saint Augustin élèvent tous la voix pour saluer de leurs hommages de foi et de fidèle dépendance la primauté, l'autorité du pontife de Rome. Saint Athanase, saint Jean Chrysostome dans leurs luttes cruelles imploraient son jugement souverain. Saint Augustin disait : « Rome a parlé, la cause est finie. » Saint Ambroise : « Où est Pierre, là est l'Église. » *Ubi Petrus, ibi Ecclesia.* Comme plus tard une voix guerrière qui nous dicta des lois, disait : « Où est le drapeau, là est la France. »

Tous les conciles œcuméniques, sans exception, sont confirmés par l'autorité première du successeur de Pierre : c'était la sanction nécessaire. Il ne suffisait pas que les légats romains eussent présidé : les conciles généraux demandent avec respect cette sanction. Le premier, le concile de Nicée, ouvrant le quatrième siècle du christianisme, accomplit cette loi fondamentale de l'unité ; et les canons et les conciles que Rome n'approuva pas, l'Église universelle les rejette.

Elle est grande, elle est imposante, Messieurs, cette voix des conciles généraux, Église assemblée de toutes les contrées du monde. Dix-huit fois seulement elle a retenti ainsi dans l'univers, mais toujours, toujours pour vénérer Pierre, et Jésus-Christ lui-même dans les successeurs de Pierre. Même pour la plupart du temps, avant la réunion des grands conciles, les hérésies furent déférées de toutes les parties du monde au jugement de l'évêque de Rome : ainsi le furent Arius, Macédonius, Nestorius, Eutychès, les Monothélytes, Luther lui-même ; les papes condamnèrent ; toujours leur sentence fut suivie et approuvée dans les conciles, et devait l'être.

Et sans conciles les papes condamnaient, condamnent encore les erreurs : et l'Église tout entière jointe à son chef les condamne avec lui. Autrefois Jovinien et les Pélagiens, plus tard Baïus, Jansénius, et plusieurs autres furent ainsi jugés : le jugement de la chaire de saint Pierre est pour tout catholique la règle de la foi.

Je m'arrête ; il en est temps : j'en ai trop dit peut-être pour vos convictions éclairées. Oui par l'institution divine et première un centre d'unité catholique à jamais fut établi ; oui il dure et persévère dans les successeurs de Pierre ; il vivra, durera jusqu'à la fin des temps. La foi est ainsi ; mais cette institution est également un fait établi, démontré comme la plus certaine histoire : nous venons de le voir.

Que si j'avais, Messieurs, en terminant à vous apporter quelque autre preuve de l'institution divine de cette Église catholique, apostolique et romaine, et de son pontife, je la trouverais frappante dans les attaques mêmes dont cette Église fut l'objet : car il faut bien en dire un mot.

Je vous le demande : a-t-on vu l'impiété s'armer de haine, de sarcasme et de fureur contre les Églises anglicane, russe ou grecque ? Jamais. Leur a-t-elle déclaré une guerre d'extermination, ou même de mépris ? Jamais.

Quant à l'Église romaine, qu'il en va donc différemment !

Mais pourquoi, si ce n'est que dans ces religions ou ces Églises que je nommais tout à l'heure, il n'y a rien qui effraie ni qui menace la conscience? Rien n'y manifeste le Dieu qui commande et le Dieu qui punit; ce sont des institutions purement humaines; on les laisse vivre et mourir en paix.

Mais contre l'Église romaine des torrents d'injures ont été vomis, le sont encore. Son nom seul réveille des répulsions violentes.

Et daignez le remarquer : le pontife romain est si bien le fondement, le centre, la personnification et la vie de l'unité, de l'Église catholique, que toutes les attaques viennent se résumer et se concentrer en lui.

Que n'a-t-on pas dit en effet contre les pontifes de Rome? Vraiment on leur supposait à peine la nature humaine; vous le savez sans que je vienne souiller cette chaire par ces hideux souvenirs.

Même en nos jours si vantés et si polis, ces préventions sont tellement enracinées encore, que parmi des hommes d'ailleurs graves et éclairés, au sein d'un parlement voisin, il ne saurait y avoir de discussion religieuse sans que ces haines ne se raniment contre le siége antique de Rome.

Mais il y a ici un caractère à part, un sceau plus qu'ordinaire et plus qu'humain.

Tandis que toutes les erreurs, même les plus monstrueuses, sont regardées avec indifférence, quelquefois respectées; contre l'Église romaine et son pontife un torrent d'imprécations et d'injures est vomi, sans cesse renouvelé; et il n'est point tari même au dix-neuvième siècle.

Il y a là le signe satanique; c'est Satan révolté contre Dieu, parce qu'on lui oppose constamment la pierre angulaire contre laquelle il ne prévaudra jamais.

Que si vous daignez, Messieurs, y réfléchir mûrement, descendre au fond des choses et de vos consciences, vous trouverez là une preuve évidente de la divinité de l'Église romaine et de l'institution de son pontife. Car il y a dans la résistance, dans la durée, il y a même dans l'attaque quelque chose de surhumain et de surnaturel que la raison ne suffit pas à expliquer.

Toutefois, j'ai besoin de le dire : du sein de la réforme et de nos jours, des voix généreuses se sont élevées pour venger la papauté de tant d'injustes outrages et pour rendre hommage à ses bienfaits et à ses gloires. Honneur à cette courageuse franchise : qu'elle soit donc bénie et reçoive la récompense seule digne d'elle, une adhésion entière à l'unité.

J'ai besoin de le dire encore, de graves regrets furent donnés à cette institution tutélaire par les plus grands hommes de la réforme. Mélanchton en pleurait le retranchement violemment opéré.

Leibnitz, par la droiture et l'élévation de son génie, était ramené à la nécessité sentie d'un centre d'unité : écrivant à Fabricius en 1708, il le déclare impossible à réaliser au sein du protestantisme seul. Et Grotius, que Leibnitz appelait l'incomparable, écrit, dans la discussion d'une certaine apologie, ces propres paroles que je cite en terminant : « Ceux qui me connaissent savent bien que j'ai toujours désiré voir les chrétiens réunis en un même corps... Je vois aujourd'hui très-clairement, et beaucoup d'autres le voient comme moi, que cette union des protestants ne peut avoir lieu, à moins qu'ils ne se réunissent en même temps à ceux qui adhèrent au siége de Rome, sans lequel siége il ne peut exister de gouvernement commun dans l'Église. C'est ce qui me fait désirer que la séparation qui s'est faite, cesse avec les causes qui l'ont occasionnée. Mais on ne peut mettre au rang de ces causes la primauté de l'évêque de Rome, réglée selon les canons, de l'aveu même de Mélanchton, qui croit de plus que cette primauté est nécessaire pour maintenir et conserver l'unité. Et cela n'est point soumettre l'Église aux caprices de l'évêque de Rome, mais rétablir un ordre qui avait été sagement établi [1]. »

[1] Grotius, t. IV, p. 744. *Revetiani apologetici discussio.*

Ainsi parlait Grotius. Tel est le vœu, mais plus ardent et plus catholique encore que nous ne cessons de former nous-mêmes du plus profond de nos cœurs, et d'adresser à nos frères séparés. Le temps des déclamations est passé. Pour juger l'Église romaine et sa chaire pontificale, il faut, Messieurs, en revenir aux faits premiers, à l'institution première. Pierre fut-il établi le chef, le fondement, le pasteur souverain de l'Église? Pierre a-t-il eu des successeurs? Voilà tout.

Si telle fut l'institution primitive et divine, quoi qu'on en puisse penser et dire, ni les fautes si exagérées d'un très-petit nombre de pontifes, ni les attaques trop certaines et trop amères de leurs ennemis, ni les théories les plus spécieuses et les plus chères ne sauraient changer ce fait, ne sauraient séparer ce que Dieu a uni, ni détruire ce qu'il institua. Il reste alors à s'humilier sous la main puissante et miséricordieuse du Dieu trois fois bon, pour reconnaître, aimer son autorité paternelle dans l'unité même romaine; pour s'embrasser, enfants de la même famille, dans l'amour d'une indissoluble fraternité, *in amore fraternitatis*.

TRENTE-SIXIÈME CONFÉRENCE

HORS DE L'ÉGLISE POINT DE SALUT

OU L'OBLIGATION D'ÊTRE MEMBRE DE L'ÉGLISE

TRENTE-SIXIÈME CONFÉRENCE

HORS DE L'ÉGLISE POINT DE SALUT

OU L'OBLIGATION D'ÊTRE MEMBRE DE L'ÉGLISE

Monseigneur,

Malgré tous les efforts et tous les travaux consacrés à la défense de l'Église, malgré toutes les raisons qui militent pour elle, et qui furent si souvent reproduites, bien des esprits encore restent en arrière et se tiennent éloignés de l'unité catholique. Jamais, quoi qu'on fasse, on n'a fini avec l'erreur; la convaincre pleinement est difficile et rare. A celui qui croit, comme à celui qui défend la foi et qui la prêche, les motifs de croire paraissent évidents, ils le sont en effet. La vérité de l'Église, son institution divine, son autorité ressortent de la discussion à ses yeux plus éclatantes et plus claires que la lumière du jour. Pour le catholique sincère, et certes il en est beaucoup ici, être membre de l'Église, lui être uni, compter dans son sein, est le premier besoin rempli, le lieu du repos trouvé, la consolation, la certitude intime et véritable.

Mais pour d'autres, en grand nombre aussi, on ne peut se le dissimuler, l'Église, la nécessité d'y revenir et d'en être membre, la vérité de son institution, demeurent dans le domaine d'inutiles et vieilles redites. Ils se sont assis un jour, ils ont voulu du moins s'asseoir dans la plus large indifférence; et pour eux encore, toutes les religions sont bonnes, car ils n'en ont aucune. Que si nous considérons de près l'état intérieur de la réforme, nous trouvons qu'elle abandonne de plus en plus toute expression d'un dogme positif quelconque. Quelques âmes cependant prétendraient reconstituer, dans les rangs eux-mêmes de la séparation, une foi exclusive, mais toujours à condition de ne voir, dans l'unité prononcée de l'Église catholique romaine, qu'intolérance et barbarie.

Au milieu de ces dispositions et des maladies qui nous entourent, j'ai cru, Messieurs, qu'il serait utile d'établir et d'expliquer clairement devant vous le dogme catholique; car c'en est un, hors de l'Église point de salut; d'établir, ce qui revient au même, la nécessité et le devoir d'être membre fidèle de la grande unité catholique.

Pour ceux qui nous accusent de barbarie et d'intolérance, nous montrerons la sainteté, la charité de ce principe et de ce devoir, c'est-à-dire sa conformité avec les attributs divins; nous vengerons Dieu et son Église outragés et méconnus.

Pour ceux qui s'élèvent contre le moindre dogme défini et positif, nous montrerons la justice et la nécessité de cette unité exclusive de l'Église, la dette qui doit être ainsi payée nécessairement à Dieu même.

A l'égard de l'indifférence systématique ou sceptique, nous établirons la vérité du dogme catholique, hors de l'Église point de salut : vérité de foi et même de raison, bien digne d'être méditée sérieusement.

Enfin, pour ceux qui veulent, ce semble, aujourd'hui ressaisir un dogme exclusif et une sorte d'unité parmi les débris flottants de la réforme, comme pour tous en général, nous rappellerons exactement le sens et l'application de ce principe de l'unité catholique et du dogme si mal connu, si ardemment combattu de sa nécessité exclusive.

Nous commencerons par cette explication même, par le sens nettement exposé de l'obligation absolue de faire partie de l'Église, une, catholique et romaine.

Après le sens vrai et bien rétabli du dogme, nous

en montrerons, comme nous avons dit, la sainteté, la justice et la vérité: trois conditions que vous ne serez pas étonnés de me voir poser ici; car ce sont les conditions mêmes et les caractères de l'homme régénéré en Jésus-Christ, suivant saint Paul : *In justitia et sanctitate veritatis* [1].

I. P. C'est, Messieurs, l'opinion d'excellents esprits, que la meilleure démonstration de la religion, la meilleure défense de l'Église catholique est, surtout de nos jours, une exposition claire, forte et fidèle de ses dogmes. Nos dogmes sont en général si peu ou si mal étudiés, ils sont si mal compris, ils sont tellement dénaturés dans les attaques dirigées contre eux; il y a réellement, souffrez que je le dise, tant d'ignorance en matière de christianisme et de foi, même parmi ceux qui se piquent de savoir et d'étude, que c'est une découverte souvent et une invention nouvelle pour plusieurs que la vieille et simple vérité catholique. Quelque chose de semblable n'arrivera-t-il pas pour un certain nombre, après l'explication exacte et vraie de ce dogme terrible : hors de l'Église pas de salut? Vous allez en juger.

J'expose et j'explique, je n'ai pas à démontrer en ce moment.

[1] Eph., IV, 24.

Le point de départ est pour nous celui-ci : Dieu lui-même a révélé la loi d'entrer dans l'Église ; il en a imposé la nécessité pour le salut, comme il a imposé la nécessité du baptême ; et cela seul déjà suffirait : Dieu l'a ainsi voulu. En conséquence nous disons pour l'Église, comme on dit pour le baptême, nul ne sera sauvé s'il n'appartient à l'Église, ou de fait et en réalité, ou de désir et par le vœu du cœur. Ce désir, à défaut de la réalité, n'a pas besoin d'être explicite et formel, il n'a pas besoin d'être le produit d'une connaissance positive de l'Église véritable ; il suffit qu'il y ait une disposition du cœur contenant implicitement le vœu d'appartenir à l'Église. D'ailleurs l'enseignement catholique n'a point défini ni précisé catégoriquement ce désir nécessaire mais suffisant au salut ; il laisse à Dieu d'en juger. Nous croyons qu'un désir qu'on pourra dire implicite, c'est-à-dire qui est contenu en d'autres actes, nous croyons que ce désir suffit.

Ce désir, suffisant pour remplacer la réalité, suppose du reste, vous le concevez, comme condition nécessaire, ou l'erreur de bonne foi, ou l'impossiblité de connaître l'Église, ce qui revient au même.

L'erreur de bonne foi ne sera jamais une cause de réprobation éternelle ; ainsi le protestant de bonne foi, qui se croit sincèrement dans la vérité, sera sauvé, si d'ailleurs il n'a commis, sans l'avoir réparé, aucun de ces péchés graves qui par eux-mêmes excluent du salut.

L'impossibilité de connaître l'Église, qui produit une ignorance invincible, n'est point non plus en soi une cause de damnation. L'Église l'a défini contre Baïus en proscrivant cette doctrine impie : l'infidélité négative est péché, *infidelitas negativa est peccatum*. Saint Paul l'enseigna dans l'épître aux Romains en disant : « Les païens qui n'ont pas connu la loi ne seront point jugés et condamnés par elle, mais bien suivant cette loi gravée dans les consciences et qu'ils devaient naturellement accomplir... : » *Quicumque sine lege peccaverunt sine lege peribunt..., cum enim gentes quæ legem non habent, naturaliter ea quæ legis sunt faciunt..., ipsi sibi sunt lex* [1].

Aussi tous les théologiens catholiques enseignent-ils unanimement que l'infidèle, le païen ne seront certainement point condamnés ni réprouvés à cause de ce qu'ils n'ont pu connaître, à cause de ce qu'ils ont ignoré invinciblement, ce qui est d'ailleurs évident.

Qu'est-ce qui rentre donc, Messieurs, et tombe

---

[1] Rom., II, 12, 14.

directement sous le principe et sous l'exclusion prononcée par ces mots : Hors de l'Église point de salut.

Le voici bien positivement : l'erreur volontaire et coupable. C'est le retrait volontaire et coupable de l'unité, la résistance intime à la vérité connue, ou au moins déjà aperçue comme pouvant et devant être connue.

Voilà proprement cette existence hors de l'Église qui est exclusive du salut; il faut que cette séparation, cette absence de l'unité soit connue et consentie par un acte coupable dans la conscience. Autrement ce serait l'erreur de bonne foi ou l'ignorance invincible, qui par elles-mêmes ne nuisent pas au salut. Mais vous comprenez bien que le doute volontairement gardé, sans effort aucun pour en sortir, que la négligence à rechercher la vérité, seront l'erreur volontaire et coupable dans sa cause, puisqu'on ne veut prendre alors aucun moyen suffisant pour l'éviter.

L'erreur et la séparation volontaires, rendues coupables par la conscience de la vérité suffisamment connue ou pouvant l'être, voilà seulement et voilà tout ce que proscrit le dogme catholique : hors de l'Église point de salut. Et c'est bien assez.

Tel est le sens, l'exposé vrai, quoique succinct, du principe.

Que si l'on insiste, si l'on nous oppose la nécessité absolue du baptême pour être sauvé, la nécessité absolue aussi de la connaissance des vérités premières de la foi, nous n'en disconviendrons pas. Mais en acceptant l'hypothèse la plus extrême, celle de l'innocence et de la bonne foi unies au sein de l'erreur avec l'absence du baptême, avec l'ignorance des vérités premières de la religion, nous répondrons comme saint Thomas, l'ange de nos écoles, et comme toute l'école antique : Il faut tenir pour très-certain, *certissime tenendum*, qu'afin de sauver, par exemple, l'infidèle nourri dans les forêts et parmi les bêtes sauvages, quand il aurait suivi la direction naturelle et vraie de sa raison, Dieu, par un moyen de lui connu, manifesterait à cette âme précieuse ce qui est nécessaire pour le salut, ce qui est nécessaire pour former au moins le vœu et le désir implicite de l'Église et du baptême, ce qui est nécessaire pour avoir la foi salutaire, et, dans une pareille position, cela se réduirait à peu de chose.

Mais qu'a donc, Messieurs, de si étrange, de si cruel, de si intolérant une pareille doctrine? Car c'est là tout le sens du principe : hors de l'Église point de salut. L'erreur volontaire et coupable, la séparation volontaire et coupable, voilà donc ce qui est exclu par ce dogme catholique. Et c'est dans le même sens et pour exclure l'erreur et la séparation volontaires, qu'il y a obligation imposée à tous de faire partie de l'unité de l'Église, unité qui consiste surtout dans l'union de foi et de dépendance avec l'épiscopat catholique et son chef souverain : union de foi qui accepte tous les articles définis par l'autorité de l'Église comme divinement révélés ; mais unité, union que suppléent, dans l'impossiblité ou la bonne foi, le désir et l'affection implicites avec la grâce intérieure donnée à tous.

Aussi nous nous gardons bien d'affirmer jamais positivement la réprobation de personne en particulier, quels qu'aient été d'ailleurs la religion, la patrie, le temps, la conduite même. Dans l'âme, au dernier instant du voyage, sur le seuil de l'éternité, il se passe des mystères divins de justice sans doute, mais par-dessus tout de miséricorde et d'amour, *superexaltat misericordia judicium*. Nous nous abstenons de sonder indiscrètement les conseils divins, mais nous savons indubitablement qu'en toute occasion ils sont dignes de Dieu et de sa bonté infinie, comme de sa justice.

Et si nous tremblons pour le salut de tant d'âmes éloignées de la vérité, nous espérons aussi dans les droits de la grâce et de la conscience, toujours unis pour le bonheur de l'homme.

En résumé l'erreur volontaire et coupable exclut

du salut; tel est le sens du principe d'unité exclusive dans l'Église catholique. Qu'en pensez-vous? Avant de tant se récrier, sait-on bien toujours ce que l'on veut combattre?

Voulez-vous sur-le-champ de la signification précise du dogme rapprocher sa vérité? La voici en peu de mots.

II. P. Nous avons vu clairement, Messieurs, que le christianisme dès l'origine était l'Église, l'Église avec la souveraineté et l'infaillibilité dans la foi, l'Église avec la papauté; puis nous avons prouvé facilement que cette Église primitive, chrétienne, divine, était la seule Église catholique romaine, qu'elle seule possédait ces caractères, n'avait pas commencé ailleurs ni dans un autre temps, qu'elle seule n'avait point subi, n'avait pu subir de changement.

Cela posé, tel est donc le christianisme : l'Église catholique, infaillible, divine, elle seule. Comment voulez-vous qu'il n'y ait point un devoir absolu de se soumettre et de s'unir à l'Église infaillible et divine? Mais il n'est pas même possible qu'il en soit autrement. Le principe d'unité exclusive est donc nécessairement vrai; il est le christianisme divin et révélé. Les raisonnements ne serviraient ici de rien ni pour ni contre ce fait établi.

Aussi les origines sacrées de l'Église et de la foi chrétienne ne nous présentent-elles rien de plus formel que le dogme et le devoir de l'unité la plus absolue, hors de laquelle il n'y a point de salut.

Faut-il le redire, Messieurs? L'Église dans l'Évangile et dans saint Paul est sans cesse représentée sous l'image du royaume, de la maison, de la cité, du bercail et même du corps humain. Hors du royaume, de la maison, de la cité, hors de leur subordination et de leur unité, nul droit aux biens du dedans; hors du corps le membre séparé n'a plus de vie : il en est donc de même hors de l'Église.

Si l'on n'écoute pas l'Église, on est comme le païen, dit Jésus-Christ; c'est un devoir sacré que de garder l'unité et la soumission la plus absolue dans la foi. Vous avez le même sens à tirer de tous les passages qui établissent l'autorité de l'Église souveraine et infaillible : l'obligation d'obéir à l'Église, à ses pasteurs enseignants, pour faire partie de l'unité de foi, du corps de Jésus-Christ, pour éviter le retranchement et l'anathème que prononce saint Paul après Jésus-Christ [1]. Ce sont là autant de révélations évidentes et expresses du

---

[1] Rom., XVI, 17.

dogme : hors de l'Église point de salut, ce dogme est donc la vérité.

Vérité qui ressort toute vivante encore de la tradition pratique et continue de l'Église depuis l'origine jusqu'à nous.

Dès l'origine en effet et en tout temps, l'Église exerça le droit de condamner et de retrancher de tous les biens et de tous les droits spirituels, ceux qui opiniâtrément persévéraient dans la séparation et dans l'erreur. Aussi chaque siècle trop fidèlement nomme-t-il ses hérétiques. Et si notre temps semble-t-il cesser de les nommer, c'est que, il faut, hélas! le dire, nous sommes au delà de toutes les erreurs, nous sommes plongés dans le gouffre de l'indifférence consommée, qui ne distingue plus guère ni vrai ni faux, ni bien ni mal : conduite de l'Église qui est assurément, en exercice et en action, le principe hors de l'Église point de salut : principe que les conciles appliquaient ouvertement par l'anathème qu'ils prononçaient, et que répétaient toutes les voix de l'enseignement chrétien. Je n'en cite que deux ou trois témoins.

Saint Irénée, au deuxième siècle, écrivait : « Le Seigneur viendra juger tous ceux qui sont hors de la vérité, c'est-à-dire hors de l'Église [1]. » Et

[1] S. Iren., lib. IV, c. 33.

vous le savez, l'Église pour saint Irénée était l'union romaine. Naguère je vous rapportais ses paroles.

Saint Cyprien, au troisième siècle, l'établissait de même avec toute la force de la plus vive éloquence dans son traité de l'Unité de l'Église composé pour ce dessein, et il écrivait à Pomponius : « Ils ne peuvent point vivre au dehors, car la maison de Dieu est une ; il n'y a de salut pour personne, si ce n'est dans le sein même de l'Église [1]. »

Or l'Église, pour saint Cyprien, nous l'avons assez vu, était l'épiscopat uni au successeur de Pierre, dans le sens le plus exclusif et le plus absolu.

Saint Augustin inculque la même vérité dans plusieurs de ses écrits, contre les Donatistes en particulier. Dans le livre aussi de l'Unité de l'Église : « Nul ne parvient au salut, dit-il, s'il ne fait partie du corps de Jésus-Christ, qui est l'Église [2]. » Or quelle était l'Église de saint Augustin ? Vous le savez.

Messieurs, nous ne disons pas autre chose encore aujourd'hui ; nous enseignons le même christianisme que les Pères des premiers temps. L'unité

---

[1] S. Cypr., Ep. 62.
[2] S. Aug., de Unitate Eccl. c. 19.

exclusive est donc le christianisme lui-même; comme lui c'est la vérité révélée.

Ou niez tout le christianisme, ou acceptez ce principe. Il n'est ni moins vrai, ni moins révélé, ni moins chrétien que tous les autres.

C'est donc une vérité de foi, nul doute. Mais on peut dire, Messieurs, que c'est une vérité même de raison et de logique.

En toute autre matière et partout ailleurs la vérité est une et exclusive. Dans la science, la politique, la philosophie, on procède perpétuellement par l'absolu; on prétend bien soutenir le vrai, exclure le faux. L'exclusivisme est partout, puisqu'on a inventé ce mot. En religion, dans l'Église seule il n'aurait pas lieu!

Partout en effet, partout ailleurs on soutient une vérité; et la vérité, une à l'exclusion de l'erreur; perpétuellement on combat pour les principes en excluant le faux. En religion, et quant à elle seulement, tout serait vrai, indifférent, le oui et le non; tout plairait également à Dieu, il n'y aurait ici ni vérité ni rien d'absolu! Est-il de la raison et de la logique de procéder ainsi? Mais rien ne coûte à dévorer contre l'Église et la foi catholique, vous vous en souvenez.

De plus, Messieurs, religion, foi, Église même, c'est surtout ce qui constitue la connaissance de

Dieu; or cette connaissance ne peut être qu'une, et doit exclure toute diversité et par conséquent toute indifférence.

La vérité est une, non multiple dans le sens contradictoire : Dieu est la vérité souveraine et l'unité même. Telle vérité, telle connaissance ainsi : la connaissance de Dieu est une, absolue, et ne saurait souffrir de variété indifférente.

Tout revient, Messieurs, dans la religion, à cette connaissance de Dieu; il ne saurait donc y avoir d'indifférence permise pour dire : Toutes les religions sont bonnes, et le salut peut s'obtenir dans toutes les communions. Car c'est dire : Toutes sortes de connaissances et d'idées, même les plus contradictoires, sur Dieu, sur la vérité, sur la loi, sont également bonnes et vraies.

Enfin il faut choisir : ou toutes les religions sont bonnes et vraies, ou elles sont toutes fausses; ou l'une est vraie, et les autres fausses.

Toutes les religions vraies! impossible, car ce serait unir la lumière et les ténèbres, confondre comme identiques la négation et l'affirmation de la même chose; la vérité ne peut se contredire elle-même.

Toutes les religions fausses! impossible encore; l'athéisme serait seul vrai alors, ou bien Dieu aurait abandonné, réprouvé l'homme sans retour et sans remède ; nul moyen au monde ne nous serait donné de vivre de la vie de l'âme, qui est la vérité et l'espérance.

Une religion vraie, et les autres fausses? à la bonne heure, c'est le résultat logique et nécessaire de la nature de Dieu, de la nature de l'homme et de la saine raison. Mais alors, Messieurs, évidemment la seule religion véritable est la voie qu'il faut suivre, connaître et garder; l'unité exclusive n'est autre chose que ce principe lui-même, le dogme catholique ne dit rien de plus, c'est l'inadmissibilité complète de l'indifférence et de l'égalité des religions.

Dieu est un: la vérité, la foi, la parole divine, qui sont Dieu même manifesté et connu, ne peuvent être qu'unes. Il n'y a pas deux vérités en religion, ni dans la foi, parce qu'il n'y a pas deux Dieux; pas deux Églises non plus, car l'Église n'est que la foi même en société. De là nous devons nécessairement le conclure : hors de l'Église pas de salut.

Il faut donc, Messieurs, l'unité absolue de religion, de foi et d'Église, le simple bon sens l'exige.

Dans cette lumière inaccessible que Dieu habite, il règne, il est heureux de l'éternelle et souveraine béatitude par l'unité infinie de sa nature.

Dieu se contemple et s'aime nécessairement lui-même, c'est là son éternelle vie, la vie de l'infini. Elle est dans la contemplation même et dans l'amour de l'unité.

Image et ressemblance divine, produit libre de la pensée et de l'amour divins, l'homme n'a pu avoir d'autre destination et d'autre fin que le but même unique des pensées et de l'amour de Dieu, Dieu lui-même; et notre esprit, notre cœur durent ainsi fidèlement aller se reposer et se complaire dans le centre unique de vérité, de perfection et de béatitude infinie, dans l'unité.

Pour y tendre et y arriver, après que l'homme se fut longtemps lassé dans ses propres voies, quand il dut bien à jamais reconnaître son impuissance et sa misère, quand la plénitude des temps fut venue, Dieu daigna dans son Fils rappeler à l'unité les générations égarées; Jésus-Christ apparut au monde pour rassembler et pour unir les enfants de Dieu qui étaient dispersés, *ut Filios Dei qui erant dispersi congregaret in unum* [1].

Telle est l'Église, Messieurs, pensée toute de miséricordieuse bonté, pensée d'amour et de vérité : ramener, obliger à l'unité même divine, qui est l'origine première et la dernière fin de l'huma-

---

[1] Joann., xi, 52.

nité, les intelligences et les cœurs si étrangement divisés. Voilà, Messieurs, le sens, la vérité du dogme hors de l'Église point de salut. Dans cette vérité, voulez-vous maintenant retrouver avec saint Paul la sainteté et la justice, je vais vous les montrer.

III. P. Par sainteté il faut entendre, Messieurs, la conformité avec les attributs divins, type du beau et du bon, la conformité aussi avec cette fin souveraine et dernière qui est de tendre à Dieu, car cette tendance est précisément ce qui nous rapproche de Dieu et de ses attributs. De là naît pour l'homme la perfection du bien moral que nous nommons la sainteté.

S'il fallait rejeter le dogme de l'unité exclusive et obligée de l'Église, ce serait sans doute, Messieurs, pour embrasser le dogme extrême contraire, l'indifférence de toutes les religions et le droit individuel de la raison à s'en former une.

Afin de mieux savoir quel pourrait être le fondement d'une pareille doctrine, opposée à la doctrine catholique, il faut se demander où serait la sainteté d'un tel principe, sa conformité, sa ressemblance avec l'idée de Dieu, avec les attributs divins, avec la fin divine. Du reste, cette indifférence serait au fond un scepticisme universel en religion, ne découvrant rien de positivement vrai, rien de certain nulle part.

Ainsi la nature de l'homme est religieuse, on en convient; il cherche Dieu et un culte par instinct. Et il ne trouverait rien d'assuré, il n'aurait qu'à s'enfoncer dans le gouffre de l'indifférence et du doute! Dieu lui aurait donné cette fin, pas d'autre, chercher sans trouver! Dieu aurait destiné l'homme, l'être raisonnable, à ce bonheur! Quel dessein vous supposeriez en Dieu même! Certes il n'est pas conforme à sa sainteté.

Dieu aurait vivement excité dans l'homme le besoin et le sentiment religieux, on l'avoue de nos jours; et pour pâture il ne lui aurait donné rien de déterminé, rien d'établi! Non, le vague et vide arbitraire, la maladie des rêves, voilà tout le partage de l'homme. Dieu existe cependant, et on parle d'une providence.

La nature de Dieu est la sainteté absolue et infinie, c'est-à-dire l'amour absolu et infini du bien et du vrai, l'horreur du mal et du faux.

L'indifférence est permise à l'homme, dites-vous, entre toutes les religions : nulle limite logique n'est ici possible, car pourquoi exclure, pourquoi admettre, si le principe d'égalité indifférente est une fois posé?

Les religions multipliées à l'infini en dehors du

christianisme, les diverses opinions religieuses ne présentent qu'un amas de contradictions révoltantes et cruelles, l'indifférence entre toutes est l'état normal; Dieu voit alors du même œil le bien, le mal, le vrai, le faux, le monothéisme et l'idolâtrie, la foi et le déisme, le chrétien et le païen, le catholique et l'athée. Il en serait nécessairement ainsi avec l'indifférence légitimée dans l'homme, avec le droit absolu de la raison individuelle; il faut être conséquent au principe.

Au moins, Messieurs, ce principe n'est pas saint. C'est lui et lui seul qui fait Dieu cruel, contradictoire, absurde. Suivant ce principe, Dieu aurait livré l'homme sans guide, sans contrôle, sans certitude, à toutes les aberrations de l'esprit et des sens, pour se forger ici-bas une religion à sa guise. Et Dieu approuverait tout, sauverait tout, justifierait tous les excès. Dans le fait on a tort de se donner tant de peine.

Le dogme catholique est-il saint, conforme à l'idée, à la dignité de Dieu?

Que dit-il? Que l'Église étant suffisamment proposée et connue, il existe une obligation absolue d'y entrer pour être sauvé. Je n'établis plus la vérité du dogme, je ne parle que de sa sainteté.

J'y vois d'abord l'obligation de rendre un culte social à Dieu, auteur de la société même : qui dit unité de l'Église dit par là même religion sociale. L'homme est arraché ainsi à l'individualisme religieux, type funeste et source de tous les autres. L'union des hommes est par là proclamée et consacrée; leur qualité de frères restituée et mise en action; et cela, veuillez le remarquer, Messieurs, cela n'existe que par l'unité exclusive et obligée; autrement vous n'avez que la libre dissidence.

Dans l'unité catholique c'est le lien le plus fort, le seul vrai et durable qui est établi, parce qu'il reporte les esprits et les cœurs aux pensées mêmes et à la sanction d'une autre vie. Tout est saint jusqu'ici.

Mais ce n'est pas tout : Quelle est la nature de l'Église? Comment la concevoir avec vérité?

L'Église est la société formée pour conduire les hommes, tous les hommes, à la dernière fin, par la profession de la foi chrétienne et par la sainteté des mœurs; elle possède et dispense le dogme, les préceptes, les promesses dans ce but. En s'imposant elle-même à l'homme, en l'obligeant à l'unité, elle l'oblige à la sainteté, voilà tout.

Qu'impose en effet l'Église, Messieurs? Où mène-t-elle? Qu'enseigne-t-elle qui ne soit un but, un dogme et des préceptes saints? On est bien obligé d'en convenir après tout, et l'on sent qu'on ne ferait que contracter l'obligation de devenir meilleur en devenant catholique fidèle. Ne serait-ce point précisément la raison de s'y soustraire et de crier à l'intolérance? L'enfant qu'on veut guérir crie et résiste aussi.

Hors de l'Église point de salut, unité exclusive de l'Église, obligation d'y entrer pour être sauvé; tel est le dogme, j'en conviens, dans le sens qui a été exposé. Mais qu'est-ce dire et vouloir après tout?

C'est vouloir, au nom des intérêts les plus sacrés de l'homme, l'arracher à l'erreur volontaire et coupable, au doute, à la mauvaise foi, à l'ignorance consentie et négligée.

Dans les intentions vraies de l'Église et dans la réalité, c'est vouloir ne soumettre la liberté, la raison au joug de l'autorité, que pour les sauver du déluge d'erreurs et d'incertitudes qui ravage le monde, pour les fixer, pour faire prononcer par la conscience le mot: C'est assez de malaise et d'angoisse, je me repose.

L'unité catholique, elle est, Messieurs, le devoir du repos dans la vérité, elle est la main tendue à celui qui fit naufrage, avec la persuasion pour appui et les motifs les plus palpables pour seul lien. Motifs de croire et d'obéir, oui sans doute, mais d'obéir à Dieu même, à Dieu seul et à ses enseignements révélés. Croire et obéir ainsi c'est l'empire et la gloire.

Le cœur y trouve encore sa consolation dans tous les maux : il est si nécessaire que les maux soient consolés, que la triste humanité soit protégée contre le désespoir et ses fureurs, source de tant de crimes! Les liens pratiques de l'Église peuvent seuls l'obtenir, en unissant l'homme chaque jour à Dieu, à ses semblables, à lui-même dans l'immortelle unité et dans la divine charité.

Obligation absolue d'être membre de l'Église, qu'est-ce enfin? C'est le devoir le plus évident dicté par la raison et le plus conforme aux idées saines et saintes.

Tous, tous sans exception ont dit : Le catholicisme est une voie sûre pour le salut. Pascal et Locke lui-même l'ont prouvé.

Hors de l'Église catholique, tout ce qu'on peut faire est d'arriver au doute, comme le démontrait encore Pascal. Au moins alors le doute existe-t-il sans produire jamais la certitude quant aux promesses ou aux menaces d'une vie future. Soit qu'on se trouve dans une indifférence générale, soit que l'on professe une religion parée encore du nom chrétien, soit qu'il y ait nullité de religion, certes on doit douter au moins, si l'on veut sérieusement réfléchir. Dans le catholicisme on trouve sûreté, sécurité, de l'aveu de tous, quand on est fidèle. Le devoir est ici certain ; l'obligation de prendre le parti le plus sûr est évidente en conscience et en raison. Il faut donc l'unité obligée de l'Église.

Nous parlons, Messieurs, de la sainteté du principe catholique, il proclame ce devoir même. Mais il n'y a là qu'une expression de bonté, un secours donné. La nécessité, la raison commandent de promulguer cette loi salutaire. Elle est donc sainte aussi.

Telle est l'unité exclusive de l'Église.

On l'appellera intolérance théologique, soit. Cette intolérance est plus qu'un droit, car elle est un devoir, un caractère essentiel et inséparable de la vérité. C'est dire uniquement que l'erreur n'est pas la vérité, que le faux n'est pas égal au vrai, pour presser d'embrasser et de garder le vrai.

Mais cette intolérance théologique, devoir de raison et de conscience, produira elle-même la tolérance des personnes ou la tolérance civile, et les ménagements de la charité.

Messieurs, saint François de Sales, saint François Xavier, saint Vincent de Paul et Fénelon avaient au souverain degré l'intolérance théologique ; car au souverain degré ils croyaient la vérité une, la foi une, l'Église une et exclusive. Et ce fut même là le principe de leur ardent amour pour sauver les âmes et pour les ramener dans le sein du catholicisme. Ce principe fut en eux, comme dans tous les hommes apostoliques, le mobile et la cause des immenses bienfaits versés au sein de l'humanité. La source de tous ces biens fut dans le dogme hors de l'Église point de salut. En vertu de ce principe même ils conseillèrent aux rois et aux peuples la tolérance civile et la douceur, connaissant bien l'esprit de la véritable Église et le moyen de ramener les cœurs; dans l'énergie, dans la franchise de notre zèle, tel est encore notre esprit.

Ces hommes, trois d'entre eux du moins, sont déclarés saints; ils ont suivi le principe catholique, l'unité exclusive; ce principe est donc saint lui-même, il n'est ni intolérant ni barbare. Il n'est au vrai qu'un tendre bienfait, un appui secourable pour l'humanité, si vous savez le comprendre. Oh! qu'il faut bien savoir restituer leur valeur aux choses et aux mots! Nous l'avons fait, je crois.

Voulez-vous l'avoir mieux fait encore? Messieurs, méditez cette pensée: Pourquoi proclame-t-on le salut obtenu dans toutes les Églises et avec tous les genres de croyances? pourquoi? Il n'y en a qu'une raison possible: c'est qu'on n'a pas en soi une conviction réelle de la vérité. Si on l'avait, à l'instant le contraire de ce qu'on croit serait l'erreur. Un remords secret qu'on n'avoue pas, qu'on ne s'avoue pas à soi-même, avertit sans cesse qu'on est hors de la voie, et alors on cherche excuse et pardon dans une indifférence universelle pour toute vérité. Nous catholiques, avec le sentiment intime et doux que crée la possession de la vérité, nous excluons et condamnons tout ce qui n'est pas la foi; et notre amour pour des frères égarés puise dans notre conviction même exclusive ses plus compatissantes et ses plus charitables ardeurs.

Au fond, Messieurs, toutes ces déclamations de tolérance dont on prétend se bercer autour de nous, ne sont qu'une forme du remords; et la nature de l'homme l'exige impérieusement ainsi. L'erreur a besoin de l'appui d'autres erreurs; elle s'unit et fraternise avec toutes pour déguiser sa propre faiblesse. La vérité seule se suffit à elle-même comme Dieu, parce qu'elle est la vérité: voilà son divin caractère.

Conformité de l'unité exclusive de l'Église avec les attributs divins, telle est la sainteté du dogme, nous l'avons vu; reste sa justice.

IV. P. Le principe catholique, hors de l'Église point de salut, une fois dégagé des préjugés de l'ignorance, nous est apparu, je l'espère, Messieurs, pur de tout reproche d'intolérance et de barbarie. Il est par son motif, par son application et par son but, par son vrai sens, l'exclusion prononcée contre la seule résistance à la vérité connue; qui pourrait y trouver à redire? N'est-ce point la condamnation d'un crime, de la rébellion volontaire envers l'autorité divine, laquelle est manifestée, s'est rendue assez présente, du moins aux yeux de la conscience, pour demander impérieusement une considération attentive? On néglige, on dédaigne d'accorder cette attention à la proposition de l'Église, quoi qu'il en puisse être; la volonté grave d'errer est posée ainsi dans la cause, si même il n'y a pas une volonté et une connaissance déjà plus formelles et plus directes de repousser la vérité.

Le dogme catholique est vrai, il est saint; pourrait-il n'être pas juste?

La justice rendue est, Messieurs, le droit satisfait, la dette payée.

Ici l'erreur volontaire et coupable est condamnée, condamnée seule, c'est justice.

Par là les devoirs les plus évidents sont seuls rappelés, celui par exemple de prendre la voie la plus sûre pour arriver à l'éternelle vie, c'est justice.

S'il est vrai, comme nous l'avons déjà établi, que Dieu ait révélé cette loi, hors de l'Église point de salut, c'est justice et souveraine justice d'obéir à cette loi, car elle est l'expression de la volonté divine. Et l'un des premiers devoirs de la conscience naturelle en l'homme est évidemment d'obéir à Dieu qui révèle, qui manifeste ses ordres, n'en sût-on pas même bien pénétrer les motifs.

La justice et la nécessité nous imposent aussi la loi de nous arracher au gouffre de l'indifférence et du doute, où s'engloutissent, pour mourir, la pensée et l'instinct religieux, la plus noble des facultés de l'homme.

Directement contre ce mal, il n'existe qu'un seul remède : l'unité exclusive et obligée, l'autorité de l'Église liant tout à son enseignement. Car sans elle l'homme est libre; ou plutôt l'erreur et les passions sont libres, et l'homme est asservi. C'est justice, Messieurs, de l'affranchir par les liens mêmes de l'unité qui sauve seule sûrement des fluctuations du doute et de l'erreur.

C'est justice, si le christianisme est vrai, si une révélation fut faite, de pourvoir à sa conservation et au dépôt de sa foi. Le libre examen n'y pourvoit pas, il les détruit; voyez autour de vous. Il faut un siége de traditions, un juge des controverses, une sanction des vérités.

Hors de l'unité que fonde et régit l'autorité, vous n'avez rien de semblable : il faut donc entrer dans l'unité et se soumettre à l'autorité. Il n'y a là qu'une simple loi de justice, le devoir payé à Dieu. Cette unité doit donc être exclusive et obligée, et hors de son sein point de salut.

C'est justice d'organiser la société religieuse, de lui donner des lois, de veiller à leur observation ; sans Église vous n'avez rien de tout cela, et sans l'obligation absolue d'y entrer tout cela est vain.

C'est justice de dépendre de Dieu, de reconnaître ses droits, d'y satisfaire par nos devoirs. C'est la justice première, et pour assurer la gloire divine, et pour assurer le bonheur de l'âme humaine, et pour garantir la fin dernière. Les droits de Dieu dominent tout dans l'univers, dans le ciel, sur la terre et dans les enfers.

Le ciel est l'unité, Dieu y règne ; l'enfer est le désordre, mais Dieu y règne encore, l'homme coupable y souffre. La terre doit commencer le ciel, elle doit donc garder l'unité.

Donc il faut le lien, l'obligation, l'autorité, l'unité exclusive en religion ; ou de fait et de droit, Dieu n'est plus Dieu pour l'homme.

Tout revient là, Messieurs, et tout y mène.

Et tout ce que nous avons vu être saint est par

là même juste. Nous ne pourrions que nous répéter en nous étendant.

Gardons-nous, je vous en conjure, des torts de l'esprit étroit et des basses idées. Pauvres intelligences bornées à tous les points du plus court horizon, nous prétendons bien mesurer Dieu, sa pensée, sa justice suivant nos pensées et nos justices. On ferait mieux de prendre l'Océan dans le creux de sa main.

Avec une imperturbable assurance on s'est assis sur les confins du monde pour juger l'immensité! On cite l'infini à sa barre; on toise, on pèse, on coupe et l'on taille, puis on adopte ou l'on rejette à son gré. La justice de Dieu, dit-on, n'est pas de cette sorte, c'est indubitable, l'homme l'a mesurée et jugée.

Avec une légèreté inconcevable, on ne daignera pas soupçonner que les pensées de Dieu sont un peu différentes de celles de l'homme, et la justice divine autre chose que l'idée qu'on se plaît à s'en forger. Mais alors c'en est fait de l'ordre du monde, du gouvernement de la Providence, car on trouvera certainement qu'on aurait mieux fait soi-même.

Mais on ne tarde pas, Messieurs, en s'isolant un moment des agitations et des préoccupations de cette triste terre, pour s'approcher du christianisme, on ne tarde pas à comprendre la sainteté, la beauté et la justice du concert de la louange catholique ; voix de l'unité, hommage de l'universalité des êtres dû au Seigneur qui les créa ; société une, obligée de croyance et d'amour ; une parce que Dieu est un, obligée parce que la vérité oblige. Et tous ces monstres prétendus d'injustice ou de barbarie se sont évanouis. Le bonheur senti alors est d'appartenir à l'unité catholique et de lui ramener les cœurs qui l'abandonnèrent.

Ne serait-ce point là l'histoire de plusieurs de ceux qui m'entendent?

Messieurs, quand l'apostolat catholique, pour remplir la mission difficile qui lui fut donnée au milieu des grands centres de la civilisation moderne, interroge l'état religieux et moral de la société, il se prend parfois à ressentir les vives étreintes d'une tristesse profonde. Il lui semble assister à un spectacle de décomposition et de mort et contempler de vastes ruines. Et volontiers il irait, s'enveloppant dans son manteau, répéter les plaintes du prophète des lamentations.

Viennent les jours, ces grands jours marqués dans les conseils de la miséricorde et de la douleur divines ; viennent ces jours où le prêtre de Jésus-Christ ne se contente pas de gémir sur les malheurs de Sion ; mais, à l'exemple aussi du prophète, élève librement la voix avec l'éclat de la trompette pour reprocher aux générations assemblées leurs prévarications et leurs crimes. Cette étrange parole est écoutée, suivie. Les cœurs se pressent comme les rangs autour de la chaire sacrée. La vie se remue encore au fond des âmes. La langue apostolique est acceptée, comprise, les consciences heureusement troublées; et de jeunes et nombreux courages, recouvrant toutes les impressions de la foi, ne craignent pas en son nom de triompher hautement de l'opinion et des passions.

Messieurs, j'ai besoin de vous le témoigner ici, dans ces derniers instants qui vous rassemblent, vous avez rempli mon âme de joie et d'espérance, et ces sentiments avaient fui de mon cœur, je l'avoue, il y a longtemps.

Vous avez montré, dans ces heures bénies de la retraite[1], tout ce que la religion conserve encore de force et de puissance, tout ce qu'elle peut encore dans vos âmes généreuses. Oh! soyez donc mille fois bénis au nom du Seigneur, vous tous enfants dociles de l'Église de Jésus-Christ. Non, non, je ne veux plus désespérer de l'avenir. Mais à vous, Messieurs, il appartient de le restituer et

[1] Première retraite de la semaine sainte, donnée aux hommes dans l'église Saint-Eustache à Paris, en 1841.

et de le féconder cet avenir ; à vous d'arborer, au sein de l'indifférence et de la corruption qui nous dévorent, le drapeau réparateur de la foi et de la vertu catholiques. Plus qu'à nous peut-être encore une grande mission vous est échue ; vous saurez la comprendre et la remplir, j'en ai la ferme confiance. Sous l'égide invulnérable de l'Église, appuyés sur la pierre angulaire, l'œil attaché sur l'auteur et le consommateur de la foi, voués à la protection de la Vierge immaculée, vous saurez disputer au marasme et au doute qui la rongent cette vie sociale capable encore de tant d'énergie et de tant de gloire. Allez donc, dans les sciences, dans les lettres, dans les arts, proclamer la pensée par laquelle seule les nations vivent et prospèrent. Dans vos travaux, dans vos œuvres, dans votre conduite et dans vos mœurs, montrez fidèlement, montrez toujours la pensée catholique, dominant et couronnant toutes les autres pensées, pour guider à votre suite les pas des peuples. A ce prix, vous aurez bien mérité de l'Église et du pays, vous aurez sauvé la société.

D'autres années encore, par la volonté du pontife, je reviendrai près de vous, si Dieu me retient sur cette terre. D'autres années encore je vous convoquerai, je l'espère, dans la retraite au pied des saints autels ; nous pourrons mieux compléter désormais l'œuvre commencée; et tous ensemble, unis aux saintes pensées, au zèle saint de notre évêque, nous recueillerons, avec ses bénédictions tutélaires, les bénédictions abondantes du temps, les bénédictions de l'éternité.

TRENTE-SEPTIÈME CONFÉRENCE

LA VIE CATHOLIQUE

OU LA VIE SOUMISE A L'ÉGLISE

TRENTE-SEPTIÈME CONFÉRENCE

LA VIE CATHOLIQUE

OU LA VIE SOUMISE A L'ÉGLISE

Monseigneur,

Il est souverainement évident que la foi catholique et une vie conforme à ses enseignements relèvent la nature et la dignité humaines. Dans une soumission fidèle à l'autorité de l'Église, la raison et la philosophie, loin de recevoir d'injustes entraves, remplissent les conditions de leur affranchissement légitime ; la science y trouve les points d'appui nécessaires, la vertu les garanties les plus puissantes, l'homme et la société toutes les voies ouvertes pour le perfectionnement le plus sublime. Une conscience attentive doit nécessairement le reconnaître.

Cependant, Messieurs, nous entendrons trop souvent encore exprimer à cet égard le doute ou le dédain. La vie catholique sera méprisée dans les pensées de certains sages, pour me servir d'une parole de l'Écriture : au moins des voix discordantes viendront blesser la religieuse harmonie des enfants fidèles de l'Église et leur reprocher je ne sais quelles bornes posées aux droits de la raison, de la liberté et du progrès social. Est-on bien persuadé de ce qu'on dit alors? Est-ce bien sincèrement qu'on accuse la croyance et la vie catholiques de faire descendre l'intelligence et la volonté humaines du degré d'élévation qui leur appartient, et de ne pouvoir plus offrir aujourd'hui, sous le gouvernement spirituel de l'Église, les éléments convenables de perfectionnement public et privé?

Je dois donc en appeler encore ici à vos consciences, à vos esprits et à vos cœurs. Je le ferai avec confiance, n'ayant à exprimer devant vous que ce qui est l'objet même des convictions et des joies les plus chères d'un grand nombre. J'établirai trois propositions; les voici :

Le catholique est celui qui connaît et possède le mieux les conditions de la vraie liberté;

La vie du catholique est éminemment la plus digne d'une raison saine et élevée;

Enfin c'est dans une existence soumise à l'autorité de l'Église que sont présentes toutes les conditions de perfectionnement et de progrès.

Tel sera, Messieurs, le sujet de cette Conférence. Nous tâcherons de nous former une idée juste de la vie catholique; et nous en conclurons la dignité, la liberté, la perfection vraies de l'homme qui accepte et suit fidèlement les enseignements et les lois de l'Église.

I. P. Cherchons ici, Messieurs, avec une entière franchise toutes les conditions de la liberté véritable, et ne craignons pas d'en rapprocher une vie soumise à l'Église, c'est-à-dire la vie du catholique fidèle.

Ou la liberté, cette grande et belle chose, est un mot vain, absurde, cruel, injuste; ou ce mot signifie, dans sa plus haute expression, que l'homme ne doit dépendre que de Dieu seul.

Une âme humaine est une intelligence et une volonté libres; elle est égale par son origine aux autres âmes, créées comme elle à l'image divine. Nul homme ne saurait donc avoir par lui-même le droit d'imposer des devoirs à un autre homme; le Maître commun peut seul le faire. Aussi, Messieurs, si nous voulons profondément méditer, en nous appuyant sur les vrais principes, nous verrons que la triste dégradation de l'esclavage consiste surtout à obéir où Dieu ne commande pas. Et puisque Dieu veut et doit commander à l'homme, puisqu'il lui impose et lui dicte des lois, on conçoit que la souveraine liberté, la véritable dignité de l'homme libre est dans le droit et dans le pouvoir d'obéir à Dieu seul. Ce qui revient à dire que le plus haut degré d'indépendance est de dépendre seulement de sa conscience et des obligations divines qui la régissent. Le comble du ridicule et du crime serait de prétendre constituer la liberté dans une indépendance absolue à l'égard de Dieu même. C'est ce qui a précipité l'ange au plus profond des abîmes; mais aussi c'est malheureusement, parmi certaines obscurités de langage, ce qu'on est forcé de reconnaître dans quelques théories philosophiques de nos jours touchant les droits de la raison et la liberté de la pensée.

« La raison, dit-on, est le Dieu fait homme; » le mot est dur; ou bien : « La raison est l'être absolu qui s'apparaît à lui-même dans la conscience humaine [1]. » A quel autre Dieu voulez-vous alors qu'on aille offrir sa dépendance et ses hommages?

Ici, Messieurs, je vous en conjure, élevons nos pensées à la hauteur de ces voûtes sacrées, et sortons des limites étroites de la politique humaine et des intérêts d'un jour.

Le catholique éclairé sait retrouver dans sa

---

[1] M. Cousin, *Cours de* 1818, p. 55.

conscience et sa raison même la loi première et constitutive de toute existence créée : dépendre de Dieu. Il embrasse avec ardeur ce devoir ou plutôt ce droit, source unique de tous les devoirs et de tous les droits. Dans cet ordre d'idées, la foi, l'autorité de l'Église ne sont à ses yeux que l'expression manifeste et certaine du pouvoir divin : le catholique est donc soumis.

Mais il monte par là même au degré le plus élevé de la liberté humaine ; comprenez-le, car il n'obéit en tout qu'à Dieu seul. Où Dieu n'est pas, où Dieu ne parle pas, l'enfant de l'Église n'a point de maître ; et les lois, les puissances établies sur la terre n'ont droit à l'obéissance du catholique que parce que Dieu leur délégua son autorité.

Le catholique imite ainsi la liberté divine, dont la dignité consiste à ne dépendre que de la sagesse et de la raison infinies. Le chrétien fidèle commence ici-bas la vie des cieux, en s'unissant par une entière dépendance à la perfection, à la bonté, à la vérité même divines ; cette obéissance n'est, à proprement parler, que la vérité rendue à toute sa pureté et portée à sa plus haute puissance.

Vous le concevrez mieux encore, Messieurs, en vous rappelant que toutes les facultés de l'homme, et surtout la liberté, lui furent données pour tendre à la fin unique et dernière de tout son être, à la possession du bien souverain, qui est Dieu. Tel est le but, la destination de toutes les existences créées.

L'état où l'homme trouvera le moins d'entraves, le plus de moyens, le plus de mérite et de force pour atteindre au terme divin, sera évidemment l'état qui perfectionnera le plus sa liberté, puisqu'elle sera plus apte alors à sa destination suprême, plus rapprochée de son type auguste et de sa fin divine.

Aussi, se soumettre pleinement à l'Église, à sa foi, à sa loi, c'est arborer dans un vrai sens le plus noble drapeau d'indépendance; et il n'y en a pas, Messieurs, de plus beau, de plus légitime que le drapeau de l'indépendance catholique.

Contre notre foi et notre destinée divines combattent sans cesse en nous, hors de nous, et l'orgueil de l'esprit, et l'orgueil de la chair, et les révoltes de la pensée, et les passions mauvaises. L'Église par son autorité souveraine gouverne l'esprit de l'homme, mais pour le relever et l'assainir en fixant à jamais les grandes et éternelles vérités qui donnent la vie. L'Église par son autorité asseoit sur des bases immuables les conditions de l'affranchissement et du rachat, les lois de la victoire évangélique, ces préceptes de morale qui, recevant de la foi définie du dogme une sanction divine et une puissance inébranlable, font triompher la vertu des passions tout à la fois du cœur et de l'esprit, règlent la pensée, les penchants, et avec la grâce augmentent jusqu'à la hauteur des cieux les forces de l'âme.

L'Église, encore par le bienfait tout divin de la suprématie spirituelle, protége les peuples, et défend hautement la liberté de la conscience contre l'oppression trop fréquente des puissances humaines. Et le pouvoir spirituel tout seul est, Messieurs, en ce sens, au sein de l'humanité, ce qui peut fonder une véritable indépendance. Qu'on y réfléchisse bien sans s'arrêter à des mots tous faussés dans leur signification depuis bientôt cent ans.

Plus on est affranchi des influences humaines pour obéir à Dieu, plus on est libre; et c'est ce que l'autorité catholique opère admirablement. Ses lois, ses rites, ses dogmes, sa parole brisent autant de chaînes, et nous font entrer dans la vraie liberté des enfants de Dieu; parce que ce sont autant de ressorts puissants et doux qui nous arrachent aux pensées et aux passions de l'homme, aux entraves des tyrannies humaines, pour nous soumettre aux pensées de Dieu.

Ne dépendre que de Dieu, pouvoir par des moyens assurés tendre à la fin dernière et s'affranchir des entraves humaines, ce sont là les conditions essentielles de la liberté, et qu'une vie soumise à l'Église réalise pleinement.

Ah! Messieurs, sans doute nous devons redouter les tyrans des consciences, les tyrans du dehors; mais comprenez-le aussi, un tyran est surtout à craindre pour nous, nous-mêmes. Et, laissez-moi vous le dire, notre liberté est perfectionnée, elle est meilleure, elle est plus grande quand nous sommes certains de suivre dans notre croyance et notre conduite une direction et une autorité meilleures que les nôtres. Il y a là une conquête et un triomphe. Mais lequel donc vaut le mieux pour une volonté libre, ou d'obéir à l'Église et à Dieu, ou de s'obéir à soi-même? car telle est la vraie question.

Franchement, Messieurs, on a beau dire, l'autorité du moi est une triste autorité; et dès que le principe sauveur de la dépendance religieuse est retranché d'un cœur, les plus désastreuses influences s'en emparent. On croit se gouverner, se régir; on croit n'obéir qu'à sa raison, qu'à sa puissante énergie de volonté et d'action : on s'abuse. On devient un esclave à racheter et à affranchir. Pour le méconnaître il faudrait n'avoir pas lu l'histoire, et oublier surtout celle du cœur humain.

Et sans parler des passions et des penchants, ne voyez que le règne despotique des opinions. Chaque siècle est plus ou moins placé sous un joug. L'opinion tyrannise la plupart des hommes : elle règne en maîtresse, toujours aveugle, fantasque et capricieuse. Encore aujourd'hui, Le maître l'a dit, est un principe régulateur de beaucoup d'esprits, sans qu'ils veuillent en convenir. Ils forment le nombreux troupeau qui suit l'impulsion donnée ; toujours, partout, beaucoup d'hommes obéissent à un seul homme.

Aussi, daignez le remarquer, plus on voudra la liberté, plus on la réclamera avec ardeur, plus il semble alors qu'il faut abdiquer d'indépendance personnelle, s'unir, prendre un chef, un maître, le suivre pour conquérir le but si ardemment ambitionné. L'histoire avérée de toutes les révolutions des États ou des doctrines est là pour le prouver. Que ne produisent pas, que n'ont pas produit dans tous les temps les erreurs et l'influence d'un homme !

Messieurs, il y a là un fait, une loi de la nature, un ordre de Providence, qu'on outrage sans doute par l'abus, mais que l'on constate par une inévitable exécution.

Aussi l'autorité catholique et divine, le pouvoir régulateur des esprits et des consciences n'est-il autre chose que le rétablissement de l'ordre et des voies véritables où doit marcher l'humanité pour être libre. Car elle doit être enseignée bien ou mal, bien ou mal gouvernée. Et sans l'autorité catholique je ne vois réellement d'autre logique et d'autre histoire que la logique et l'histoire des variations, des fluctuations et des folles erreurs de l'opinion humaine, c'est-à-dire une lamentable et trop réelle servitude.

Mais j'entends retentir à mes oreilles les grands principes de liberté de conscience, de liberté de la pensée. Certes, Messieurs, je les adopte; et j'en ai peut-être ici besoin plus qu'aucun autre. Oui, elle est belle et noble cette doctrine de la liberté de la conscience et des pensées; mais je comprends invinciblement aussi que pour être d'autant plus libre l'homme doit porter en soi, doit trouver près de soi la plus grande force possible de vérité, d'obligation et de devoir, afin de s'attacher librement et par choix à Dieu, au vrai, à la vertu, au bien.

Messieurs, je dis obligation et devoir, nullement coaction et violence, à Dieu ne plaise. Et qu'est-ce donc qu'une autorité spirituelle, infaillible dans la foi? La plus grande obligation possible, le plus puissant secours pour connaître et garder la vérité, la vertu. C'est même le moyen unique de sauver parmi les hommes la vérité ; elle est détruite s'il n'y a pas de bases définies, si la foi n'est pas fixée : et alors notre âme est comme l'eau du torrent qui déborde et qui s'égare. Sachons, Messieurs, je vous en prie, parler un mâle et franc langage, et laissons là le langage mensonger des races dégénérées.

L'autorité infaillible de l'Église est la garantie propre de la liberté. Pourquoi? précisément parce qu'elle oblige au vrai et qu'elle le définit souverainement, parce qu'elle est autorité infaillible.

Des idées mesquines et étroites, la mollesse profonde d'intelligences déchues se dissimulent et se cachent sous le beau nom de liberté : elles en abusent. Ne confondez jamais deux choses parfaitement distinctes, la liberté de l'homme extérieur, et la liberté de l'homme intérieur. Extérieurement il ne faut, encore une fois, ni coaction ni violence ; jamais : l'Église n'en veut pas en sa faveur ; elle n'en veut pas non plus contre elle.

Intérieurement et comme obligation de conscience, plus il y a d'autorité et de force pour écarter l'erreur et le mal, plus l'homme est libre. Sans contredit, telle est l'autorité de l'Église.

Liberté, véritable liberté! Eh! Messieurs, c'est le cri intérieur de l'âme fidèle, le noble apanage des enfants de Dieu, le vrai bien du catholique soumis à l'Église. Être à l'abri des fluctuations de la pensée et des tourments du doute; être affranchi du joug des préjugés et des illusions intéressées; se voir armé contre les coups des passions, non moins que contre les assauts du chagrin; être placé sur un rempart invulnérable; entendre constamment la voix qui s'inspire de la sagesse, de la vérité, de la bonté infinies, montre le terme, encourage à la lutte, conduit à la victoire; dans le dogme défini, dans la morale garantie, dans le culte fixé, dans les lois sacrées des observances religieuses, posséder un pouvoir qui élève au-dessus des entraves de la terre et ne rattache, ne lie qu'à Dieu seul; recevoir, alimenter en soi-même une vie intérieure et une énergie tranquille qui agit avec confiance et secoue généreusement toutes les influences tyranniques des sens, des plaisirs et de l'orgueil des opinions humaines; enfin se sentir réellement indépendant et libre des autres, de soi, de la force, de la faiblesse, des vicissitudes et des variations continues de cette terre, libre en un mot de tout ce qui n'est pas Dieu, prêt du reste à embrasser toutes les vérités et toutes les entreprises généreuses qui peuvent affranchir, améliorer, et sauver l'humanité : tel est le témoignage que se rend à elle-même la conscience catholique; tel est l'esprit d'obéissance envers l'Église, telle est la liberté sublime de ses enfants, quand on sait bien la comprendre et la chérir. Messieurs, comprenez-la; qu'elle soit à jamais votre partage.

La vie catholique est aussi, Messieurs, le seul progrès et le seul perfectionnement véritable.

II. P. Il était réservé, Messieurs, à notre siècle de renouveler et d'ériger en principe la folle prétention de quelques enthousiastes qui en divers temps avancèrent que pour le bien de l'humanité et pour la religion des peuples on pouvait mieux que le christianisme.

Il faut plaindre ceux qui, se laissant tromper par des propensions ardentes et des tendances faussement généreuses, espèrent et proclament un progrès au delà des vérités et des vertus catholiques. Quand on y réfléchit mûrement, on a peine à concevoir comment une semblable erreur peut être sérieusement adoptée et soutenue. La chose cependant n'est que trop réelle de la part d'esprits d'ailleurs distingués.

L'humanité a donc aujourd'hui besoin pour son bonheur et pour sa gloire d'une institution religieuse meilleure que le christianisme?

Mais sur quoi fondé veut-on réclamer, espérer un ciel nouveau et une terre nouvelle avant l'âge éternel? Impossible d'en donner une raison: c'est malheureux. On se balance au milieu de vagues et arbitraires théories, comme parmi d'incertains et flottants nuages; on s'abandonne à des suppositions toutes gratuites.

Des hommes inquiets, impatients du présent et d'eux-mêmes, s'élancent dans l'avenir; sans autorité, sans mission, ils prophétisent une transformation future. Ce qui est sacré pour eux, c'est ce qu'ils désirent, et ils désirent le changement.

Tâchons, Messieurs, d'opposer des raisons et des faits à ces imaginations déplorables.

On veut le progrès des peuples et de l'humanité; très-bien. Mais l'humanité se compose d'hommes, je crois, et les peuples d'individus. Célébrer ou promettre un progrès dans l'humanité, sans avoir à le montrer réalisé dans l'homme et dans l'individu, serait une abstraction impardonnable. Avec une si grande facilité pour se persuader les choses, on pourrait parmi les hordes sauvages et féroces se croire à aussi juste titre au milieu des douceurs et des prodiges de la civilisation, des sciences et des arts.

La vie catholique, Messieurs, est le progrès véritable parce qu'elle est le perfectionnement entrepris et suivi dans chaque homme; parce que les vertus des chrétiens fidèles sont l'influence la plus réellement utile à la société; parce que le bien social se compose du bien vrai des individus, ou n'est qu'un mot vide de sens ; parce que jamais une réunion d'hommes corrompus ne formera une société vertueuse, pas plus qu'une troupe de lâches ne saurait faire une armée de braves, ni une société d'ignorants une académie savante ; et parce qu'enfin la vie catholique porte avec elle seule la garantie la plus puissante, le ressort le plus généreux pour tout ce qui est vrai, grand et bon.

Les bonnes mœurs sont aussi, au dire de tous les hommes sensés, la première condition de prospérité, de force et de civilisation véritable pour les nations ; et les mœurs sont apparemment des vertus réalisées dans la vie individuelle. Sans cela que serait la vertu ? Mais que deviennent les mœurs sans la foi ? Je vous le demande. Eh bien ! au delà du christianisme, a-t-on réalisé, cherché même le progrès de l'homme individuel ? Hélas ! non. Je vois bien les barrières ôtées du bord des abîmes ; je ne vois pas de sanctuaire bâti pour la vérité et la vertu.

Tâchons donc, Messieurs, je vous en conjure, d'accepter et de retenir des appréciations justes et saines.

Oui, mille fois l'Église veut le progrès et le perfectionnement de l'humanité. Elle seule le veut véritablement, et seule elle peut l'opérer en demeurant ce qu'elle est. Elle ne multiplie les rites qui expient, les instructions qui éclairent, les cérémonies qui touchent, les souvenirs qui animent, les exemples qui encouragent que pour enflammer tous les cœurs des plus nobles ardeurs de l'héroïsme et de la vertu.

Aussi quel lien moral, quel principe d'union, de force, de dévouement sont étrangers aux inspirations catholiques? Aucun. Si l'homme était fidèle à l'Église, à ses lois, à ses enseignements, quel mal, quel vice, quel ferment de discorde et de haines, quel appui pour une molle et lâche indolence retiendrait-il encore au dedans de lui-même? Il les combattrait sans relâche pour en repousser les moindres atteintes, pour avancer, pour monter toujours dans la voie qui conduit jusqu'à Dieu même.

Mais franchement que veut-on? à quoi pense-t-on en répudiant l'Église et sa foi pour avoir mieux, pour mieux faire? N'est-ce pas uniquement pour échapper au dedans de soi-même à la grande loi catholique du perfectionnement réel et intérieur? On l'a dit avec une justesse assez piquante: il y en a qui aiment l'humanité et qui chérissent les Tartares, pour se dispenser d'aimer leurs voisins. Ainsi, pour se dispenser trop souvent des vertus premières et des combats généreux qu'elles exigent, pour mieux écarter la pensée d'une réforme et d'un retour nécessaires, on s'élance dans un avenir qui ne dit rien, n'oblige à rien.

L'Église catholique est mieux inspirée et mieux apprise. Elle fonde les espérances de l'avenir sur les travaux et les biens du présent. A sa voix nous apparaît sans cesse, et sous toutes les formes de l'existence, la grande et divine image du modèle descendu des cieux sur la terre. Aux leçons, aux exemples, aux désirs, aux sollicitations pressantes il n'y a qu'un terme, la perfection même infinie : « Soyez parfaits comme votre Père céleste est parfait. » Telle est, Messieurs, la langue de Jésus-Christ et de l'Évangile. Mais il y a là, ce me semble, une loi de progrès assez étendue.

Et si l'Église paie un juste tribut de culte et d'honneur à ces héros qui ont reçu le nom de saints ; si elle va chercher au faîte le plus élevé de la création et de la gloire la créature la plus parfaite et la plus pure, la plus grande, la plus compatissante, la plus digne de confiance et d'amour, celle que la foi nomme la Mère de Dieu, n'est-ce pas, Messieurs, pour relever nos courages trop souvent abattus par la faiblesse, pour ranimer l'ardeur des sentiments les plus généreux, leur prêter l'appui et le concours le plus puissant, leur donner toutes les espérances et toute la force de la vertu, du dévouement et de la charité? Ah! Messieurs, avant d'aspirer à une transformation nouvelle, à des progrès nouveaux, si l'on daignait se rendre compte du véritable travail catholique au sein de l'humanité, on jugerait plus sainement les choses. Mais il faudrait aussi pouvoir se rendre le témoignage qu'on a parcouru, épuisé dans sa vie tous les degrés des vertus chrétiennes. Il faudrait avoir conquis ce détachement sublime qui méprise comme un vil fumier tous les biens, tous les plaisirs, tous les honneurs terrestres; il faudrait avoir reproduit cette héroïque et douce humilité qui fuit la louange humaine, rapporte tout à Dieu, ne s'irrite d'aucune résistance, ne s'enfle d'aucun succès, mais ne vit, ne respire que pour la gloire divine et le bien des âmes. Il faudrait avoir établi dans son cœur le règne souverain de cette charité qui embrasse tous les hommes dans un égal et fraternel amour, qui chérit les ennemis et pardonne leurs injures jusqu'à donner tout avec joie, la vie même pour leur bonheur. Il faudrait avoir conquis cette chasteté sans tache qui place dans un corps grossier la vie et la pureté des anges. Il faudrait n'avoir plus rien à étudier, rien à imiter dans les leçons et les exemples du Sauveur, ni dans le type si évidemment divin de la perfection évangélique. Quoi! réellement cette perfection ne suffit plus pour vous, déjà dès longtemps vous l'avez dépassée ; vous apportez un nouvel évangile au monde ; l'ancien n'est plus à la hauteur de vos progrès, ô promoteurs zélés du perfectionnement et de la grandeur de l'humanité ! Vous l'avez pensé, vous l'avez dit sérieusement ! Grand Dieu ! je ne crois pas qu'on puisse avancer plus loin en effet, mais dans l'aveuglement et l'illusion.

Et ne savons-nous pas ce qui est arrivé déjà avec ces rêves d'une religion de l'avenir ? Vous prétendez mieux faire, vous espérez mieux que le christianisme et l'Église, nous attendons. Mais en attendant si vous daigniez au moins nous montrer les vertus chrétiennes réalisées !

Messieurs, parlons le langage de l'expérience et de la vérité. Au jour où rapprochés peut-être vous-mêmes du Seigneur par un repentir sincère après de trop longs égarements, vous avez recouvré la joie d'une bonne conscience, alors vous aviez reconquis en même temps la dignité, la liberté humaines ; dans ce jour vous rendiez aussi à la patrie le citoyen utile et dévoué, car il n'y a pas loin, comme on l'a si bien dit, des vertus privées aux vertus publiques, et le parfait chrétien sera toujours un grand citoyen.

Voulez-vous en savoir la raison ? voulez-vous pénétrer aux entrailles du christianisme et comprendre le grand œuvre de la régénération et du perfectionnement de l'homme? Je vais vous le dire et vous rappeler un des plus beaux enseignements de la foi.

Le catholicisme, apporté par Jésus-Christ au monde pour être le principe et le type fécond de tout bien, veut dans ce but établir à jamais la grande loi de la réparation, condition nécessaire et puissante de tout développement profitable.

Quand le Sauveur fit entendre pour la première fois sa voix amie et tutélaire, il proclama la loi fondamentale de sa rédemption divine : le saint précurseur l'avait annoncée en annonçant son maître ; les apôtres l'avaient reçue comme le premier mandat de leur mission ; et toujours l'Église fidèle rappela au milieu de ses plus pressantes sollicitations cette loi première de salut et de perfectionnement pour l'homme.

Alors apparut dans la langue humaine ce mot d'une puissance de sanctification si grande, d'une vertu si féconde et si profondément salutaire, laissez-moi le prononcer : la pénitence. Ici, Messieurs, je ne puis résister au désir de m'appuyer du beau nom de Leibnitz[1]. Écoutez-le :

« L'homme, par la grâce divine prévenante,

---

[1] *Système de Théologie*, p. 269, édition de Migne.

passant de l'assoupissement mortel du péché à la connaissance de sa misère, à la considération de son âme, et au ferme propos de rechercher et de suivre la vérité qui peut le sauver, et rejetant ou bien oubliant les autres pensées et les autres sentiments ainsi que les séductions dangereuses du monde et de la chair, uniquement occupé du soin de son salut, reconnaît, par la lumière naturelle, la loi et la volonté divines; le souvenir de sa vie passée excite ses gémissements et ses terreurs, lorsqu'il voit combien il s'est éloigné de Dieu, quelle peine grave il a méritée, combien il a offensé son Créateur, qu'il devait honorer et aimer par-dessus toutes choses. S'arrêtant à ces considérations, il puise au milieu des alarmes de sa conscience la lumière d'une nouvelle espérance; car il reconnaît que le très-juste juge par sa souveraine bonté a pitié de la faiblesse humaine, et n'a pas encore dépouillé sa bienfaisance à l'égard des pécheurs qui cherchent, lorsqu'il en est encore temps, un asile dans sa miséricorde. Alors l'Évangile lui montre, en faveur de tous ceux qui se convertissent sérieusement à Dieu, le Christ comme le port du salut, et vers lequel on s'approche par une vraie pénitence, qui ne consiste pas seulement dans la crainte du châtiment ou dans l'espoir de la récompense, mais qui, pour être suffisante, doit avoir pour motif un sincère amour de Dieu. Cette pénitence est obtenue, ou bien dans le baptême des adultes par ceux qui sont reçus pour la première fois dans l'Église de Dieu, ou bien elle est offerte, comme une seconde planche après le naufrage, à ceux qui se sont de nouveau engagés dans les abîmes du péché. Mais Dieu ne promet pas seulement à ceux qui se convertissent à lui et qui sont repentants, le pardon des péchés commis, mais encore de nouvelles forces pour une vie meilleure avec l'Esprit-Saint. »

Vertu, grâce et sacrement dans l'Église catholique, la pénitence est donc le regret vainqueur du péché, son expiation courageuse par l'esprit dans la chair. C'est un ardent retour vers Dieu qui est le type infini de la beauté morale et la source de toutes les inspirations généreuses. C'est un nouveau départ, une nouvelle vie après la mort, avec cette science et cette force que donne le souvenir du mal commis et qu'on veut éviter. Messieurs, je ne sache rien de plus digne des études profondément philosophiques d'un sage que cette action laborieuse de la pénitence dans une âme.

Faibles, pécheurs, exposés sans cesse aux combats et aux chutes, tous nous avons besoin de la grâce réparatrice; et il est beau de voir un cœur ranimé par la vue des attraits divins de la vertu, lutter contre lui-même, lutter contre des influences rebelles pour reconquérir ce qu'il avait perdu, pour réparer la gloire de Dieu outragée par ses fautes. On sent alors tout ce qu'une révolution intérieure de l'âme qui se porte du mal au bien, de la terre au ciel, a d'énergie et de fécondité avec la grâce pour assurer de grands efforts et de grands progrès.

Une terre est ingrate et stérile, elle a trompé les vœux et l'attente du laboureur; il se courbe sur elle, la déchire, la remue, la couvre et la remplit de ferments généreux : que de pénibles sueurs il a versées! mais le sol est fécondé.

Le guerrier vit la victoire faire défaut à son courage; la honte de l'échec subi pénétra son âme. Il se relève, il médite, dispose de nouveau son attaque. La loi d'honneur à réparer double ses forces et sa valeur; il a conquis une gloire et plus grande et plus belle par le repentir même de ses revers.

Ainsi, Messieurs, dans la guerre intérieure que nous soutiendrons toujours, en est-il pour nos âmes par l'effet de la réparation catholique : secret divin qui fait sortir le bien du mal, ressort puissant qui sans cesse porte plus loin, plus loin encore les désirs réparateurs de votre cœur; travail fécond du champ du père de famille; arme victorieuse qui rétablit le règne de Dieu dans l'homme. Non, jamais nous ne pourrons assez apprécier toutes les forces progressives de cette sainte organisation du repentir dans le rite divin de la pénitence que l'Église a reçu des mains de son auteur. Car enfin cherchez ailleurs plus de sanction, plus d'obligation, plus de moyens et de secours intimes pour toutes les vertus. Vous ne les trouverez nulle part. Sans compter encore ces rapports touchants d'ami, de conseil, de consolateur, de père, que le prêtre vient établir par son doux et pénible ministère.

Je n'ai plus le temps ni le besoin de vous montrer la raison pleinement satisfaite par la vie catholique; la liberté véritable, le perfectionnement le plus sublime de l'homme s'y retrouvent dans toute leur puissance : quoi de plus digne alors d'une raison élevée et pure !

Je n'ose pas, Messieurs, me reposer dans la pensée d'avoir persuadé tous ceux qui m'entendent; j'ai parlé du moins la langue d'un grand nombre ; et quant aux âmes arrêtées encore dans la route, je les conjure de réfléchir et de prier.

Enveloppé dans ses propres pensées on s'isole des faits qui ont fondé l'Église et qui la conservent à travers les siècles; on méconnaît et dénature l'esprit qui l'anime et la gouverne; on ne veut néanmoins, ce semble, qu'union, développement et progrès de l'humanité. Messieurs, je crois à la sincérité de ces intentions dans un grand nombre, parce que je sais que trop souvent les illusions créent un monde factice au lieu du monde réel pour des intelligences abusées et des cœurs séduits. Mais je leur demanderai si dans leurs vues et leurs désirs ils ont assez tenu compte et assez pris soin des deux plus grands biens de l'âme humaine, la vérité et la vertu; s'ils n'ont pas oublié la place occupée en nous par les passions, et si contre leurs influences perturbatrices ils ont gardé l'appui et les garanties nécessaires. Au fond de la conscience, dans ce recueillement ami des saines pensées et des déterminations généreuses, ne jugeraient-ils pas eux-mêmes que, sans une autorité religieuse souveraine, sans croyances définies, sans préceptes fixés, sans autre guide que sa raison et sa volonté, l'homme est livré comme un jouet à l'empire de l'erreur et du vice? N'est-ce point la leçon de l'expérience? Serait-ce donc là uniquement l'ordre établi par une providence paternelle? Si au contraire la sagesse, la bonté divine; si l'intérêt sacré de la vertu, des mœurs, de la vérité, de la liberté, de la gloire pour l'homme, se trouvent en parfaite harmonie avec l'admirable et persévérante économie de la société catholique, pourquoi faire violemment la guerre à l'esprit et au cœur, et les forcer à trouver leur repos dans le trouble, la lumière dans des ténèbres incertaines, la félicité, la liberté dans des théories qui n'enfantent que des mécomptes? Je voudrais, Messieurs, que dans la question religieuse on écoutât davantage pour le suivre le sentiment intérieur de l'âme. Ce sentiment, ce témoignage, cet attrait divin, dans nous, aurait bientôt conduit, je pense, à cet asile sacré où l'homme épuisé de fatigues vient s'asseoir enfin, ne cherche plus, ne voyage plus, mais croit et demeure à l'ombre de l'Église et de son infaillible et tutélaire autorité.

TRENTE-HUITIÈME CONFÉRENCE

LA PRIÈRE

TRENTE-HUITIÈME CONFÉRENCE

LA PRIÈRE

Monseigneur,

L'homme n'a pas toujours compris la dignité de son âme et de sa destinée. Distrait par le plaisir ou préoccupé par la souffrance, trop souvent dominé par les intérêts matériels, agité par les passions, séduit par la concupiscence des yeux et l'orgueil de la vie, comme parle saint Jean, l'homme oublie qu'il voyage pour se rendre dans une éternelle demeure, il oublie qu'il doit fidèlement suivre la voie tracée pour l'y conduire, et commencer ici-bas l'heureuse union du ciel en se rattachant à Dieu par des liens indissolubles. Aussi, Messieurs, il est triste et vrai de le dire, la langue de la religion n'est réellement parlée que par le petit nombre; elle n'est guère non plus écoutée ni comprise au milieu du tumulte qui remplit le monde : pour en pénétrer le sens et pour se replacer sous l'influence des pensées divines, il faut un de ces jours, une de ces heures où l'âme est recueillie, la conscience éclairée, le cœur soumis à la foi et à ses leçons salutaires.

Messieurs, entre les choses qui ne sont pas comprises ou le sont mal, dans cette haute et paternelle économie des conseils de Dieu sur l'homme pour l'accomplissement de sa destination finale, il est un grave enseignement, dogme et précepte tout ensemble, sur lequel il faut bien une fois nous expliquer : je veux parler de la prière.

Baume consolateur dans les maux, refuge dans la douleur, soutien dans la faiblesse, la prière est aussi l'aliment et la vie de l'intelligence replacée dans sa dignité la plus haute. Je vous étonne, Messieurs, en parlant ainsi, mais il m'importe, la chose est vraie. Un esprit réfléchi le reconnaîtra aisément, et un courage véritablement chrétien proclamera ces principes professés il y a longtemps par le génie catholique de saint Thomas et par la philosophie la plus élevée : à savoir, que la prière est pour l'homme l'acte souverain de la raison, que la prière donne seule à l'âme le complément divin de sa vie avec les conditions d'ordre, de beauté, de grandeur et de gloire qui constituent sa fin même et sa destinée immortelle.

Daignez, Messieurs, m'en croire, jamais peut-être je n'apportai dans cette chaire un enseignement qui méritât à plus juste titre d'occuper vos méditations. Que je serais heureux si, pour prix de mon dévouement au salut de vos âmes, je trouvais dans la mienne la conviction assurée qu'au sortir de cette enceinte vous aurez recueilli et que vous conserverez les biens renfermés dans cette grande et noble vérité.

Vous le savez, Messieurs, on peut distinguer dans l'homme la raison pure ou spéculative et la raison pratique. Le dogme de la prière dont j'ai à vous entretenir n'appartient pas à la raison purement spéculative, à cette puissance intellectuelle de notre âme qui s'applique aux théories et se plaît parmi les charmes quelquefois dangereux de l'idée métaphysique et absolue des choses; non, j'en conviens devant vous avec bonheur. La dignité de la prière, véritable dignité de l'âme humaine, a son siége, j'ai presque dit son trône, dans la raison pratique, l'Ange de l'école le prouve admirablement : dans cette raison à laquelle il est donné de dicter des lois pour nos actions, d'en prescrire les motifs, d'en commander et disposer l'accomplissement suivant l'ordre le plus vrai, le plus juste et le plus beau.

Oui, Messieurs, l'âme qui prie remplit une fonction sublime de la raison. Par la prière elle atteint au perfectionnement le plus avancé de l'être spirituel. Par la prière l'âme est comme achevée, complétée et couronnée.

Cette fonction souveraine de la raison, cette perfection et cette couronne à jamais désirable des puissances et des actions de l'homme, nous allons les présenter devant vous dans leur véritable éclat en exposant le dogme, en fixant la nature et la haute signification de la prière chrétienne.

Messieurs, je vous parle librement et avec joie de ces choses : vous êtes dignes de les entendre. Et s'il me faut pour appui le courage de la conscience et la plus indépendante énergie de la foi, je les trouve dans vous-mêmes, et je sais y compter.

I. P. Lorsque votre raison s'interroge elle-même au moment du calme et du silence, elle ne peut s'empêcher de découvrir la beauté, la grandeur et la nécessité des rapports de l'âme avec Dieu. Au plus intime de notre être, au centre même de nos affections et de nos pensées, une aspiration puissante vers le bien parfait et inconnu, vers un repos plein de gloire et de joie, nous avertit de notre premier besoin et de notre premier devoir. Il est si vrai que l'esprit et le cœur de l'homme ont besoin de s'unir à la lumière incréée et infinie, au bien souverain et parfait qui est Dieu seul, que parmi les jouissances non moins que parmi les peines d'ici-bas, dans l'abondance et dans le malheur, Messieurs, vous le savez, un des apanages constants de la pensée et de la liberté humaines est l'inquiétude, la sollicitude empressée qui ne se satisfait jamais.

J'ai dit un apanage, et je ne me dédis pas, parce qu'il y a là une dignité marquée de notre âme; en sorte que nous devons chercher sans cesse, à condition de ne le trouver jamais sur la terre, le lieu du rafraîchissement et de la paix : il est ailleurs.

Ce fait est, Messieurs, l'expression de la grande loi de l'humanité; saint Augustin la proclamait en homme qui en avait cruellement ressenti la puissance, au milieu des étranges égarements de sa vie et dans ses résistances prolongées contre le besoin de Dieu qui le pressait. Répétons, Messieurs, ses nobles et belles paroles souvent citées : « Vous l'avez ordonné, Seigneur, et il en est ainsi, notre cœur est dans l'agitation et l'inquiétude jusqu'à ce qu'il se repose en vous. » *Jussisti, Domine, et sic est, et inquietum est cor nostrum donec requiescat in te.*

L'ordre, la paix, le bien-être intérieur de l'âme,

la conscience de sa destination remplie ne se trouvent donc que dans des rapports fidèlement établis avec l'intelligence souveraine source de toute vérité, avec le bien souverain source de tout bonheur. Notre esprit, notre cœur l'exigent; le vrai, le bien parfaits sont leur vie. Là seulement est la fin, le complément de notre âme, la satisfaction de ses impérieuses puissances; car nous sommes essentiellement capables de connaître et d'aimer; et que faut-il donc connaître et aimer si ce n'est la vérité même et le bien même, qui est Dieu seul.

La raison, si elle mérite ce nom, si elle remplit sa mission, doit donc surtout présider à l'établissement de ces rapports glorieux autant que nécessaires entre l'âme et sa fin divine; la raison est préposée par sa nature même à cet ordre éminent et régulier qui unit le rayon à son foyer, la pensée humaine à la pensée de Dieu, notre amour à sa bonté, en un mot la créature à son auteur.

Sans quoi nous n'aurons plus, Messieurs, devant nos yeux, comme au dedans de nous-mêmes, que ce monde orphelin dont la seule hypothèse attristait le génie de Leibnitz et déshéritait dans son estime cette philosophie qui ne cherche pas avant tout le règne de Dieu, sa justice et son intime alliance avec l'âme.

Or, pour saisir le premier anneau de cette chaîne qui relie la terre au ciel, et qui du fond de l'abîme des misères humaines monte jusqu'au trône de la puissance et de la bonté divines, pour faire descendre ensuite l'abondance des dons qui fécondent nos désirs et apaisent aussi leurs clameurs, pour monter jusqu'à Dieu et puiser dans ses ineffables richesses, il n'est possible de rien trouver, de rien nommer comme moyen ou ressort efficace, rien, si ce n'est la prière.

Elle est, suivant sa notion élémentaire, cette ascension mystérieuse de l'âme en Dieu, *ascensus mentis in Deum;* elle est l'offrande et l'hommage d'une intelligence et d'un cœur indigents, mais qui s'approchent de l'océan immense de lumière et de bonheur pour s'y plonger et s'y nourrir.

La prière est le langage qu'on parle à Dieu, la conversation commencée, reprise avec lui; la réponse divine est ce qui éclaire, instruit, console, soutient et fortifie. Dans cet élan et cet effort de l'âme pour aller à Dieu nous reconnaissons, Messieurs, un premier besoin rempli, une première faculté satisfaite, la grande et souveraine loi de la création exécutée, le besoin, la faculté, la loi de tendre vers Dieu, de le chercher, de former à l'avance une intime et bienheureuse alliance avec ses perfections infinies de sagesse et de bonté.

Alors en priant, notre âme abattue se relève, elle respire ; quelquefois elle habite un ciel nouveau et une terre nouvelle. Elle saisit avec bonheur sa fin divine ; elle sent en elle-même que le complément de bien-être et de vie qui lui manquait lui arrive par le canal divin de la prière ; elle se dégage des éléments grossiers qui la déshonorent, des entraves qui l'asservissent, pour participer déjà au banquet de la liberté et de la gloire que Dieu prépare à l'homme dans ses conseils d'éternel amour.

Mais quand la prière est exilée des cœurs, quand il n'y a plus le divin échange des grâces et des désirs, des supplications de la terre et des richesses du ciel, l'ordre a péri ; il s'est retiré de la création, du monde intelligent. L'âme est sans destinée, elle demeure incomplète et inachevée, elle n'a pas sa fin et sa soif remplies, elle n'a pas sa vie assurée ; elle est errante, et s'en va voltigeant incertaine dans ses pensées comme l'oiseau éperdu dans les airs, ne retrouvant plus sa route vers Dieu, vers sa gloire et son bonheur.

Mal immense, Messieurs! le lien sacré de l'alliance divine est rompu, la lumière retourne aux cieux, le flambeau s'éteint sur la terre, et l'homme isolé, déchu, s'enfonce dans les ténèbres et retombe affaissé de tout son poids sur lui-même.

Ce désordre, une saine raison, Messieurs, ne peut pas le souffrir; car elle a surtout la mission de rétablir ou de conserver la dignité humaine, pour élever l'âme et l'unir à Dieu par le lien d'une humble mais glorieuse contemplation, par le lien d'un suppliant mais généreux désir.

Première loi, premier et fondamental bienfait de cet ordre éminemment raisonnable de prière et d'amour; l'homme s'élève, il tend vers Dieu, qui est sa fin suprême, et reçoit dans les communications divines le complément même et la gloire de son être.

Mais ce n'est pas tout : il est une seconde loi de l'humanité, un second et impérieux besoin de notre âme qu'il faut satisfaire. La prière seule en est encore l'heureux et nécessaire accomplissement.

Au sein de l'univers intelligent apparaît avec la prière l'échelle mystérieuse dont les degrés composent cet ensemble de vérité, de justice, de félicité, de gloire qui réjouit la terre et les cieux, et qui est une sorte de participation de l'être divin dans l'homme.

L'âme qui prie s'élève donc et monte par la plus admirable puissance, par la plus étonnante audace, jusqu'à la source des communications divines, jusqu'à ce trône où Dieu habite au sein d'une inaccessible lumière. Mais hélas! quels que soient l'élan et l'énergie de l'esprit contemplateur, tant qu'il habite un corps grossier et périssable, il doit redescendre sur la terre, voir encore et endurer ses maux, retrouver sa faiblesse, apprendre à souffrir; et dépendre en toutes choses de Celui qui règne, éprouve, frappe, guérit, pardonne, mais ne peut jamais abandonner les droits de son souverain domaine.

Il l'exerce à toute heure : à toute heure Dieu demande que l'homme paisiblement soumis accomplisse l'ordre et la justice en adorant avec amour, en aimant avec la plus profonde dépendance l'auteur souverain de son être, le Créateur, le Seigneur souverain de tous les êtres.

L'adoration est donc aussi la loi suprême, la suprême justice; qui consiste assurément et avant tout à reconnaître la souveraine puissance de Dieu et son droit absolu sur tout ce qui respire.

L'adoration est, Messieurs, ce devoir, ce besoin senti de la raison et du cœur, assez semblable à l'admiration et qui ne peut non plus qu'elle périr parmi les enfants des hommes; tant que la conscience de ce qui est grand, vrai, beau et divin demeurera dans le monde des intelligences. Grâces immortelles en soient rendues au Seigneur, l'homme sait bien encore qu'il s'honore lui-même et qu'il grandit, quand il adore et quand il admire en Dieu même le type auguste de toute puissance et de toute gloire.

La prière, et la prière seule, accomplit, Messieurs, ce devoir et donne cet honneur : car l'adoration prie et la prière adore. La raison cesse d'être raisonnable, la philosophie n'est plus sage ni vraie, quand elle ne sait plus placer au premier rang des lois divines et humaines la dépendance entière de l'homme envers Dieu, quand elle ne cherche pas avant tout à resserrer ce lien continu de dépendance et d'adoration qui doit nous rattacher au principe et à l'auteur de la vie, au maître et au dispensateur souverain des biens du temps et de l'éternité.

Et Dieu n'est-il donc pas la source où nous devons remonter sans cesse pour alimenter les faibles ruisseaux de nos pensées? N'est-il pas le sommet inépuisable et mystérieux d'où descendent les fleuves de science et de vertu qui doivent féconder la terre si souvent aride de nos âmes. La prière s'élève pour en reconnaître, en saisir et en faire redescendre le cours, afin que nous puissions nous y désaltérer sans cesse. Dépendre ainsi de Dieu, l'adorer, se soumettre en tout à sa puissance, se placer en humble suppliant dans la direction de sa bonté et sous l'épanchement de ses dons, telle est encore l'œuvre éminente de la prière; et certes c'est, Messieurs, l'acte d'une raison souveraine, s'il en est un ici-bas pour l'homme.

Vous avez donc bien compris ces deux grandes lois qui régissent nos âmes et que la prière accomplit si dignement et si noblement dans l'homme : Dieu est en lui-même notre principe et notre fin suprême, la source d'où découle la vie, le terme où notre âme doit tendre pour y trouver la plénitude de l'être et l'abondance des biens.

La prière nous porte dans le sein de Dieu même pour y vivre à l'avance et y consommer ce grand œuvre de perfectionnement, d'ordre et de gloire qui est bien tout l'homme suivant les desseins du Créateur.

Dieu est aussi le maître, le Seigneur souverain de nos âmes et de tous les êtres. Nous n'avons, nous ne pouvons rien que par sa munificence et sa bonté; rien dans nous qui ne lui appartienne en propre. La plus humble dépendance et la plus profonde adoration sont donc aussi la loi, le besoin et le bonheur de l'homme. La prière vient établir ces liens heureux de dépendance et nous place, adorateurs fidèles, aux pieds de la Majesté toute-puissante et infinie.

Vous craignez de vous abaisser jusqu'à la prière ; vous la dédaignez : hélas! vous ne savez donc pas recouvrer la dignité de votre âme, son bien-être, sa lumière, sa gloire et sa vie véritable.

Et où donc, Messieurs, je vous le demande, sont la science, la vérité, et l'illumination du génie, et l'inspiration d'une grande gloire, sinon en Dieu même intelligence, beauté, science et grandeur infinies?

Où résident dans son type et dans sa source la vertu, la sainteté, le bien moral à sa dernière et plus haute puissance, si ce n'est en Dieu saint, bon, juste et tout-puissant?

L'homme se débat en vain dans sa faiblesse ; il cherche et recherche péniblement dans son esprit et dans son cœur. Il croit tout posséder dans l'orgueil confiant de sa raison, et dans le travail d'une philosophie stérile qui n'enfanta jamais la vertu ; et il demeure pauvre, nu, aveugle, inutile ; inutile du moins dans l'ordre de ces bienfaits régénérateurs qui seuls éclairent, vivifient et sauvent l'humanité.

Mais qu'une courageuse effusion de l'âme aille jusqu'à retrouver les éternelles émanations des richesses et des perfections divines, que la prière s'en saisisse, qu'elle s'unisse, se confonde avec elles. L'homme alors participe à la puissance, à la bonté, à la science de Dieu, dans cet ordre supérieur et ces proportions magnifiques qui valent mieux que les éclairs brûlants de la pensée humaine, mieux que l'orgueil dévastateur du génie.

Aussi le souverain réparateur d'ordre et de justice, du haut du ciel, sait, quand il le veut, retrouver l'hommage de la terre, et reconquérir les témoins qui publient sa grandeur, sa puissance et sa gloire dans l'attitude et la langue de la prière.

O Dieu que j'adore et que je prie, montrez à mes regards, donnez à mon âme le plus grand, le plus consolant des spectacles : un peuple prosterné dans la prière, conjurant votre justice, sollicitant votre miséricorde et votre amour.

Regardez, Messieurs, considérez au loin cet immense univers. Ne voyez-vous pas ces multitudes inclinées devant Dieu? Elles prient, elles gémissent, elles adorent.

Quoi qu'on en ait donc, on n'a pas pu encore effacer de la vie des peuples la prière; et chaque jour, à chaque heure, en tous les lieux du monde, s'élève jusqu'à Dieu le cri de détresse ou de joie, de terreur ou d'espérance, d'infirmité ou de victoire, qui tour à tour l'honore et célèbre ses ineffables bontés, ses incompréhensibles grandeurs.

Et Dieu ne voit jamais cette grande et glorieuse

expression de raison et d'amour, qu'il n'abaisse des regards de complaisance pour consoler, pour bénir, pour exaucer les enfants des hommes.

On prie donc encore sur la terre, je me rassure : l'univers cessera plutôt d'exister, tous les mondes retrouveront plutôt le néant, que la voix de la prière ne cessera de se faire entendre et d'accomplir les grandes lois de l'humanité.

Je n'ai pas fini, Messieurs, l'énumération de ces lois accomplies par la prière, je tiens à les constater et à les exposer complétement devant vous.

II. P. Les facultés et les puissances de l'âme élevées par un culte d'adoration et de désir jusqu'à leur principe et à leur fin, et recevant par un retour de communications divines leur complément, leur dignité, leur vie véritable :

Tel est, Messieurs, le premier emploi de la prière et le sens premier de ce grand rapport établi entre l'âme et Dieu.

Ainsi se trouve constitué l'ordre nécessaire et régulier qui rattache la créature à son auteur : acte souverain de la raison humaine, sans lequel notre esprit n'a plus sa lumière, ni le cœur son bien suprême; sans lequel le monde intelligent rompt le lien qui l'unit au ciel et n'offre plus que l'image d'une certaine création languissante et déshonorée par l'homme.

Mais l'homme n'est pas seulement une pensée, un cœur qui prie et qui adore ; et, comme le disait un de nos premiers apologistes que je ne puis traduire à mon gré, « nous ne sommes pas de ceux qui seulement pensent de grandes choses, nous les réalisons dans notre vie par nos actions. » *Non qui magna cogitamus, sed magna vivimus.* Admirable éloge de l'homme chrétien !

Une grande loi régit donc encore l'âme humaine, la loi d'action et de combat.

Notre âme est active : la vie qu'elle reçoit est le principe même intérieur de son action, il faut agir. Et l'ordre et la raison demandent encore que sous l'empire de cette première et double loi de tendance et d'adoration qui nous rattache à Dieu, l'homme développe l'énergie et la dignité de ses actes.

Mais si l'homme doit agir, Dieu agit aussi toujours lui-même pour sa propre gloire et pour le bien de l'homme. Sa providence attentive nous environne des soins les plus tendres et les plus assidus ; de là ce devoir et cet ordre obligé d'une coopération digne, forte et fidèle, à l'action divine. Car l'action raisonnable et libre de l'homme doit réellement, par une auguste et intime alliance, s'associer à l'action de Dieu, et telle est bien aussi la destinée, la fin de l'homme sur la terre, non moins que sa gloire et son bonheur.

Dieu sans doute n'a pas besoin pour lui-même de nos efforts, il n'en a pas besoin pour enfanter ses œuvres, pour prodiguer ses merveilles et ses grâces; il n'en a pas besoin non plus pour nous bénir. Sans cesse il nous prévient et nous comble de ses dons, alors que nous n'avons pas même songé à les désirer et à les obtenir de sa bonté.

Dieu n'ignore pas sans doute non plus quelle est notre faiblesse; il n'a pas besoin de notre parole suppliante pour nous connaître et nous comprendre. Il sait tout ce qui nous manque; il sait quels secours nous sont nécessaires. Il est prêt à ouvrir ses mains et à verser avec abondance sur nos âmes le torrent de sa grâce.

Mais, admirable et touchante disposition de la Providence! Dieu créa l'homme intelligent et libre; il veut sa coopération et sa prière, la prière avec la coopération de l'homme.

Et ici, Messieurs, daignez bien entendre l'heureuse harmonie du dogme catholique, l'heureuse alliance de la nature et de la grâce, de l'action divine et de l'action humaine.

Dieu veut la coopération et la prière de l'homme.

Sa coopération, comme l'hommage et l'emploi

légitime de ses forces, comme la consécration même et le mérite de sa liberté.

Sa demande et sa prière, comme une condition justement posée des faveurs divines.

Dieu seul fait croître et mûrir les moissons : le travail du laboureur est cependant exigé et nécessaire.

Il en est de même pour féconder le champ de nos âmes. Agir et prier, prier et agir ; attendre tout de Dieu, et ne négliger ni soins, ni désirs, ni efforts. Cet ordre est sage, il est grand et beau ; il renferme l'économie de la Providence, la condition même de son gouvernement, le pacte de Dieu avec l'homme.

Et hors de là vous n'avez que malaise et affliction d'esprit.

Tâchons, Messieurs, de le mieux comprendre encore.

Loin de nous la pensée d'un désespérant fatalisme ; il est écrit dans nos livres saints que Dieu obéit à la voix de l'homme. Le paganisme lui-même ne nommait-il pas la prière une clef d'or ouvrant les cieux? Tout n'est donc pas fatalement déterminé.

Dans cet auguste balancement des mondes, dans la mystérieuse harmonie des volontés libres de Dieu et des volontés libres de l'homme, pour attempérer en quelque sorte la souveraine dispensation des dons célestes, la prière intervient comme la part de l'homme, comme la condition de Dieu et le gage certain des concessions divines.

Non, Dieu ne nous pressure pas sous un joug inflexible; non, il n'a pas tracé la ligne de fer que suivraient inévitablement nos actes et ses décrets; la prière en est l'irréfragable preuve; prévoyant tout, Dieu a prévu les vœux, les désirs du cœur de l'homme et ses efforts; et il arrêta dans sa bonté de donner librement aux libres prières de l'homme et à sa libre coopération l'appui, la récompense, le succès.

En un mot, Dieu a mis cette condition aux plus grands biens de notre âme, la prière.

Il en était le maître sans doute.

Et il le fallait ainsi, Messieurs, pour arracher l'homme à sa torpeur, à sa dédaigneuse indolence; il fallait au moins, pour la moisson des grâces et des palmes immortelles, le travail et l'effort du désir.

Ainsi la prière est le réveil des forces véritables pour agir, l'élan de l'âme qui oblige Dieu à venir vers elle et à lui donner assistance. La prière excite, élève, fortifie ainsi l'homme.

Cette condition était juste et nécessaire, elle est heureuse.

Aussi, quand le Sauveur a dit dans sa divine concession : « Demandez, vous recevrez, » Messieurs, il a fondé tout un ordre moral et spirituel par ces simples paroles ; et de grands biens ou de grands maux s'y rattachent, suivant qu'on observe ou qu'on néglige la leçon divine à cet égard.

Car nous le savons trop, l'action de l'homme ici-bas est une lutte continuelle au milieu des périls. Pauvre rameur courbé avec effort dans sa nacelle, il doit résister au torrent qui l'entraîne. La vertu, Messieurs, n'est pas un courant facile, tant s'en faut ; elle est, au contraire, le flot à remonter et à combattre.

Et c'est bien aussi pour satisfaire à cette inévitable loi du combat, que la prière est donnée à l'homme ; elle est son arme toute-puissante et invincible.

La faiblesse est en nous, la force en Dieu. Vaincus trop souvent sans combattre, complices intéressés de nos penchants mauvais, nous répondons volontiers, Messieurs, à la conscience comme à l'amitié qui nous presse : Je ne puis pas.

Et cela est vrai, trop vrai sans la prière.

On se décerne alors un brevet d'incapacité et d'impuissance sans en rougir. Mais ici la honte et le malheur de la défaite ne sont pas précisément dans les fautes commises, dans la dégradation subie, dans les peines encourues; la honte, le malheur, la lâcheté de la désertion se trouvent dans l'abandon de la prière. Ah! il faut donc un grand courage pour s'armer de la prière, pour s'en saisir, s'y attacher sans la délaisser jamais. Et un cœur magnanime entend bien ce que je dis. Une âme faible et affaissée se rend bien aussi ce témoignage; elle n'a pas assez de force pour prier, pour conjurer, pour vouloir être exaucée, pour arborer le drapeau divin de la confiance persévérante et victorieuse.

Qu'y a-t-il donc d'étonnant? Le combat cesse quand la prière a cessé; elle est la voix redoutable qui fait tomber les murailles, franchit les barrières et annonce aux légions du ciel le triomphe et la liberté des enfants de Dieu sur la terre. Elle se tait, l'homme est vaincu; les chants avaient cessé.

Mais quand la prière parle; quand, au lieu d'un orgueilleux égoïsme et de ses vains raisonnements, au lieu de cette stérilité des propres pensées dans lesquelles l'homme se retourne sur lui-même et s'épuise sans résultat; quand, dis-je, le cœur, aux prises avec ses passions et leurs assauts, monte par un généreux courage jusqu'à Dieu même et jusqu'aux sources de la vie et de la force véritables, la lutte peut encore être longue, répétée, opiniâtre ; mais le courage persévère, il résiste indomptable, ne fléchit pas sous les labeurs ; et l'on voit enfin descendre du ciel la palme de la paix et du triomphe.

Eh bien! oui, dans les desseins de Dieu, que nos Écritures ont si bien nommé le Dieu fort, il a fallu comme condition d'héroïsme et de triomphe, comme condition de principe de vertu, il a fallu le cri du faible qui implore, l'humble supplication du combattant, qui pour résister s'abaisse devant Dieu, et s'armant de la prière y trouve l'indomptable énergie de la confiance et du secours divin. Car enfin, Messieurs, l'homme doit avouer qu'il n'est pas Dieu, qu'il n'est pas puissant et fort : il doit néanmoins vouloir et obtenir la puissance et la force ; il ne fait tout cela qu'en priant ; dans la prière seule il est faible et puissant tout ensemble, vaincu et vainqueur, conquérant soumis et fidèle aux lois du Roi immortel des siècles.

Et quand on ne comprend pas ces choses, Messieurs, on ne comprend rien à l'humanité, à ses luttes morales ; on ne connaît pas l'homme, sa force, sa grandeur, sa misère : on ne connaît ni les armes du combat, ni la palme décernée au courage. On ne sait rien.

On n'entend rien à l'ordre du temps et de l'éternité, aux perpétuelles alternatives de la terre, aux infaillibles promesses du Ciel, quand on n'entend pas la prière.

Par elle, Messieurs, et par la grâce avec elle, Dieu, pour ainsi parler, s'ajoute à l'homme, le transforme, l'élève et le dispose pour régner et vaincre avec lui.

Voilà tout : c'est bien assez. Comprenez-vous la prière? J'ose l'espérer maintenant.

Ah! au jour où vous avez tant souffert, où vous avez sondé l'abîme de vos maux et mesuré leur profondeur, si le chagrin s'empare de vous, si vous avez désespéré de Dieu et de vous-mêmes, si vous avez cru votre faiblesse plus forte que sa grâce et que la liberté, c'est que vous aviez abandonné la prière.

Si, au contraire, trahis par vous-mêmes, délaissés par de vains et faux amis, en proie au mécompte et au déboire des passions, vos pas retentissant sur le pavé du temple ont su retrouver un jour le marchepied d'un autel solitaire pour appuyer vos fronts chargés de tristesse; si vos voix, vos soupirs, l'accent si éloquent du malheur reprirent alors la route oubliée de la prière : au calme inconnu qui naissait dans vos âmes, à l'onction secrète et puissante des consolations divines, vous avez bien senti que Dieu ne brisait pas le roseau courbé par l'orage, qu'il n'étouffait pas la flamme à demi éteinte, mais qu'il les relevait, les ranimait, et leur rendait la force, la chaleur et la vie.

Fasse le Ciel que jamais la fatigue ne vous prenne dans l'accomplissement des lois souveraines de la prière! Il se passera dans vos cœurs d'admirables merveilles; le monde les ignorera, ou il pourra même les mépriser.

Laissez-le avec sa folle raison, ses froids calculs et ses labeurs stériles. Le champ où Dieu moissonne est celui qu'il cultive avec l'homme : et le travail à jamais couronné est surtout celui de la prière, qui, s'élevant jusqu'à la source même des eaux vives de la grâce, en redescend avec elles, et fécondant par elles la terre de nos âmes, y dépose le germe impérissable de l'immortalité.

TRENTE-NEUVIÈME CONFÉRENCE

LA RELIGION PRATIQUE

TRENTE-NEUVIÈME CONFÉRENCE

LA RELIGION PRATIQUE

Monseigneur,

La religion du cœur est sans doute la première et la meilleure entre les affections de l'âme ; il n'est personne qui veuille en exclure la présence, en contester la douceur.

Le plus magnifique langage sera donc justement consacré à célébrer ces élans de l'âme vers le Dieu qui la créa, qui l'attire à son amour et veut l'unir à sa béatitude infinie. Tous les sentiments élevés, généreux et sincères dans l'homme, se rencontrent et s'allient comme naturellement avec le sentiment religieux. Le génie, aux jours, aux heures où il est le plus lui-même, retrouvera dans sa grandeur et dans sa gloire le plus solennel, le plus beau témoignage de cette aspiration religieuse qui est au fond la part la plus puissante et la plus féconde de la vie de l'humanité. C'est bien, assurément; mais cela ne suffit pas.

Serait-il possible, Messieurs, qu'au nombre des habitudes acceptées et justifiées par des hommes sérieux, nous dussions ranger, en l'approuvant, celle d'une vie qui s'écoule sans aucune religion vraiment pratique? Non, sans doute.

Cependant que présente le monde à nos regards, au milieu de consolations dont je veux moins que jamais affaiblir l'impression et la puissance?

Il faut encore l'avouer, Messieurs, même après les jours bénis qui viennent de s'écouler[1] : des hommes dépositaires des destinées de la société, ou du moins de la famille, nous offriront le spectacle d'une existence que ne revêt et n'anime aucune expression pratique de croyance et de culte. La religion est absente de leur vie, sa langue n'y est point parlée; ses inspirations n'y ont point leur cours; ses rapports, ses liens, ses actes n'y apparaissent point aux yeux qui les cherchent. On est réduit à supposer par le plus courageux effort de charité que la pensée religieuse demeure encore, mais sommeille au fond de ces âmes, inerte, stérile, voilée sous les épais nuages de l'illusion.

[1] La retraite de la Semaine-Sainte, à Notre-Dame de Paris, en 1846.

Quant à nous, Messieurs, que la foi remplit et vivifie; nous pour qui l'action religieuse est le besoin, l'appui et le bonheur le mieux sentis; nous qui ne concevons pas même l'état d'une âme sans l'acte et la vie pratique de la religion, nous ne pouvons passer, voyageurs inattentifs et indifférents, à travers la patrie d'ici-bas sans déplorer ce mal immense et ces atteintes cruelles d'une mort qui déshérite toutes les espérances.

Nous devons sans crainte sonder les profondeurs de ce tombeau resté ouvert pour un grand nombre, et où viennent s'engloutir les biens de l'esprit, les biens du cœur et de la vertu, avec les affections les plus héroïques et les plus pures. Notre voix, s'animant de toute l'impulsion de la vérité qu'on aime et du zèle qu'on ressent pour les âmes, doit avertir encore les générations engourdies ou égarées, afin de leur faire entendre l'heure du réveil et du retour.

Je remplis cette mission dans ce moment qui nous rassemble une dernière fois. Je veux affermir les uns, éclairer, s'il se peut, les autres. Je veux vous dire avec toute l'énergie des convictions de mon âme que la religion doit être, doit demeurer toujours et pour tous pratique, c'est-à-dire exprimée par les actes, par le culte et par la fidélité extérieure aussi bien qu'intérieure de toute la vie.

La religion en effet, Messieurs, porte en elle-même des conditions et des caractères inséparables de sa nature : ces conditions, ces caractères constitutifs et conservateurs de la religion même la démontrent, la font nécessairement pratique : en sorte qu'une religion spéculative, une religion seulement intellectuelle et de sentiment est une chimère sans réalité, un rêve contre nature, une déception lamentable et funeste.

Et voici à cet égard deux principes que je vous prie de méditer avec moi.

L'homme est essentiellement l'être actif et pratique : la religion, faite pour l'homme, est aussi essentiellement pratique. Non, elle ne saurait consister dans la théorie pure, dans une sensibilité vague et stérile.

La société humaine vit d'une vie pratique exprimée dans des institutions et dans des actes : la religion, fondement et sanction vraie de la vie sociale et de la civilisation, doit être nécessairement pratique elle-même, réalisée par de grandes lois, accomplie et exprimée dans les actions de l'homme et dans celles du corps social.

En deux mots : l'homme est pratique, la religion doit l'être.

La société est pratique, la religion doit l'être aussi.

Je m'attache à ces deux idées : elles méritent, Messieurs, de fixer votre attention.

I. P. Messieurs, l'homme est pratique, la religion doit être pratique.

Quatre pensées mettront cette vérité dans tout son jour ; je puis les caractériser en ces termes :

L'analogie des faits,

La langue vulgaire,

La raison métaphysique ou essentielle des choses,

La nature et la fin même de l'homme.

Si l'homme, Messieurs, pouvait, dans sa nature et dans sa vie, être conçu comme capable d'accomplir sa mission sur la terre et de conduire à terme son existence, avec des spéculations au lieu d'actions, avec des sentiments au lieu d'effets accomplis et réalisés ; s'il en était ainsi, je concevrais à mon tour une religion spéculative et arbitraire, reléguée pour ainsi dire au sommet nuageux de la pensée humaine et dans le domaine de la pure raison, n'en redescendant jamais pour se montrer dans le domaine positif de l'action.

Mais si je veux bien comprendre l'homme, son esprit, son cœur, sa sensibilité, sa puissance et sa destination ici-bas, je dois alors lui reconnaître une nature et une force essentiellement actives et pratiques.

Oui, l'homme est fait pour l'action, non pour la spéculation pure : il est fait pour produire au dehors et réaliser dans ses actes ses pensées, ses sentiments, ses désirs.

Toutes les qualités intérieures de l'âme ne sont qu'un principe d'opération et de pratique : parce que la vie elle-même, sa nature et sa force ne sont autre chose que le principe d'action qui est en nous. Quand on n'agit plus, c'est qu'on n'a plus la vie. On vit ; c'est pour agir, pour exprimer et pour produire ce qui remplit et occupe notre âme.

Aussi la pensée religieuse n'est réelle et vivante qu'à cette condition même d'action et de pratique.

Ce qui le prouve d'abord, c'est l'impérieuse analogie des faits.

Messieurs, est-ce que par hasard la tendresse d'un enfant pour sa mère est réelle et vivante, quand aucun témoignage, aucun fait, aucune action d'amour ne l'exprime ?

Comment donc l'adoration profonde de l'âme n'aurait-elle pas besoin de s'exhaler dans les accents de la prière, dans les humbles et vives démonstrations du respect et du culte actif et pratique ?

Certes, en toutes choses sur cette terre un grand mérite est d'avoir l'esprit pratique, d'avoir des idées pratiques. Nous avons tous à demander à Dieu de nous préserver, pour la conduite des affaires, d'esprits spéculatifs, amis des théories et des considérations brillantes, mais sans puissance d'exécution et d'action : parce que l'action et la pratique font véritablement l'homme, sa force, sa gloire, comme son crime ou son malheur.

Ainsi, dans les faits du monde moral, tout nous crie que l'acte doit répondre à la faculté, venir après elle, pour en manifester la réalité même et l'existence.

Quoi donc, la religion seule serait une puissance, une faculté idéale et rêveuse, objet des songes du poëte ou des spéculations du philosophe; bannie du monde positif et réel de l'action pratique! Grand Dieu! et elle seule peut consacrer, bénir et glorifier le monde et l'homme.

Non, non : l'erreur est ici, Messieurs, la preuve de la vérité.

Vous le savez assez : toutes les religions fausses furent pratiques. Le vice et le mensonge s'érigèrent en culte, eurent leurs temples, leurs autels, leurs prêtres, leurs sacrements.

Sans doute il y avait un horrible désordre dans l'application; la vérité était dans le principe et dans l'action même d'une réalisation nécessaire des sentiments religieux.

Ces faits constituent donc ou du moins expriment la loi souveraine de l'humanité : la nature de l'homme est essentiellement active ; elle ne peut avoir qu'une religion active aussi et pratique elle-même.

La langue vulgaire, cette grave parole du bon sens et de la nature, nous le dit bien haut encore.

Qu'est-ce qu'un homme sans religion, demanderai-je volontiers à la franchise populaire du langage ? On me répondra : Un homme sans religion est celui qui n'en pratique aucune. Oui, celui qui dans la suite et dans les actes de sa vie n'exprime et n'accomplit aucune loi religieuse, selon cette langue commune qui est un type de vérité, c'est là un homme sans religion.

Pourquoi ? Messieurs. Ici la liaison est d'une logique indissoluble, la conséquence d'une inévitable nécessité. Vous êtes chrétien : alors vous professez, vous pratiquez le christianisme. Vous êtes religieux : alors vous priez et vous suivez un culte. Vous êtes irréligieux, indifférent : vous ne réalisez plus dès lors, ni n'exprimez aucune croyance, aucune volonté religieuse, parce que vous ne les avez effectivement pas, du moins vous ne les avez pas avec les conditions de vie véritable. N'est pas cruel ou miséricordieux qui prétend l'être; mais celui qui opprime ou secourt l'infortune.

Et le motif en est, en sera toujours que l'homme est pour tout l'être essentiellement actif et pratique, pour le bien comme pour le mal.

Il pense, il veut : c'est pour agir, pour pratiquer sa pensée et ses désirs.

Il délibère pour choisir; il choisit librement, c'est pour agir.

L'âme est-elle religieuse, l'action doit l'être; telle est la langue vulgaire des faits, et partant la nature des choses.

Aussi, Messieurs, toutes les affections, toutes les qualités de l'âme ne valent et ne sont que ce qu'elles réalisent et produisent : elles ne sont rien si elles ne produisent rien.

La science elle-même, ce noble couronnement des esprits, ne mérite sa gloire, elle n'embellit, n'éclaire, n'élève l'humanité, qu'à la condition d'être surtout et réellement pratique: pratique pour écarter quelques-uns de nos maux, pour amener quelques biens de plus sur la terre.

Mais la philosophie, me direz-vous peut-être, n'est-elle pas une science éminemment spéculative et intellectuelle non pratique? Je réponds : La philosophie n'est la première des gloires de l'intelligence humaine, elle n'est tant élevée au-dessus des autres sciences qu'à la condition rigoureuse de leur servir de règle, d'ordonnateur et de guide en devenant véritablement pratique dans les sciences, en les appliquant au bien de la société et de la vie humaine; à la condition de déposer dans les esprits et même dans les cœurs, avec de profondes influences, ces principes féconds d'ordre, de vérité, de logique et d'idée et d'action, qui influent si puissamment sur le bien moral et pratique de l'homme.

A plus forte raison la religion, qui s'élève au-dessus de la philosophie autant que Dieu s'élève au-dessus de l'homme, autant que l'éternité dépasse les bornes du temps, la religion, Messieurs, pour exister réellement, pour vivre dans l'homme et lui donner la vie, doit comprendre toute la nature de l'homme, en saisir, en consacrer et en vivifier toutes les facultés et leurs actes, sans quoi la religion n'est pas, et l'on n'a pas de religion. C'est la langue usuelle qui s'exprime ainsi. Donnez donc bien cette vie réellement religieuse à vos âmes.

Car enfin, souffrez que j'insiste encore et que j'invoque la raison intime et naturelle des choses, que serions-nous donc autrement? Comment connaîtrions-nous autrement que par l'action et la pratique, le bien, le mal, l'honneur, l'infamie, la bonté, la cruauté, la pitié douce et secourable, ou la brutale impiété?

Que seraient des pensées, des affections sublimes que nulle action n'attesterait? Quel héroïsme, quel courage que celui qu'aucun sacrifice, aucune victoire, aucune œuvre magnanime n'exprimeraient en réalité à nos regards? Ce que ce serait? Rien, rien du tout.

On est tout simplement, par la force même des choses, généreux, prudent, bon, vertueux, lâche, emporté, cruel, vicieux, en fait, en action et dans la conduite de sa vie, quand on est tel dans son âme.

On est religieux, on est chrétien de même.

L'évidence est ici élémentaire, et la métaphysique sans mystères. La nature l'enseigne à tous.

Et quels que soient du reste la dissimulation de la volonté, la concentration du caractère et le penchant de l'esprit pour le vague des spéculations, tout l'être humain subit la grande loi de la nature intelligente unie à des organes : loi d'action et d'exécution pratique, loi de réalisation positive et exprimée qui montre et manifeste au dehors, à un degré suffisant du moins, ce que nous sommes au dedans. La religion est donc pratique par la nature des choses.

Toutefois, Messieurs, remarquez-le, l'action donne et reçoit; elle est, pour la religion comme pour toutes les grandes affections de l'âme, le fruit et l'aliment d'une vie intime et réelle; c'est la plante féconde dont les rameaux vigoureux, dont les fleurs et les fruits tirent leur force d'une séve vivifiante et cachée; et l'alimentant à leur tour par leur développement même, lui rendent de nouveaux accroissements et un nouvel honneur.

Mais quand la vie humaine est destituée d'action et de pratique religieuse, il faut logiquement le conclure, la religion de l'âme n'est'pas, ou elle est bien peu de chose. Elle ne mérite plus l'estime et les témoignages qui sont dus à la réalité; elle n'a plus les honneurs de la vie, puisqu'elle n'en possède ni l'expression ni les effets, et qu'elle n'en produit pas les fruits.

Que je serais heureux, si tous, Messieurs, vous compreniez à jamais que le véritable honneur, la grandeur, la perfection, la gloire de l'homme, sont réellement la religion pratique; qu'elle est tout l'homme, suivant la pensée révélée : *Deum time, et mandata ejus observa, hoc est enim omnis homo!*

Et tout homme n'est-il donc pas à Dieu, ne vient-il pas de Dieu, ne doit-il pas retourner à Dieu?

La religion seule est le nœud de cette alliance, de cette communication intime et continue. Et puisque les actes de l'homme sont sa vie, sont réellement tout l'homme, il faut bien que la religion en pratique et en acte soit la dette même payée par la nature humaine à son auteur; sans la religion pratique, cette dette première, immense, la dette de notre destinée et de notre fin n'est pas acquittée. Et le créancier tout-puissant l'exige à toute heure.

Je n'ai donc plus besoin d'insister, de répéter que, tout l'homme étant pratique, la religion doit l'être également, qu'elle doit vivre dans les actes. Tout le prouve. La religion intellectuelle, intérieure, la religion de cœur et de sentiment, la religion de croyance et d'amour, sera toujours, si elle est vraie, une religion d'action et de pratique. Car l'âme qui croit et qui aime, cette âme pratique déjà au dedans d'elle-même par la foi explicite et assurée, par l'élan réel du désir et de la prière : pratiquez-vous ainsi? Trop rarement peut-être.

Mais la vie véritable passe encore, Messieurs, dans l'acte extérieur et dans les réalités du monde sensible. Alors la religion est dans ses conditions légitimes conformes à la nature et à la destinée humaine. Alors l'harmonie divine habite la terre, l'ordre divin s'accomplit. Alors la religion est ce fil d'or conducteur qui unit l'âme à Dieu, type et centre de tout bien comme de toute vérité. La religion, au contraire, est-elle absente de la vie pratique, l'homme est mutilé, tronqué, déshonoré aux yeux des hommes et au dedans de son cœur. Car on aura beau exalter la puissance et la douceur du christianisme, on aura beau s'attendrir sur le Dieu de l'Évangile; sans les actes religieux et sans la vie pratique de la foi, l'âme est le désert sans abri, la terre sans eau et sans fécondité.

Souffrez cependant encore, vous surtout, Messieurs, qui n'avez pas cédé à Dieu, qui n'êtes pas la conquête de la foi vivante et pratique, vous qui aimez mieux séparer ce que Dieu a uni, et déchirer le pacte saint qui lie étroitement la croyance et l'action, la conviction et les effets, souffrez que nous armions notre parole de vos inconséquences mêmes et de vos propres besoins pour vous défendre contre vous-mêmes. Cette patrie du temps vous est chère, et doit l'être; le foyer paternel est pour vous l'asile sacré de la consolation et du repos; laissez-moi vous dire en peu de mots que la religion pratique, de croyance et d'action, est la vie, la grandeur, le bien-être de la société même et de la patrie.

II. P. L'homme est un être essentiellement pratique; la religion, qui est bien tout l'homme, doit être pratique; je viens, Messieurs, de vous le dire. Mais la société humaine est aussi pratique; à ce titre, la religion doit l'être encore elle-même.

La société civile est éminemment la société pratique, et le citoyen vraiment utile est le citoyen pratique.

La religion est société aussi, société pratique, et le membre vrai de la cité spirituelle et religieuse doit être le chrétien pratique.

Je m'adresse, Messieurs, ici à vos convictions les plus chères, à vos sentiments les plus généreux et les plus dévoués; j'en appelle à cet amour du pays, à ce patriotisme éclairé qui remplit vos âmes.

Oui, la patrie est une grande chose, digne d'être l'objet de notre dévouement et de nos plus courageux sacrifices.

Qu'est-ce en effet que la patrie, cette société civile dont on est le membre ou plutôt l'enfant et le soutien tout à la fois?

Une nation forme un corps, un être dont l'unité, la force et la vie, qui sont pour nous le fait nécessaire de chaque jour, constituent la plus admirable des merveilles. Des générations nombreuses répandues sur un vaste territoire associent leurs efforts dans un but commun, et semblent penser, vouloir, agir, comme un seul homme. Un lien mystérieux réunit en faisceau toutes les parties d'un grand empire; cet assemblage est nommé l'État.

On cherche, Messieurs, et l'on cherchera longtemps la raison fondamentale des sociétés; mais, quoi qu'il en puisse être, on n'expliquera jamais la société politique, si l'on ne veut avant tout reconnaître et vénérer, dans son existence même, l'action si suave et si puissante de la Providence, qui seule est capable de produire et de maintenir ces affinités mystérieuses, liens secrets et vie secrète des grands corps de nations.

Le monde social est plein de dissolvants qui en précipiteraient la ruine, qui en amèneraient le fractionnement à l'infini, si la main divine qui tient et régit l'univers ne rassemblait et ne tenait unis les divers éléments qui composent la société. Vraiment oui, Dieu est nécessaire pour l'expliquer; et certes il n'y a pas grand mérite à le confesser; seul il a pu en être l'auteur, il peut seul la conserver et la maintenir dans ses conditions d'unité, de vie, d'ordre et de prospérité.

Ainsi l'amour de la patrie trouve-t-il dans les croyances religieuses un mobile et un gage puissant : ce qui doit nous attacher inviolablement au pays, à la nationalité, c'est bien ce dessein paternel de la Providence qui forme et constitue les États pour en faire une grande famille, un peuple de frères libres, unis et fidèles.

Mais ici, Messieurs, et dans ce dessein même de la Providence à l'égard de la société politique, vous en conviendrez, tout est pratique. Que serait la société des idées pures et spéculatives? Est-ce que cela ferait un peuple, un État, une patrie? Oui, comme les nuages font un monde. Ce ne serait rien, absolument rien.

Pour obtenir, Messieurs, la réalité sociale, pour la constituer avec sa raison d'être, il faut les lois, les institutions en exercice et en action; il faut tous les rouages actifs du pouvoir : justice, administration, police, finances, armée. Il faut même à vrai dire une part et une action sociale de chaque citoyen, ne fût-ce, avec l'impôt du riche ou le travail du pauvre, qui sont des choses très-pratiques, ne fût-ce, dis-je, que les devoirs ordinaires de position et de famille remplis aux différents degrés de l'échelle sociale.

Oui, Messieurs, une société d'hommes est pratique ou elle n'est pas. Aussi le membre vraiment utile de l'État est celui que, sous un rapport ou sous un autre, nous pourrons nommer le membre, le citoyen pratique, celui qui fait quelque chose de profitable aux autres et au bien commun. Et si ma pensée venait à me présenter un homme complétement oisif et stérile, un homme qui ne voudrait vivre que pour lui-même et pour lui seul, pour de vains loisirs, des plaisirs vains, pour des rêves creux et des caprices égoïstes; eh bien, je plaindrais, et vous condamneriez cet homme. Et dans votre bouche ainsi que dans la mienne vous aimeriez à retrouver comme l'expression d'un juste éloge, le nom de citoyen pratique, le nom et la réalité de membre pratique et dévoué de la grande famille. Je vous adjure d'y penser dans la solitude de vos demeures et sous les inspirations de la foi. Un jour peut-être je m'expliquerai plus longuement à cet égard.

Ainsi donc la société civile est pratique et active; et le membre vrai de l'État est surtout le citoyen pratique. Nul doute à cet égard.

Or, Messieurs, la religion, je l'ai plus d'une fois établi dans cette chaire, la religion est aussi une société véritable. Elle unit les hommes entre eux par les liens les plus forts et les plus doux, pour la conservation et la défense de leurs intérêts les plus sacrés, de leur foi, de leur conscience et de leur éternel avenir. Supérieure sans doute aux intérêts de la terre et du temps, la religion cependant protége tous les biens et tous les droits, garantit tous les devoirs et s'unit sans se confondre, avec la société civile, pour lui communiquer la vie, la vertu, la force, la durée et la grandeur véritables.

Mais ces rapports heureux et cette auguste mission de la religion sur la terre, ne peuvent évidemment s'accomplir sans des institutions, des lois et des actes, qui lui donnent un corps et une vie pratiques : comme la société politique a besoin elle-même de l'action pratique de ses membres, du pouvoir et des lois.

Rien n'est plus clair, ce me semble : aussi, Messieurs, je m'empresserai de le reconnaître, on admettra cette vérité quant à la religion même, on admettra, en général du moins, la nécessité de son culte, de son exercice et de son action ; mais on ne marquera pas pour cela davantage sa propre place dans la religion et dans l'Église. C'est-à-dire qu'on professera la théorie d'une religion pratique, la théorie de la pratique, et l'on en restera là ; ce qui est étrange autant que déplorable. On ne voit pas, on ne sent pas tout ce que l'on refuse ainsi aux intérêts communs et vrais de la religion et du pays, tout ce que l'on se refuse à soi-même.

On vit religieusement et peut-être même civilement comme ces rêveurs qui, absorbés dans le vide de leurs pensées, isolés, nuls, ballottés et incertains, absents du monde pratique et réel, laissent marcher toutes choses à l'aventure, laissent flotter nonchalamment les rênes du char qui mène leur vie, et construisent, durant des jours qui ressemblent aux nuits, l'idéal fantastique d'une société, d'un État, d'un je ne sais quoi de religion qui ne sera jamais. Qu'est donc pour eux la société, la religion, la vie?

Il y a, Messieurs, de ces rêveurs sociaux : incontestablement vous en avez connu ; il y a de ces rêveurs religieux. Franchement, les uns sont-ils plus à plaindre ou à blâmer que les autres?

Vous le voyez : que devient donc l'homme quand la vie pratique de la religion s'est retirée de lui? Ce qu'il deviendrait dans l'ordre politique avec une société spéculative, des lois spéculatives, un pouvoir, des droits et des devoirs spéculatifs.

Alors point d'influence et de vie heureuse répandue dans les divers canaux du bien-être social, parce qu'il n'y a pas ce principe établi et cette source ouverte de la vie pratique.

Il y a malaise, désordre cruel : parce que, au lieu de venir en aide aux besoins premiers des âmes, un trop grand nombre se laisse bercer des rêves de la mollesse durant les longues heures d'une existence toute futile et inconsidérée.

La société est pratique, la religion est pratique :

ce sont là deux vérités inséparables, deux principes de vie distincts et unis dont la réalisation est le plus noble accomplissement des destinées humaines ici-bas.

Tel fut aussi dès l'origine, et tel est constamment, Messieurs, le caractère et le but du christianisme. Il se présenta au monde éperdu : il lui déclara qu'avec ses dogmes incompréhensibles, avec sa morale surhumaine, il devait pénétrer au plus intime de l'âme, la régénérer et la transformer, mais passer également dans les actes et remplir la conduite et la vie de chaque homme par ses prescriptions exécutées et ses grâces réalisées. Le christianisme déclara n'exister qu'à cette condition de vie et de réalité pratique pour l'homme et la société; il déclara ne moraliser, ne civiliser et ne régénérer le monde qu'à cette condition première et absolue.

Et aussitôt il apparut avec sa grande, sa puissante et paisible hiérarchie, qui, descendant de degré en degré, et atteignant toutes les situations, toutes les exigences de la vie humaine, exprime et réalise l'ordre, la vérité, la vertu.

Ainsi, Messieurs, dans cette action continue et sacrée de la hiérarchie catholique, rencontrez-vous dispensés avec la plus admirable harmonie les secours pour tous les besoins.

L'enfant naît à cette vie de larmes et de travail : il naîtra à la vie spirituelle de la grâce; et régénéré dans tout son être par l'eau sainte, il entrera en participation des promesses, des dons assurés aux vrais enfants de Dieu, aux héritiers du ciel : c'est ce que nous nommons le saint baptême.

L'enfant croît et grandit : l'Église le confirme dans sa force et son esprit; placé au sommet de l'autorité et de la grâce, le pontife impose les mains, marque de l'onction sainte; le nouvel athlète est armé, affermi, et Dieu l'envoie aux combats et aux luttes de la vertu : c'est le sacrement de confirmation.

A tous les âges, à l'entrée, au déclin comme dans la maturité de la vie l'homme tombe, il s'affaisse et languit souvent blessé mortellement. Il y a un remède qui guérit les plaies, relève l'espérance, sanctionne le repentir par le pardon et aguerrit de nouveau pour le combat. Soyez bénis au nom du Seigneur trois fois saint, ô vous tous, Messieurs, qui avez compris la force et les consolations du sacrement de pénitence, et qui avez relevé vos âmes par cet abaissement réparateur!

Mais l'âme a faim : un aliment divin lui est préparé. Un mystère d'amour s'accomplit dans le cœur fidèle : Dieu se fait le pain substantiel de vie, le compagnon, le soutien, l'ami dans le voyage :

c'est le sacrement de l'Eucharistie, banquet sacré auquel nous sommes conviés sans cesse, et que la foi persévérante devrait nous faire retrouver souvent. Ne pas attendre chaque année la pâque prochaine serait la meilleure loi que vous puissiez, Messieurs, en ces jours dicter vous-mêmes à vos cœurs.

Cependant il faut étendre, propager, perpétuer le règne de Dieu sur la terre : il faut enfanter et former des chrétiens à la vérité, à la foi, à la vertu, à l'action divine de la Rédemption. Le sacrement de mariage atteint ce but : alliance bénie, union sainte, honorable, où l'on s'entr'aide et se sanctifie l'un l'autre, où la femme, la mère chrétienne reçoit avec la grâce une mission et une dignité si élevées et si touchantes.

Mais le sacerdoce doit se perpétuer lui-même, et garantir aussi à jamais le règne de Dieu et la dispensation de ses dons sur la terre ; c'est le sacrement de l'ordre, par lequel nous sommes prêtres et avons le bonheur de nous dévouer au salut de vos âmes.

Enfin le chrétien doit subir le dernier combat, l'agonie, et la mort ; l'extrême-onction consacre, fortifie, purifie l'âme à l'heure du terrible passage.

En même temps et chaque jour, à chaque heure,

en tous les lieux du monde, l'autel offre à Dieu la victime d'expiation toujours renouvelée, toujours la même; le sang du Calvaire coule sans cesse pour laver les iniquités du monde.

Cependant le peuple se presse, il remplit le temple; les pompes et les solennités du culte l'émeuvent et l'instruisent. Il fait trêve aux occupations terrestres; il oublie ses haines, adoucit ses douleurs, et comprend qu'au sein de la grande famille il doit vivre en paix, prier avec ses frères et les aimer. La parole évangélique apporte aussi sa lumière et sa chaleur bienfaisante, et la foule, qui s'écoule hors du temple, témoigne assez des influences et des biens reçus dans la communauté des assemblées chrétiennes. Ces enseignements et ces impressions accompagnent le fidèle au foyer domestique, l'Église l'y suit avec ses lois et ses prescriptions salutaires. Oh! oui, je le dirai : l'Église est bien la mère tendre, dévouée et puissante des peuples.

Telle est, Messieurs, la vie pratique du christianisme et le christianisme tout entier. Ces institutions, cette action, cette vie pratique, sociale et privée recèlent la force et la raison des bienfaits apportés au monde par l'Évangile. N'allez donc jamais prétendre que vous pouvez séparer ces biens de leur source unique et divine, et rappelez-vous toujours la doctrine de l'Apôtre, qui enseigna dès le commencement que la foi ou la charité sans les œuvres sont une charité, une foi morte; qu'ainsi la religion sans action et sans pratique religieuse n'a plus sa vie, sa force et sa réalité; qu'autant vaudrait chercher une armée sans soldats, un État sans institutions ni pouvoir, une vérité sans langage, une moralité sans vertu, un Dieu sans volonté, sans sagesse ni puissance.

Messieurs, je vous laisse donc après la carrière parcourue, et que, vous du moins, vous avez bien remplie. Je ne saurais descendre de cette chaire sans ressentir une vive émotion et sans offrir d'humbles et profondes actions de grâces à l'auteur de tout don parfait pour l'abondance des biens qu'il répandit dans vos âmes. Je ne vous dirai pas tout ce que mon cœur a goûté de bonheur au grand jour du triomphe et de la résurrection du Seigneur, et je craindrais aussi d'affaiblir en vous les exprimant tous les sentiments qui ont rempli l'âme du Pontife, alors qu'il présidait nos graves assemblées de la retraite, ou qu'il distribuait à vos rangs si pressés le pain de vie eucharistique.

Heureux si j'ai pu répondre à sa pensée et réaliser les désirs de son zèle en remplissant près de vous la mission qu'il daigna confier à ma faiblesse!

Aussi, quand nous allions nous séparer, ai-je voulu, ai-je dû recommander à votre plus généreux courage, l'action persévérante et pratique de votre avenir religieux. L'Église, avec un saint orgueil, a mis en vous, Messieurs, ses plus chères espérances : gardez-vous bien de tromper jamais son attente en désertant ses enseignements, ses temples ou ses lois. Remis chacun entre les mains de votre conseil, et livrés à cette course rapide du temps qui ne compte que par l'accomplissement de nos devoirs, vous emportez avec vous toutes les lumières et toutes les grâces tutélaires. Vous aurez bien compris, vous aurez bien senti qu'en dehors de l'exécution et de la vie pratique des croyances chrétiennes, il manque à l'homme bien plus que ce qui donne à l'arbre ses fleurs et ses fruits, aux eaux leur cours, au jour son éclat. La religion sans action et sans vie pratique est une séve arrêtée, un germe étouffé, une moisson sans réalité. C'est qu'alors on abandonne et l'on retranche volontairement par nonchalance et par tristesse ce qui assure à la vertu ses garanties, à la famille son union, à la société son honneur et ses mœurs, à l'âme sa paix, sa liberté vraie, à la loi sa puissance consciencieuse.

Sans la religion active et pratique, le chrétien, Messieurs, ne mérite plus et ne porte plus son nom; il est le soldat sans armes, que le repos énerve, que la stérilité de sa vie fatigue, et qui n'a plus au jour du péril le courage et l'énergie du combat.

Je ne sache rien qui soit plus digne de compassion.

Vous donc, Messieurs, et vous tous à qui appartiennent si bien les honneurs de la foi et de son action vivifiante et pratique, conservez-la, nourrissez-la comme un foyer sacré qui doit toujours vous éclairer et vous animer. Sachez bien chaque jour retrouver Dieu dans la prière, et, aux temps marqués, dans l'auguste sacrifice de nos autels. Que votre parole soit simple, franche, catholique comme vos actes; car une religion sans expression ni vie pratique est une religion sans franchise. Ce n'est pas la vôtre.

A l'heure des assauts et des combats, car ils reviendront toujours, quand il vous semblera que le poids de la faiblesse vous menace et vous entraîne, espérez, ne craignez pas, priez. Fussiez-vous tombés, espérez encore; relevez-vous et allez à ces sources sacrées du Sauveur où vous avez déjà puisé la vie et qui vous sont toujours ouvertes.

Le Dieu qui couronne la constance, comme il

pardonne au repentir, vous soutiendra, vous consolera, combattra pour vous. Sous l'égide du Sauveur et de Celle qui fut sa mère, qui voulut être la vôtre, vous marcherez toujours dans les voies sûres de la foi. Vos jours seront bénis, ils vous apporteront les joies de l'âme et de la famille chrétienne ; vous ne redouterez aucune des grandes et courageuses entreprises du patriotisme et de la vertu ; nos vœux seront comblés, l'Église triomphante et glorieuse, l'avenir assuré : puis enfin vous vous reposerez et vous saurez mieux encore alors comment le Dieu qui vous donna les jours de l'épreuve compense les peines et les efforts d'un moment par d'inépuisables torrents de gloire, d'amour et de bonheur.

FIN DU DEUXIÈME VOLUME

TABLE

VINGTIÈME CONFÉRENCE. — L'obscurité de la foi. 3

LE FAIT DIVIN.

VINGT-UNIÈME CONFÉRENCE. — Les préjugés illégitimes. . . 33
VINGT-DEUXIÈME CONFÉRENCE. — La possession historique du fait divin. 63
VINGT-TROISIÈME CONFÉRENCE. — Le christianisme historique. 97
VINGT-QUATRIÈME CONFÉRENCE. — Le miracle historique. . . 129
VINGT-CINQUIÈME CONFÉRENCE. — Le caractère de Jésus-Christ. 161
VINGT-SIXIÈME CONFÉRENCE. — La doctrine de Jésus-Christ. . 187
VINGT-SEPTIÈME CONFÉRENCE. — Les caractères distinctifs de divinité en Jésus-Christ. 215

L'ÉGLISE.

VINGT-HUITIÈME CONFÉRENCE. — Le christianisme est l'Église, ou existence de l'Église. 247
VINGT-NEUVIÈME CONFÉRENCE. — L'Église est le christianisme ou institution divine de l'Église. 277
TRENTIÈME CONFÉRENCE. — L'autorité souveraine de l'Église. . 313
TRENTE-UNIÈME CONFÉRENCE. — L'autorité infaillible de l'Église. 353
TRENTE-DEUXIÈME CONFÉRENCE. — L'autorité catholique. . . 385

TABLE

Trente-troisième Conférence. — La raison de l'Église. . . . 411
Trente-quatrième Conférence. — Les motifs d'admettre l'autorité catholique. 441
Trente-cinquième Conférence. — Le centre d'unité ou la papauté. 475
Trente-sixième Conférence. — Hors de l'Église point de salut, ou l'obligation d'être membre de l'Église. 513
Trente-septième Conférence. — La vie catholique, ou la vie soumise à l'Église. 549
Trente-huitième Conférence. — La prière. 577
Trente-neuvième Conférence. — La religion pratique. . . 603

Tours.— Impr. MAME.

www.ingramcontent.com/pod-product-compliance
Lightning Source LLC
Chambersburg PA
CBHW071200230426
43668CB00009B/1026